LIBRO DE BOLSILLO DE
PIEDRAS

LIBRO DE BOLSILLO DE
PIEDRAS

QUIÉNES SON Y QUÉ NOS ENSEÑAN

PARA LA SALUD, FELICIDAD Y PROSPERIDAD

UN LIBRO DE SACRED PLANET

ROBERT SIMMONS

TRADUCIDO POR MARÍA TERESA TORO

INNER TRADITIONS EN ESPAÑOL

Inner Traditions en Español
One Park Street
Rochester, Vermont 05767
www.InnerTraditions.com

Inner Traditions en Español es una
división de Inner Traditions International

Los libros de **Sacred Planet Books** han sido curados por Richard Grossinger, miembro del consejo editorial de Inner Traditions, cofundador y exeditor de North Atlantic Books. La colección Sacred Planet, publicada bajo el amparo de la familia de la editorial Inner Traditions, abarca temas de la conciencia, cosmología, medicina alternativa, sueños, clima, permacultura, alquimia, estudios chamánicos, oráculos, astrología, cristales, hiperobjetos, las locuciones y los cuerpos sutiles.

Título original: *The Pocket Book of Stones: Who They Are & What They Teach*, publicado por Destiny Books, sección de Inner Traditions International

ISBN 978-1-64411-795-8 (impreso)
ISBN 978-1-64411-796-5 (libro electrónico)

Impreso y encuadernado en India por Replika Press Pvt. Ltd.

10 9 8 7 6 5 4 3 2 1

Fotos de portada de John Goodman, Rob Lavinsky y Jeff Scovil
Diseño de libro y portada de Margery Cantor, Patrick Gaudreault y Mantura Kabchi

Para contactar al autor de este libro, puede enviarle un correo a
heavenandearth@earthlink.net o visitar su página web
www.heavenandearthjewelry.com

DEDICATORIA

Este libro está dedicado a las millones de personas que se encuentran trabajando en su interior con los seres de piedra para cocrear una nueva tierra y una nueva conciencia para la humanidad. A ustedes, amantes del alma del mundo, les ofrezco mi más profundo agradecimiento.

RECONOCIMIENTO ESPECIAL

Quisiera agradecer a mi amiga y hermana Naisha Ahsian por sus décadas de trabajo con los cristales, tanto minerales como humanos: tu humor, inteligencia y dones espirituales te han permitido ser una de las luminarias de la comunidad del cristal; sin embargo, fueron tu corazón y tu voluntad los que hicieron el trabajo.

ÍNDICE

INTRODUCCIÓN

La gente ama las piedras y, si los encuentros meditativos que miles de personas y yo hemos experimentado significan lo que parecen significar, el sentimiento es mutuo.

La tradición de las cualidades espirituales de los cristales, las gemas y los minerales se remonta mucho más allá de nuestra historia escrita: los amuletos de Moldavita se descubrieron en la misma excavación arqueológica de hace 25.000 años que puso al descubierto la Venus de Willendorf, la estatua más antigua de una diosa; hace quince siglos, los hindúes creían que los Diamantes brindaban protección a sus propietarios contra los espíritus malignos, el fuego, el veneno, las serpientes y las enfermedades; en la antigua Roma, la Esmeralda se consideraba un símbolo de fertilidad y se asociaba a la diosa Venus; las leyendas cristianas hablan de la Esmeralda como la piedra de la resurrección; una antigua leyenda de Birmania sostenía que introducir un Rubí en la carne de una persona la hacía inmune; la mística cristiana Hildegarda de Bingen escribió un volumen entero sobre curas con piedras preciosas para todo tipo de enfermedades; y varios años después de la publicación de *El libro de las piedras* descubrí que lo precedía un libro similar con el mismo título, escrito por el alquimista árabe Abu Musa Jābir ibn Hayyān, ¡hace más de 1.000 años!

Mis propios libros se nutren de las raíces de estas antiguas tradiciones y se dirigen a la gran comunidad de amantes de las piedras con orientación espiritual que brotó a principios de los años 80 y que ha crecido exponencialmente desde entonces. Al igual que los alquimistas, miramos más allá de las apariencias externas de los cristales y los minerales para así conectar con sus energías esenciales y abrirnos a su influencia. Nuestra intención y lo que esperamos es que se produzca una transformación; el tipo de cambios que buscamos va desde la autocuración hasta el despertar espiritual, desde el enraizamiento hasta la ascensión. En el proceso de este trabajo interior, solemos encontrar más de lo que buscamos: descubrimos nuevas capacidades y sensibilidades más profundas; experimentamos visiones; empezamos a sentir el despertar del conocimiento del corazón y de la conciencia del cuerpo; sentimos que nos damos cuenta de que las piedras son algo más que objetos útiles. Hay "alguien" ahí, un espíritu que ayuda, que tiene su propia naturaleza y que está dispuesto a unirse a nosotros en la cocreación.

Después de varias décadas en sus etapas iniciales, siento que nuestro trabajo actual con las piedras está listo para ser llevado a un nuevo nivel. Ya estamos preparados para encontrarnos con los seres de las piedras, y para trabajar con ellos en asociación por el bien del mundo. Estamos llamados en este momento a entrar, con la ayuda de las piedras, en una nueva conciencia, una nueva forma de ser para la que nos hemos estado preparando durante mucho tiempo. En ella, encontraremos nuevos modos de curación, nuevas formas de sentir, nuevas percepciones de nuestro propósito y nuevas maneras de participar en la creación de una Tierra despierta.

A la luz de esta gran visión, ¿cuál es el propósito de algo como el *Libro de bolsillo de piedras*? Lo veo como un "quién es quién" o un "Facebook" de los seres del reino mineral. Cada entrada ofrece una especie de esbozo del personaje, con una imagen, que pretende presentarte cada piedra, con un resumen de sus cualidades y las formas en que podrías experimentar con ella cuando la conozcas. Puede ayudarte a decidir con qué piedras quieres trabajar en un momento determinado o a entender los cristales y minerales que ya adornan tu entorno; puede orientarte para interpretar mejor las experiencias internas que surgirán al meditar con una piedra, y considerar qué piedras combinar para potenciar sus beneficios. Por último, este libro es lo bastante pequeño como para llevarlo a un viaje de mochilero al reino rocoso de la naturaleza o a una excursión más elegante a una tienda de cristales.

Para mí, la madre de todos los seres de piedra, y de todos los seres humanos, es Sofía, antigua diosa de la sabiduría, el alma del mundo. La mayor bendición que he recibido durante mi trabajo con las piedras ha sido contar con su ayuda para guiarme hacia un encuentro interior con ella. A partir de ese encuentro, me quedó claro que cada tipo de piedra tiene su propio carácter arquetípico, un alma de piedra que conoce y ama a Sofía y está dispuesta a trabajar y jugar con ella en una comunión cocreativa. Encontrarse con Sofía es experimentar la alegría y también es ser acogido en esa misma colaboración. Como ella es la diosa de la Tierra, las piedras son sus ángeles y podemos unirnos en asociación con todas ellas. Hacerlo es transformador, asombroso y divertido; lo recomiendo encarecidamente.

Esta fiesta lleva milenios celebrándose... ¡y apenas está comenzando!

Robert Simmons

24 de junio de 2011

Nota del autor sobre la sanación con cristales

Este libro hace muchas referencias a la sanación con cristales y a las correlaciones físicas de las piedras con los órganos y sistemas corporales. Quisiera asegurarme de que los lectores entiendan mi perspectiva al respecto: trabajo con las piedras de forma intuitiva y escucho sus "voces" en mi interior. Lo que escribo sobre las propiedades curativas de las piedras es lo que escucho en mi interior mientras medito con ellas. Ninguna de estas intuiciones se ha verificado científicamente y, cuando las pruebo en mí mismo, lo hago como complemento de buena atención médica, no como un sustituto de esta. En mi opinión, utilizar cristales no es lo mismo que tomar medicamentos. Creo que cualquier efecto que las piedras pudieran tener en la sanación es espiritual, así como pueden serlo los efectos de la oración. Las personas que quieran probar estas intuiciones, como yo, son libres de hacerlo, pero, por favor, no crean que este libro ofrece indicaciones médicas, ni la promesa de que una piedra curará algo. Eso aún no lo sabemos, en el mejor de los casos. Aconsejo a cualquier persona que necesite atención médica o psicológica que haga lo mismo que yo y busque ayuda profesional adecuada, y si desea añadir piedras, u oraciones, o ambas cosas, ¿por qué no? Y a los que practican la colocación de piedras o la sanación con cristales, les sugiero encarecidamente que ofrezcan a sus clientes un asesoramiento similar.

LAS PIEDRAS

ADAMITA

PALABRAS CLAVE alegría, amor, creatividad, entusiasmo, perseverancia **CHAKRAS** plexo solar (3ero) y corazón (4to) **ELEMENTOS** fuego, viento**CORPORAL** ayuda al corazón, estómago e intestino delgado **EMOCIONAL** facilita la elevación del estado de ánimo y fortalece la voluntad **ESPIRITUAL** contribuye a la conexión consciente con los guías espirituales y ángeles y facilita la capacidad de evolucionar a través de la comunión interior con ellos

L A ADAMITA es un mineral de arseniato de zinc con una dureza de 3,5. Su estructura cristalina es ortorrómbica y suele presentarse en agregados radiados o rosetas en forma de abanico. El color suele ser verde-amarillo brillante. Se forma en las partes oxidadas de las vetas del mineral, en especial en los depósitos de zinc ricos en arsénico.

Puede mejorar la alineación de los chakras del corazón y del plexo solar, lo que permite crear sinergias entre la voluntad y los sentimientos. Esta alineación es especialmente útil para cumplir los "deseos del corazón"; es decir, los aspectos de la vida que uno anhela, pero que pueden parecer imposibles de llevar a cabo. La Adamita enciende el fuego del optimismo y la determinación, nos ayuda a asumir cualquier desafío que debamos afrontar, dar los saltos de comprensión necesarios y perseverar a través de las dificultades.

Esta piedra facilita el contacto con los espíritus, los ángeles, los guías y las almas de los difuntos. Clarividentes, lectores, sanadores psíquicos y chamanes encontrarán que la Adamita aumenta su sensibilidad, y mejora la claridad de los mensajes que uno envía y recibe de las entidades pertenecientes a reinos vibratorios superiores.

La Adamita se puede combinar con Moldavita, Cuarzo Rosa, Rodocrosita, Morganita, Heliodoro, Labradorita Dorada, azufre y Citrino, Fenacita y Granate Tsavorita.

ÁGATA AZUL

PALABRAS CLAVE comunicación, claridad, confianza
CHAKRAS garganta (5to)   **ELEMENTOS** agua
CORPORAL ayuda a curar el dolor de garganta, laringitis, problemas de tiroides e impedimentos del habla
EMOCIONAL ayuda a ganar confianza en la comunicación, a liberar los hábitos negativos de interacción y dicción   **ESPIRITUAL** ayuda a comunicar la verdad más profunda, mejora la comunicación con los guías internos y la conexión con la sabiduría interior

EL ÁGATA AZUL es miembro de la familia del cuarzo y cuenta con una dureza de 7. Tiene bandas con patrones intrincados de color azul claro y blanco; la mayor parte del mejor material procede de Sudáfrica.

El Ágata Azul es beneficiosa para aquellos que tienen dificultades para hacerse oír por los demás o que desean ser más elocuentes en su discurso. Ayuda a "encontrar las palabras" para compartir la verdad más elevada y asiste a construir la confianza necesaria para levantarse y hablar en todas las situaciones. Ayuda a inculcar claridad de pensamiento e intención inquebrantable con respecto a los ideales y objetivos que más importan. Es una piedra para potenciar la lealtad y la confianza.

Para aquellos que trabajan con afirmaciones, el Ágata Azul puede ser una herramienta excelente, ya que fortalece el chakra de la garganta y amplifica el poder de aquello que sale a través de ella. Al igual que otras ágatas, el Ágata Azul actúa de forma lenta y constante. Puede que no cause que nuestros sueños se hagan realidad de la noche a la mañana, pero ayuda a mantenerse mientras la transformación está en marcha, y magnifica los efectos de nuestros esfuerzos.

El Ágata Azul se puede combinar con Malaquita, Calcedonia Azul, Anandalita, Guardianita, Moldavita y Cianita.

ÁGATA AZUL DE ELLENSBURG

PALABRAS CLAVE comunicación elocuente de la verdad del corazón, calma el chakra de la garganta, tranquiliza la mente, abre la visión psíquica
CHAKRAS garganta (5to), corazón (4to), tercer ojo (6to), coronilla (7mo)   **ELEMENTOS** tierra, agua
CORPORAL apoya la sanación de los problemas de la piel y garganta, limpia patrones neurales patológicos   **EMOCIONAL** ayuda a liberar los juicios negativos, ira y miedos; fomenta la compasión y bondad amorosa
ESPIRITUAL permite encontrar la verdad interior, valor y libertad

El Ágata Azul de Ellensburg es una rara ágata de nódulo amigdalino, que se encuentra en el condado de Kittitas, cerca de Ellensburg, estado de Washington. Es un dióxido de silicio con una dureza de 7. Su color oscila entre el azul claro y el azul aciano.

Esta piedra es beneficiosa para el chakra de la garganta, ya que transmite una mayor capacidad para ver y decir la verdad sin preocuparse por las consecuencias. Vincula la garganta con el corazón, lo que permite comunicar lo que el corazón sabe. También puede ayudar a los artistas, poetas y músicos a expresar con elocuencia los tesoros de sus almas y los mensajes que llegan a través de ellos desde el alma del mundo.

El Ágata Azul de Ellensburg emana la vibración de la paz, al calmar el cuerpo emocional y liberar el estrés de la psique. Se puede utilizar para curar quemaduras, bajar la fiebre y enfriar los ánimos. Es un excelente antídoto para los excesos destructivos de la pasión que son el resultado de juicios negativos. Ayuda a ver la verdad más profunda del sufrimiento de los demás de una manera que conduce siempre a la compasión. Sus tonos más profundos también pueden estimular el tercer ojo, activando las capacidades psíquicas y las visiones interiores, así como el chakra de la coronilla, para la purificación espiritual y la conexión con el cuerpo del alma.

ÁGATA AZUL DE HOLLY

PALABRAS CLAVE anclar el espíritu en la materia, estimular las capacidades psíquicas, explorar la "dimensión vertical" **CHAKRAS** coronilla (7mo), tercer ojo (6to), corazón (4to) **ELEMENTOS** viento **CORPORAL** alivia los problemas de la cabeza y el cerebro; puede ayudar a eliminar dolores de cabeza, estrés y nerviosismo; facilita la ayuda espiritual en casos de demencia y psicosis **EMOCIONAL** fomenta la calma, claridad interior, compasión, estabilidad; libera de la ansiedad, preocupación y celos **ESPIRITUAL** potencia la visión interior, clarividencia, clariaudiencia, visión profética

EL ÁGATA AZUL DE HOLLY es una piedra azul violeta encontrada cerca de Holly, en el estado de Oregón. Es un cuarzo con una dureza de 7. Es una de las variedades más raras de ágata, es muy apreciada por su rico color y es una piedra de joyería popular.

El Ágata Azul de Holly lleva la vibración más alta de todas las ágatas. Es una piedra para enraizar las energías espirituales en el mundo físico y puede utilizarse para vincular los "cuerpos" espirituales superiores con el ser físico, de modo que se pueda experimentar una conciencia multinivel. Esta piedra se identifica con "la dimensión vertical" y nos permite movernos hacia arriba y abajo, lo que nos vuelve testigos de la perfección de la simultaneidad en los muchos niveles de conciencia que es posible percibir. Además, activa los centros psíquicos del cerebro, potenciando la percepción extrasensorial, sueños lúcidos, mediumnidad y otras habilidades paranormales. También ayuda a "escuchar" las indicaciones de los guías espirituales.

El Ágata Azul de Holly es una piedra que despierta la capacidad de convertirse en un "ser humano divino", una encarnación viva de la asociación entre los reinos espirituales y terrenales.

ÁGATA DE FUEGO

PALABRAS CLAVE vitalidad, sexualidad, creatividad, voluntad **CHAKRAS** raíz (1er), sexual/creativo (2do) y plexo solar (3ro) **ELEMENTOS** fuego **CORPORAL** estimula la energía juvenil, órganos sexuales, digestión e intestinos **EMOCIONAL** intensifica las emociones, aumenta la pasión, potencia la atracción sexual **ESPIRITUAL** revitaliza las energías espirituales y físicas, inspira el lado creativo

EL ÁGATA DE FUEGO es un dióxido de silicio con un sistema cristalino hexagonal y una dureza de 7. Combina un tono base marrón intenso con destellos de naranja, rojo, verde y dorado que parecen lenguas de fuego vivo. Las mejores piedras proceden de México.

Las Ágatas de Fuego vibran con la vitalidad del mundo físico y son herramientas ideales para quienes necesitan vivir una "experiencia corporal". Entre el segmento de la población con inclinación espiritual, hay muchos que intentan o desean evitar las dificultades complicadas y dolorosas de la vida, y lo hacen escapando a los reinos superiores. Por desgracia, el precio que se paga es a menudo alto, y uno puede convertirse en una persona desconectada y con poca energía, que brilla con luz espiritual pero que no genera suficiente calor para hacer nada. Para los que se lamentan de que no les gusta mucho la Tierra y quieren volver a casa, el Ágata de Fuego es un remedio ideal. Esta piedra despierta los chakras inferiores y nos llena de ganas de vivir. Enciende el fuego interior de la fuerza vital, creatividad, sexualidad y voluntad. Activa los sentidos y aumenta el placer de la vida cotidiana. Al ayudarnos a entrar plenamente en el cuerpo, el Ágata de Fuego nos ayuda a hacer realidad el proyecto divino del propósito de nuestra vida.

El Ágata de Fuego se puede combinar con Diamante, Crisocola, Anandalita, Cuprita, Merlinita Mística, Cuarzo Agnitita y Danburita.

ÁGATA DENDRÍTICA

PALABRAS CLAVE crecimiento y sabiduría a través del trabajo interior **CHAKRAS** todos **ELEMENTOS** tierra **CORPORAL** ayuda a curar el dolor de espalda, problemas de cuello, nivel de glóbulos rojos bajo, problemas de salud relacionados con el estrés, comportamiento adictivo y la baja autoestima **EMOCIONAL** ayuda a limpiar y liberar patrones destructivos y de negación de sí mismo, a mejorar la autoestima y a construir un ego espiritual más fuerte **ESPIRITUAL** ayuda a verse a sí mismo con honestidad y claridad, fomenta el desarrollo de su verdadero yo, así como la encarnación de su más alto potencial

El ÁGATA DENDRÍTICA es un cuarzo con un sistema cristalino hexagonal y una dureza de 7. Tiene inclusiones ramificadas de hierro o manganeso.

Las Ágatas Dendríticas son herramientas ideales para fortalecer la fibra del ser a través del trabajo interior. Aquellos que hacen terapia, meditación, terapia de renacimiento, un programa de doce pasos o cualquier otro camino de trabajo interior serio encontrarán que el Ágata Dendrítica es un talismán útil. Puede ayudar a dar los pasos diarios necesarios para lograr las percepciones y los cambios de comportamiento deseados. Esta piedra ayuda a mantener una actitud positiva, aunque no irreal, a medida que se realizan las transformaciones necesarias. Ayuda a mantener el contacto con el mundo físico, para no vivir solo en los pensamientos y procesos mentales. Este tipo de piedras puede ayudar a reducir el estrés en los momentos difíciles, al promover una aceptación bondadosa de las circunstancias, además de ofrecer ayuda a largo plazo para mejorarlas. Las variedades púrpuras de Ágata Dendrítica son especialmente adecuadas para la purificación del cuerpo y del campo energético, así como para trabajar en la transformación espiritual.

El Ágata Dendrítica se puede combinar con Ágata Azul de Ellensburg, Azeztulita de Satyaloka, Anandalita, Tectita Negra Tibetana y Rosophia. La Guardianita puede ayudar con la protección psíquica, conexión a tierra y sanación.

ÁGATA MUSGOSA

PALABRAS CLAVE estabilidad, persistencia, enraizamiento **CHAKRAS** raíz (1ero), corazón (4to) **ELEMENTOS** tierra **CORPORAL** estabiliza todos los sistemas corporales; mejora las capacidades senso-riales; ayuda la circulación, digestión, actividad neuronal **EMOCIONAL** fomenta un temperamento pacífico, disminuye los cambios de humor, ayuda a desarrollar fuerzas de voluntad más sólidas **ESPIRITUAL** abre las puertas interiores a la comunión con los espíritus de la naturaleza, ayuda a encontrar y a adherirse a los propósitos superiores, libera el karma negativo

EL ÁGATA MUSGOSA no es un ágata como tal, ya que no tiene bandas, sino más bien una calcedonia con inclusiones dendríticas de minerales verdes de color musgo. En algunos ejemplares también aparecen manchas rojas. Es un cuarzo con una dureza de 7. Muchas de las mejores ágatas musgosas proceden de India; es una de esas piedras que sería beneficiosa para casi todo el mundo. Sus energías son modestas pero sanas. Emana vibraciones de equilibrio y estabilidad en el ámbito físico. Es una piedra excelente para las personas convalecientes de una enfermedad o para las que se están recuperando de adicciones. Al igual que la tortuga de la vieja fábula, el lema del Ágata Musgosa es: "Despacio y con constancia se gana la carrera". El Ágata Musgosa puede ayudar a aquellos que se sientan desconectados o inestables; aumenta la concentración mental, persistencia, resistencia y consecución de los objetivos. Puede utilizarse como talismán para aumentar la eficacia de los entrenamientos físicos e incluso del culturismo. Al meditar con el Ágata Musgosa se puede proyectar en ella la imagen de un proyecto u objetivo alcanzado, y esta magnificará la energía de la intención, lo que ayudaría así a la consecución del objetivo.

El Ágata Musgosa se puede combinar con Moldavita y todas las demás ágatas.

AGNITITA

PALABRAS CLAVE infusión de fuego divino, fuerza vital, purificación, transformación **CHAKRAS** todos **ELEMENTOS** fuego **CORPORAL** llena el cuerpo de energía, aumenta la vitalidad y desintoxica las células **EMOCIONAL** aumenta la pasión por la vida espiritual y física **ESPIRITUAL** despierta el fuego divino de la consciencia en las células

L A AGNITITA es un dióxido de silicio con un sistema cristalino hexagonal y una dureza de 7. Es incolora o blanquecina con vetas de hematita rojiza. Se halla en Madagascar.

La Agnitita debe su nombre a Agni, la deidad védica del fuego. Agni se consideraba la fuente suprema de la luz espiritual, la fuerza vital e incluso la inmortalidad; se le invitaba con fervor a entrar en los cuerpos de los antiguos cantores, para iluminar sus corazones, tejidos y conciencias con el fuego sagrado que porta el néctar divino. La Agnitita es portadora de este fuego sagrado.

La Agnitita estimula toda la matriz corporal de cristal líquido, infundiéndola con el fuego divino del *prana*. Aumenta la intuición, curación, fuerza de voluntad y conciencia compartida con el mundo. Los individuos que deseen ayudar en la formación de la red cristalina planetaria de luz son instados a trabajar con Agnitita, debido a su capacidad de despertar el potencial vibratorio superior del cuerpo. En el proceso de curación, la Agnitita puede purificar espiritualmente la sangre y los tejidos celulares, y ayuda a desintoxicar y energizar todos los sistemas.

Para abrir el canal espinal, se puede combinar la Agnitita con Tectita Negra Tibetana. Para desarrollar las capacidades espirituales de la nueva especie humana, Agnitita se combina bien con Cuarzo Nirvana, piedras circulares, Criolita y Herderita. Para el paso adicional de despertar el cuerpo de luz, todas las formas de Azeztulita pueden ser muy útiles. Para aumentar el flujo descendente de la fuerza supramental, también se sugiere Aragonita.

AGUAMARINA

PALABRAS CLAVE refrescamiento, calma y potenciación de la comunicación clara   **CHAKRAS** garganta (5to), corazón (4to)
ELEMENTOS agua   **CORPORAL** ayuda a aliviar los dolores y malestares generales de garganta, así como enfermedades inflamatorias
EMOCIONAL es muy buena para calmar la rabia, aliviar el estrés y expresar emociones auténticas   **ESPIRITUAL** nos permite exteriorizar nuestras verdades más profundas, y encontrarnos con la divinidad femenina

L A AGUAMARINA es una variedad azul o azul verdosa del berilo, un silicato de aluminio y berilio con una dureza de 7,5 a 8. Su nombre, derivado del latín que significa "agua del mar", representa una descripción adecuada del color y la claridad de los cristales finos de esta piedra.

La Aguamarina facilita la calma y refrescamiento, desde la ira hasta los sofocos. También activa el chakra de la garganta, ayudando a la comunicación clara de la verdad más elevada de cada uno. Son piedras del elemento agua que nos conectan con nuestro subconsciente, los dominios del espíritu y nuestras emociones más profundas. Su energía es tan refrescante como una ducha bajo una fresca cascada; nos lleva a un estado relajado y alerta en el que somos plenamente conscientes de nuestro propio bagaje de conocimientos, sabiduría y sentimientos, y somos capaces de articularlos con claridad y convicción.

En el caso de las mujeres, la Aguamarina les otorga el valor y claridad para expresar su conocimiento interior y potencia sus capacidades intuitivas. Es una puerta a la comunicación con la diosa, tanto en su interior como en sus manifestaciones externas. Para los hombres, la Aguamarina ayuda a disipar el entumecimiento emocional y la dificultad que a veces experimentan para comunicar sus sentimientos. También calma la frustración y ayuda a mantener el temple, incluso cuando somos provocados. La Aguamarina nos conecta con la divinidad femenina, quien es la fuente de las energías vitales. Aquellos que deseen conocerla mejor pueden utilizar esta piedra como puerta de entrada.

AJOÍTA

PALABRAS CLAVE amor, curación, apoyo emocional, conexiones con la diosa y los ángeles **CHAKRAS** corazón (4to), garganta (5to), tercer ojo (6to), coronilla (7mo) **ELEMENTOS** tormenta **CORPORAL** ayuda a aliviar los síntomas físicos del estrés o depresión **EMOCIONAL** brinda alivio y balance del cuerpo emocional **ESPIRITUAL** vincula nuestra conciencia con la guía divina, facilita la conexión empática con el alma del mundo

L A AJOÍTA es un mineral de silicato de cobre de color azul o verde azulado que lleva el nombre de Ajo, en Arizona, donde fue identificado por primera vez. Es un mineral raro, encontrado con más frecuencia como parte del cuarzo. Los ejemplares más bellos y abundantes de Ajoíta ubicados en puntas de cristal del cuarzo proceden de la mina de cobre de Messina, en Sudáfrica.

La Ajoíta en cuarzo emana una de las energías más dulces, nutritivas y amorosas de todas las piedras del reino mineral. Es una portadora pura de vibraciones de la madre tierra o alma del mundo. Esta piedra puede limpiar el corazón del dolor, eliminar la negatividad de los pensamientos y abrir las compuertas para que el océano del amor nos eleve a los planos superiores. Limpia y activa el chakra de la garganta, lo que ayuda a comunicar la verdad interior más profunda.

La Ajoíta puede limpiar el campo áurico y alinear el cuerpo de luz con el físico. Puede armonizar las energías de cualquier chakra, dispersar las formas de pensamiento contraídas que están creando dolor, disipar cualquier cantidad de negatividad, y llamar a la verdad de uno mismo y de los demás. Todo este trabajo que realiza la Ajoíta lo hace de una manera suave y amorosa. Puede armonizar el cuerpo emocional, sacar el veneno presente en nuestras penas, miedos, rabia y viejas heridas, y sustituirlo por amor y perdón.

ALEJANDRITA

PALABRAS CLAVE felicidad y sabiduría, liberación del dolor **CHAKRAS** corazón (4to), tercer ojo (6to), coronilla (7mo) **ELEMENTOS** viento, agua **CORPORAL** estimula las glándulas pineal y pituitaria, ayuda a equilibrar las funciones cerebrales **EMOCIONAL** ayuda a aliviar el estrés, fomenta la confianza **ESPIRITUAL** aumenta la conciencia del amor divino, recuerda vidas pasadas, accede a los registros akásicos

L A ALEJANDRITA es una variedad de crisoberilo, un óxido de aluminio y berilio con una dureza de 8,5. Su patrón cristalino es ortorrómbico, y a veces se forma en cristales maclados de aspecto hexagonal. Recibe su nombre del zar ruso Alejandro II. La magia de la Alejandrita con calidad de gema reside en su propiedad de cambiar de color: de color rojo claro o rojo-púrpura con luz artificial incandescente a verde o azul verdoso a la luz del día.

Es cierto que las Alejandritas son piedras de alegría, y por eso hay que tomarlas en serio. Estas piedras tienen una conexión con la fuente de energías de dimensiones superiores, donde la atmósfera es más intensa. Sin embargo, hay que tener cuidado de hacer algo más que disfrutar de los sentimientos de felicidad; la puerta de la Alejandrita hacia el éxtasis de los reinos superiores puede y debe ser el trampolín para una exploración interior. Esta piedra invita a la búsqueda del ser; puede ayudarnos a darnos cuenta de que la alegría de los reinos celestiales también está aquí, en cada momento, y que nuestra realidad depende en gran medida de los niveles que elijamos recibir. La Alejandrita nos enseña a acoger todas las energías que nos llegan, a transmutarlas en tanta armonía y belleza como sea posible, y a hacerlo con la resiliencia interior que da el compromiso con la alegría. Este compromiso, con la ayuda del vínculo de la Alejandrita con los reinos superiores, nos convierte en fuentes de alegría, en lugar de meros receptores.

AMATISTA

PALABRAS CLAVE protección, purificación, conexión divina, liberación de adicciones

CHAKRAS tercer ojo (6to), coronilla (7mo)

ELEMENTOS viento **CORPORAL** ayuda a superar adicciones, el tinnitus y los trastornos nerviosos, ayuda a la oxigenación de la sangre **EMOCIONAL** ayuda a eliminar patrones emocionales negativos o adictivos **ESPIRITUAL** facilita la conexión consciente con los guías espirituales, los ángeles y la fuente

L A AMATISTA es un miembro de la familia del cuarzo con un sistema cristalino trigonal y una dureza de 7. Su color, que varía de pálido a púrpura intenso, procede de la combinación de trazas de hierro y aluminio. Los cristales de Amatista y las gemas en bruto se encuentran en Brasil, Bolivia, México, África, Canadá, Rusia, Estados Unidos y Europa.

La Amatista es una piedra de protección y purificación espiritual. Puede ser una ayuda para frenar excesos y abandonar malos hábitos, por lo que puede utilizarse para dejar de fumar, beber o consumir drogas. Estimula el chakra de la coronilla y brinda soporte en la meditación, ya que ayuda a aquietar los pensamientos y a entrar en estados superiores de consciencia. Puede despejar el campo energético de influencias y apegos negativos, facilitando así la creación de un "escudo" energético: un campo de luz espiritual alrededor del cuerpo que aleja la negatividad del entorno.

La Amatista puede aportar la sensación de que uno está rodeado y protegido por una "burbuja de luz". Si estamos enfermos, colocar un ejemplar de Amatista en nuestra habitación puede ayudar a mantener el espacio de sanación despejado. Llevar consigo esta piedra permite mantener el espacio interior del cuerpo y el campo energético en un estado de equilibrio y bienestar. Para la protección espiritual, la Amatista funciona especialmente bien cuando se combina con Moldavita. La conexión espiritual proporcionada por la Amatista puede además ser reforzada por Azeztulita, Fenacita, Escolecita y Natrolita.

AMAZONITA

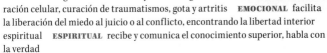

PALABRAS CLAVE la verdad, comunicación, armonía
CHAKRAS corazón (4to), garganta (5to)
ELEMENTOS agua   **CORPORAL** ayuda a la regene-
ración celular, curación de traumatismos, gota y artritis   **EMOCIONAL** facilita
la liberación del miedo al juicio o al conflicto, encontrando la libertad interior
espiritual   **ESPIRITUAL** recibe y comunica el conocimiento superior, habla con
la verdad

LA AMAZONITA es un mineral de feldespato alcalino, un silicato de aluminio y potasio con una dureza de 6 a 6,5. Su sistema cristalino es triclínico y prismático. Su color es verde o azul verdoso. Su nombre deriva del río Amazonas, en Brasil, en donde existen importantes yacimientos de esta piedra.

La Amazonita representa armonía, tanto dentro de uno mismo como entre las personas. Es una piedra que dice la verdad y que conlleva a la paz, ayudando a comunicar los verdaderos pensamientos y sentimientos de uno mismo sin exceso de emocionalidad; despierta la compasión mediante la estimulación del chakra del corazón. Dormir con una Amazonita puede traer a primer plano esas tendencias inconscientes que compiten entre sí a través del simbolismo de los sueños. Meditación con esta piedra hace que todo sea más consciente, por lo que uno puede escuchar e integrar todos los aspectos del ser. Dado que es una piedra de la verdad, se puede confiar en las visiones, sueños e intuiciones que surgen al trabajar con ella.

La Amazonita también puede ayudarnos a manifestar nuestros sueños y deseos. Es un amplificador de nuestras intenciones y, como trabaja a través del chakra de la garganta, debemos pronunciarlas en voz alta. Sostener una Amazonita mientras se afirma en voz alta lo que se desea crear puede aumentar la capacidad de hacerlo realidad. El poder de la palabra hablada es algo grandioso y místico (recuerda que el Génesis afirma que el universo fue creado por la palabra de Dios). Esta piedra nos enseña a decir la verdad y a hacer realidad aquello que verbalizamos.

ÁMBAR

PALABRAS CLAVE luz, calidez, energías solares, clarificación, sanación **CHAKRAS** plexo solar (3ero) **ELEMENTOS** tierra **CORPORAL** aumenta la fuerza vital y funcionamiento óptimo de los órganos y sistemas **EMOCIONAL** libera el miedo al juicio o al conflicto, encuentra la libertad interior espiritual **ESPIRITUAL** proporciona protección energética contra influencias negativas

E L ÁMBAR es un material orgánico formado por resinas botánicas naturales fosilizadas; es una mezcla de hidrocarburos con una dureza de 2 a 2,5. Su nombre procede de *ambar*, palabra árabe que designa al Ámbar gris, un material de color similar que se extrae del cachalote y que se utiliza en la fabricación de perfumes. El color de esta piedra varía del amarillo al marrón o al marrón rojizo, y a menudo es transparente.

Muchas piedras nos ayudan a conectar con la luz, pero el Ámbar nos lleva a la calidez. Las energías del Ámbar son muy solares y tienen la cualidad de crear una confortable sensación de calor, salud y bienestar en el portador. Se recomienda llevar el Ámbar a cualquier persona que se esté recuperando de una enfermedad o lesión, ya que sus energías cálidas y nutritivas nos ponen en contacto con nuestra propia fuerza y seguridad esenciales. Es excelente para la convalecencia porque calienta el ser interior y activa la fuerza vital, así como el deseo emocional de bienestar. Ayuda a ver el camino de la recuperación y a tener el valor y la confianza para seguirlo.

Esta piedra también puede estimular la capacidad innata de manifestar la prosperidad. Para amplificar este potencial, recomiendo utilizarla con piedras de prosperidad como la Tsavorita, el Zafiro Amarillo y la Moldavita. La combinación del Ámbar con Moldavita también es útil para lograr una transformación interior positiva y exitosa. Además, esta piedra funciona bien sobre todo cuando se combina con Azabache, lo que facilita la purificación, la salud y la protección contra la negatividad.

AMBLIGONITA

PALABRAS CLAVE calmado poder de la voluntad, manifestación de ideas creativas **CHAKRAS** plexo solar (3ero) **ELEMENTOS** fuego **CORPORAL** alivia y restaura el sistema digestivo e intestinos **EMOCIONAL** ayuda a superar la ansiedad, y permite adoptar una perspectiva optimista y tranquila **ESPIRITUAL** permite conseguir coraje para expresarnos de forma creativa, descubriendo así nuestro propósito de vida

L A AMBLIGONITA es un mineral de fosfato de aluminio y sodio con una dureza de 5,5 a 6. Suele ser de color amarillo pálido, pero a veces es amarillo verdoso o lila.

Es una piedra excelente para equilibrar el cuerpo emocional y liberar energías creativas innatas. Muchas personas se sienten llamadas a realizar un trabajo creativo en campos artísticos, como la escritura, música, danza, etc., pero se ven obstaculizadas por bloqueos que provienen de áreas emocionales. Uno puede sentirse incapaz de manifestar sus sueños, o quizás una herida o trauma del pasado ha creado una fijación que bloquea su progreso; llevar, transportar o meditar con Ambligonita puede ayudar a encontrar la paz y la claridad interior necesarias para realizar el trabajo único de la autoexpresión. Así, esta piedra puede ayudar a encender la chispa creativa, haciendo que uno avance en el camino hacia el cumplimiento de su propósito superior. Es a la vez un calmante y un energizante, que apacigua las emociones y despierta una mente creativa.

Debido a que activa la creatividad, la Ambligonita también puede ayudar a manifestar en este mundo las imágenes que uno imagina en el éter. Puede ayudar a realizar el trabajo necesario para que los sueños se hagan realidad. Para potenciar esto, esta piedra se puede combinar con Fenacita, que tiene un gran poder para ayudar a hacer realidad lo que imaginamos.

AMEGREEN

PALABRAS CLAVE integración mente-corazón, conexión espiritual, compasión, habilidades psíquicas, curación emocional **CHAKRAS** corazón (4to), coronilla (7mo), etéreo (8vo-14to) **ELEMENTOS** tierra, viento **CORPORAL** brinda ayuda a la sanación general, recuperación de lesiones y es beneficioso para el corazón **EMOCIONAL** libera las heridas emocionales, y nos permite aprender a confiar y amar **ESPIRITUAL** facilita la conexión con el amor divino

L A AMERGREEN es una combinación de amatista púrpura y prasiolita (amatista verde) con una dureza de 7. Estas piedras proceden de África, y los cristales a menudo crecen en conjunto con el cuarzo blanco.

Existe una maravillosa suavidad y ligereza en las energías de esta piedra. La amatista aporta el rayo púrpura de purificación y estimula el chakra de la coronilla; la prasiolita calma las emociones y equilibra las energías del chakra del corazón; y el cuarzo blanco, que las conecta, emana la energía de la luz divina blanca y pura. La Amegreen proporciona un manantial de apoyo emocional, ayudando a sanar las heridas del pasado o tan solo a levantar el velo de la pena o depresión.

Llevar consigo esta piedra ayuda a integrar la mente y el corazón; permite que la sabiduría de nuestros corazones sea la que guíe la creatividad e inspiración de nuestra mente; abre la conciencia a la influencia de las energías superiores de la divinidad; ayuda a dar y recibir amor espiritual y humano y, por último, ayuda a salir del estancamiento y a intentarlo de nuevo en la vida.

La Amegreen funciona muy bien con Moldavita, que aporta la energía activa de la transformación cuando se une con el flujo armonioso de esta piedra. Combinarla con Petalita, Azeztulita o Fenacita puede servir para acentuar la conexión con los reinos espirituales superiores.

AMETRINO

PALABRAS CLAVE claridad mental y espiritual, capacidad de decisión **CHAKRAS** plexo solar (3ero), coronilla (7mo) **ELEMENTOS** viento, fuego **CORPORAL** estimula el metabolismo y la digestión, mejora la función cerebral **EMOCIONAL** ayuda a superar miedos e inseguridades, permitiéndonos encontrar el propio poder espiritual **ESPIRITUAL** facilita la sintonía con la inspiración divina y la forma en que actuamos recibiendo una guía en nuestro interior

EL AMETRINO es una combinación de amatista y citrina, un miembro de la familia del cuarzo con un sistema cristalino hexagonal (trigonal) y una dureza de 7. El Ametrino natural se halla en Brasil, Uruguay y Bolivia.

Esta piedra representa una mezcla armoniosa de las energías de la amatista y el citrino. Estimula el chakra de la coronilla, protege el campo áurico, purifica las energías personales y eleva el espíritu. Puede ayudar mucho a dejar atrás malos hábitos y adicciones. Es una piedra para aumentar la claridad mental, creatividad y voluntad. Pone la espiritualidad en armonía con la mente, y a menudo cataliza un profundo flujo de nuevas ideas y percepciones. Resulta beneficioso colocar esta piedra en el escritorio o al lado de la computadora o en cualquier otro lugar donde uno se siente para realizar trabajo mental. El Ametrino ayudará a la mente a mantenerse clara, creativa, enérgica y enfocada en la tarea que se esté llevando a cabo. También se aconseja trabajar con esta piedra a quienes intentan perder peso o romper otros hábitos autodestructivos, en este caso como pieza de joyería o piedra de bolsillo, lo que mantiene sus energías dentro del propio campo áurico.

El Ametrino combina bien con todos los demás miembros de la familia del cuarzo, así como con Sugilita, Labradorita Dorada, Zafiro Amarillo, Lepidolita Lila, Fenacita y Azeztulita. La combinación del Ametrino con Moldavita multiplica sus efectos, ya que sus energías de transformación activan todos los chakras y se centran en la manifestación de la voluntad y el avance de la evolución espiritual.

ANANDALITA

PALABRAS CLAVE despertar de la kundalini, iluminación, genio, creatividad

CHAKRAS todos **ELEMENTOS** tormenta

CORPORAL estimula y limpia el sistema de meridianos, llena las células de luz

EMOCIONAL disuelve los patrones negativos, reaviva la alegría natural

ESPIRITUAL estimula las capacidades psicoespirituales latentes, despierta el genio

L A ANANDALITA es un tipo de cuarzo druso, un dióxido de silicio con un sistema cristalino hexagonal y una dureza de 7. Se encuentra en muchas formas, incluyendo "estalactitas". Algunas piezas muestran reflejos multicolores de las superficies cristalinas (Anandalita arcoíris). Podemos encontrarla en la India.

La Anandalita es la principal piedra para despertar la *kundalini,* la energía del "fuego de la serpiente" que permanece latente en la base de la columna vertebral. Desde hace miles de años, practicantes han prescrito el despertar de la kundalini como el camino hacia la iluminación, llamándola la energía del genio y la evolución. Esta piedra estimula y mueve la kundalini de forma poderosa y segura. El método más sencillo es pedir a un amigo que tome un par de piedras de Anandalita y las mueva despacio hacia arriba por la parte delantera y trasera del cuerpo, empezando por el chakra de la raíz, hasta llegar a la estrella del alma por encima de la coronilla. Casi todas las personas sensibles a los cristales que han probado esto han experimentado un poderoso y agradable movimiento y alineación de las energías a lo largo de toda la columna de chakras. A menudo las corrientes se sienten como calor al principio, luego alegría y al final como luz. La Anandalita estimula el despertar espiritual, despierta capacidades latentes, habilidades psíquicas, recuerdos de vidas pasadas e inspiraciones creativas. En la curación, puede despejar bloqueos en los chakras y el sistema de meridianos. Además, llena las células con luz espiritual, al disipar patrones destructivos y activar nuestro plano divino.

Funciona de maravilla con todos los tipos de Azeztulita, así como con Danburita. La Tectita Negra Tibetana puede fortalecer las energías kundalini de esta piedra.

ANDALUCITA

PALABRAS CLAVE limpieza, consuelo, protección, amistad **CHAKRAS** raíz (1ero), tercer ojo (6to) **ELEMENTOS** tormenta **CORPORAL** actúa como fortalecedor general de nuestra propia constitución **EMOCIONAL** proporciona reabastecimiento para el cuerpo emocional, protección psíquica **ESPIRITUAL** proporciona conexión con los reinos divinos, protección de nuestro campo energético

L A ANDALUCITA es un mineral de silicato de aluminio con una dureza de 7,5. Recibe su nombre por Andalucía, España, donde fue encontrada. Su sistema cristalino es ortorrómbico. Su color es a menudo marrón y/o verde, y en las gemas los colores pueden variar cuando se ven desde diferentes ángulos.

Las Andalucitas son piedras antiguas y llevan en su estructura cristalina el latido de la Tierra. Cuando se sostienen en la mano, se puede sentir una pulsación lenta y profunda, que parece muy amigable y reconfortante. Es una piedra excelente para ayudar a las personas sensibles a sentirse en casa y seguras aquí en la Tierra. Ofrece protección psíquica, enraizamiento, infusión de fuerza vital y sensación de satisfacción y bienestar. La Andalucita se puede utilizar para fortalecer y energizar cualquier chakra y para reparar agujeros en el campo áurico. Es portadora del patrón etérico de integridad para el cuerpo, especialmente para los dientes y el sistema óseo. La amabilidad de esta piedra la hace ideal para aquellos que intentan superar sentimientos de soledad, aislamiento, depresión, ansiedad y diversos miedos. Se recomienda como piedra de protección para quienes viajan o trabajan en zonas de peligro o negatividad. La Andalucita funciona bien con cristales de semillas lemurianas, piedras chamánicas, Azabache, Sugilita y Moldavita. También se adapta a casi cualquier otra piedra. El sentimiento de amabilidad y generosidad que emana de estas piedras es notable y único.

ANGELITA (Anhidrita Azul)

PALABRAS CLAVE comunicación angelical, serenidad, conciencia expandida **CHAKRAS** garganta (5to), tercer ojo (6to), coronilla (7mo)
ELEMENTOS viento **CORPORAL** favorece la densidad y la salud de los huesos, ayuda con la artritis y a la curación de fracturas **EMOCIONAL** fomenta una comunicación clara y compasiva **ESPIRITUAL** facilita la comunicación angélica, desarrollando los dones espirituales

ANGELITA es el nombre que a menudo se le da a una forma de anhidrita azul que se encuentra en Perú. Es un mineral de sulfato de calcio con un sistema cristalino ortorrómbico y una dureza de 3,5. Tiene un color azul suave y tiende a formarse en nódulos con exteriores blancos.

La Angelita puede actuar como talismán de anclaje para las energías de los ángeles de la guarda, guías y otros amigos del espíritu. Llevar, sostener o estar cerca de una piedra de Angelita proporciona un punto de conexión para recibir amor, guía y ayuda de los seres invisibles que nos rodean en los planos superiores. Las piedras mismas parecen emanar serenidad y benevolencia, y estas son energías que se emiten con frecuencia a través de ellas para ayudarnos.

La comunicación y la comunión con los seres de las dimensiones superiores están entre los dones especiales de la Angelita, lo que hace que estas piedras sean útiles para quienes desean desarrollar poderes de sintonía psíquica, canalización, mediumnidad, clarividencia y sanación espiritual. Esta piedra puede ayudar a recibir orientación espiritual para uno mismo y para los demás. Además, puede permitir permanecer lúcido durante el sueño y recordar la orientación recibida en ese estado. La Angelita puede ayudar a sintonizar con los recuerdos de vidas pasadas y con los registros akásicos. Puede ayudar a entender e interpretar el contenido simbólico de los sueños y visiones internas. En la meditación, la Angelita puede facilitar el paso a estados internos pacíficos de conciencia expandida.

ANHIDRITA ALA DE ÁNGEL

PALABRAS CLAVE limpieza, purificación, conexión angelical
CHAKRAS garganta (5to), tercer ojo (6to), coronilla (7mo)
ELEMENTOS viento   **CORPORAL** estimula la limpieza
energética en la curación, apoya el sistema óseo y las
articulaciones   **EMOCIONAL** mejora la compasión,
el perdón, la comunicación   **ESPIRITUAL** brinda apoyo
en la comunión con los ángeles

E L ALA DE ÁNGEL es un mineral de sulfato de calcio con un sistema cristalino
ortorrómbico y una dureza de 3,5. Estos grupos de cristales, que a menudo
presentan la forma de abanico y recuerda a las alas, se encuentran en México.
Tiene la misma tonalidad azul clara que la Angelita.

Esta es una de las piedras energéticas "suaves" más poderosas del reino
mineral. Es ideal para despejar bloqueos, borrar implantes, calmar todo tipo de
desarmonía y proporcionar un conducto de fuerza a través del cual uno puede
reconectarse con la fuente. En la meditación, esta piedra puede proporcionar la
experiencia del "vuelo". Para aquellos que son "ángeles en forma humana" (aquellos que han tomado una encarnación humana para ayudar en la transformación
planetaria de la conciencia), el Ala de Ángel puede facilitar un profundo recuerdo
de nuestra verdadera identidad.

Puede combinarse con Azeztulita, Petalita, Danburita, Diamante y todos
los tipos de Azeztulita. Todas estas piedras tienen conexiones con el reino
angélico. Además, la combinación de Serafinita con el Ala de Ángel puede
ayudar a "llamar" a las energías angélicas con fines curativos. Adicionalmen-
te, la combinación de esta piedra con el Ópalo de Oregón puede ayudar en la
curación y reconstrucción de un cuerpo emocional herido. Añadir Alejandrita
puede aumentar nuestra capacidad para ver y eliminar implantes limitantes y
bloqueos emocionales "cristalizados".

APATITA AMARILLA

PALABRAS CLAVE creación, claridad, confianza, manifestación **CHAKRAS** plexo solar (3ero) **ELEMENTOS** fuego **CORPORAL** estimulación del metabolismo y del sistema endocrino, pérdida de peso **EMOCIONAL** aumenta confianza en uno mismo, carisma, esperanza y pasión **ESPIRITUAL** ayuda a manifestar prosperidad y las propias pasiones y sueños

L A APATITA AMARILLA es un mineral de fosfato de calcio con una dureza de 5. Su sistema cristalino es hexagonal (trigonal). Se encuentra en México.

La Apatita Amarilla es uno de los cristales más puros del rayo amarillo; la vibración de claridad mental, fuerza de voluntad y manifestación. Es una piedra solar y, por tanto, de carácter masculino. Puede ayudar tanto a los hombres como a las mujeres a fortalecer el lado masculino de la personalidad. Ayuda a desarrollar asertividad y confianza en todas las situaciones. La Apatita Amarilla es también una piedra de aprendizaje y puede mejorar la capacidad de asimilar y digerir nueva información, sobre todo la que ayuda a manifestar los deseos más fuertes. Si uno no tiene claro lo que en realidad quiere de la vida en general, o cualquier aspecto específico de la vida, la meditación con esta piedra puede aportar tanto la visión necesaria como la fuerza de propósito para hacerlo.

Llevar o usar Apatita Amarilla puede aumentar el efecto de la propia voluntad en situaciones sociales y puede mejorar el carisma personal. Puede ayudar a la manifestación de la prosperidad en todos los aspectos, así como a encontrar el valor para tomar riesgos y la claridad para saber qué riesgos tomar. Además, puede ser una aliada útil para cualquier persona que se encuentre en una situación competitiva, desde los deportes hasta el mundo empresarial.

La Apatita Amarilla se puede combinar con berilo dorado, Tectita Dorada de Libia, Labradorita y Moldavita.

APATITA AZUL

PALABRAS CLAVE activación psíquica, acceso al conocimiento **CHAKRAS** tercer ojo (6to) **ELEMENTOS** viento **CORPORAL** ayuda a calmar los dolores de cabeza, a superar el vértigo, a mejorar la vista **EMOCIONAL** elevación del estado de ánimo, superaración de la acrofobia **ESPIRITUAL** ayuda a la exploración de vidas pasadas, sueños lúcidos y al recuerdo de sueños

LA APATITA AZUL es un mineral de fosfato de calcio con una dureza de 5. Su sistema cristalino es hexagonal (trigonal) y se halla en Madagascar y Sri Lanka. Sus ricos tonos de azul tropical la convierten en una piedra popular para la joyería y ornamentos.

Ejerce una influencia limpiadora en el campo áurico, sobre todo en el cuerpo mental, el nivel vibratorio asociado con percepción psíquica y habilidades paranormales. Estimula los estados visionarios y es una buena piedra para tener en la funda de la almohada para sueños lúcidos y viajes astrales. La Apatita Azul puede mejorar la experiencia de la "visión vertical", en la que uno es capaz de ver múltiples niveles de conciencia que operan de forma armoniosa y simultánea. Es una piedra de inspiración, capaz de hacer que uno sea más susceptible a una característica experiencia reveladora en la que uno tiene un instante de comprensión que aclara la respuesta a problemas o preguntas de larga data. Su vibración atrae a los "seres azules" de las regiones superiores, ya sean extraterrestres, guías o entidades divinas como Krishna, y permite comunicarse con ellos.

La Apatita Azul ayuda a recuperar recuerdos de vidas pasadas e información de civilizaciones antiguas. Es una piedra excelente para usar en combinación con cristales "guardianes de registros". Para propósitos de trabajo profético, se puede utilizar con cristales de cuarzo trigónico.

APATITA VERDE

PALABRAS CLAVE conocimiento del corazón, relajación, revitalización   **CHAKRAS** corazón (4to), garganta (5to), tercer ojo (6to)   **ELEMENTOS** agua   **CORPORAL** ayuda a la curación general y descanso mediante la sanación del corazón   **EMOCIONAL** ayuda la salud del cuerpo emocional, optimismo, generosidad   **ESPIRITUAL** facilita la consciencia sobre la prosperidad, así como la abundancia de salud y felicidad

L A APATITA VERDE es un mineral de fosfato de calcio con una dureza de 5. Su sistema cristalino es hexagonal (trigonal) y se halla en Madagascar y en Sri Lanka. Sus ricos tonos de verde la convierten en una piedra popular para la joyería y los ornamentos.

La Apatita Verde es un maravilloso tónico para los nervios y el estrés. Sus energías son tan relajantes y refrescantes que nos recuerdan la sensación de sumergirnos en un lago inmaculado en un día caluroso. Al combinar las energías del chakra del corazón, el chakra de la garganta y el tercer ojo, la Apatita Verde permite comunicar con claridad la sabiduría equilibrada de la mente y el corazón, al mantenernos en sintonía para no extenuar nuestro lado lógico ni el emocional. Esta gema es ideal para aquellos que desean desempeñar un papel docente o sanador en la vida, ya que ayuda a emitir energía que mantiene el equilibrio interior. La Apatita Verde también puede ayudar a comunicarse con los espíritus de la naturaleza, así como a canalizar las energías curativas hacia la Tierra. Estas gemas armonizan con la mayoría de las demás, especialmente con Danburita, Fenacita, Azeztulita y Larimar. Las tres primeras son piedras de alta vibración y elevarán los estados accesibles a través de la Apatita Verde. Al combinarla con Larimar, la comunicación y el equilibrio emocional se potencian.

La Apatita Verde es muy fácil de usar y la mayoría de la gente disfrutará de la conexión con ella. Es una piedra de esperanza renovada y engendra optimismo y coraje.

APOFILITA CLARA

PALABRAS CLAVE conciencia interdimensional
CHAKRAS coronilla (7ma), tercer ojo (6to)
ELEMENTOS viento, tierra   **CORPORAL** apoya
la infusión de luz espiritual y que el cuerpo de
luz se vuelva físico   **EMOCIONAL** ayuda a redescubrir la confianza en lo divino
tras la desilusión   **ESPIRITUAL** facilita viajes interdimensionales, y conecta con
guías y ángeles

LA APOFILITA CLARA es un mineral de silicato cálcico potásico hidratado con
un sistema cristalino tetragonal y una dureza de 5. Los mejores cristales de
Apofilita Clara se hallan en la India.

Estas piedras son excelentes para ayudarnos a conectar con energías de
mayor frecuencia de los dominios angélicos e interdimensionales. De hecho, estos
cristales pueden servir como ventanas a muchos otros mundos y aquellos que
deseen experimentar un viaje interdimensional disfrutarán trabajando con ellos.

La meditación es una de las principales formas de trabajar con ellas. Si uno
se imagina que su punto de conciencia se mueve hacia el interior de uno de los
cristales de Apofilita Clara, encontrará, una vez "dentro", que los corredores
geométricos de la luz se dirigen en todas las direcciones y que nuestra conciencia
es capaz de viajar a lo largo de estos corredores a un sinfín de reinos de experiencia interior. Mantener una o más Apofilitas Claras en nuestro entorno puede
proporcionar una atmósfera de pureza y presencia espiritual en el hogar, el área
de meditación o el espacio de trabajo.

Estas piedras pueden utilizarse para contactar a los ángeles de la guarda y
guías espirituales, o para visitar los reinos angélicos superiores. Son útiles para
desarrollar la visión profética. La Apofilita Clara trabaja en sinergia con Azeztulita, Escolecita, Natrolita, Fenacita, Herderita, Brookita y la Tectita Negra Tibetana.
La Selenita, junto con Apofilita Clara, puede abrir el camino a la comunión consciente con el ser superior.

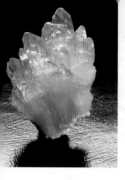

APOFILITA VERDE

PALABRAS CLAVE conexión con los espíritus de la naturaleza
CHAKRAS coronilla (7ma), tercer ojo (6to), corazón (4to)
ELEMENTOS viento, tierra **CORPORAL** ayuda en la
curación de enfermedades degenerativas, y desintoxica el
cuerpo **EMOCIONAL** fomenta la alegría en la maravilla que
representa la vida física, encontrando esperanza y dulzura
ESPIRITUAL facilita la comunicación con los espíritus de la
naturaleza, la apertura psíquica

L A APOFILITA VERDE es un mineral de silicato cálcico potásico hidratado con un sistema cristalino tetragonal y una dureza de 5. La mayor parte de la Apofilita Verde se encuentra en la India.

Los cristales y racimos de esta piedra emanan una energía dulce que resuena con la abundante fuerza vital del mundo de la naturaleza. La meditación con ellos puede abrir nuestra percepción para lograr ver e interactuar con los espíritus de la naturaleza, devas e incluso para la comunicación telepática con animales y plantas. El mero hecho de tener una o varias de estas piedras dentro de casa nos infundirá con energías refrescantes de la naturaleza. Llevar una de estas piedras con nosotros aumentará el flujo de la fuerza vital en todo nuestro ser. Son piedras ideales para quienes se están recuperando de una enfermedad, ya que invocan energías del renacimiento, curación y crecimiento. La Apofilita Verde puede ayudar a quienes desean trabajar con los espíritus de la naturaleza en la jardinería o en la restauración de zonas silvestres. Puede ayudar en la comunicación con animales, porque abre el canal psíquico por el que se puede interactuar tanto con animales individuales como con las mentes colectivas de especies enteras. Puede funcionar de forma similar con plantas e incluso con otros minerales.

La Apofilita Verde se combina muy bien con Cuarzo Verde de Serifos, Cuarzo Fantasma Verde, Serafinita, Hiddenita y Cuarzo de Hadas. La Dioptasa, Ajoíta y Esmeralda potencian la capacidad de la Apofilita Verde para facilitar el perdón y la sanación emocional.

ARAGONITA AZUL

PALABRAS CLAVE intuición y aumento de la percepción emocional y de la capacidad psíquica **CHAKRAS** garganta (5to), corazón (4to), tercer ojo (6to) **ELEMENTOS** viento y agua **CORPORAL** brinda ayuda con problemas respiratorios, salud pulmonar, *prana yama* y ejercicios de respiración **EMOCIONAL** aumenta el disfrute de las emociones, renueva las ganas de vivir **ESPIRITUAL** facilita la mejora de capacidades espirituales y psíquicas

L A ARAGONITA es un mineral de carbonato de calcio con una dureza de 3,5 a 4. Se presenta en varios colores, como blanco, gris, rojizo, verde-amarillo y azul. Las Aragonitas Azules se presentan en numerosas formas, incluidas las estalactíticas, y son de color turquesa. La mayoría se encuentra en China.

Estas piedras mejoran todos los niveles de percepción emocional e intensifican el disfrute de todos los estados emocionales; alivian el miedo que nos lleva a insensibilizarnos ante las alegrías y las penas de la vida, y aportan un renovado entusiasmo y valor para experimentar todos los sentimientos. La Aragonita Azul no es tan solo un poderoso intensificador de los estados emocionales positivos, sino que también ayuda a sanar heridas emocionales pasadas y presentes; permite abrazar plenamente todo lo que trae la vida, ya que facilita la visión de la belleza y la perfección tanto del triunfo como de la tragedia, del amor y de la pérdida, así como de todos los estados intermedios.

Así como activa y mejora el estado del cuerpo emocional, esta piedra intensifica las capacidades empáticas y psíquicas naturales; esto es de especial importancia para aquellos que son sanadores, lectores psíquicos, médicos intuitivos o trabajadores del cuerpo. Sus vibraciones están en armonía con las energías del reiki. Es una piedra excelente para utilizarla en disposiciones corporales para la autocuración o activación de estados superiores de conciencia.

La Aragonita Azul combina muy bien con Moldavita, Aguamarina, Ópalo Azul de Owyhee, Larimar y Topacio Azul.

ARAGONITA ESPAÑOLA

PALABRAS CLAVE conciencia del mundo viviente, despertar de la conciencia superior, conexión con la corriente futura, enraizamiento de energías celestiales en la Tierra **CHAKRAS** coronilla (7ma), etéreo (8vo-14to) **ELEMENTOS** viento, fuego, tormenta **CORPORAL** apoya la regeneración y rejuvenecimiento de las células y el cuerpo **EMOCIONAL** fortalece la empatía, especialmente con los animales **ESPIRITUAL** permite abrir la coronilla para la plena infusión de energía y activación del cuerpo de luz

L A **ARAGONITA ESPAÑOLA** es un carbonato de calcio con un sistema cristalino ortorrómbico y una dureza de 3,5 a 4. Su forma es columnar y sus colores son gris verdoso y púrpura. Procede de Molina de Aragón, España.

Esta piedra representa la forma más energética de las aragonitas; estimula poderosamente al tercer ojo y el chakra de la corona y permite conectar con los chakras etéricos por encima de la cabeza. Esto facilita la conexión con los dominios de mayor frecuencia, como los reinos angélicos. Uno de los puntos fuertes de la Aragonita Española es su capacidad para ayudarnos a conectar de manera empática con animales. Es muy recomendable para aquellos que trabajan con la comunicación con los animales. En un nivel más profundo, esta piedra fomenta la capacidad de vinculación con el mundo viviente. Trabajar con ella durante la meditación o llevarla en el día puede sensibilizar el campo energético de uno a corrientes sutiles que operan bajo la superficie. Uno reconoce su propia actividad creadora y la actividad creadora del mundo. La Aragonita Española lleva poderosas corrientes de fuerza vital, que entran a través del chakra de la coronilla, iniciando la infusión del cuerpo de luz en la forma física, así como la regeneración del organismo.

Esta piedra funciona bien con Herderita, Natrolita, Fenacita y todas las Azeztulitas. La Guardianita es una poderosa aliada para enraizar las energías profundas que llegan a través de la Aragonita Española.

ASTARALINA

PALABRAS CLAVE proteger y nutrir el cuerpo de luz, sanar las células **CHAKRAS** todos **ELEMENTOS** viento, agua **CORPORAL** apoya la curación de hábitos destructivos en las células **EMOCIONAL** fomenta sensación de confort y alegría en el proceso de transformación **ESPIRITUAL** construye un "capullo" para el cuerpo de luz, activa el plano divino

LA ASTARALINA es una combinación de moscovita, cuarzo y cronstedtita, de color rosa grisáceo o amarillo grisáceo. Se halla en Colorado, Estados Unidos.

Es una piedra muy activa; resuena en todo el cuerpo. La misma entra con facilidad a través del tercer ojo y el chakra del corazón y se hace sentir en todo el cuerpo, incluso en las manos y los pies. La Astaralina llena la matriz corporal de cristal líquido con una sensación de bienestar, como si uno estuviera acunado en la luz. Como la piedra de conciencia celular, puede ayudar a quienes se dedican a la autocuración a traer armonía y alineación funcional a todos los órganos y sistemas corporales. Sus emanaciones nutritivas y coherentes invitan a las células a encontrar el nuevo camino para existir en un estado de gracia, dejando atrás viejos hábitos de deterioro y degeneración. La Astaralina amplifica el poder del plan divino para el cuerpo de luz, no como un vehículo separado para la ascensión del individuo, sino como transformación del cuerpo bruto en uno de luz espiritual radiante; es como si las corrientes de las piedras formaran un capullo interior de luz dentro del cual podemos vivir el proceso de metamorfosis hacia un nuevo ser luminoso. Esta piedra estimula las células a que produzcan más biofotones y nos ayuda a vincularnos conscientemente con nuestro yo superior. Es una piedra absolutamente vivaz, que se ha presentado para ayudar a la transición de la humanidad hacia seres de luz.

La Astaralina puede combinarse con todas las demás piedras. Las Azeztulitas pueden amplificar su despertar del cuerpo de luz. La Guardianita ayuda a la protección.

ASTROFILITA

PALABRAS CLAVE autoconocimiento, vínculo
con nuestro propio plan divino
CHAKRAS todos **ELEMENTOS** tormenta
CORPORAL ayuda a superar adicciones y hábitos autodestructivos
EMOCIONAL ayuda a superar la depresión y aburrimiento, invita al autodescubrimiento con entusiasmo **ESPIRITUAL** nos inspira a comprender nuestro yo
multidimensional y propósito de vida

L A ASTROFILITA es un mineral complejo: un silicato de potasio, sodio, hierro,
manganeso y titanio con una dureza de 3,5. Se forma en cristales de hoja que a
menudo se presentan en ráfagas de estrellas dentro de su roca matriz de color cane-
la. Por lo general presenta un color bronce cobrizo, pero también puede ser dorada.

Esta piedra ayuda a navegar los vericuetos de los viajes más allá del cuerpo,
tanto en el reino astral como fuera de él. Puede ayudar incluso en el dominio, a
menudo caótico, de sueños. Es a la vez un acicate para la expansión de conciencia
y un ancla que ayuda a volver a nuestra base o punto de partida.

La Astrofilita puede revelar el patrón oculto del proyecto divino, o el propósito de la vida, lo que puede ocurrir a través de un aumento de sincronías; es tanto
un imán para estas sincronicidades como una ayuda para ser más consciente de
su ocurrencia y significado.

Estar desalineados con nuestro propósito interno puede causar todo tipo de
síntomas, como aburrimiento, depresión, excesos en la alimentación, adicciones
y así sucesivamente. Esta piedra, como amplificador de un interés latente en los
propósitos más profundos y significativos de la vida, puede ayudar a despren-
dernos de tales estados. Las estructuras complejas y reflejos intermitentes de
la Astrofilita resuenan con su propósito más profundo: iluminar el espejo de la
conciencia, iluminar el verdadero ser.

La Astrofilita puede combinarse con Moldavita, Tectita Negra Tibetana,
Natrolita, Escolecita, Turmalina Negra, Cuarzo Ahumado y Hematita.

AURALITA-23

PALABRAS CLAVE unión con el ser superior, purificación interior, aumento de sensibilidad psíquica, conciencia visionaria **CHAKRAS** todos **ELEMENTOS** tormenta **CORPORAL** inicia la purificación celular, puede disipar problemas crónicos **EMOCIONAL** inspira la alegría que produce encuentro con el ser superior **ESPIRITUAL** mejora capacidad psíquica, nos vincula con la presencia mágica

"AURALITA-23" es el nombre asignado un grupo de cristales del norte del Lago Superior, en Canadá. Se componen sobre todo de amatista, un mineral de dióxido de silicio con una dureza de 7 y se dice que contienen hasta otros veintidós minerales.

La Auralita-23 estimula la conciencia superior y conexión telepática con los guías y espíritus guardianes. Ofrece un vínculo directo e inmediato con lo que se denomina la "presencia mágica" en la literatura esotérica: el ser superior más allá del "yo" cotidiano. Las bendiciones que ofrece esta piedra incluyen la purificación interior y ruptura de patrones de ansiedad, resentimiento, juicio, depresión y derrota. Todo esto facilita la elevación del espíritu y el despertar de las potencialidades para una nueva vida, hasta llegar a la conciencia celular. El propio cuerpo se asombra y se torna reverente por la limpieza de los velos de la ilusión y el amanecer de la presencia del propio ser superior. Otros efectos pueden incluir un aumento de la sensibilidad psíquica, mayor perspicacia, desaparición de problemas físicos crónicos, despertar equilibrado de la kundalini, visiones espontáneas de acontecimientos futuros, mayor capacidad para el viaje del alma y los sueños lúcidos, y experiencias con los ángeles.

La Auralita-23 funciona de manera armoniosa con todas las formas de Azeztulita, así como con Rosophia, Guardianita, Merlinita Mística y Cuarzo Chamánico. Además, puede potenciarse con el proceso de superactivación del azozeo.

AVENTURINA AZUL

PALABRAS CLAVE sintonización psíquica, autodisciplina, fuerza interior
CHAKRAS tercer ojo (6to)
ELEMENTOS viento, agua
CORPORAL apoya el equilibrio hormonal, respiración, circulación y valores saludables de la sangre **EMOCIONAL** ayuda a conseguir la madurez emocional y autodisciplina **ESPIRITUAL** potencia las capacidades psíquicas e intuitivas

L A AVENTURINA AZUL es un miembro de la familia del cuarzo, un mineral de dióxido de silicio con una dureza de 7. Su estructura es hexagonal (trigonal) y es criptocristalina. Su nombre deriva del italiano *a ventura,* un tipo de vidrio descubierto alrededor del año 1700 d. C. Su color se debe a la inclusión de silicatos de cobre.

Es una piedra de autodisciplina y fuerza interior que ayuda a tomar decisiones claras y a mantenerlas. Puede ser útil para iniciar el cambio de hábitos problemáticos como el tabaquismo, la sobrealimentación, el abuso de sustancias e incluso rasgos como el egoísmo y la agresividad pasiva. Puede ser útil para individuos con el síndrome de Peter Pan, quienes no quieren crecer nunca. Bajo la influencia de esta piedra, podemos darnos cuenta de que ser adulto es preferible a la juventud perpetua. A medida que trabajamos con ella pueden empezar a aflorar poderes y sensibilidades innatos que habían estado bloqueados por desarmonías internas. Las habilidades psíquicas e intuitivas, sintonía con la guía interior beneficiosa, capacidad de "leer" con empatía a los demás y la habilidad de "sintonizar" información del registro akásico son algunos de los potenciales que esta piedra puede ayudar a alcanzar.

La Aventurina Azul puede combinarse con otras Aventurinas y con Amatista, Cuarzo Transparente, Citrino, Ópalo, Moldavita, Lapislázuli, Sodalita, Fenacita, Azeztulita, Celestita, Herderita, Escolecita, Brookita, Natrolita y Datolita.

AVENTURINA ROJA

PALABRAS CLAVE discernimiento, determinación, fuerza, creatividad, sexualidad
CHAKRAS raíz (1ero), sacro (2do), tercer ojo (6to)
ELEMENTOS tierra, fuego   **CORPORAL** apoya
el buen funcionamiento del sistema inmunitario, la salud sanguínea y del hígado
EMOCIONAL brinda apoyo en situaciones de resistencia, fe y perseverancia
en dificultades   **ESPIRITUAL** facilita la percepción, inspiración artística y
manifestación de visiones

L A **AVENTURINA ROJA** es un miembro de la familia del cuarzo, un mineral de
dióxido de silicio con una dureza de 7. Su estructura es hexagonal (trigonal) y
es criptocristalina. Su nombre deriva del italiano *a ventura,* un tipo de vidrio descubierto alrededor del año 1700 d. C. Su color proviene de inclusiones de Hematita.

Es una piedra de vitalidad, creatividad, sexualidad, agudeza mental y manifestación a través de la acción. Aumenta el deseo de asumir y superar los retos de
la vida y ayuda a encontrar la determinación para perseverar. Aumenta el flujo de
la fuerza vital, lo que ayuda a las personas con poca vitalidad a hacer las cosas.
Las personas que se recuperan de una enfermedad pueden utilizarla para reconstruir sus energías físicas, así como su confianza. Puede ayudar a las personas
con apetito sexual disminuido a renovar su excitación. Los artistas, escritores y
otras personas que dependen de su capacidad creativa pueden descubrir que la
Aventurina Roja les asiste a encontrar una nueva inspiración. Aquellos que deben
trabajar muchas horas con atención y concentración podrían encontrar un poderoso aliado en ella, y todo aquel que desee hacer realidad sus deseos se animará
con su capacidad de infundir confianza, fe y energía.

La Aventurina Roja combina bien con Cuarzo, Rubí, Zincita, Fenacita, Labradorita y Moldavita. En el caso de que la Aventurina Roja haga que uno se sienta
demasiado poderoso, la Ajoíta puede suavizar cualquier rudeza.

AVENTURINA VERDE

PALABRAS CLAVE vitalidad, crecimiento, confianza **CHAKRAS** corazón (4to) **ELEMENTOS** agua, tierra **CORPORAL** ayuda a la sanación general, promueve el aumento de la fuerza vital, brinda soporte al corazón y la circulación **EMOCIONAL** inspira optimismo, autoconfianza y paz en medio de las dificultades **ESPIRITUAL** trae buena suerte, bendiciones, manifestación y prosperidad

La Aventurina Verde es un miembro de la familia del cuarzo, un mineral de dióxido de silicio con una dureza de 7. Su estructura es hexagonal (trigonal) y es criptocristalina. Su nombre deriva del italiano *a ventura,* un tipo de vidrio descubierto alrededor del año 1700 d. C. Su color proviene de partículas microscópicas de fuchsita.

Es una piedra de optimismo y entusiasmo por la vida; ayuda a avanzar con confianza en nuevas situaciones e incluso a afrontar problemas como el envejecimiento, enfermedad y mortalidad. Aporta una sensación de ligereza, incluso de humor, ya que ayuda a afrontar los altibajos de la vida. En la vida emocional, permite ver el lado positivo de los problemas difíciles; infunde fuerza vital en el proceso de sanación y ayuda a reconstruir las reservas de energía agotadas.

La Aventurina Verde puede ser una piedra de "buena suerte" y se recomienda a quienes desean manifestar una mayor prosperidad. Puede ayudar en otras situaciones en las que acciones externas manifiestas de uno no controlan el resultado; sería ideal para llevarla al hipódromo, a una auditoría fiscal o a una primera cita.

Esta piedra se combina en armonía con miembros de la familia del cuarzo, así como con Moldavita, Piedra de Luna, Morganita y Turmalinas verde y rosa. Las Turmalinas pueden magnificar las energías del chakra del corazón de la Aventurina, por lo que uno está más propenso a dar y encontrar el amor con más facilidad.

AXINITA

PALABRAS CLAVE conexión a tierra, resistencia, vitalidad, exploración interior **CHAKRAS** raíz (1ero), tercer ojo (6to) **ELEMENTOS** tormenta **CORPORAL** apoya la sanación general, vitalidad y energización del cuerpo **EMOCIONAL** ayuda a la resolución de conflictos, cooperación y armonía interior **ESPIRITUAL** aporta conciencia de otros planos espirituales, memoria de vidas pasadas

L A AXINITA es un mineral de borosilicato con una dureza de 6,5 a 7. Su color suele ser marrón, aunque también se han encontrado ejemplares azules y violetas. Su sistema cristalino es triclínico. Su nombre se debe a la similitud de sus cristales de bordes afilados y acuñados con la forma de un hacha (en griego, *axina*). Se halla en Francia, México, Rusia y Estados Unidos.

Esta piedra emana una energía muy sana y útil: aclara la conciencia, armoniza las emociones, expande la percepción y equilibra las energías físicas. Representa una fuerte conexión a tierra, lo que permite llevar sus energías a través de los pies hacia todo el cuerpo. Puede ser una poderosa ayuda para la resistencia y se recomienda para cualquier persona que trabaje muchas horas.

La Axinita permite a la mente despierta acceder al reino subconsciente y al superconsciente. También ayuda a recordar experiencias de planos espirituales. Puede utilizarse para ayudar a acceder de forma consciente a los campos mórficos del conocimiento que han sido acumulados por cada especie a lo largo del tiempo y del espacio. Puede funcionar como una "piedra sabia", porque facilita un acceso intelectual directo al conocimiento, sin importar cualquier fuente externa.

Esta piedra puede combinarse con Zincita, Moldavita, Herderita, Fenacita, Azeztulita, Berilonita, Tremolita y Danburita. Si se combina con Alejandrita puede facilitar el recuerdo de vidas pasadas.

AZABACHE

PALABRAS CLAVE protección, purificación, conexión a tierra **CHAKRAS** raíz (1ro), para la conexión a tierra; todos, para la purificación **ELEMENTOS** tierra **CORPORAL** brinda protección espiritual al cuerpo, cura las fugas de energía en el aura, ayuda a la limpieza energética del hígado y riñones **EMOCIONAL** limpia el campo energético de apegos emocionales negativos **ESPIRITUAL** facilita la entrada y exploración del vacío interior de la creación

EL AZABACHE es una variedad de carbón de color negro o marrón oscuro llamado lignito. Es una combinación de carbono y compuestos de hidrocarburos con una dureza de 3 a 4. Su formación se originó por la litificación de la madera sumergida en el lodo del fondo marino. Se halla en Inglaterra, Polonia, Australia, Rusia, Estados Unidos y otros países.

Esta piedra puede servir de ayuda en la activación de los poderes de la magia y la interacción con las fuerzas de los elementos. Ayuda a elevar la propia *sakti* y permite que parte de esa energía ardiente sea dirigida por la voluntad. Ayuda a atraer energías de la Tierra y a canalizar ese poderoso flujo.

El Azabache es un neutralizador de las energías negativas que limpia el campo de vibraciones no armoniosas. Ofrece protección psíquica en los viajes astrales o en la mediumnidad espiritual. Un collar o colgante de Azabache es un poderoso amuleto para la purificación del aura y protección de influencias negativas. Un pequeño cuenco de piezas de esta piedra es ideal para limpiar cristales, gemas y joyas. El Azabache y el Ámbar juntos en un delineación corporal o en una combinación de joyas crean un circuito de energía curativa.

Para protección psíquica y purificación, el Azabache puede combinarse con Turmalina Negra, Egirina, Cuarzo Ahumado y/o Granate Andradita Negro. Para elevar el *sakti*, la Serpentina y/o Tectita Negra Tibetana son poderosas aliadas. Para la sanación, el Azabache se combina con Ámbar, Serafinita y Sugilita. La Moldavita y Azabache facilitan una poderosa transformación espiritual.

AZEZTULITA (descripción general)

La AZEZTULITA tiene una de las historias más inusuales de todas las piedras de este libro. Químicamente es una variedad de cuarzo con un sistema de cristales hexagonales (trigonales) y una dureza de 7. La Azeztulita original se halló en Carolina del Norte alrededor de 1970; más de treinta años después, se encontró también en Vermont. Desde entonces se han descubierto más ejemplares en el norte y sur de la India, en las Montañas Rocosas y en Vermont en los Estados Unidos, y en una isla de la costa africana. Se han hecho nuevos hallazgos en Carolina del Norte, y los descubrimientos más recientes de esta piedra son de Nueva Zelanda. Aunque todas estas nuevas formas llevan las frecuencias de la Azeztulita, cada una tiene sus propias cualidades especiales.

El descubrimiento original de la Azeztulita Blanca se predijo antes de que ocurriera. Naisha Ahsian informó haber conectado por medio de telepatía con una entidad de alma de grupo angélica llamada Azez. Manifestaron ser sirvientes de la luz sin nombre del gran sol central y anunciaron la activación de una piedra terrestre cuyo propósito era transportar las corrientes de esta luz para conseguir el despertar espiritual de la humanidad y de la Tierra. Al final, la piedra fue encontrada y tenía propiedades energéticas excepcionales, incluyendo regeneración celular y activación del cuerpo de luz. La Azeztulita es lo que ha llegado a llamarse un cuarzo despierto. En tiempos recientes, se descubrió el proceso de superactivación azozeo, el cual lleva a todas las Azeztulitas que se someten a este a un nivel vibracional mucho más alto.

Los Azez declararon estar desplegados etéricamente en puntos vibracionales clave por toda la Tierra y que nuestro trabajo con ellos, así como con las Azeztulitas, puede despertar más y más cuarzos alrededor de la Tierra para llevar las energías iluminadoras del gran sol central, el centro divino del universo. Su objetivo final es que todos los cuarzos de la Tierra lleven y manifiesten estas altas frecuencias de iluminación espiritual. Ellos predijeron el descubrimiento de más formas de Azeztulita en diferentes localidades, y esto ha sucedido. Para más información, véase las publicaciones *The Book of Stones* y *Stones of the New Consciousness*.

AZEZTULITA AMARILLA DE SATYALOKA

PALABRAS CLAVE iluminación, ascensión, aceleración de nuestra propia evolución
CHAKRAS plexo solar (3ro), tercer ojo (6to)
ELEMENTOS tormenta   **CORPORAL** ayuda al cuerpo a asimilar e integrar la luz espiritual   **EMOCIONAL** nos invita a buscar y saborear el entusiasmo de la transformación   **ESPIRITUAL** inspira la conciencia y el entusiasmo por el despertar espiritual

L A AZEZTULITA AMARILLA DE SATYALOKA es un dióxido de silicio con un sistema cristalino hexagonal y una dureza de 7. El nombre *Satyaloka* significa "lugar de la verdad". Estas piedras de color amarillo brillante se hallan en el sur de la India.

La Azeztulita Amarilla estimula con fuerza el chakra del tercer ojo. Sus corrientes se mueven profundamente en el cerebro, y aporta sensaciones intensas y placenteras. Puede sentirse como si "tirara" de la conciencia hacia arriba. Su poder es el del cambio evolutivo; está programada para el despertar de la humanidad y de la Tierra a un nivel superior de conciencia espiritual, y su energía de despertar lleva una fuerza extraordinaria. Lleva las corrientes de iluminación, llamándonos con entusiasmo al despertar y la ascensión. Estas piedras parecen tener voluntad propia, la cual se centra en la rápida aceleración de nuestro despertar espiritual, y al mismo tiempo estimula las fuerzas de la voluntad, ayudando a alinear nuestras intenciones con la voluntad divina. Ayudan a enfocar las energías al servicio de las intenciones más elevadas, proporcionan claridad y mejoran el propósito, además de despertar la mente para percibir y abrazar el propio destino.

La Azeztulita Amarilla de Satyaloka funciona bien con todas las piedras de ascensión y de sinergia. Armoniza con Astaralina para construir el cuerpo de luz. La Guardianita protege el cuerpo de luz en este proceso.

AZEZTULITA AMAZEZ

PALABRAS CLAVE purificación, sanación, comunicación con seres espirituales, capacidades psíquicas **CHAKRAS** tercer ojo (6to) **ELEMENTOS** tormenta **CORPORAL** promueve la resonancia con el propio plan divino de salud **EMOCIONAL** nos libera de negatividad y apegos negativos **ESPIRITUAL** potencia capacidades psíquicas y estimula el proceso de iluminación

L A AMAZEZ es una variedad de Amatista proveniente de la Azeztulita, un mineral de dióxido de silicio con una dureza de 7. Fue descubierta en una isla de la costa sureste de África.

Es una piedra terapéutica ideal para profesionales de la cristaloterapia. Se utiliza para aportar ayuda espiritual a cualquier zona débil o afligida del cuerpo. Puede despejar cualquier zona gris del campo áurico y despertar el poder de nuestro propio plan divino, así como disipar todo tipo de negatividad del cuerpo y del campo áurico, incluyendo implantes y entidades, y es suficientemente poderosa como para ser utilizada como herramienta en la "cirugía psíquica".

La Amazez puede limpiar nuestro campo de forma tal que haga posible una interacción consciente con seres superiores en muchos planos espirituales. Los ángeles, e incluso los propios Azez, pueden acercarse con mayor facilidad a quien ha sido purificado por esta piedra. La Amazez potencia todas las capacidades psíquicas, incluyendo la clarividencia, clariaudiencia, clarisensibilidad, visión remota, visión profética, sanación psíquica y muchas más. Puede estimular capacidades intuitivas, ya que actúa como fuente de inspiración creativa y de conocimiento instantáneo. Además, puede activar poderosamente el chakra "boca de Dios" ubicado cerca de la parte superior de la columna vertebral, detrás de la cabeza.

La Amazez armoniza con todas las Azeztulitas, así como con la Auralita 23, Angelina Púrpura, Ópalo Llama Violeta, Fenacita, Danburita, Escolecita, Brookita, Natrolita, Calcita Merkabita y Cuarzo Nirvana.

AZEZTULITA BLANCA

PALABRAS CLAVE recepción de la luz sin nombre, enlace con el gran sol central, reajuste celular para la sanación y el despertar **CHAKRAS** todos **ELEMENTOS** tormenta **CORPORAL** inicia regeneración celular, ayuda a la infusión del cuerpo con luz espiritual **EMOCIONAL** apoya el despertar al amor universal, limpiando el cuerpo **ESPIRITUAL** inspira unión con la luz divina, el despertar mutuo con la Tierra

LA AZEZTULITA BLANCA es el tipo original de Azeztulita que se halla en Carolina del Norte y Vermont. Es un cuarzo blanco opaco o transparente con una dureza de 7. Se distingue de otros cuarzos sobre todo por sus poderosas corrientes de alta vibración.

La Azeztulita Blanca de Vermont y Carolina del Norte tiene una de las frecuencias espirituales más altas de todas las piedras. Sus corrientes de luz sin nombre provenientes del gran sol central fluyen por todo el cuerpo, realineando toda la matriz corporal de cristal líquido y fomentando regeneración y sanación celular. Estas piedras estimulan todos los potenciales del ser humano espiritual, los seres despiertos en los que estamos destinados a convertirnos. A través de nuestra conexión con corrientes de Azeztulita podemos canalizar la luz divina hacia la Tierra para su sanación y despertar. Meditar con ella trae luz a nuestra conciencia; a menudo comienza como chispas brillantes, y evoluciona hacia la inmersión consciente en la clara luz de lo divino. También acelera la conciencia celular, lo que ayuda al desarrollo de la mente de las células, un nuevo centro de conciencia destinado a trabajar en asociación cocreativa con nosotros. Es una piedra del despertar del cuerpo de luz, de resurrección y de ascensión. Es la piedra clave de la nueva conciencia y puede elevar las energías de todas las demás piedras.

AZEZTULITA "CINNAZEZ"
(Azeztulita con Cinabrio)

PALABRAS CLAVE expansión de la conciencia,
estimulación del cerebro, aumento de las
sincronicidades, conocimiento alquímico
CHAKRAS todos **ELEMENTOS** tormenta
CORPORAL estimula el sistema nervioso **EMOCIONAL** aumenta el entusiasmo
por la vida **ESPIRITUAL** permite el acceso a los reinos interiores

L A "CINNAZEZ" es una mezcla roja, blanca y negra de cuarzo, cinabrio y zinc,
descubierta hace poco en Nueva Zelanda. Sus cualidades vibratorias le han
valido un lugar entre diversos tipos de Azeztulitas Neozelandesas.

Es un acelerador de la percepción y un despertador de la conciencia superior.
Puede estimular el sistema nervioso para poner en práctica capacidades latentes
de clarividencia, comunicación telepática, sintonía con los reinos celestiales y
conocimiento directo de la verdad divina. Se siente como la esencia solidificada
de la piedra filosofal y puede asistir al cuerpo a abrirse para convertirse en conducto del fuego celestial del gran sol central.

Esta piedra estimula el cerebro y el sistema nervioso central, lo que aumenta
la receptividad a los campos de conocimiento de los reinos interiores, incluyendo el conocimiento alquímico. Ayuda a los que desean acceder a los registros
akásicos. Nos convierte en "atractores" de nuevos conocimientos y percepciones
de la misma manera que un poste de metal atrae los rayos. También estimula la
inteligencia del corazón y fortalece las redes neuronales a través de las cuales la
mente y el corazón se comunican. Dado que abre los canales de comunicación
angelical e interdimensional, es una aliada para quienes buscan comprender el
funcionamiento interno del universo. Puede desencadenar un aumento de las
sincronizaciones en nuestras vidas, así como el conocimiento de su significado.

La "Cinnazez" armoniza con todas las Azeztulitas, así como con la Fenacita,
Danburita, Cinabrio, Zincita, Aragonita Española, Herderita y Brookita.

AZEZTULITA COLOR CREMA Y MIEL

PALABRAS CLAVE luz interna y dulzura, placer, dicha y éxtasis, contacto con los Azez, amor, bendiciones, sanación emocional, recuperación de una enfermedad **CHAKRAS** todos **ELEMENTOS** agua, viento, tierra **CORPORAL** apoya la recuperación de la vitalidad después de una enfermedad **EMOCIONAL** curación emocional, corrientes de dulzura **ESPIRITUAL** emana amor y bendiciones espirituales, ofrece comodidad y sensación de seguridad

L AS AZEZTULITAS COLOR CREMA Y MIEL se encuentran en ríos remotos y bahías oceánicas de Nueva Zelanda. Su nombre se debe a su tonalidad marrón y blanca. Al igual que otras Azeztulitas, son un cuarzo con una dureza de 7.

Estas piedras emanan corrientes de dulzura y luz espiritual; una sensación muy placentera que estimula nuestras capacidades elevadas y nos llena de vibraciones suaves y reconfortantes. También generan amor en cada célula del cuerpo, al combinar el poder de este sentimiento de forma tal que nos recuerda a la naturaleza en sus expresiones más fértiles y encantadoras. Mientras dormimos, pueden transportarnos en una alfombra de dulzura hasta adentrarnos en el reino de los sueños, los cuales suelen ser muy espirituales. Incluso se puede viajar al gran sol central, acompañado por los propios Azez. Estas piedras pueden ayudar a entrar en la actividad de la bendición, un elemento esencial de la nueva conciencia.

Las Azeztulitas Color Crema y Miel son aliadas ideales para la sanación emocional. Pueden calmar y reconfortar a nuestro niño interior, y utilizarse en la recuperación del alma, porque proporciona un capullo hecho de corrientes amorosas dentro del cual uno puede "llamar a casa" a cualquier parte de su integridad original que se haya perdido en el camino. Son ideales para recuperarse del agotamiento causado por estrés o exceso de trabajo. Estas piedras brindan apoyo especial a las glándulas suprarrenales y al sistema nervioso parasimpático. Combinan muy bien con todas las demás Azeztulitas, y con las doce piedras de la sinergia y de ascensión (ver Apéndice II). Pueden ser superactivadas por el azozeo.

AZEZTULITA DE FUEGO ROJO

PALABRAS CLAVE fuerza vital, entusiasmo, vitalidad, poder, pasión, sexualidad, eterización de la sangre, inteligencia, experiencia visionaria, sanación, longevidad, transmutación alquímica **CHAKRAS** todos **ELEMENTOS** tierra **CORPORAL** ayuda a todas las partes del cuerpo, especialmente a la sangre, corazón, pulmones y cerebro **EMOCIONAL** fomenta entusiasmo, confianza, poder, optimismo y sexualidad **ESPIRITUAL** estimula la inteligencia, experiencia visionaria y transformación alquímica del ser

L A AZEZTULITA DE FUEGO ROJO es una forma de Azeztulita opaca y de color rojo intenso que solo puede encontrarse en Nueva Zelanda. En su composición química es un tipo de cuarzo con una dureza de 7.

Es una piedra de poder y pasión. Tiene afinidad con la sangre, la cual lleva sus corrientes de energía iluminada a todas las células del cuerpo. Esto desencadena un "regocijo interior" que hace surgir una oleada de pasión, confianza, optimismo y poder como un fuego rojo dentro del alma. Esta piedra puede utilizarse para reponer la fuerza, resistencia y vitalidad. Puede activar los centros de energía vinculados a la sexualidad e incluso puede potenciar corrientes sexuales entre parejas espirituales.

Además, estimula la inteligencia del cerebro, corazón y cuerpo. Ayuda a resolver problemas y nos conecta con mayor facilidad a ideas creativas. Potencia el entusiasmo y la energía necesaria para manifestar nuestros sueños. Puede utilizarse para mejorar la calidad y duración de la vida física. Como piedra de autosanación espiritual, resuena en beneficio del corazón, los pulmones y la corriente sanguínea, así como con el cerebro. Sin embargo, sus vibraciones pueden utilizarse para cualquier órgano o sistema corporal. Combina muy bien con las demás Azeztulitas, además de con Chamanita Maestra, Fenacita, Danburita, Natrolita, Escolecita, Zincita, Cuprita Carmesí, Cuprita Cornalina de Nueva Zelanda, Rosophia y Morganita.

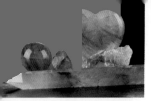

AZEZTULITA DE FUEGO ROSA

PALABRAS CLAVE fuego interior del amor divino,
activación del alto corazón, autoidentificación apasionada con el amor, autosanación emocional y física

CHAKRAS corazón (4to) y alto corazón (entre el 4to y el 5to)   **ELEMENTOS** fuego
CORPORAL apoya el proceso de recuperación de enfermedades autoinmunes,
facilita la sanación al llenar las células con la luz y el fuego del amor divino
EMOCIONAL resulta muy beneficioso para la sanación emocional
ESPIRITUAL enciende el fuego interior de amor divino, tanto para recibir como
para transmitir el amor

L A AZEZTULITA DE FUEGO ROSA debe su colorido a las vetas de Hematita
oscura, de color rojo pardo. Es un tipo superactivado de Agnitita, un cuarzo
con una dureza de 7.

Esta es una piedra de pasión que invita a amar con gran intensidad, sin contener-
se. Desencadena el potencial de saber en verdad que el amor constituye los cimientos
de nuestra existencia, que es nuestra fuerza vital y la energía animadora del universo.
Además, puede enseñar a las células que el amor es el antídoto contra la enfermedad
e incluso la muerte. Por lo tanto, es ideal para aquellos que buscan sanar disfunciones
como trastornos autoinmunes. También es útil para la autosanación emocional,
ya que aporta una infusión de amor incondicional en nuestro campo energético, y
disuelve los ecos persistentes de viejas heridas. Puede desencadenar momentos de
exuberante alegría, ya que despierta el deseo de servir al flujo de amor que se eleva
para impregnar y transformar nuestro mundo. Esta piedra ofrece la prueba de que la
transformación evolutiva a través del amor es esencial y genuina: sus propias energías
especiales se encendieron al someterla al proceso de superactivación del azozeo.

Las piezas de Azeztulita de Fuego Rosa se pueden emplear para llenar nuestro entorno con poderosas energías de amor. Podemos llevar esta piedra con nosotros para ayudar a mantenernos siempre conectados a corrientes del amor divino.
Funciona en armonía con todas las demás Azeztulitas, así como con el Azumar,
Healerita, Cuarzo Rosa, Morganita, Rodonita, Rodocrosita y Kunzita.

AZEZTULITA EN CRISTALES DORADOS

PALABRAS CLAVE sintonización con la luz dorada-blanca, despertar del cuerpo de luz, viaje en el tiempo, acceso a la sala de los registros (akásicos), encender el sol de los corazones
CHAKRAS corazón (4to), tercer ojo (6to), coronilla (7mo), estrella del alma y elemento etérico (8vo-14to) **ELEMENTOS** tormenta **CORPORAL** estimula el sistema nervioso hacia nuevas capacidades **EMOCIONAL** conciencia con empatía, compasión y compromiso con la verdad **ESPIRITUAL** encarnación espiritual de la divinidad, conocimiento directo, transformación

L os Cristales Dorados de Azeztulita fueron descubiertos en Carolina del Norte en 2008. Son las únicas Azeztulitas que se cristalizan en forma de prismas, a excepción de algunos pequeños y raros ejemplares que se encuentran en Vermont. Varían desde blanco lechoso pálido hasta marrón ahumado, con varios tonos de citrino dorado, pero todos se llaman Azeztulita Dorada por su relación con el rayo auriblanco o la luz dorada-blanca. Estos cristales son importantes por su estimulación y despertar del cuerpo de luz. Durante la meditación, sus corrientes pueden llenar con rapidez el cuerpo y el campo áurico con luz dorada-blanca. Esta energía puede centrarse en el chakra del corazón, y encender el sol del corazón, que es la encarnación de lo divino dentro del ser humano.

La Azeztulita Dorada está alineada con el propósito de nuestra evolución en seres humanos espirituales. Se sintoniza específicamente con las capacidades latentes desconocidas del cerebro/mente y del sistema nervioso, al estimular los lóbulos prefrontales del cerebro de forma intensa y precisa. Activa nuestra capacidad de conocimiento directo, con solo la atención hacia una pregunta o un tema, o hacia la sala de registros en los planos interiores. La Azeztulita Dorada también activa capacidades latentes como el viaje en el tiempo, la conciencia empática de los demás y la conciencia como luz interior. Puede combinarse con Moldavita y todas las piedras de alta vibración de la ascensión.

AZEZTULITA NEGRA

PALABRAS CLAVE luz dentro de la oscuridad, transformación completa, recuerdo de la propia divinidad, protección, infusión de luz, piedra filosofal alquímica   **CHAKRAS** todos   **ELEMENTOS** tierra, viento, tormenta   **CORPORAL** apoya el tratamiento de enfermedades autoinmunes   **EMOCIONAL** ayuda a liberar emociones negativas, infunde alegría espiritual   **ESPIRITUAL** despeja obstáculos internos, llena el cuerpo de luz, protege, da poder y llama al despertar

L A AZEZTULITA NEGRA es una mezcla de cuarzo y calcita negra. Se encuentra en Vermont, Estados Unidos, junto a las azeztulitas blancas. Su dureza varía de 3 a 7.

Esta piedra ayuda a sintonizar con la luz dentro de la oscuridad. Es una piedra del sol de medianoche. Está relacionada con el enorme agujero negro del centro de nuestra galaxia y representa el momento de la singularidad o punto cero, en el que las leyes del universo se vuelven fluidas y cambiantes, lo que la convierte en un poderoso catalizador para la transformación espiritual. Cuando entramos en sintonía con la Azeztulita Negra nos volvemos capaces de cambiar cualquier cosa de nosotros mismos y, en consecuencia, esta puede crear cambios profundos en el mundo exterior. La Azeztulita Negra trae luz y poder en todo el sistema energético del ser humano.

En lo que respecta a la autosanación espiritual, es capaz de limpiar y despejar el cuerpo y campo energético de energías negativas, apegos inarmónicos, parásitos psíquicos, implantes y patrones kármicos inapropiados. Se puede utilizar para condiciones en las que el cuerpo se ataca a sí mismo. Ofrece poder y protección a los que trabajan con ella y ayuda a liberar heridas emocionales. Su poder aumenta durante los eclipses y/o la luna nueva.

La Azeztulita Negra trabaja muy bien con Chamanita Maestra, Obsidiana, Jade Negro, Turmalina Negra, Cuarzo Ahumado, Guardianita, Piedra Z, Piedra de la Profecía, Fenacita, Natrolita, Herderita, Brookita, Danburita y Petalita. Además, responde de forma positiva cuando se somete al proceso de superactivación azozeo.

AZEZTULITA ORO DEL HIMALAYA

PALABRAS CLAVE manifestación creativa, cocreación con Sofía, encendido del gran sol central en el corazón, infusión del cuerpo de luz dorada **CHAKRAS** corazón (4to), tercer ojo (6to), coronilla (7mo), estrella del alma y elemento etérico (8vo-14to) **ELEMENTOS** tormenta **CORPORAL** fortalece energéticamente los órganos y sistemas viscerales **EMOCIONAL** inicia la unión extática con Sofía, el alma del mundo **ESPIRITUAL** mejora nuestra capacidad de creación y visión interior

L A AZEZTULITA ORO DEL HIMALAYA fue descubierta en 2008, en el norte de la India, cerca de las montañas de la cordillera del Himalaya. Al igual que otras azeztulitas, es una forma de cuarzo con una dureza de 7, en este caso muestra un color amarillo brillante.

Es una de las principales piedras de manifestación creativa por medio de la voluntad. Tiene una poderosa resonancia con el chakra del plexo solar, lo que estimula la capacidad de hacer realidad las propias visiones. Esto ocurre porque también estimula la sede de visión del tercer ojo, e inspira una conciencia iluminada del propio poder creativo.

La Azeztulita de Oro del Himalaya enciende el despertar resonante del gran sol central en el corazón. Las corrientes de todas las Azeztulitas provienen de esta energía fuente y cada corazón en los seres humanos representa una potencial encarnación holográfica de este sol divino. Esta es la energía crística, hija del sol que se encarna en el mundo a través de nosotros. Si lo permitimos con plenitud, nuestra capacidad creativa activada se unirá a la de Sofía, alma del mundo, y por fin podremos reunirnos con ella en una conciencia cocreativa compartida, transformando el universo en un cosmos de amor. La Azeztulita de Oro del Himalaya también otorga poder a nuestra intención personal, porque nos ayuda a manifestar nuestros deseos a través de la alineación con el Tao. Estas piedras resuenan con la Rosophia y todas las piedras de alta vibración de la ascensión.

AZEZTULITA ROSA

PALABRAS CLAVE conciencia del corazón, sanación emocional, serenidad, compasión
CHAKRAS corazón (4to), tercer ojo (6to), coronilla (7mo), etérico (8vo-14to)
ELEMENTOS tormenta, agua **CORPORAL** ayuda a calmar el corazón, y alivia el estrés **EMOCIONAL** ayuda la sanación del cuerpo emocional y nuestro niño interior **ESPIRITUAL** facilita la recuperación del alma, ascensión y resonancia empática

L A AZEZTULITA ROSA fue descubierta en Colorado en 2008. Es una mezcla de cuarzo y dolomita rosa, y es más suave que otras Azeztulitas.

Resuena con rapidez a través de la matriz corporal de cristal líquido y se siente un cosquilleo en toda la superficie de la piel, como el suave toque de innumerables manos diminutas (¡que puede que sean las manos de los Azez!). Sin embargo, incluso con sus hormigueos, la Azeztulita Rosa es una piedra muy reconfortante; al despertar la sensibilidad, y al recorrer el cuerpo de cristal líquido con el patrón de la luz sin nombre, también calma el cuerpo emocional. Se dirige al corazón y siembra allí el patrón de aceptación compasiva y amor hacia todos los aspectos de uno mismo. Ayuda a curar la fragmentación causada por heridas emocionales y reconforta al niño interior.

Esta piedra puede ayudar a la recuperación del alma. Es ideal para sanadores, ya que facilita una relación compasiva entre profesional y cliente; promueve la empatía, y puede ayudar a aquellos que hacen lecturas intuitivas a conectar con el alma del cliente y leer su plan divino.

La Azeztulita Rosa facilita un estado de conciencia dulce, tranquilo y sereno, pero muy activado. Limpia todos los bloqueos emocionales del proceso de ascensión y abre el corazón para recibir la luz espiritual. Enseña al cuerpo que es digno de sanación y regeneración. Armoniza con piedras del corazón como la Morganita, Rosophia, Rodocrosita y Cuarzo Rosa.

AZEZTULITA ROSA DE SATYALOKA

PALABRAS CLAVE ascensión del corazón
CHAKRAS corazón (4to), tercer ojo (6to),
coronilla (7mo) **ELEMENTOS** tormenta
CORPORAL estimula la mente celular
para abrazar el amor y la verdad del corazón **EMOCIONAL** eleva y expande la
conciencia del corazón **ESPIRITUAL** hace surgir el corazón como el centro
soberano de nuestro ser

L A AZEZTULITA ROSA DE SATYALOKA es un dióxido de silicio con un sistema
cristalino hexagonal y una dureza de 7. El nombre *Satyaloka* significa "lugar
de la verdad". Su color va del rosa pálido al salmón. Se halla en el sur de la India.

Esta piedra lleva las corrientes de la ascensión del corazón. Como todas las
Azeztulitas de Satyaloka, sus vibraciones son intensas y poderosas. Estas piedras
no solo estimulan el chakra del corazón, sino que también invitan al corazón a
"ascender" hacia la cabeza. Despiertan el "yo" divino del corazón y lo elevan a su
legítimo trono en el centro del cerebro. Cuando esto ocurre, uno piensa, habla y
actúa desde la sabiduría del corazón. La mente y el cerebro ocupan entonces su
lugar como servidores del corazón. Cuando esta transformación se realiza a plenitud, uno puede hablar y actuar solo con la verdad, porque el corazón solo conoce
la verdad. Este cambio afecta también al cuerpo, porque disuelve toda falsedad y
negación de sí mismo en la mente de las células. Las células vibran con el amor y
la verdad del corazón, alineándose con la luz y el amor emanados por el gran sol
central y el corazón ascendido.

Para llevar a cabo la plenitud de esta profunda transformación, podemos
combinar esta piedra con la Azeztulita Amarilla de Satyaloka. Al llevar la Azeztulita Rosa en el corazón y la Azeztulita Amarilla en el tercer ojo, se puede crear y
energizar el circuito de luz y la ascensión del corazón.

AZEZTULITA SANDA ROSA

PALABRAS CLAVE sanación, armonía interior, enraizamiento de luz espiritual en el cuerpo, purificación,
sintonización con el alma de la Tierra **CHAKRAS** todos
ELEMENTOS tormenta, tierra **CORPORAL** apoya el buen
funcionamiento del sistema digestivo, armoniza los
sistemas corporales con la conciencia **EMOCIONAL** brinda ayuda a la serenidad
interior, y calma al cuerpo etérico **ESPIRITUAL** potencia meditación y sueños,
así como el encuentro con seres espirituales

L A AZEZTULITA SANDA ROSA, que se halla en Carolina del Norte (mismo lugar
en el que se descubrió por primera vez la Azeztulita), se diferencia de la Azeztulita original por sus partículas de granate espesartita y mica negra y verde. Es
principalmente blanca con vetas y manchas negras y rojizas.

Debido a sus inclusiones de mica y granate está más conectada a tierra que
otras formas de Azeztulita y, por lo tanto, es más fácil de trabajar para algunas
personas muy sensibles. Funciona de forma más enfocada en el cuerpo que
otras Azeztulitas, ya que armoniza la matriz corporal de cristal líquido y alinea
adecuadamente desde el punto de vista energético a varios sistemas corporales.
Provee mucha calma al cuerpo etérico y es particularmente útil para el sistema
digestivo.

Esta piedra estimula el chakra del tercer ojo y de la coronilla, de forma que
nos permite contemplar niveles muy profundos de conciencia meditativa. Reconforta el cuerpo emocional, y esto beneficia a aquellos que están trabajando para
calmar la mente. Además, es una buena piedra para llevar al reino de los sueños;
estimula imágenes vívidas en la psique, tanto en experiencias meditativas como
de sueño, y ayuda a recordar estos últimos. Favorece encuentros con seres elevados en los planos interiores.

La Azeztulita Sanda Rosa puede combinarse con todas las Azeztulitas,
Moldavita, piedras circulares, Serafina, Tanzanita, Morganita y Cuarzo Verde
de Serifos.

AZEZTULITA "SAURALITA"
(Azeztulita de Nueva Zelanda)

PALABRAS CLAVE materialización del propósito divino, unión del cielo y de la tierra **CHAKRAS** todos **ELEMENTOS** tierra, viento, fuego, agua, tormenta **CORPORAL** activa la experiencia corporal de la unión extática de la Tierra con la luz divina **EMOCIONAL** cura penas, miedo, dolor y ansiedad; trae un torrente de alegría y éxtasis **ESPIRITUAL** nos lleva al despertar consciente de la unión divina con la Tierra

L A AZEZTULITA "SAURALITA" (Azeztulita de Nueva Zelanda) es un dióxido de silicio con un sistema cristalino hexagonal y una dureza de 7. Su color es blanco y se presenta en forma de puntos de cristal y/o masas inscritas geométricamente. Su nombre procede del sánscrito *saura,* que significa "el sol divino". Se encuentra en Nueva Zelanda.

Vibra con una intensidad asombrosa, al combinar la luz sin nombre del gran sol central con la energía viva de la Tierra. A nivel energético, Nueva Zelanda es uno de los lugares más limpios del planeta, un sitio donde la luz del cielo y el amor de la Tierra se entremezclan vibrantes y estas piedras son una prueba de ello. Traen consigo el propósito de la Azeztulita en su materialización más plena: la luz viva de lo divino que se casa con la densidad de la materia. En la meditación, estas piedras atraen la luz hacia abajo a través de la coronilla mientras abren el chakra raíz para el surgimiento de las energías de la Tierra. Permiten que uno se convierta en un recipiente vivo para la manifestación del propósito divino en la Tierra, difusión de la luz y disolución del miedo, contracción y dolor. Son piedras de iluminación física, que hacen del cuerpo un lugar de celebración extática de la unión con lo divino. De todas las Azeztulitas estas son las más femeninas, porque la vitalidad de la Tierra está viva en ellas. Estas piedras nos hacen plantearnos la interrogante: "¿Dejarías tu vieja vida por una alegría nueva y desconocida?".

La Azeztulita "Sauralita" puede combinarse muy bien con Rosophia, Anandalita, Tectita Tibetana Negra, Astaralina, Guardianita y todas las demás Azeztulitas.

AZEZTULITA TRANSPARENTE DE SATYALOKA

PALABRAS CLAVE *sat-chit-ananda,* verdad, conciencia, gozo   **CHAKRAS** todos
ELEMENTOS tormenta, viento   **CORPORAL** inicia la infusión de la luz espiritual en el cuerpo   **EMOCIONAL** inspira el despertar al gozo divino
ESPIRITUAL facilita una expansión intensa de la conciencia, iluminación

L A AZEZTULITA DE SATYALOKA fue descubierta en el sur de la India, cerca del monasterio de Satyaloka. Es un tipo de cuarzo transparente o translúcido con una dureza de 7. El nombre *Satyaloka* significa "lugar de la verdad". La zona donde se encuentra ha sido llamada "el chakra de la coronilla del mundo".

Esta piedra abre el chakra de la coronilla con un tremendo flujo de energía. Sus energías vibran en forma descendente, lo que limpia y activa cada chakra a medida que pasa por ellos. Cuando se coloca en el corazón produce un profundo sentido de reverencia, se percibe la presencia del santo silencio. Resuena de manera directa con la inmensidad de la conciencia en el lugar del origen. Abre una corriente a través de la cual uno puede aventurarse hacia la fuente. Vibra a la frecuencia de la iluminación y sus corrientes son más intensas que cualquier otra forma de Azeztulita. Es una piedra de pura energía de luz blanca.

La Azeztulita de Satyaloka resuena con las energías descritas en las tradiciones místicas de la India como *sat-chit-ananda. Sat* significa "verdad", *chit* es "conciencia" y *ananda* es "felicidad", así que este *sat-chit-ananda* es la cualidad de la verdad, la conciencia y la felicidad como un patrón completo. La Azeztulita de Satyaloka puede infundir este patrón en toda la matriz corporal de cristal líquido. Es una piedra de poderosa dedicación espiritual; puede servir de guía en la purificación de los cuerpos energéticos, de la intención, de la voluntad, incluso de las actividades y energías amorosas. Se combina muy bien con Moldavita y todas las piedras de la ascensión.

AZUMAR

PALABRAS CLAVE placer, serenidad, éxtasis, verdad, compasión, amor **CHAKRAS** corazón (4to), coronilla (7mo) **ELEMENTOS** agua **CORPORAL** despierta la alegría y rejuvenecimiento corporal **EMOCIONAL** ayuda a liberar emociones negativas, infunde alegría espiritual **ESPIRITUAL** despeja los obstáculos internos, llena el cuerpo de luz, protege, da poder y llama al despertar

LA AZUMAR combina cuarzo, caolinita y minerales traza, como los silicatos de cobre, para formar un material vívido de color azul verdoso con innumerables matices y dibujos. Fue descubierta por primera vez en Arizona, Estados Unidos. Su nombre significa "océano azul".

Sus corrientes provocan un regocijo en el cuerpo, ya que las células asimilan sus energías muy refrescantes y rejuvenecedoras. A menudo uno se siente inundado de olas de placer, sanación y poder. Esta piedra puede ayudar a disipar la ira, envidia, miedo y estrés, sustituyéndolos por serenidad, entusiasmo, confianza y sensación de estar envuelto en una atmósfera de amor. Esto aporta una pacífica claridad de conciencia.

La Azumar demuestra que la vida misma es un flujo de éxtasis, y que cuando uno está en sintonía con la verdad de la vida se encuentra en un estado de alegría arrebatadora. Cuando se medita con ella, se descubre que sus pulsaciones ascendentes son capaces de movernos hacia una felicidad más profunda y un placer más intenso.

Además, nos permite adentrarnos en la esencia de los asuntos y mejora nuestra capacidad de expresar con elocuencia nuestra verdad más profunda. Es una piedra de compasión, que engendra la capacidad innata de comprender y cuidar a los demás. Es una piedra del espíritu de la Tierra, que permite sentir y armonizar con la conciencia planetaria. Ayuda a sintonizar con las ballenas, delfines y seres dévicos.

La Azumar combina a la perfección con Healerita y trabaja en perfecta sinergia con todas las Azeztulitas, Sugilita, Moldavita, Aguamarina, Azurita, Larimar, Cuarzo de Litio, Rathbunita, Fenacita, Herderita, Danburita y Petalita.

AZURITA

PALABRAS CLAVE percepción, visión, intuición, intelecto
CHAKRAS tercer ojo (6to), coronilla (7mo) **ELEMENTOS** viento
CORPORAL ayuda con migrañas, tinnitus, vértigo y con la salud
del cerebro en general **EMOCIONAL** apoya la comprensión de
emociones, inspira el crecimiento emocional **ESPIRITUAL** inicia
las visiones interiores y los saltos intuitivos de comprensión
espiritual

L A AZURITA es un mineral de carbonato de cobre con una dureza de 3,5 a 4. Su
nombre se debe a su color azul profundo y su sistema cristalino es monoclínico. Se halla en Australia, China, Chile, Rusia y Estados Unidos.

La Azurita estimula con fuerza el chakra del tercer ojo. Es una piedra de
visión interior y puede utilizarse para potenciar los sueños y el desarrollo de
poderes psíquicos. Puede estimular el intelecto, así como la intuición, y ayudar a
la asimilación y retención de nueva información e ideas. También puede facilitar
la agilidad mental necesaria para dar saltos conceptuales y alcanzar nuevos
conocimientos y de igual forma fortalecer el cuerpo astral y el etérico, lo que
nos vuelve menos vulnerables a ataques psíquicos o a apegos. Puede utilizarse
para sellar "agujeros" en el aura, y aliviar así la tendencia a sucumbir a la fatiga.
Estimula todos los centros de la mente, porque alimenta en el interior del ser un
interés agudo en todos los aspectos de la propia vida y función en la sociedad. Es
un excelente antídoto contra el aburrimiento, ya que abre el ojo interior a una
amplia gama de conexiones y posibilidades. Es una piedra de síntesis, por lo que
el descubrimiento de nuevos puntos comunes y vínculos entre diferentes ideas
conduce a niveles más altos de comprensión de la vida y el mundo.

La Azurita puede combinarse muy bien con Malaquita, Cuprita, Crisocola,
Turquesa, Piedra Lunar Arcoíris, Piedra Solar, Aventurina Roja, Cornalina, Azeztulita, Fenacita, Brookita, Natrolita, Escolecita y Moldavita.

BARITA

PALABRAS CLAVE visión interior, alineación energética, viaje interdimensional   **CHAKRAS** tercer
ojo (6to), coronilla (7mo)   **ELEMENTOS** tormenta
CORPORAL ayuda a conseguir una química cerebral equilibrada y apoya la función de las células
cerebrales   **EMOCIONAL** favorece la liberación del miedo, fomenta la alegría en
la exploración espiritual   **ESPIRITUAL** facilita viajes interdimensionales, trabajo
con los sueños y ascensión meditativa

L A BARITA es un cristal de sulfato de bario con un sistema cristalino ortorrómbico
y una dureza de 3 a 3,5. Suele ser incolora, blanca, azul claro, verde, amarillenta
o marrón rojiza. Se halla en abundancia en Inglaterra, Rumanía y Estados Unidos.

Esta piedra ofrece una conexión suave y clara con mundos superiores, ayudando al viajero interior a descubrir muchas mansiones de los reinos espirituales. Es una
piedra de viaje interdimensional, que permite a quienes meditan o sueñan con ella
utilizar sus viajes para enriquecer la vida terrenal. Ayuda a mantener el contacto con
el yo superior. Para el trabajo de exploración de los sueños, se recomienda colocar
un cristal o una roseta de Barita en la funda de la almohada o ponerse un ejemplar
pequeño en la frente. Cualquiera de estas aplicaciones abrirá los chakras del tercer
ojo y de la coronilla a los dominios de alta frecuencia con los que resuena esta piedra. Se debe registrar los sueños durante al menos un mes. Trabajar con Barita en
los sueños puede darnos una imagen hermosa y simbólica de cómo se desarrollan
nuestros patrones espirituales internos. Meditar con ella puede permitirnos experimentar una "ascensión" temporal a mundos superiores. En estos viajes interiores,
uno puede encontrarse con ángeles, guías espirituales e incluso con entidades ar-
quetipales conocidas como "dioses" en la Antigüedad. Se pueden ver paisajes divinos
de impresionante belleza y corredores geométricos de fantásticas celosías de luz. La
Barita funciona bien con todas las piedras de ascensión.

BENITOITA

PALABRAS CLAVE canalización, habilidades psíquicas, aumento de la sincronicidad **CHAKRAS** tercer ojo (6to) **ELEMENTOS** viento **CORPORAL** apoya la activación del cerebro accediendo a la información almacenada en los tejidos conectivos **EMOCIONAL** favorece la liberación del miedo, fomenta la alegría en la exploración espiritual **ESPIRITUAL** facilita viajes interdimensionales y habilidades paranormales

L A BENITOITA es un mineral de silicato de bario y titanio con un sistema cristalino hexagonal (trigonal) y una dureza de 6 a 6,5. Lleva el nombre del único lugar donde se ha hallado: el condado de San Benito, California. Sus cristales son de color azul claro a oscuro y varían de opacos a transparentes.

La Benitoita facilita el viaje a planos astrales, sutiles y causales, y puede ayudar a mantener la estabilidad de la conciencia cuando se está fuera del cuerpo. Ayuda a abrir puertas para mejorar todo tipo de habilidades paranormales, y aumenta la conciencia de las sincronizaciones significativas que siempre están sucediendo a nuestro alrededor. Algunos clarividentes dicen que los guardianes angélicos están involucrados en la organización de las sincronizaciones que facilitan el crecimiento espiritual; meditar con ella puede facilitar el proceso de acceso a la comunicación consciente con estos guías angelicales, ya que se puede solicitar "mensajes" sincronizados que confirmen la comunicación. Los acontecimientos de nuestras vidas pueden convertirse en una especie de rompecabezas o juego viviente en el que podemos, hasta cierto punto, dirigir conscientemente su camino evolutivo.

El hecho de que la Benitoita se encuentre junto con la Natrolita tampoco es una casualidad. Esta última es una de las más poderosas activadoras de los chakras del tercer ojo y la coronilla, así como de los chakras transpersonales situados por encima de la cabeza. Esta energía funciona a la perfección en armonía con la habilidad innata de la Benitoita para activar los sentidos superiores.

BERILONITA

PALABRAS CLAVE luz en la oscuridad, propósito divino,
alegría **CHAKRAS** corazón (4to), tercer ojo (6to),
coronilla (7mo) **ELEMENTOS** tormenta
CORPORAL apoya la sanación a través de la alineación
con la verdad espiritual **EMOCIONAL** ayuda a liberarse
de la depresión y el dolor a través de la visión espiritual
ESPIRITUAL mejora la clarividencia al conectarnos con
los ángeles y guías interiores

L A BERILONITA es un mineral de fosfato de berilio sódico con una dureza de 5,5 a
6. Suele ser incolora, blanca o a veces de color amarillo pálido. Su sistema cristalino es hexagonal (trigonal). Los cristales pueden ser prismáticos y suelen tener
estrías a lo largo del cuerpo.

Es una piedra que envía luz para romper la coraza y revelar la forma en que el
bien más elevado se manifiesta constantemente, incluso en medio del sufrimiento.
Puede ser un remedio para la "noche oscura del alma". Activa con fuerza el chakra
del tercer ojo, inicia experiencias visionarias y ayuda a desarrollar la visión clarividente. Esta piedra puede ayudar a ver los bloqueos o desequilibrios que impiden la
plena conciencia y realización del propio destino espiritual. Puede darnos la valida-
ción que necesitamos para creer en la ayuda disponible de los planos superiores, al
posibilitar que veamos a nuestros guías y ángeles. En niveles más profundos, la Berilonita también energiza los chakras del corazón y de la coronilla y es una poderosa
ayuda para la expansión de la conciencia.

Puede combinarse de manera sinérgica con Brookita, Fenacita, Herderita, Petalita, Danburita, Natrolita, Escolecita, Azeztulita y todas las piedras con los más
altos niveles vibratorios. La combinación de Berilonita con Moldavita acelerará sus
efectos y ayudará a atraer experiencias sincrónicas. La Berilonita también armoniza
con Aguamarina, Esmeralda, Heliodoro, Goethita y Morganita.

BIXBITA (Berilo Rojo)

PALABRAS CLAVE vitalidad, valentía, amor, autoestima, pasión
CHAKRAS raíz (1ro), corazón (4to) **ELEMENTOS** tierra
CORPORAL revitaliza la constitución del cuerpo, incrementa la
fuerza vital **EMOCIONAL** ayuda a despertar la pasión, compasión, valentía y lealtad **ESPIRITUAL** ayuda a centrarse en el
corazón y a hacer compromisos profundos

LA BIXBITA es un miembro de la familia del berilo, un mineral de silicato de aluminio y berilio con un sistema cristalino hexagonal y una dureza de 7,5 a 8. Fue descubierta en Colorado, Estados Unidos, en la década de 1980, y es el más raro ejemplar de los berilos. Su color frambuesa proviene del manganeso.

Estimula el valor, la pasión, la vitalidad física, la fuerza de voluntad y una personalidad dinámica. Tiene la particularidad de hacer todas estas cosas a la vez que nos ayuda a permanecer centrados en el corazón, ya que nos ayuda a ser compasivos con los demás y con nosotros mismos, así como afectuosos en nuestras acciones. Esta piedra combina con habilidad las energías de los chakras del corazón y de la raíz, lo que ayuda a extraer la fuerza vital de la tierra y mejora los vínculos emocionales con el mundo y otras personas.

Para los sanadores, la Bixbita puede ser una herramienta muy útil. Si se coloca sobre el primer y cuarto chakra, puede ayudar a revitalizar a los clientes fatigados, estresados o convalecientes. Al abrir el chakra del corazón, las heridas reprimidas pueden salir a la superficie para su sanación y liberación. Es una piedra que puede resultar excelente para mejorar relaciones amorosas, porque hace que los corazones de las personas entren en armonía vibratoria; puede ayudar a avivar el fuego de la pasión y ayudar a encontrar el valor para hacer compromisos emocionales profundos. Como piedra de la valentía, la Bixbita estimula y armoniza los chakras raíz y del corazón; refuerza la lealtad y el compañerismo, así como la confianza en uno mismo y el arraigo. Se combina bien con Rubí, Morganita, Dioptasa, Kunzita, Esmeralda, Rodocrosita, Aguamarina y Heliodoro.

BRASILIANITA

PALABRAS CLAVE creatividad, manifestación, limpieza interior, potenciación de la voluntad, conexión con Atlántida
CHAKRAS sacro (2do), plexo solar (3ro)
ELEMENTOS viento, fuego **CORPORAL** ayuda a la purificación de los órganos viscerales y fortalece la digestión **EMOCIONAL** mejora la confianza en uno mismo, fortalece el compromiso con la autorrealización
ESPIRITUAL facilita la recuperación de los dones de la Atlántida y fomenta la manifestación creativa

L A BRASILIANITA es un fosfato de aluminio y sodio con un sistema cristalino monoclínico y una dureza de 5,5. Su color es de amarillo a amarillo verdoso, y forma cristales prismáticos. Se halla en Brasil y en Estados Unidos.

Es portadora de la energía vibratoria de la antigua civilización de la Atlántida y se asocia con el poder creativo de la voluntad dirigida y enfocada, que fue fundamental para muchos de los asombrosos logros de los seres que habitaron allí. Tanto si la Atlántida existió en realidad en el plano material de la Tierra como si se encontraba en un dominio de frecuencia superior, la Brasilianita sirve de conducto para lo que podríamos llamar "las energías atlantes". Estas energías pueden ayudarnos en actos extraordinarios de creatividad y manifestación.

Esta piedra puede amplificar la potencia de la voluntad, que se expresa sobre todo a través del plexo solar, o tercer chakra, y magnifica con fuerza las energías de este último. Su mensaje para nosotros es que debemos "jugarnos el todo por el todo". Sin embargo, se advierte que hay que ser consciente y benévolo al dirigir el profundo poder de la voluntad enfocada. Las energías de la Brasilianita se combinan en sinergia con Labradorita Dorada, Heliodoro, Datolita, Citrino, Escapolita y Apatita Dorada. La Moldavita se recomienda sobre todo con la Brasilianita por su poder para acelerar el progreso evolutivo y su sintonía con el bien supremo.

BROOKITA

PALABRAS CLAVE despertar y alineación de los chakras superiores, comunicación interdimensional **CHAKRAS** tercer ojo (6to), coronilla (7mo), elemento etérico (8vo-14to) **ELEMENTOS** tormenta **CORPORAL** apoya la integración de frecuencias superiores en el cuerpo **EMOCIONAL** fomenta la calma y estabilidad de la autoconciencia en estados expandidos **ESPIRITUAL** facilita la exploración interdimensional y el encuentro con seres de reinos superiores

L A BROOKITA es un cristal de óxido de titanio con un sistema cristalino ortorrómbico y una dureza de 5,5 a 6. De forma excepcional se produce como una inclusión en el cuarzo y más comúnmente como cristales cuadrados de color carbón de menos de 1,27 centímetros de tamaño. Se halla en Inglaterra, Francia y en Arkansas, Estados Unidos.

Es una de las principales piedras poderosas para la expansión de la conciencia más allá del cuerpo físico. Activa con mucho poder el sexto y séptimo chakra, así como los chakras etéricos por encima de la cabeza. Puede alinear todos los chakras superiores con el resto del cuerpo energético, lo que permite explorar reinos sutiles con una conciencia muy sensible y estable.

La Brookita permite alcanzar un estado expandido en el que uno puede comunicarse y estar en comunión con seres de los niveles vibratorios superiores. Nos enseña la naturaleza de los niveles superiores de vibración de la conciencia. Puede ayudar a obtener la "perspectiva cósmica" que permite ver incluso las situaciones desagradables como beneficiosas para el crecimiento. Es inspiradora y energizante, y ayuda a superar viejos patrones y a avanzar hacia un mayor desarrollo interior.

La Brookita combina bien con piedras de alta vibración como la Fenacita, Azeztulita, Danburita, Herderita, Serafinita, Natrolita, Escolecita, Tectita Negra Tibetana, Azeztulita de Satyaloka, Petalita, Tanzanita, Calcita Celestial y Moldavita. Para la conexión a tierra, emplea Zincita o Turmalina Negra.

BUSTAMITA

PALABRAS CLAVE juego, alegría, vitalidad, sexualidad, creatividad, sueños, iniciación
CHAKRAS raíz (1ro), sacro (2do)
ELEMENTOS fuego **CORPORAL** apoya el buen funcionamiento de los órganos sexuales, sistema digestivo y sistema endocrino **EMOCIONAL** fomenta el disfrute de la vida física y el ambiente lúdico en las relaciones **ESPIRITUAL** inspira la conciencia de la propia unidad con el todo

L A BUSTAMITA es un silicato cálcico de manganeso con un sistema cristalino triclínico y una dureza de 6. Su color es de rojo claro a rojo pardo. Se halla en Sudáfrica y en Nueva Jersey, Estados Unidos.

La Bustamita despeja y abre el chakra de la raíz, lo que permite una mayor vitalidad y disfrute de la vida física; nos recuerda que debemos apreciar el simple hecho de vivir como un animal humano en un planeta rico y diverso en vida. Llevar esta piedra o meditar con ella activa la capacidad de disolver barreras artificiales entre el propio "yo" y el resto del universo viviente. Nos permite ver la asombrosa interconexión de todas las cosas y participar con alegría como un aspecto consciente de "todo-lo-que-es". También estimula las energías creativas y sexuales. Llevarla consigo durante el trabajo o el juego creativo puede traer mayor inspiración y fertilidad a nuestros esfuerzos; lo mismo puede ocurrir en momentos de intimidad sexual. La Bustamita también puede aumentar la vivacidad de los sueños, ayudar a progresar en la meditación y facilitar las experiencias de iniciación en los planos superiores. Los guías espirituales y seres angélicos parecen disfrutar de esta energía, y resulta más fácil contactarlos mientras se usa esta piedra.

La Bustamita trabaja con Strombolita para el humor y el juego y con la Rodocrosita para la sanación del niño interior. También funciona en armonía con Lapislázuli, Rodonita, Brasilianita, Heliodoro, Labradorita Dorada y Fenacita.

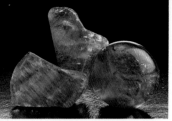

CACOXENITA

PALABRAS CLAVE alineación con el plan divino, limpieza y purificación espiritual, regeneración del cuerpo **CHAKRAS** plexo solar (3ro), tercer ojo (6to), coronilla (7mo) **ELEMENTOS** viento **CORPORAL** ayuda a despejar problemas digestivos **EMOCIONAL** fomenta la entrega a la divinidad al disipar la fijación con el ego **ESPIRITUAL** facilita la aceleración de la evolución espiritual al enraizar su luz

L A CACOXENITA es una piedra con el poder de ayudar a la evolución espiritual y a elevar la vibración del ser físico. Esta piedra es muy adecuada para la reprogramación de las células con el fin de que se renueven sin parar y resistan el proceso de envejecimiento, así como la activación de las "nuevas" hebras de la espiral genética. Estos procesos pueden iniciarse de manera consciente a través de la meditación y el trabajo con los sueños, pero también pueden ocurrir de forma inconsciente tan solo con llevar la piedra Cacoxenita.

Si trabaja en conjunto con Fenacita, Danburita, Azeztulita, Escolecita, Natrolita o Herderita, o con una combinación de estas piedras, la Cacoxenita puede activar con fuerza el tercer ojo y los chakras de la coronilla para una experiencia visionaria interior, comunicación interdimensional y conexión con el espíritu. Emparejarla con la Brookita, o utilizarla con esta última y otras piedras de alta vibración, abrirá los chakras transpersonales por encima de la cabeza y facilitará el viaje consciente más allá del cuerpo físico. La Moldavita y Cacoxenita forman la pareja más fuerte para elevar las vibraciones celulares y acelerar el camino evolutivo. Al colocar esta piedra sobre distintas partes del cuerpo y en el uso diario, la Cacoxenita trabaja para atraer y enraizar la luz espiritual más elevada. Si se desea utilizar esta piedra como complemento para la sanación y/o regeneración del cuerpo, Sugilita y Serafina serán de gran ayuda en este proceso.

CALCEDONIA AZUL

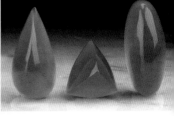

PALABRAS CLAVE calma, equilibrio,
permanecer centrado, conocimiento interior
CHAKRAS garganta (5to) **ELEMENTOS** agua
CORPORAL ayuda con los problemas de la
garganta, laringe y voz **EMOCIONAL** favorece
la liberación de inhibiciones, la comunicación clara de la verdad
ESPIRITUAL potencia la telepatía, el recuerdo de vidas pasadas,
el asesoramiento espiritual

L A CALCEDONIA AZUL es un mineral de dióxido de silicio con una dureza de 7. Se
diferencia del jaspe en que el cuarzo está dispuesto en capas fibrosas en lugar de
los granos parecidos al azúcar que se encuentran en el jaspe. La Calcedonia Azul se
halla en la India, Brasil, Turquía y Estados Unidos.

Cuando se necesita suavidad en el campo áurico, en los momentos en que las
tensiones aumentan y nuestro centro comienza a tambalearse, esta piedra puede
restaurar la calma y el equilibrio. Al ser un fuerte representante del rayo azul, asociado a los chakras de la garganta y del tercer ojo, afecta a la mente en muchos niveles:
estimula la telepatía y todo tipo de comunicaciones con reinos invisibles; ayuda a
hablar de temas subyacentes a la conciencia normal y, por lo tanto, es una buena
piedra para los que asisten a terapia, así como una excelente herramienta para los
que se dedican a aconsejar a otros. Debido a que se conecta con el subconsciente,
también puede ayudar a recordar vidas pasadas, y su orientación hacia la curación
interior significa que los recuerdos recuperados con ella serán los más relevantes
para lo que se necesita para nuestro progreso y crecimiento.

La Calcedonia Azul armoniza con Calcedonia Púrpura y Crisoprasa, Ópalo Azul
Owyhee, Ópalo de Oregón, Alejandrita, Petalita, Lapislázuli y Ajoíta. La Alejandrita
y Ópalo de Oregón pueden ayudar a la Calcedonia Azul a recuperar recuerdos de
vidas pasadas.

CALCEDONIA VIOLETA

PALABRAS CLAVE despertar de las capacidades psíquicas, limpieza del aura, purificación, unión con el ser superior **CHAKRAS** tercer ojo (6to), coronilla (7mo) **ELEMENTOS** viento **CORPORAL** ayuda a las funciones cerebrales superiores, cura los daños nerviosos **EMOCIONAL** ayuda a eliminar apegos emocionales negativos de vidas pasadas **ESPIRITUAL** facilita el despertar de las capacidades psíquicas, sintonizando con el ser superior

L A CALCEDONIA VIOLETA es un mineral de dióxido de silicio con una dureza de 7. Se puede distinguir del jaspe en que el cuarzo está dispuesto en capas fibrosas, a diferencia de los granos parecidos al azúcar que se encuentran en el jaspe. Se halla en México, Brasil, Turquía y Estados Unidos.

Esta piedra puede activar a plenitud las energías psíquicas que se tocan de forma sutil con la Calcedonia Azul. Las capacidades de clarividencia, clariaudiencia, psicometría, canalización, presciencia y profecía, así como acceso a los registros akásicos y conocimiento de las civilizaciones antiguas, son estimuladas por medio del trabajo con esta piedra.

La Calcedonia Violeta es una piedra pura del rayo violeta. Es una poderosa influencia para purificar y limpiar el campo áurico, y para proporcionar protección psíquica. Los apegos negativos de esta vida, o incluso de muchas vidas pasadas, pueden ser eliminados invocando las energías purificadoras de estas piedras. Está muy asociada con las energías de St. Germain y con lo que se conoce como la presencia mágica: el entrelazamiento que se produce entre nuestra identidad cotidiana y el ser superior a través de un rayo de luz violeta. El rayo violeta (o llama violeta) que irradia la Calcedonia Púrpura también es útil para aquellos que desean atraer a su gemelo espiritual o alma gemela. Esta piedra funciona en armonía con Moldavita, Calcedonia Azul, Amatista, Sugilita, Charoíta, Fenacita, Lepidolita Lila y Gel de Sílice de Litio.

CALCITA AQUATINA LEMURIANA

PALABRAS CLAVE conciencia de los sueños, sanación emocional, acceso a memoria del mundo, comunicación con ballenas y delfines **CHAKRAS** corazón (4to) **ELEMENTOS** agua **CORPORAL** equilibra y repone la matriz corporal de cristal líquido **EMOCIONAL** alimenta el cuerpo y la inteligencia emocional **ESPIRITUAL** aumenta la intuición, telepatía, nos permite sintonizar con Lemuria

LA CALCITA AQUATINA LEMURIANA es un mineral de carbonato de calcio con un sistema cristalino trigonal y una dureza de 3. Es una calcita de color azul verdoso intenso procedente de una región remota de Argentina.

Recibe su nombre por su afinidad con el elemento agua y con la civilización de inclinación acuática de Lemuria. Bien sea un lugar físico o etéreo, Lemuria era el reino de las cualidades acuáticas: intuición, sueño, sentimiento y conciencia visionaria. La Calcita Aquatina Lemuriana nutre el cuerpo emocional a profundidad. Es un fuerte antídoto contra el estrés, miedo, preocupación y ansiedad por el futuro. Calma y repone el cuerpo etéreo. Potencia la vida onírica y facilita los sueños lúcidos. Es ideal para abrir la capacidad de recordar vidas pasadas, conocimientos antiguos y sintonizar con los campos mórficos del pasado de la Tierra. Aquellos que deseen comunicarse con las ballenas y delfines pueden ser ayudados por la capacidad de la Calcita Aquatina Lemuriana de mejorar las habilidades telepáticas. Aumenta la sensibilidad consciente a través de nuestro propio campo energético. Nos ayuda a tener conciencia de guías espirituales y guardianes angélicos y permite una comunicación más fluida.

La Calcita Aquatina Lemuriana funciona bien con los cristales de semillas lemurianas, el jade lemuriano, la Calcita Merkabita, la Azeztulita, la Rosophia, la Azeztulita rosa de Satyaloka y la Azeztulita Rosa.

CALCITA AZUL

PALABRAS CLAVE habilidad psíquica, viaje astral, alivio del cuerpo emocional **CHAKRAS** garganta (5to), tercer ojo (6to) **ELEMENTOS** fuego, aire **CORPORAL** ayuda con los problemas de garganta, laringitis, pulmones y los problemas respiratorios **EMOCIONAL** calma y protege el cuerpo emocional **ESPIRITUAL** facilita el acceso al inconsciente creativo, la autoexpresión inspirada

L A CALCITA AZUL es un mineral de carbonato de calcio con un sistema cristalino romboédrico y una dureza de 3. Existen abundantes ejemplares en México, pero algunos otros de color intenso han sido encontrados en Sudáfrica.

Esta es una de las piedras más tranquilizantes para el cuerpo emocional. Suaviza el impacto de los estímulos psíquicos, y permite relajarse a aquellos que son sensibles en el aspecto energético; los protege del bombardeo de pensamientos y de las energías emocionales de otras personas. Proporciona un "capullo" de suave luz espiritual azul que envuelve poco a poco el campo áurico de aquellos que lo sostienen o lo llevan. Este campo permite flotar suavemente fuera del cuerpo, ya sea en el estado de sueño o en el dominio del viaje astral. En los viajes astrales, la Calcita Azul puede alejar las energías negativas o desagradables.

Estimula además el acceso a la inspiración. Abre el camino interior para la exploración consciente de reinos inconscientes, de los que surgen muchas de las ideas más creativas. Esta piedra también aumenta la vivacidad y contenido simbólico de los sueños, además de la capacidad de recordarlos e integrarlos. Estimula el chakra de la garganta, lo cual permite expresar mejor nuestras percepciones de exploraciones internas y nos ayuda a traducirlas en palabras, música o arte.

La Moldavita potencia la calidad protectora de la Calcita Azul. Por su parte, la Herderita y Brookita pueden trabajar en conjunto con ella para la expansión de la conciencia, y, por último, la Aguamarina, Calcedonia Azul y Ágata Azul hacen buen equipo con la Calcita Azul para la comunicación.

CALCITA COLOR MIEL

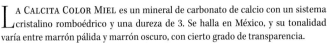

PALABRAS CLAVE claridad de visión y acción, confianza, persistencia, poder intelectual **CHAKRAS** raíz (1ro), plexo solar (3ro), tercer ojo (6to) **ELEMENTOS** fuego, viento **CORPORAL** apoya la fuerza y la resistencia, ayuda a conservar la energía física **EMOCIONAL** ayuda a mantener la estabilidad emocional en medio de las dificultades **ESPIRITUAL** inspira la perseverancia en las prácticas espirituales, cumpliendo con nuestros compromisos

L A CALCITA COLOR MIEL es un mineral de carbonato de calcio con un sistema cristalino romboédrico y una dureza de 3. Se halla en México, y su tonalidad varía entre marrón pálida y marrón oscuro, con cierto grado de transparencia.

Esta piedra ayuda a conseguir esa combinación única de claridad masculina, energía enfocada y arraigo que son necesarios para llevar a cabo con éxito tareas complejas o proyectos a largo plazo. Activa el chakra raíz, el plexo solar y el tercer ojo, armonizando y unificando sus energías. Estimula el intelecto, lo que permite analizar los retos y ver las soluciones más eficaces; es una de las mejores piedras para todo tipo de situaciones de trabajo que requieran atención plena y persistencia a largo plazo. Puede ayudar a superar la somnolencia, lo que permite mantenerse alerta durante tareas que requieran largas horas. Al mismo tiempo, facilita un estado de relajación para que el trabajo no provoque estrés.

Se combina bien con Moldavita, la cual puede guiarnos hacia ese trabajo idóneo para nuestro propósito superior. Con Heliodoro y Fenacita, la Calcita Color Miel puede usarse para la manifestación de los propios sueños mediante el uso de la voluntad e intelecto.

Armoniza con Natrolita y Escolecita para el progreso en la meditación, con Cuprita para la resistencia física y con Celestita para el viaje consciente a los reinos superiores.

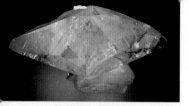

CALCITA DE RAYO ESTELAR

PALABRAS CLAVE voluntad divina, manifestación, viaje interdimensional, acceso al conocimiento superior **CHAKRAS** plexo solar (3ro), tercer ojo (6to), coronilla (7mo), etérico (8vo-14to) **ELEMENTOS** fuego, tormenta **CORPORAL** ayuda a sintonizar el cuerpo para transportar energías de mayor vibración **EMOCIONAL** ayuda a disipar pensamientos negativos, abre la conciencia superior **ESPIRITUAL** facilita la sintonía con la sabiduría ancestral, vidas pasadas e inteligencia extraterrestre

L A CALCITA DE RAYO ESTELAR es un mineral de carbonato de calcio con forma de escalenoedro y una dureza de 3. Algunos de los mejores ejemplares proceden de Tennessee, Estados Unidos. La mayoría son de color marrón dorado.

Estas calcitas son muy poderosas para estimular los chakras del tercer ojo y la coronilla, y alinean estos chakras con el cuerpo etérico superior, lo que posibilita la ascensión a reinos superiores de conciencia. Estimulan el recuerdo de experiencias del individuo en el estado anterior al nacimiento, de plena inmersión en el espíritu, y ayudan a recordar vidas pasadas. También pueden ayudar a establecer contacto con inteligencias extraterrestres durante la meditación o los sueños. Pueden facilitar el viaje interior a través de corredores de formas geométricas sagradas, por los cuales se puede acceder a la sala de los registros akásicos. La Atlántida, Lemuria y el antiguo Egipto son algunas de las civilizaciones cuyos secretos espirituales pueden encontrarse con estas herramientas. Viajeros hábiles también pueden sintonizar con campos mórficos de una gama casi ilimitada de información, sobre todo los existentes en la historia de la Tierra.

La Calcita de Rayo Estelar armoniza con Calcita Merkabita, Azeztulita, Fenacita, Natrolita, Herderita, Petalita, Escolecita, Apofilita Transparente, Celestita y Danburita.

CALCITA ELESTIAL

PALABRAS CLAVE comunicación angélica, música de las esferas, vínculo con el reino psicoide, experiencia visionaria **CHAKRAS** corazón (4to), tercer ojo (6to) **ELEMENTOS** viento, tormenta **CORPORAL** apoya el sistema nervioso central, puede utilizarse para disolver bloqueos energéticos y aliviar dolores de cabeza **EMOCIONAL** puede traer alegría y éxtasis al crear un vínculo con seres superiores **ESPIRITUAL** estimula la comunión y la comunicación con los ángeles y otros seres espirituales

L AS CALCITAS ELESTIALES son cristales de calcita de un color que varía entre transparente y blanco que se hallan en Arizona, Estados Unidos. Se caracterizan por una textura superficial muy "arrugada", con pequeñas fisuras. Son cristales de carbonato de calcio con una dureza de 3.

Este tipo de piedras se encuentran entre los cristales de calcita de mayor vibración e intensidad. Pueden estimular la activación de un circuito energético entre corazón y mente. Colocarlas sobre la sien y/o en el tercer ojo puede desencadenar la activación espiritual de los lóbulos prefrontales del cerebro, lo que facilita la comunicación angélica y otras capacidades latentes. Además, estimulan la capacidad de escuchar la "música de las esferas", asombrosas armonías del "canto" de los seres angélicos.

También mejoran la comunicación con los guías espirituales, extraterrestres, devas y otros seres espirituales como los arquetipos. Pueden utilizarse para aliviar dolores de cabeza y apoyar el funcionamiento del sistema nervioso central en cuanto a vibraciones. Estimulan las áreas del cerebro relacionadas con la visión y pueden ayudar a tener visiones internas más vívidas de realidades espirituales.

Las Calcitas Elestiales se pueden combinar con Moldavita, Fenacita, Herderita y/o cualquier variedad de Azeztulita. Además, se juntan muy bien con Azeztulitas azozeo superactivadas. También funcionan en armonía con la Apofilita Clara, Celestita, Apofilita Verde y Cuarzo Verde de Serifos.

CALCITA MERKABITA

PALABRAS CLAVE expansión de la conciencia, viaje interdimensional, ascensión, acceso a conocimientos superiores **CHAKRAS** tercer ojo (6to), coronilla (7mo), etérico (8vo-14to) **ELEMENTOS** fuego, tormenta **CORPORAL** estimula el sistema nervioso, despierta las capacidades cerebrales no aprovechadas **EMOCIONAL** invita a liberarse de ansiedades y confiar en el espíritu **ESPIRITUAL** facilita el viaje interdimensional a través del cuerpo de luz

L A CALCITA MERKABITA recibe su nombre del legendario vehículo de luz Merkabá, mencionado en los textos de la Cábala, ya que abre muchas puertas a los reinos interiores. Cuando se sostiene sobre el tercer ojo, se puede sentir un gran torrente de energía, como un viento interior, que sopla a través de los chakras superiores y sale por la parte superior de la cabeza. Al permitir que esta energía se mueva por medio de nosotros y alineándose con ella, podemos ser transportados hacia arriba, en etapas definidas, a través de cada uno de los siete chakras del cuerpo de luz por encima de la cabeza. Si hay bloqueos en este sentido, esta piedra nos ayudará a eliminar con suavidad cualquier congestión que exista en el cuerpo etérico y en chakras superiores. Sin embargo, si los bloqueos existen por debajo del quinto chakra, puede ser útil llevar o sostener una piedra poderosa como la Moldavita para despejar las cosas en los niveles inferiores. La Calcita Merkabita parece no conectarse con el cuerpo por debajo del quinto chakra, al menos no en lo que respecta a limpieza. No obstante, sí es capaz de ayudar a la plena integración del cuerpo de luz con el físico una vez que todos los chakras están limpios.

La Calcita Merkabita trabaja en sinergia con Calcita de Rayo Estelar, Moldavita, Fenacita, Azeztulita, Danburita, Escolecita, Natrolita, Serafinita, Ajoíta, Fulgurita y la mayoría de las piedras de alta frecuencia. Para aquellos que necesiten conexión a tierra, se sugiere combinarla con Sugilita, Charoíta o Amatista.

CALCITA NARANJA

PALABRAS CLAVE creatividad, sexualidad, juego, confianza, innovación
CHAKRAS sacro (2do), plexo solar (3ro)
ELEMENTOS fuego **CORPORAL** ayuda al disfrute sexual, al equilibrio hormonal,
a la salud metabólica **EMOCIONAL** ayuda a sanar las heridas relacionadas con la
sexualidad, la creatividad y la voluntad **ESPIRITUAL** infunde mayor energía para
el trabajo creativo, ayuda a espiritualizar la sexualidad

LA CALCITA NARANJA es un mineral de carbonato de calcio con un sistema
cristalino romboédrico y una dureza de 3. Se halla en México y su color oscila
entre naranja pálido y naranja vivo, con algunas inclusiones blancas.

Ayuda a movilizar las energías y los recursos para todo tipo de actividades,
especialmente las que implican creatividad y/o sexualidad. Es ideal para aquellos
que buscan estrategias nuevas e innovadoras para afrontar problemas de larga
duración o proyectos estancados: hace que la energía se mueva e invita a ver viejos
dilemas de forma nueva, poniendo la solución justo delante de nuestros ojos. Esta
piedra puede utilizarse para sanar problemas emocionales relacionados con heridas en la propia sexualidad, creatividad y/o voluntad. Puede ser una aliada para
aquellos que trabajan en recuperarse de experiencias infantiles de vergüenza e
incluso de cuestiones profundas como el abuso sexual. La Calcita Naranja vigoriza
el juego y fomenta la confianza. Puede ser un catalizador de inspiración e incluso
una especie de afrodisíaco mineral. Tendrá un efecto diferente en cada uno, según
sus necesidades y su receptividad.

La Calcita Naranja se puede combinar con Cornalina, Labradorita Dorada, Citrino, Heliodoro y todas las demás calcitas. La Cornalina enfatiza la estimulación de
energías sexuales y/o creativas. Para cuestiones de vitalidad física, la Cuprita puede
ofrecer una ayuda valiosa. En situaciones que requieran una visión y/o una ampliación de energías de la Calcita Naranja, se recomienda Selenita.

CALCITA ROJA

PALABRAS CLAVE vitalidad, conciencia sensorial, claridad
CHAKRAS raíz (1ro), coronilla (7mo)
ELEMENTOS fuego, tierra
CORPORAL apoya la salud reproductiva, el crecimiento y la densidad de los huesos **EMOCIONAL** inspira el valor de ser apasionado, genera entusiasmo por la vida **ESPIRITUAL** facilita la presencia espiritual en el mundo físico

L A CALCITA ROJA es un mineral de carbonato de calcio con un sistema de cristales romboédricos y una dureza de 3. Se halla en México y su color va del pálido a rojo vivo.

La Calcita Roja es una piedra de "vitalidad suave" en el sentido de que energiza el chakra raíz y aporta *prana* adicional, o energía de fuerza vital, pero lo hace de una manera sutil que resulta muy fácil de aceptar, sin traer consigo "sacudidas" o malestares. Estas piedras también vinculan el chakra raíz con el de la coronilla, al tender un puente entre la existencia física y la vida espiritual.

Ayuda a apreciar las maravillas de la vida física y el éxtasis de percepción de los sentidos. Puede disipar el medio sueño de la conciencia "normal" y ayudar a restaurar el sentido de la maravilla que trae la conciencia plena. Permite aprender a prestar atención plena a los sentidos siempre que uno desee hacerlo. Esto puede generar un cese del diálogo interno del cerebro y darnos la experiencia de conciencia sin palabras. Se recomienda la meditación al aire libre con esta piedra para facilitar esta experiencia.

La Calcita Roja funciona bien con Cuprita, Rubí y Granate Rojo para potenciar las energías de la fuerza vital. Para la conexión a tierra se recomiendan Hematita, Cuarzo Ahumado, Granate Negro de Andradita y Turmalina Negra. La Celestita puede potenciar las energías de la Calcita Roja. Esta piedra también armoniza con todas las demás variedades de calcita.

CALCITA ROSA OPACA

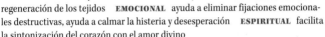

PALABRAS CLAVE bienestar, plenitud, salud, empatía y conexión con la "mente del corazón"
CHAKRAS corazón (4to)   **ELEMENTOS** fuego
CORPORAL favorece la sanación del corazón y sistema circulatorio, ayuda a la nutrición celular y regeneración de los tejidos   **EMOCIONAL** ayuda a eliminar fijaciones emociona-les destructivas, ayuda a calmar la histeria y desesperación   **ESPIRITUAL** facilita la sintonización del corazón con el amor divino

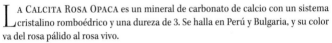

LA CALCITA ROSA OPACA es un mineral de carbonato de calcio con un sistema cristalino romboédrico y una dureza de 3. Se halla en Perú y Bulgaria, y su color va del rosa pálido al rosa vivo.

Puede utilizarse para mejorar y estabilizar el campo del corazón y hacernos más perceptivos de las energías de todo lo que nos rodea. Dado que el corazón sabe sin necesidad de usar palabras, nuestra conciencia es capaz de tomar la forma de identificación empática con lo que uno percibe a través del campo del corazón. En otras palabras, a través del corazón, "nos convertimos en lo que contemplamos". Esta percepción es una de las alegrías profundas de la vida y no debe perderse.

La Calcita Rosa Opaca es una piedra de empatía. Es útil para los que hacen trabajos de "sanación de ausentes" porque ayuda a sintonizar con los campos de energía de los demás, aunque no estén presentes. Se puede utilizar para disipar dis-cusiones y terquedad en uno mismo y en los demás, ayudando a ver el punto de vista del otro como si fuera propio. Armoniza con otras piedras del corazón, como Cuar-zo Rosa, Morganita, Kunzita y Moldavita, así como con todas las demás calcitas. Al usarla con la Calcita Rosa Transparente se puede potenciar todo el espectro de los aspectos físicos y no físicos del corazón. Si se empareja con la Moldavita amplificará y acelerará sus efectos.

CALCITA ROSA TRANSPARENTE

PALABRAS CLAVE sanación emocional, compasión y alegría
CHAKRAS corazón (4to) **ELEMENTOS** fuego, agua
CORPORAL ayuda con los problemas digestivos relacionados
con estrés, fortalece los riñones **EMOCIONAL** fomenta la
bondad amorosa, despierta el corazón a la alegría
ESPIRITUAL facilita la comunión con Guan Yin, inspira la compasión

L A CALCITA ROSA TRANSPARENTE es un mineral de carbonato de calcio con
un sistema cristalino romboidal y una dureza de 3. Se encuentra en México, y su
color va del rosa salmón al rosa amarillento.

Es una piedra de profunda compasión que genera esta energía en aquellos
que trabajan con ella. También facilita el estado de aceptación sin juicios y el amor
incondicional. La Calcita Rosa Transparente conecta con la energía de Guan Yin,
bodhisattva de la compasión. Podemos utilizarla en la meditación y ritual para conectar de modo consciente con Guan Yin. A veces, en estas meditaciones, uno senti-
rá su inesperada y alegre apertura del corazón, llenando de amor los cuerpos físico
y energético. Mirar en el interior de una de estas Calcitas Rosas, que parecen gemas,
puede llevarnos a un estado de apreciación extasiada de la belleza de la existencia.
Esto, a su vez, puede encender la llama de alegría en el propio corazón. Para aquellos
que se sientan atraídos por esta experiencia, es muy recomendable meditar con una
de estas piedras imaginando que el cristal se mueve hacia el pecho y se fusiona con
el propio corazón.

La Calcita Rosa Transparente armoniza con Turmalina Rosa, Rosophia, Cuarzo
Rosa, Morganita y Kunzita. Al combinarla con Azeztulita Rosa y con Azeztulita Rosa
de Satyaloka lleva la energía del corazón despierta a su máxima expresión. La Fenacita, Danburita, Amatista y Lepidolita Lila potencian su vinculación del ser con los
reinos superiores del espíritu.

CALCITA TRANSPARENTE
(Espato de Islandia)

PALABRAS CLAVE percepción, claridad, manifestación, perdón **CHAKRAS** todos **ELEMENTOS** fuego, viento **CORPORAL** estimula el metabolismo y el flujo de energía a través del aura **EMOCIONAL** fomenta el perdón, al liberar la ira, el resentimiento, la arrogancia y la envidia **ESPIRITUAL** facilita la creación de claridad interior, al iniciar la conciencia multinivel

L A CALCITA TRANSPARENTE es un mineral de carbonato de calcio con un sistema cristalino romboédrico y una dureza de 3. Es una variedad incolora y transparente, también conocida como calcita óptica. Fue descubierta originalmente en Islandia, pero también puede encontrarse en México y en otras localidades.

Esta es la calcita más parecida al Cuarzo Transparente. Ambas piedras pueden ser programadas para amplificar el efecto de nuestra intención, ayudándonos a llevar esa intención al mundo físico. Además, resulta excelente para aquellos que necesitan un "cambio de actitud". Ayuda a ver con claridad las raíces de los problemas que causan síntomas de ira, resentimiento, envidia y/o arrogancia, especialmente si van acompañados de ataques de mal genio. Con esta visión, podemos perdonarnos a nosotros mismos, perdonar a los demás por sus acciones pasadas y avanzar hacia el bien superior. Además, la naturaleza de doble refracción de esta piedra les da la oportunidad a aquellos que la utilizan en la meditación de alcanzar una conciencia multinivel, la cual permite mantener ideas paradójicas o contradictorias dentro de la mente sin tomar partido por una u otra. Esto es muy útil, ya que parece que la realidad es paradójica en su propia esencia, y aquellos que deseen entenderla deberán asumir y aceptar la paradoja.

Todos los tipos de calcita funcionan bien entre sí, pero la Calcita Transparente funciona en armonía en específico con la Moldavita, la Fenacita, la Escolecita y la Danburita. La Azeztulita favorece su capacidad para iniciar la conciencia superior.

CALCITA VERDE

PALABRAS CLAVE relajación, equilibrio emocional, liberación del estrés y el resentimiento, conexión con el corazón **CHAKRAS** corazón (4to) **ELEMENTOS** fuego, agua **CORPORAL** apoya la salud del corazón y de arterias, rejuvenecimiento, eliminación del estrés corporal **EMOCIONAL** tranquiliza y calma la ira, alivia el estrés emocional **ESPIRITUAL** inspira compasión y altruismo, ayuda a conectar con los espíritus de la naturaleza

La Calcita Verde es un mineral de carbonato de calcio con un sistema cristalino romboédrico y una dureza de 3. Se halla en México y su color varía del verde pálido al verde esmeralda.

Su energía verde resulta refrescante para el cuerpo etérico. Es capaz de enfriar esas emociones "calientes", como la ira e irritabilidad, alimenta rasgos positivos como la compasión y el altruismo, y limpia el chakra del corazón de estrés y otros tipos de residuos psíquicos poco saludables. Ayuda a estar más en sintonía con la naturaleza y los espíritus de plantas y animales, y a dirigir la atención de la mente a las urgencias del corazón, además de asistir en la labor de escuchar y actuar sobre los asuntos que solo el corazón conoce.

Esta piedra puede mejorar la calidad de las meditaciones, y ayuda a calmar la incesante voz de la mente pensante, lo que permite experimentar la conciencia sin palabras. Dormir con ella puede hacer que los sueños sean más agradables. Llevarla o usarla puede hacernos sentir despejados y relajados en medio del estrés de la vida diaria. La Calcita Verde armoniza con todas las demás calcitas, así como con Apofilita Verde, Crisoprasa, Petalita y Lepidolita. La Apofilita Verde acentúa la afinidad de la Calcita Verde con los espíritus de la naturaleza y su suave enfoque en el corazón. Las demás piedras mencionadas trabajan con ella para facilitar la relajación profunda y liberación del estrés. Aquellos que utilicen Calcita Verde en sanación pueden añadir Serafinita para aumentar su eficacia.

CASITERITA

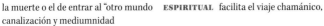

PALABRAS CLAVE manifestación y destrucción, nacimiento
y muerte, iniciación, navegación por el umbral liminal
CHAKRAS raíz (1ro), sacro (2do), plexo solar (3ro)
ELEMENTOS tormenta **CORPORAL** ayuda a la sanación
chamánica fortaleciendo el cuerpo para hacer frente a una
enfermedad grave **EMOCIONAL** ayuda a superar el miedo a
la muerte o el de entrar en el "otro mundo **ESPIRITUAL** facilita el viaje chamánico,
canalización y mediumnidad

L A CASITERITA es un mineral de óxido de estaño con un sistema cristalino
tetragonal y una dureza de 6 a 7. Su nombre deriva de la palabra griega que
significa estaño. Se han encontrado ejemplares en Australia, Bolivia, México,
Inglaterra y Namibia.

Conecta la conciencia con la fuente profunda. Es una piedra de iniciación y su
vibración es la del umbral, el espacio liminal entre mundos. Esta característica la hace
ideal para chamanes, médiums, canalizadores y todos aquellos que trabajan en el "otro
mundo". Facilita los cambios de conciencia que hacen posible estos viajes interiores.

La Casiterita estimula los chakras inferiores: raíz, sacro y plexo solar, así como
la estrella de la tierra por debajo del cuerpo y la estrella del alma y los chakras etéricos por encima de la cabeza. Es única en el sentido de que trabaja en los chakras
corporales más bajos, así como en los chakras transpersonales. Esto es necesario
para su propósito como piedra de puertas de iniciación. A pesar de su naturaleza
pesada, la Casiterita es una piedra de optimismo y humor. Ayuda a reconocer que
incluso los trabajos más profundos de la vida no son más que estaciones momentá-
neas en el camino del alma.

La Casiterita armoniza con Zincita y Cuprita. Si se requiere más *prana* o energías de fuerza vital, es preferible la Cuprita. Si lo que se desea es despertar los fuegos
sexuales y/o creativos, la Zincita es su mejor aliado.

CAVANSITA

PALABRAS CLAVE clarividencia y clariaudiencia, acceso a los registros akásicos,
comunicación mejorada, conciencia
CHAKRAS tercer ojo (6to), coronilla (7mo)
ELEMENTOS viento **CORPORAL** ayuda a
eliminar dolores de cabeza y males inducidos por estrés emocional
EMOCIONAL fomenta la paz interior, el valor y la dulzura **ESPIRITUAL** mejora
las capacidades psíquicas y la canalización

L A CAVANSITA es un silicato de óxido de vanadio cálcico con una dureza de 3 a
4. Su color va del azul al verde azulado. Los mejores ejemplares proceden de su
famosa ubicación en Poona, India.

La Cavansita es una piedra con las más puras vibraciones del rayo azul. Une las
energías del quinto y el sexto chakra, la garganta y el tercer ojo, lo que permite una
visión clara y comunicación articulada. De esta manera, representa una piedra de la
verdad interior, abre la mente a la comprensión directa y permite ser un claro recep-
tor de la verdad superior. Puede ayudar a aquellos que canalizan información espiritual o que desean hacerlo. También puede ayudar en todas las áreas de la intuición,
incluyendo habilidades psíquicas como mediumnidad, psicoquinesia, psicometría,
visión remota, etc. Puede permitirnos apartarnos un poco para dejar que la verdad
fluya con libertad sin que nuestros pensamientos o dudas interfieran en el proceso.
Esta piedra alivia las emociones y calma los nervios crispados; ayuda a encontrar
calma y dulzura para decir las palabras que hay que decir, sin culpar ni avergonzar.
Es excelente para llevarla o utilizarla en situaciones difíciles en las que se desee evitar conflicto, sin sacrificar la verdad.

Juntas, la Cavansita y Estilbita pueden representar una combinación de apertura y sanación de la verdad, el amor y la paz. Puede abrir las puertas de la percepción
y aumentar la sintonía con el reino del corazón.

CELESTITA

PALABRAS CLAVE comunicación angelical, acceso a dimensiones superiores, serenidad **CHAKRAS** tercer ojo (6to), coronilla (7mo), etérico (8vo-14to) **ELEMENTOS** viento **CORPORAL** ayuda a eliminar apegos negativos y a superar infecciones **EMOCIONAL** ayuda a disipar el miedo y paranoia, calma el cuerpo emocional **ESPIRITUAL** mejora la visión interior e intuición, eleva la conciencia

L A CELESTITA (también conocida como celestina) es un mineral de sulfato de estroncio con un sistema cristalino ortorrómbico y una dureza de 3 a 3,5. Forma cristales tabulares y prismáticos. Se halla sobre todo en Madagascar, pero en 1996 se descubrió un depósito importante en Ohio.

Ofrece una energía suave y edificante que puede elevar y expandir nuestra conciencia hacia reinos superiores. Es una de las piedras más eficaces para acceder al reino de los ángeles y puede facilitar la comunicación entre nosotros mismos y nuestros ángeles de la guarda o guías angelicales. Estimula los chakras del tercer ojo y de la coronilla, así como los chakras etéricos de la cabeza. Es una piedra suave tanto corporal como energéticamente. Al elevar la conciencia, la Celestita hace que uno se sienta como si flotara en una nube en lugar de ir a toda velocidad en un cohete.

La Celestita gris azul de Madagascar se presenta más que todo en racimos, y es ideal para colocarla como limpiador ambiental y fuente de energías suaves y positivas en el dormitorio, sala de curas o espacios de meditación. Sus vibraciones irradian en todas las direcciones, por lo que es maravilloso tenerla cerca, aunque es algo menos útil para aquellos trabajos de sanación o meditación que requieran centrarse en chakras o puntos meridianos específicos. Para estas aplicaciones, es preferible utilizar los cristales individuales de la Celestita de Ohio. Cuando se utiliza con piedras de la ascensión, la Celestita amplifica las energías de las otras piedras y aporta elevación y equilibrio vibratorio a la mezcla.

CERUSITA

PALABRAS CLAVE transformación alquímica del ser, cambio evolutivo **CHAKRAS** raíz (1ro), coronilla (7mo) **ELEMENTOS** tormenta **CORPORAL** facilita la transformación alquímica del cuerpo **EMOCIONAL** fomenta la ecuanimidad a través de cambio, abrazando los deseos espirituales **ESPIRITUAL** inicia la transformación del ser humano al ser divino

L A CERUSITA es un mineral de carbonato de plomo con un sistema cristalino ortorrómbico y una dureza de 3,5. Suele formar cristales incoloros, grises o marrones. Se han encontrado cristales de Cerusita en la República Checa, Cerdeña, Austria, Escocia, Namibia y Estados Unidos.

La Cerusita es una piedra de alquimia interior. Sirve para transformar la persona humana en una manifestación viva de lo divino. Para los pioneros espirituales que deseen autotransformación, la Cerusita puede ser una herramienta útil. Estimula las energías del chakra raíz y las vincula con el chakra de la coronilla; construye una espiral vibratoria a través de la columna vertebral, al energizar cada uno de los chakras a medida que avanza, crear un patrón de realineación que reverbera a través de todos los niveles de nuestro ser, y ofrecer la oportunidad de elegir reestructurar nuestra vida a un nivel superior de funcionamiento espiritual. Puede ayudar a quienes atraviesan transiciones inesperadas (en la salud, las relaciones o la autoconciencia) a encontrar el nuevo patrón más apropiado para su vida.

La Cerusita se combina bien con Azeztulita, Petalita, Escolecita y Natrolita, todas las cuales estimulan el chakra de la coronilla, y abre la conciencia al conocimiento de lo divino. La Zincita, el Granate Negro de Andradita, la Esfalerita y la Galena pueden servir como apoyo adicional a su propósito. La Celestita puede tomar las energías recién despertadas por la Cerusita y elevarlas más allá del cuerpo físico.

CHAMANITA MAESTRA

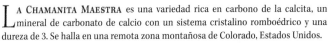

PALABRAS CLAVE conectar los reinos físico y espiritual, purificación interior, protección espiritual, viajes chamánicos, transformación hacia el ser Diamante

CHAKRAS todos **ELEMENTOS** tormenta

CORPORAL purifica la sangre y células de apegos energéticos negativos **EMOCIONAL** brinda coraje y determinación para afrontar circunstancias difíciles

ESPIRITUAL incrementa la sensibilidad psíquica, ayuda en la comunicación con el espíritu, nos anima a ser guerreros espirituales

L A CHAMANITA MAESTRA es una variedad rica en carbono de la calcita, un mineral de carbonato de calcio con un sistema cristalino romboédrico y una dureza de 3. Se halla en una remota zona montañosa de Colorado, Estados Unidos.

Esta piedra puede ser útil en la iniciación de viajes chamánicos y ayudar a conectar en el interior con los animales de poder y guías espirituales. Es la piedra de los ancestros que facilita la comunicación con los ancianos espirituales y guías del otro lado, así como con seres queridos que han fallecido. Es una piedra para aquellos que desean caminar entre mundos y sanar a otros a través de la recuperación del alma. Puede ayudar a disipar el miedo a la muerte al llevarnos a una experiencia clara de que la muerte no es el final.

La piedra Chamanita Maestra resuena con los chakras del corazón y del tercer ojo, y puede activar una sinergia de sus energías para abrir el chakra de la coronilla. Ofrece protección espiritual a quienes la portan: si uno desea ser un "guerrero de luz" la chamanita puede ser una aliada poderosa.

Esta piedra resuena en sinergia con la Moldavita, Larimar, piedras chamánicas, Nuumita, Criolita, Azeztulita, Sanda Rosa Azeztulita, Calcita Lemuriana Aquatina y Calcita Merkabita. Resulta beneficioso combinar la Estroncianita con la piedra Chamanita Maestra para viajeros del interior que se encuentran acosados por fuerzas negativas.

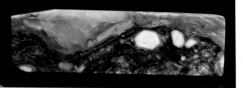

CHAROÍTA

PALABRAS CLAVE revelación de nuestro camino de servicio propio, purga de la negatividad interior, protección, sanación **CHAKRAS** tercer ojo (6to), coronilla (7mo), estrella del alma (8vo), plexo solar (3ro), raíz (1ro) **ELEMENTOS** viento **CORPORAL** ayuda a superar enfermedades causadas por apegos de vidas pasadas **EMOCIONAL** ayuda a disipar las pesadillas, a superar los miedos, al amor incondicional **ESPIRITUAL** inicia la protección psíquica, la purificación etérica y permite más sincronicidades

LA CHAROÍTA es conocida por su poderosa emanación del rayo violeta, por lo tanto, puede utilizarse para purificar y limpiar el cuerpo etérico, ya que libera las desarmonías y disipa la negatividad. Puede proteger de ataques psíquicos y disipar la tendencia a tener malos sueños; facilita la liberación de miedos inconscientes, sirviendo como catalizador para curación y transmutación de viejos patrones de desequilibrio. Puede ayudar a acceder a los recuerdos de vidas pasadas y a integrar las lecciones de la experiencia en ellas adquirida. Para aquellos que sufren de enfermedades difíciles de diagnosticar que tienen sus raíces en la negatividad o miedo interiorizados, la Charoíta puede ser una ayuda poderosa. Puede ayudar a fusionar las energías de los chakras del corazón y de la coronilla, lo que permite una visión espiritual más profunda en un clima interior de amor incondicional.

Trabajar con ella puede aumentar la probabilidad de que se produzcan sincronizaciones en nuestras vidas. Si aprendemos a notarlas tanto a ellas como a sus mensajes implícitos, podremos movernos por la vida como si fuéramos guiados por un hilo de oro, y ese camino (sin dirección exacta) hacia nuestro potencial más alto será revelado.

En el aspecto sinergético, la Charoíta combina sus energías con Moldavita, Fenacita, Serafina, Petalita, Amatista, Kunzita y Apatita Azul. Para aquellos que la utilizan como protección contra las energías negativas, la Sugilita, Azabache, Turmalina Negra y Cuarzo Ahumado resultan buenos aliados.

CIANITA AZUL

PALABRAS CLAVE puentes interiores, capacidad psíquica, recuerdo de vidas pasadas, telepatía, empatía
CHAKRAS todos, en especial el del tercer ojo (6to)
ELEMENTOS tormenta **CORPORAL** apoya la sanación de nervios cortados y otros problemas neurológicos
EMOCIONAL ayuda a disolver patrones emocionales disfuncionales recurrentes **ESPIRITUAL** estimula el tercer ojo y las capacidades psíquicas

L A CIANITA AZUL es un mineral de silicato de aluminio con un sistema cristalino triclínico y una dureza que varía de 4,5 a 7, según el eje. Se halla en Brasil, Sudáfrica, Birmania, Kenia, México y Estados Unidos.

Este tipo de piedras tiene una alta vibración y crea transferencias de energía muy rápidas. Abren los canales psíquicos y activan los centros de la mente, lo que acentúa las capacidades mentales y mejora la habilidad de "descargar" información de fuentes superiores. Pueden facilitar la comunicación telepática entre individuos, en especial si ambas partes los utilizan. Si elegimos dormir con Cianita Azul, el proceso de sueño lúcido se verá muy estimulado.

La Cianita Azul puede vincular los cuerpos físico, astral y causal, lo que cataliza la plena conciencia en la vigilia y en el sueño, con y sin sueños. Hay que trabajar en ello, pero merece la pena cuando se consigue el objetivo.

Podemos combinarla con la Cianita Verde para que sus energías entren en resonancia con el centro del corazón. Con estas piedras juntas, se pueden canalizar las vibraciones de alta frecuencia hacia la autosanación y otras actividades beneficiosas. La Cianita Verde también puede mantener las aperturas psíquicas de la Cianita Azul centradas en el corazón, protegiendo al ser de utilizar las habilidades psíquicas mejoradas como excusa para un viaje del ego. La Cianita Azul trabaja en armonía con todas las demás Cianitas, así como con la Moldavita, Fenacita y Azeztulita.

CIANITA ÍNDIGO

PALABRAS CLAVE despertar espiritual, viaje astral, visión interior **CHAKRAS** todos, en especial el tercer ojo (6to) **ELEMENTOS** tormenta **CORPORAL** ayuda en la sanación de desequilibrios cerebrales **EMOCIONAL** ayuda a disipar la confusión y la ansiedad **ESPIRITUAL** estimula las energías para el despertar espiritual

L A CIANITA ÍNDIGO es un mineral de silicato de aluminio con un sistema de cristal triclínico y una dureza que varía de 4,5 a 7, dependiendo del eje. Se encuentra más que todo en Sudáfrica.

Este mineral emana energías que penetran a profundidad en los centros de la mente, por lo que estimula la glándula pineal y activa capacidades psíquicas latentes. Cuando esta glándula está despierta por completo puede generar la activación total del chakra coronilla y de los estados de *satori*.

Se puede hacer uso de esta piedra como medio para acceder al estado de sueños lúcidos, si la llevamos en nuestra ropa de dormir cuando nos vamos a la cama o la colocamos dentro de la funda de la almohada. Los viajes astrales en estado de lucidez también son facilitados en gran medida por la energía de la Cianita Índigo. Cuando requerimos de una visión penetrante para poder ver la verdad en alguna situación o cuando necesitamos despejar nuestras confusiones o incertidumbres, la Cianita Índigo puede servirnos de gran ayuda. Practicar la meditación con ella puede aumentar la claridad interior y estimular nuevas introspecciones si nos encontramos en situaciones difíciles. La Cianita Índigo también inspira la lealtad y el trato justo hacia los demás seres humanos; nos puede asistir en la resolución de desacuerdos y disputas y a restablecer relaciones dañadas. Puede ayudarnos a reconectar con nuestros sueños y más preciadas aspiraciones, aportándonos la necesaria claridad de visión para hacerlos realidad.

Esta piedra armoniza con todos tipos de Cianita, así como con Fenacita, Herderita y todas las Azeztulitas. La Azeztulita Satyaloka puede ayudar a la Cianita Índigo a activar la glándula pineal.

CIANITA NARANJA

PALABRAS CLAVE creatividad, sexualidad, cambios evolutivos físicos, manifestación, limpieza de del segundo chakra **CHAKRAS** sacro (2do) **ELEMENTOS** fuego **CORPORAL** sustenta los órganos sexuales, promueve la transformación beneficiosa del ADN **EMOCIONAL** limpia viejos problemas relacionados con abuso sexual o cualquier maltrato del pasado, incluyendo vidas pasadas **ESPIRITUAL** despierta el vasto poder de la creatividad y disfrute de la sexualidad sagrada

L A CIANITA NARANJA es un mineral de silicato de aluminio proveniente de Tanzania, con un sistema de cristal triclínico y una dureza que varía de 4,5 a 7. Su color naranja se debe a la presencia de pequeñas cantidades de manganeso.

Sus cristales pueden facilitar la transformación de las altas energías etéreas en cristal líquido de ADN del cuerpo, ayudándonos a generar cambios evolutivos a lo largo de nuestras vidas. El potencial catalítico de estas piedras es increíble. Se consideran como una de las ayudas más poderosas para la manifestación.

La Cianita Naranja es capaz de activar un poder asombroso en el segundo chakra, centro de nuestras energías sexuales y creativas. Puede limpiar al segundo chakra de energías negativas y/o de apegos activos en esta vida o en vidas pasadas. Cuando nuestros cuerpos físico, emocional, astral y etéreo se purifican en el segundo chakra, nuestra capacidad creativa puede realmente florecer. Tal purificación también puede abrir nuestra sexualidad de una manera sana, lo que nos permitirá explorarla y disfrutarla de una manera agradable y creativa. La Cianita Naranja también estimula el primer y el tercer chakra, lo que aporta un aumento en la fuerza vital y fortalece la capacidad de utilizar nuestra voluntad de forma creativa. Este es en potencia uno de los mayores dones de la Cianita Naranja, porque nos permite entrar en cocreación con el alma del mundo.

La Cianita Naranja trabaja en sinergia con la Moldavita, Zincita, Fenacita, Azeztulita Rosa de Satyaloka, Cuprita, Cornalina Neozelandesa y todas las Cianitas.

CIANITA NEGRA

PALABRAS CLAVE equilibrio, conexión a tierra, energización, viaje en el tiempo, recuperación del alma **CHAKRAS** todos, en especial el de la raíz (1ro) **ELEMENTOS** tormenta **CORPORAL** equilibra el sistema de meridianos, promueve el flujo de energía **EMOCIONAL** ayuda a curar problemas emocionales causados por la pérdida de partes del alma **ESPIRITUAL** apoya el despertar de la conciencia interdimensional

L A CIANITA NEGRA es un mineral de silicato de aluminio con un sistema cristalino triclínico y una dureza que varía de 4,5 a 7 dependiendo del eje. Se encuentra más que todo en Brasil.

Esta piedra es capaz de limpiar las energías bloqueadas en cualquier chakra y puede rellenar el sistema de meridianos. Es a la vez arraigante y energizante, al aumentar nuestras frecuencias vibratorias sin sacarnos de nuestro cuerpo. Es útil en la sanación energética, ya que despeja los desequilibrios y trae consigo un flujo ilimitado que va a través de nuestros diversos sistemas.

Esta piedra puede llevarnos tanto hacia atrás, a vidas pasadas, como hacia adelante, a futuros probables. Enseña a experimentar la conciencia interdimensional sin perder la conexión con la Tierra. Aporta intensidad y viveza a los viajes chamánicos y ayuda a los sanadores chamánicos a sintonizar con los problemas basados en el alma de sus clientes, viendo con claridad el trabajo interior necesario para la sanación y recuperación de su alma.

La Cianita Negra puede combinarse en el aspecto sinergético con Nuumita, ya que ambas son piedras poderosas y dinámicas que ayudan a sondear las profundidades del mundo subconsciente y a regresar a este mundo con nuevos conocimientos. Para el viaje chamánico se combina bien con la Piedra Chamán y la Chamanita Maestra. Para equilibrar el sistema de meridianos, Oro de los Curanderos puede ser un aliado útil. La Cianita Negra también funciona bien en combinación con Turmalina Negra, Ajoíta, Azeztulita y Tectita Negra Tibetana.

CIANITA VERDE

PALABRAS CLAVE conexión psíquica con la naturaleza
CHAKRAS todos, en especial el del corazón (4to)
ELEMENTOS tormenta **CORPORAL** ayuda a mejorar
la vitalidad a través de la conexión con la naturaleza
EMOCIONAL sirve de apoyo para experimentar la
alegría natural de la vida en toda su esencia
ESPIRITUAL facilita el viaje interdimensional a los
reinos dévico, astral y causal

L A CIANITA VERDE es un mineral de silicato de aluminio con un sistema cristalino triclínico y una dureza que varía de 4,5 a 7, según el eje. Se encuentra más
que todo en Brasil.

Esta piedra puede crear un puente entre uno mismo y el equilibrio dinámico
de la naturaleza. Ayuda a sentir el equilibrio perfecto y en movimiento del Tao, la
fuerza vital del universo.

Además, nos conecta con la verdad del corazón. Puede ayudar a discernir la
verdad en nuestro entorno, ya sea que estemos escuchando las noticias de la televi-
sión o a un amigo o miembro de la familia. Nos permitirá saber si alguien está o no
está hablando desde el corazón. Esta piedra también ayuda a vivir desde la verdad
del corazón, lo que resulta muy gratificante, porque estar en la verdad del corazón
significa que uno no se la pasa buscando respuestas en el exterior.

La Cianita Verde puede abrir los portales a los dominios interiores. Lo primero
y más fácil es entrar en el reino de los espíritus de la naturaleza y devas. Con un poco
más de experiencia y la voluntad de dejarse llevar, se puede llegar al plano causal,
donde existen los arquetipos y donde se configuran los grandes patrones de acontecimientos antes de que se manifiesten en nuestro mundo. Incluso es posible el
viaje astral a otros planetas. La Cianita Verde puede mejorar bastante la vida onírica
y facilitar la entrada en el estado de sueño lúcido; para ello, debe colocarse en la
funda de la almohada o asegurarse con cinta adhesiva al tercer ojo. Se puede añadir
Moldavita para potenciar estos efectos.

CINABRIO

PALABRAS CLAVE alquimia, magia, transformación, percepción, manifestación, riqueza, agilidad mental **CHAKRAS** raíz (1ro), sacro (2do), tercer ojo (6to)
ELEMENTOS fuego **CORPORAL** ayuda a eliminar toxinas y a superar infecciones **EMOCIONAL** ayuda a liberar la ira y el resentimiento y a afrontar la verdad con valentía
ESPIRITUAL facilita la percepción del patrón divino, la transformación alquímica

E L CINABRIO es un mineral de sulfuro de mercurio con un sistema cristalino trigonal y una dureza de 2 a 2,5. Su color es rojo bermellón. Se forma alrededor de los respiraderos volcánicos y de las fuentes termales, a veces junto con el cuarzo. El Cuarzo Cinabrio es la forma más beneficiosa del Cinabrio para el uso metafísico.

Las piedras de Cuarzo Cinabrio son talismanes de la transformación alquímica: la plena manifestación del propio proyecto espiritual y cumplimiento del patrón divino que llevamos dentro. Esto requiere quemar la escoria de nuestras imperfecciones y refinar lo que queda en la esencia pura del ser superior.

Además de los dos primeros chakras, esta piedra estimula el tercer ojo, lo que permite una mayor comprensión y capacidad de ver visiones del futuro potencial. También ayuda a que las visiones se asienten en la realidad física. Esto la convierte en una piedra ideal para las personas creativas y los empresarios, que pueden utilizarla para hacer realidad sus sueños y crear prosperidad. Puede equilibrar y eliminar los bloqueos en el cuerpo energético.

El Cuarzo Cinabrio es la piedra del arquetipo del mago. El mago actúa como un conducto consciente entre el mundo espiritual y el material. Si uno siente un parentesco con este arquetipo, el Cuarzo Cinabrio puede ayudarnos a dirigir con creatividad energías sutiles hacia la manifestación.

CITRINO

PALABRAS CLAVE manifestación, voluntad personal, claridad mental, creatividad **CHAKRAS** raíz (1ro), sacro (2do), plexo solar (3ro) **ELEMENTOS** fuego **CORPORAL** apoya la buena digestión, estimula el metabolismo y pérdida de peso **EMOCIONAL** estimula optimismo, alegría, decisión en situaciones difíciles **ESPIRITUAL** potencia la imaginación creativa, manifestación a través de la voluntad

EL CITRINO es un mineral de dióxido de silicio, miembro del grupo del cuarzo, con un sistema cristalino hexagonal y una dureza de 7. Su pigmentación amarilla procede del hierro. Su nombre proviene de la palabra francesa *citron,* que significa "limón". Se han encontrado yacimientos de Citrino en Brasil, África, Madagascar, España, Rusia, Francia, Escocia y Estados Unidos.

El Citrino abre las puertas interiores a una mayor claridad de pensamiento, a una mayor creatividad y a un mayor poder de voluntad y manifestación. Es una de las principales piedras para el segundo chakra y es capaz de despertar poderes de la imaginación creativa. Ayuda a volverse hacia la corriente del tiempo desde el futuro, al abrir el yo más allá de lo que ha sido hacia el reino de lo que puede ser. El Citrino, tanto en su forma natural como en la calentada, estimula la imaginación a través de tres portales: los chakras segundo, tercero y sexto. Su resonancia vibratoria activa y armoniza estos tres centros energéticos, necesarios para el proceso de la imaginación creativa. El Citrino activa el proceso de pensamiento y aumenta la claridad mental, así como la función visionaria a través de la cual aparecen las imágenes interiores. A través del segundo chakra, el Citrino estimula la función creativa, el manantial del que nacen nuevos potenciales y, a través del tercer chakra, genera la dinamo humana de la voluntad personal. El Citrino trabaja en sinergia con Heliodoro, Labradorita Dorada, Topacio Imperial, Zincita, Calcita Naranja y Cornalina.

CLINOCLORO

PALABRAS CLAVE sanación, vitalidad, amor, plano divino del bienestar, comunicación angélica
CHAKRAS corazón (4to) **ELEMENTOS** tormenta, tierra **CORPORAL** ayuda a sintonizar con el patrón divino de la salud **EMOCIONAL** apoya el vínculo alegre con los seres superiores
ESPIRITUAL facilita conexión con guías espirituales y ángeles

E L CLINOCLORO es un silicato de magnesio, hierro y aluminio con una dureza de 2 a 2,5. Sus colores incluyen verde, blanco, amarillento, incoloro o púrpura. Existe una notable variedad química en sus minerales, que incluyen especies como la serafinita, cookita y kammererita.

Estos minerales se encuentran entre los más fuertes para traer la sanación y bienestar al cuerpo físico a través de la alineación con el plano divino. Estas piedras están en sintonía con los patrones arquetípicos a través de los cuales las entidades vivas, incluyendo los seres humanos, se expresan físicamente. Cuando uno trabaja con su intención centrada en vincularse con el patrón de la salud perfecta, las piedras proporcionan una "ventana" a través de la cual uno puede resonar con este patrón. Esta resonancia energética deja una huella en el cuerpo etérico, que luego traduce el patrón a forma física. Esta piedra ayuda a comunicarse con seres angélicos y guías espirituales. Su patrón vibratorio proporciona una ventana a estos dominios similar a la utilizada para la resonancia curativa.

El Clinocloro puede combinarse para fines curativos con piedras como la Sugilita, Esmeralda, Amatista y Charoíta. Para la elevación espiritual, Petalita, Danburita, Fenacita, Brookita y Azeztulita pueden ser muy útiles. Para la curación emocional, la Lepidolita Lila, Cuarzo Litio, Ambligonita y Rodocrosita son aliadas beneficiosas.

CONCHAS DE ESPIRALITA

PALABRAS CLAVE preservación de la vida, longevidad, acceso a la información en niveles superiores, vínculo telepático con cetáceos y otras criaturas marinas, evolución del ADN **CHAKRAS** tercer ojo (6to), coronilla (7mo) **ELEMENTOS** agua, tierra
CORPORAL contribuye con la resistencia corporal, recuperación de enfermedades, longevidad y evolución del ADN
EMOCIONAL evoca el sentimiento de parentesco con todos los seres vivos, así como con la vida cristalina **ESPIRITUAL** trae energías de espiral de la vitalidad universal a la conciencia, los sistemas energéticos y las células

L AS CONCHAS DE ESPIRALITA son fósiles únicos de conchas marinas agatizadas en forma de espiral procedentes de la India. Sus colores varían mucho entre tonos blancos, tostados, marrones y grises. Muchos ejemplares presentan áreas huecas en las que se han formado cristales de drusa.

Estas conchas tienden un puente entre los mundos animal y mineral, lo que facilita el acceso a las energías cristalinas. Estas conchas de piedra llevan la memoria de la vida en la Tierra en tiempos ancestrales y pueden ser refrescantes para el cuerpo etérico, lo que ofrece beneficios curativos a todo nuestro ser. Portan las energías de la gran espiral, una de las formas fundamentales de la existencia. Llevan nuestra conciencia hacia un poderoso enfoque, y aumentan el acceso a la información espiritual de los niveles superiores. Son excelentes piedras para canalizadores, sanadores e intuitivos, desde videntes médicos hasta visionarios proféticos. Estas piedras ayudan a acceder los registros akásicos, recordar vidas pasadas y comunicarse con seres espirituales. Son poderosas ayudas para la comunicación telepática con seres del mar tales como ballenas, delfines e incluso peces. Las Conchas de Espiralita apoyan la preservación de la vida. Son poderosas piedras para la longevidad y pueden "enseñar" al aspecto espiritual de nuestro ADN a evolucionar, sin perder su estabilidad esencial.

Las Conchas de Espiralita resuenan con la Azeztulita, Cuarzo Deva, Fenicita, Anandalita, Cuarzo Nirvana, Merlinita Mística y Auralita 23.

CORNALINA

PALABRAS CLAVE valentía, vitalidad, sexualidad, confianza, acción   **CHAKRAS** raíz (1ro), sacro (2do), plexo solar (3ro)   **ELEMENTOS** fuego **CORPORAL** apoya la fuerza, vitalidad, sexualidad, desintoxicación del alcohol o las drogas **EMOCIONAL** aumenta la valentía y entusiasmo   **ESPIRITUAL** ayuda a superar dudas, permitiéndonos encontrar el valor para crecer espiritualmente

L A CORNALINA es una variedad de calcedonia de color naranja con una dureza de 7. Su nombre deriva de su tonalidad parecida a la de la cereza del tipo cornejo. Su color puede variar del naranja pálido al rojo anaranjado intenso. Se halla en la India, Brasil y Uruguay.

Esta piedra activa el primer, segundo y tercer chakra, aportando un flujo de fuerza vital, energías sexuales y creativas, y una voluntad asertiva. Es una poderosa ayuda para aquellos que desean aumentar su confianza, valentía, pasión y poder. La Cornalina es una piedra de vitalidad y energía física y puede actuar de forma espiritual para ayudar a recuperar la fuerza después de una enfermedad o lesión. Llevarla o usarla puede ayudar a despertar las energías vitales de los tres chakras inferiores, lo que aumenta el entusiasmo por vivir y la voluntad de asumir los riesgos inherentes a todas las acciones fuertes.

La Cornalina combina bien sus energías con todas las demás variedades de cuarzo, jaspe y calcedonia. Al combinarla con Cuarzo Rosa, Ágata Azul, Cuarzo Azul y Amatista, puede provocar la activación armoniosa de los siete chakras del cuerpo. Si se necesita una conexión a tierra adicional, se puede incorporar un Cuarzo Ahumado sobre el chakra raíz. Para una activación vibratoria más elevada, tal como la de la estrella del alma y los chakras etéricos, se puede emplear una varita láser de Cuarzo Transparente. Para llegar aún más lejos, si se añade Moldavita en el chakra del corazón, Fenacita en el tercer ojo y Danburita o Petalita en la coronilla, se elevarán todas las energías hasta una octava más.

CORNALINA NEOZELANDESA
(azozeo superactivado)

PALABRAS CLAVE activación del elemento fuego, cocreación, percepción del destino, transformación, visiones de reinos superiores, voluntad apasionada, camino sexual del tantra **CHAKRAS** todos, en especial sacro (2do), tercer ojo (6to) **ELEMENTOS** fuego **CORPORAL** favorece el sistema nervioso, órganos sexuales, circulación sanguínea, sistema digestivo y sistema inmunitario **EMOCIONAL** aporta pasión a las actividades creativas y relaciones amorosas, ayuda a superar la indecisión y el miedo **ESPIRITUAL** estimula el despertar espiritual, creatividad, valentía, pasión, poder, evolución acelerada

L A CORNALINA NEOZELANDESA es un dióxido de silicio con una dureza de 7. Su color oscila entre el rojo-naranja profundo y el amarillo-blanco pálido.

Es una piedra muy receptiva al proceso de superactivación del azozeo, el cual la eleva a su verdadero potencial. Como Cornalina Azozeo, presenta la capacidad de encender el *agni*, el fuego universal de la creación, en nuestro cuerpo. Es una piedra de iniciación y revela la capacidad de creación y cocreación con el alma del mundo, y también activa la inteligencia del corazón que guía el proceso de creación. Aporta pasión a la voluntad propia, permitiéndole "quemar" los obstáculos del camino y desánimo del pasado. Nos recuerda nuestra audacia y nuestro poder y que nuestra entrega adecuada a la acción es poder. Estas piedras activan el segundo chakra y pueden abrir el camino a experiencias tántricas extáticas tanto en lo espiritual como en lo físico. En la autosanación, estas piedras apoyan el funcionamiento del sistema nervioso, órganos sexuales, flujo sanguíneo, sistema digestivo y sistema inmunológico. Desde el punto de vista emocional, disipan la indecisión y amnesia espiritual, recordándonos quiénes y qué somos en realidad.

Trabaja bien con todas las demás piedras superactivadas de azozeo, así como con la Healerita, Azumar, Cuarzo Fantasma Verde y Anandalita.

COVELITA

PALABRAS CLAVE capacidades psíquicas, visión interior, transformación, puente entre el mundo superior y el inferior   **CHAKRAS** todos   **ELEMENTOS** tormenta   **CORPORAL** ayuda a superar enfermedades basadas en fijaciones negativas del pasado   **EMOCIONAL** inspira el valor para emprender el viaje a través de nuestras profundidades interiores   **ESPIRITUAL** facilita el salto evolutivo hacia una conciencia despierta

L A COVELITA es un mineral de sulfuro de cobre con un sistema cristalino hexagonal y una dureza de 1,5 a 2. Su color es de azul intenso a negro, por lo general con un trazo dorado o rojo intenso en su superficie. Se ha encontrado en Montana (Estados Unidos), así como en Italia y Perú.

Esta piedra conecta fuertemente con la realidad física y energías de la Tierra y, al mismo tiempo, transporta gran parte del espectro superior de vibraciones de los planos etéricos. Sirve como puente energético entre mundos; puede ser una importante aliada para todo el que intente dar el salto evolutivo al siguiente nivel del ser. Además, es un facilitador del profundo viaje hacia el interior del ser y puede asistir a traer el lado de la sombra inconsciente a nuestro estado de conciencia. Es justo en este punto donde la energía necesaria para el pleno despertar de la conciencia se ha congelado, bien sea en viejos traumas, pérdidas, vergüenza y/o miedo. Aquellos que trabajan con Covelita en la meditación o ensoñación pueden encontrarse desenterrando y reviviendo recuerdos de viejos traumas, pérdidas, vergüenza y miedo. Esto puede facilitar una liberación sanadora.

La Covelita se puede combinar con Nuumita para dar mayor énfasis al viaje profundo. Añadir Azeztulita favorece a "llevar una luz a los lugares oscuros". La Fenacita o el Cuarzo Cinabrio puede aportar poderes adicionales de perspicacia para comprender los símbolos e ideas que surgen de las profundidades del inconsciente.

CREEDITA

PALABRAS CLAVE expansión de la conciencia, sintonización con información espiritual **CHAKRAS** tercer ojo (6to), coronilla (7mo), etérico (8vo-14to) **ELEMENTOS** tormenta **CORPORAL** revela el cuerpo etérico para el diagnóstico de desequilibrios **EMOCIONAL** ayuda a gobernar el cuerpo emocional desde una perspectiva superior **ESPIRITUAL** facilita una gran expansión de la conciencia en reinos espirituales

L A **CREEDITA** se presenta en cristales blancos, incoloros, anaranjados y a veces violetas. Las Creeditas anaranjadas a menudo se forman en bolas parecidas a puercoespines que se erizan con cristales espinosos que salen en todas direcciones. La Creedita es un mineral raro y los mejores especímenes provienen sobre todo de México.

Esta piedra activa con rapidez y fuerza los chakras del tercer ojo y de la coronilla y los que están por encima. Se produce una sensación vívida de expansión del propio campo de conciencia y una euforia que se siente como una elevación flotante. Con el tiempo, se percibe una profundización de energía, que desciende hasta el corazón. Es una piedra clave de acceso; puede ayudar a sintonizar con los registros akásicos, "abrir los archivos" en los cristales de registro, comprender los mensajes de los guías espirituales, interpretar oráculos como el tarot y canalizar los mensajes de los seres espirituales. Puede ayudar a los que meditan a dar el salto cuántico a dominios superiores de la conciencia, lo que limpia cualquier bloqueo en los chakras superiores. Además, es una piedra del reino angelical y puede ayudar a manifestar la luz espiritual en la vida cotidiana.

La Creedita puede combinarse con Azeztulita, Escolecita, Fenacita, Natrolita, Apofilita Clara y/o Herderita. El Azabache y Turmalina Negra pueden ayudar a purificar el campo energético y a mantener los pies en la tierra. La combinación de Cornalina, Calcita Naranja, Zincita o Ámbar con Creedita Naranja aumentará las energías creativas. La Creedita y Moldavita trabajan juntas para traer experiencias de despertar espiritual y transformación.

CRIOLITA

PALABRAS CLAVE inteligencia del corazón, corriente del futuro, propósito divino, entrega, liberación, integridad, verdad espiritual   **CHAKRAS** todos (1ro-7mo), estrella del alma (8vo) **ELEMENTOS** tormenta   **CORPORAL** apoya la salud neurológica, refuerza los vínculos entre el corazón y cerebro   **EMOCIONAL** despierta la alegría y la paz interior a través de la conciencia del corazón   **ESPIRITUAL** facilita la expansión de la conciencia en la asociación corazón/cerebro

LA CRIOLITA es un mineral de fluoruro de aluminio y sodio con un sistema cristalino monoclínico y una dureza de 2,5 a 3. La mayor cantidad de este tipo de piedra se ha encontrado en el yacimiento de Ivittuut, en la costa occidental de Groenlandia. Además, ha sido vista en Colorado, Estados Unidos; Quebec, Canadá; y en Miask, Rusia.

Sus energías se centran justo en el componente más necesario de la evolución humana en este momento: el despertar de nuestra conciencia a la inteligencia del corazón y la asociación de las áreas más evolucionadas del cerebro con esa inteligencia. La Criolita estimula con fuerza el tercer ojo, así como toda la corteza prefrontal del cerebro. También estimula los chakras del corazón y de la coronilla, al vincularlos con el tercer ojo y facilitar la visión interior. Además, abre los canales a través de los cuales el conocimiento holográfico del corazón y su lenguaje de comprensión silenciosa pueden ser recibidos y comprendidos por la mente consciente. Asimismo, activa capacidades latentes de las "áreas silenciosas" del cerebro. Su tono emocional es de paz y alegría tranquila.

Fomenta una especie de rendición o entrega interior que en realidad es un desprendimiento hacia la liberación, ya que uno se da cuenta de que uno y el propósito divino son uno y el mismo.

La Criolita es una piedra excelente para usar en combinación con Cuarzo Hollandita. La Moldavita, Fenacita, Natrolita, Escolecita, Herderita, Azeztulita y Petalita pueden ayudar a activar aún más el cerebro superior.

CRISANTEMO

PALABRAS CLAVE enraizamiento, prosperidad, descubrir y alcanzar el propósito del alma
CHAKRAS todos **ELEMENTOS** tierra
CORPORAL ayuda con los problemas de las mujeres con los órganos y tejidos reproductivos **EMOCIONAL** inspira el valor, abrazando el verdadero potencial de cada uno **ESPIRITUAL** facilita el seguimiento de los anhelos del alma, lo que lleva a serendipias útiles

E L CRISANTEMO es una roca blanca y negra formada por arcilla de yeso, dolomita y caliza, con cristales internos de calcita, feldespato, celestita o andalucita, en forma de flor. Fueron descubiertas en Japón y también se hallan en Canadá, China y Estados Unidos.

Esta piedra puede actuar como catalizador para activar capacidades dormidas que yacen en el interior de las personas. Si hay algo que siempre hemos querido hacer como escribir, bailar, escalar una montaña, iniciar un negocio, etc., esta piedra ofrece apoyo energético para encontrar la valentía y oportunidades para hacer realidad nuestros sueños. Si aún no se sabe cuál es tal sueño, dormir o meditar con ella puede ayudar a recibir el mensaje interior que aclare la naturaleza del propósito que se ha descuidado.

Estas prometedoras piedras tienen aún más para ofrecer. Son imanes para las sincronizaciones positivas, lo que algunos llaman "suerte". Cuando nos embarcamos en el camino de los anhelos de nuestra alma, el mero hecho de girar en esa dirección puede dar al universo la señal que necesita para ayudarnos. El Crisantemo, al igual que otros talismanes de la buena suerte, parece atraer esos giros del destino tan bien recibidos.

Para el camino hacia nuestro destino, esta piedra combina bien con Moldavita o Serafina. Para el aumento de la vitalidad necesaria para ir tras nuestros deseos más profundos, se recomiendan la Cuprita, Zincita y Cornalina.

CRISOBERILO

PALABRAS CLAVE alineación de la voluntad con el corazón, abundancia, visión profética
CHAKRAS plexo solar (3ro), corazón (4to)
ELEMENTOS viento, agua **CORPORAL** apoya el corazón, los riñones y el torrente sanguíneo en el aspecto energético **EMOCIONAL** fomenta generosidad y altruismo
ESPIRITUAL infunde poder a través de la dulzura, la prosperidad, la generosidad, la profecía

EL CRISOBERILO es un óxido de aluminio y berilio con un sistema cristalino ortorrómbico y una dureza de 8,5. Sus colores amarillo, verde o marrón son causados por pequeñas cantidades de hierro o cromo. Se halla en Brasil, Sri Lanka, Birmania, Madagascar y Rusia.

El Crisoberilo nos ayuda a fusionar y unificar las energías del plexo solar y del corazón, aportando poder a la voluntad, bajo la guía de la sabiduría compasiva del corazón. Puede cambiar la vibración del propio campo energético para mejorar la capacidad de actuar con fuerza desde un lugar de dulzura. Ayuda a perseverar en proyectos altruistas, como los que ayudan a sanar y preservar la naturaleza o que benefician a otros seres humanos que requieren ayuda. Su energía también se refiere a la creación de prosperidad a través de la generosidad; en este universo de abundancia infinita, nos parecemos más a las válvulas a través de las cuales fluyen las energías que a los recipientes en los que se acumulan las cosas y, como si de una bomba se tratase, abrimos nuestra válvula y empezamos a fluir, primero dando y luego recibiendo. Esta piedra puede ayudarnos a establecer las condiciones vibratorias ideales para este flujo.

El Crisoberilo Ojo de Gato facilita el don de la profecía.

Las energías altruistas del Crisoberilo se potencian al combinarlo con Charoíta, Morganita, Kunzita, Esmeralda y/o Cuarzo Rosa. Su capacidad para magnetizar prosperidad se ve reforzada por la Fenacita y Tsavorita.

CRISOCOLA

PALABRAS CLAVE comunicación, expresión de lo sagrado, energías de la diosa, dulzura y poder **CHAKRAS** garganta (5to), corazón (4to), raíz (1ro) **ELEMENTOS** agua **CORPORAL** apoya el buen funcionamiento de glándulas suprarrenales y de tiroides, ayuda con el estrés **EMOCIONAL** ayuda a calmar, a liberar el estrés y ansiedad **ESPIRITUAL** facilita la expresión de la sabiduría interior y conexión con la conciencia de la Tierra.

L A CRISOCOLA es un silicato de cobre hidrófilo con un sistema cristalino amorfo y una dureza de 2 a 4. El color es verde, azul o azul-verde. Se encontraron yacimientos en Chile, Zaire (hoy República Democrática del Congo), Rusia y Estados Unidos.

La Crisocola es una piedra de potenciación de energías femeninas, tanto en mujeres como en hombres. Es una piedra de la diosa, y es posible que aquellos que resuenan con ella sientan cómo sus antiguas y duraderas energías emergen dentro de ellos mismos. Estimula el chakra de la garganta para una clara comunicación de la sabiduría interior, incluso sirve de ayuda para aprender lo que es en realidad esa sabiduría. Lo entenderán quienes se hayan sorprendido al oírse decir un pensamiento más profundizado que el que uno tenía en mente. El proceso de formular y decir las ideas propias puede revelar la sabiduría innata de uno. Llevar Crisocola, sobre todo cerca del chakra de la garganta, puede facilitar estos y otros dones de expresión.

Esta piedra está en estrecha sintonía con las vibraciones de la Tierra y puede facilitar la conexión empática con la conciencia de la Tierra. Además de activar el chakra de la garganta, puede armonizar y equilibrar el chakra del corazón, al enlazar estos dos últimos con el chakra raíz, para obtener una mayor fuerza vital y vitalidad física.

La Crisocola armoniza con Larimar, Aguamarina, Ajoíta, Malaquita, Azurita, Lapislázuli y Shattuckita. La Azeztulita es capaz de elevar su vibración.

CRISOPRASA

PALABRAS CLAVE crecimiento, compasión, conexión con la naturaleza, perdón, altruismo **CHAKRAS** corazón (4to), plexo solar (3ro) **ELEMENTOS** agua **CORPORAL** apoya la salud general, regeneración, juventud, vitalidad **EMOCIONAL** fomenta el amor y la confianza, liberación de las emociones basadas en el miedo **ESPIRITUAL** ayuda a conectar con el amor divino, los espíritus de la naturaleza, el alma de la Tierra.

L A CRISOPRASA es una calcedonia verde, miembro del grupo del cuarzo, con un sistema cristalino hexagonal y una dureza de 7. Era utilizada como piedra preciosa en la antigua Grecia desde el año 400 a. C. Se ha encontrado en Australia, Brasil, Madagascar, Sudáfrica y Rusia.

Es una hermosa piedra del rayo verde puro, y como tal es una piedra del corazón que puede conectarnos con el dominio de los espíritus de la naturaleza. Llevar o meditar con estas piedras puede facilitar una profunda conexión sentida con el espíritu de la Tierra, así como con devas y otras entidades de tal espíritu. Ayuda a permanecer centrado en el corazón, al proporcionar el coraje necesario para enfrentarse a situaciones difíciles o amenazantes con una resolución firme y una compasión centrada en la verdad. Estas piedras dan fuerza al corazón emocional y ofrecen apoyo energético al corazón físico.

La Crisoprasa también activa el chakra del plexo solar, sede de la voluntad. Ayuda a combinar la voluntad personal con los impulsos del corazón, y une los deseos individuales con el anhelo superior del corazón por el bien de todos. La Crisoprasa armoniza con Ajoíta, Danburita, Lepidolita , Ambligonita, Fenacita, Azeztulita, Kunzita y Morganita. Estas dos últimas hacen aflorar los aspectos amorosos del corazón. La Fenacita y Azeztulita abren la visión interior. La Lepidolita y Ambligonita acentúan propiedades relajantes y de alivio del estrés de la Crisoprasa.

CRISTALES DE CUARZO FANTASMA

PALABRAS CLAVE autosanación, vinculación con los espíritus de la Tierra y la naturaleza
CHAKRAS corazón (4to), tercer ojo (6to)
ELEMENTOS tormenta, tierra **CORPORAL** inicia la limpieza energética del cuerpo, facilita la cirugía psíquica **EMOCIONAL** fomenta la conexión desde el corazón con la naturaleza y la Tierra **ESPIRITUAL** infunde una relación consciente con los espíritus de la naturaleza y la Tierra

LOS CRISTALES DE CUARZO FANTASMA tienen un sistema cristalino hexagonal y una dureza de 7. Se forman cuando se produce un depósito de clorita en la terminación de un cristal de cuarzo que luego es cubierto por el crecimiento posterior del cuarzo, dejando una impresión verde "fantasma".

Estos cristales son excelentes fuentes de conexión con el reino de los espíritus de la naturaleza: meditar con ellos puede facilitar la comunicación e intercambio de energía con los espíritus de las plantas, así como con devas, hadas y otros seres. Resuenan con el latido de la Tierra y pueden ayudar a aprender a enraizar nuestras energías y emociones en ella. Vivimos en simbiosis con la Tierra, cada uno depende del otro: así como los seres humanos se nutren físicamente de la Tierra, su alma solo puede realizarse plenamente a través de la conciencia de los seres humanos. Estos cristales, por tanto, resuenan con una versión muy clara de la energía pura de la Tierra. Meditar con ellos puede facilitar el contacto consciente con esta energía y su uso en la curación planetaria también será muy eficaz.

Los Cristales de Cuarzo Fantasma pueden combinarse con Serafinita, Charoíta, Moldavita y Cuarzo Verde de Serifos. El uso de la Danburita con estos cristales ayuda a establecer un vínculo interno más claro con los espíritus de la naturaleza. Por último, la incorporación de Fenacita aumenta las cualidades visionarias de estas experiencias.

CRISTALES DE LUZ DE LA MANIFESTACIÓN

PALABRAS CLAVE despertar de la kundalini, estimulación de la luz interior, despertar del cuerpo de luz, manifestación de nuestras intenciones
CHAKRAS todos, en especial coronilla (7mo) y raíz (1ro)
ELEMENTOS fuego, tormenta, tierra **CORPORAL** recarga al cuerpo de chi, y aumenta la vitalidad y longevidad **EMOCIONAL** estimula el cuerpo emocional y produce una sensación de expansión placentera
ESPIRITUAL nos ayuda a despertar y a dirigir las energías kundalini, equilibra las energías polarizadas, ayuda a la manifestación

LOS CRISTALES DE LUZ DE LA MANIFESTACIÓN son cristales de cuarzo brasileño con pequeñas inclusiones "flotantes" de hematita gris plateada. Están compuestos de un mineral de dióxido de silicio con una dureza de 7 y pueden ser de cuarzo traslúcido o ahumado.

Son ideales para iniciar la activación del cuerpo de luz y para mantener el cuerpo de luz anclado e integrado al cuerpo físico. Provocan una activación segura y sutil de las energías kundalini y son ideales para iniciar nuevos niveles de crecimiento espiritual. Mejoran la salud y bienestar al bañar el interior del cuerpo físico con luz espiritual pura. Son capaces de ayudar a anclar a tierra a quienes tengan los chakras superiores hiperactivos o a estimular los sistemas energéticos lentos. Pueden utilizarse para unir y reconciliar todo tipo de polaridades y su uso es ideal en la terapia de polaridad. Emanan una gran cantidad de fuerza vital.

Los Cristales de Luz de la Manifestación, como su nombre lo indica, son excelentes catalizadores para manifestar cualquier cosa que se desee: solo hay que "programar" el cristal con una imagen visual de nuestra intención y luego sostener la piedra de nuevo mientras se repite la visualización. Incorporar las emociones de placer y gratitud mientras se hace la visualización aumenta el efecto.

Los Cristales de Luz de la Manifestación trabajan en sinergia con la Moldavita, Cinnazez y todas las Azeztulitas, incluyendo las piedras activadas por azozeo. La influencia de la conexión a tierra es reforzada por la Hematita, y la Fenacita ayuda a la activación del cuerpo de luz.

CRISTAL DE LUZ LEMURIANO

PALABRAS CLAVE luz interior, experiencias de videncia, activación de capacidades cerebrales, aumento de la coherencia cristalina, vínculo con Lemuria **CHAKRAS** tercer ojo (6to), coronilla (7mo), "boca de Dios" y todo el cerebro **ELEMENTOS** viento, tormenta **CORPORAL** apoya al cerebro y al sistema nervioso, puede ayudar a superar disfunciones cerebrales **EMOCIONAL** aporta la experiencia de conciencia ampliada como placer absoluto **ESPIRITUAL** simula la experiencia de videncia, activa el punto de energía de la "boca de Dios"

CRISTAL DE LUZ LEMURIANO es el nombre dado a un grupo de puntas de cristal de cuarzo de alta calidad procedentes de Colombia. Se compone de dióxido de silicio, tiene una dureza de 7 y a menudo es transparente como el agua y con superficies de un inusual brillo.

Estos cristales ayudan a la meditación y a la experiencia de videncia. Pueden abrir el punto energético de la "boca de Dios" en la parte posterior del cráneo, lo que incia poderosos despertares místicos. Resultan muy relajantes y tranquilizadores para la conciencia, incluso cuando despiertan la luz interior. Pueden ayudar a entrar con rapidez en estados de profunda meditación, liberando el estrés y abriendo la mente para recibir guía e inspiración internas. Pueden estimular la organización de nuestra matriz corporal de cristal líquido, y aumentar nuestras capacidades para muchas variedades de conciencia expandida.

En la autosanación espiritual, los Cristales de Luz Lemuriano pueden utilizarse para brindar apoyo al cerebro y sistema nervioso central. Resultan útiles para trabajar con la enfermedad de alzhéimer u otros tipos de demencia.

Los Cristales de Luz Lemuriano funcionan bien con Moldavita, Rosophia, Natrolita, Danburita, Danburita Dorada Agni y todas las Azeztulitas. Junto con la Merlinita Mística o Merlinita Negra pueden ayudar a la integración de nuestros lados de luz y sombra. Por último, refuerza nuestras capacidades de experiencias visionarias cuando actúa con la Fenacita.

CRISTAL DE SEMILLAS LEMURIANAS

PALABRAS CLAVE conexión con la divinidad femenina, unificación con el alma, acceso al conocimiento y sabiduría de la antigua Lemuria **CHAKRAS** coronilla (7mo), estrella del alma (8vo) **ELEMENTOS** tierra, viento **CORPORAL** nos vincula con las cualidades curativas de la conciencia lemuriana **EMOCIONAL** ayuda a superar la soledad espiritual y/o depresión **ESPIRITUAL** despierta una multitud de dones de la conciencia empática e intuitiva

EL CRISTAL DE SEMILLAS LEMURIANAS es una variedad especial de cuarzo transparente, un mineral de dióxido de silicio con un sistema de cristales hexagonales y una dureza de grado 7. Procede de la región de Diamantina, en Brasil, y se identifica por los surcos en forma de escalera que atraviesan el cuerpo de los cristales. En algunos cristales se presenta una tonalidad rosa-rojiza causada por una capa de óxido de hierro.

Esta piedra puede ayudar a alcanzar la "conciencia lemuriana"; es decir, la conciencia equilibrada, enriquecedora, amorosa, espiritual y sensual que ha perdido gran parte de la humanidad. La respuesta a estos cristales es a menudo tan llena de emociones y tan cargada de amor que sentimos que son como un bálsamo para el alma. Pueden beneficiar a casi todo el mundo: la mayoría de la gente necesita la apertura del corazón y la sanación emocional/espiritual que ofrecen sus cristales. Los sanadores pueden utilizarlos para aportar tales experiencias a sus clientes.

El Cristal de Semillas Lemurianas emana una energía *yin* o femenina. Armoniza de maravilla con piedras como la Gema de Silicato, Larimar, Celestina, Azeztulita, Cuarzo Satyaloka, Petalita, Morganita, Cuarzo Rosa y Kunzita. La Moldavita puede catalizar su activación al más alto nivel espiritual. Resulta muy energizado por "Diamantes" Herkimer, Cuarzo Azul Siberiano y Calcita Merkabita.

CROCOÍTA

PALABRAS CLAVE vitalidad física, sabiduría del corazón, comunión con lo divino, pasión, amor, iluminación   **CHAKRAS** raíz (1ro), corazón (4to), coronilla (7mo)   **ELEMENTOS** tormenta **CORPORAL** apoya el sistema reproductivo   **EMOCIONAL** enciende el amor y la pasión   **ESPIRITUAL** potencia la creatividad, la activación de la kundalini

L A CROCOÍTA es un mineral de cromato de plomo con un sistema cristalino monoclínico y una dureza de 2,5 a 3. Su color es rojo o rojo-anaranjado, y a veces amarillo. Los yacimientos más conocidos están en la isla de Tasmania, Australia, pero también se ha encontrado en los montes Urales de Rusia.

Es una piedra beneficiosa para abrir grandes caminos, en especial para aquellos cuya búsqueda más apasionada es la materialización de la iluminación. Esta piedra activa una vibración armónica y triúnica de los chakras de la coronilla, corazón y raíz, al abrir el canal de la kundalini y mover las energías centrales a través de él. Esta poderosa apertura puede catalizar todo tipo de saltos cuánticos en la conciencia, además de disipar viejos bloqueos y permitir la plena expresión del ser espiritual a través del cuerpo físico. Es una piedra que puede estimular pasión, amor y conciencia espiritual a la vez. Para parejas, las vibraciones de la Crocoíta son muy propicias para las prácticas de amor tántrico, que despiertan estas mismas energías. Mantener un racimo de esta piedra en la habitación puede impregnar el área con ondas dichosas de compromiso extático. Por último, estimula todo tipo de fertilidad creativa y es excelente para artistas, escritores y músicos.

La Crocoíta funciona bien cuando se combina con Azeztulita, Herderita, Natrolita y/o Fenacita. Para la fertilidad, creatividad y sexualidad, la Zincita, Calcita Naranja y/o Cornalina son muy útiles.

CUARZO AHUMADO

PALABRAS CLAVE conexión a tierra, transmutación de energías negativas, practicidad, organización, manifestación de los sueños e inspiraciones **CHAKRAS** raíz (1ro) **ELEMENTOS** tierra **CORPORAL** ofrece protección espiritual contra la radiación, ayuda a la sanación de las quemaduras solares, disipa los efectos físicos de las energías negativas **EMOCIONAL** ayuda a las personas espirituales a sentirse comprometidos de manera positiva con la vida física **ESPIRITUAL** protección y conexión a tierra, manifiesta lo espiritual en lo físico

E L CUARZO AHUMADO es un mineral de dióxido de silicio con un sistema cristalino hexagonal y una dureza de 7. Puede variar en color desde un bronceado muy pálido hasta marrón chocolate intenso. Se halla en muchos países.

Es una de las principales piedras de enraizamiento. Puede ayudar incluso a los individuos que están "volando en las nubes" a poner los pies sobre la tierra para que puedan funcionar a plenitud como seres físicos. También ayuda a anclar a tierra la información espiritual. El Cuarzo Ahumado aumenta la practicidad y organización. Puede ayudar a evitar las extravagancias (excepto cuando se trata de comprar un ejemplar). Ofrece protección contra las energías negativas del entorno, al absorber y transmutar cantidades casi ilimitadas de negatividad.

El Cuarzo Ahumado tiene una forma de atraer lo etéreo a la manifestación. Cuando portamos un Cuarzo Ahumado es más probable que veamos fenómenos como fantasmas, ovnis, hadas y guías espirituales. En lugar de elevar nuestra vibración, atrae a las entidades o fenómenos hacia nuestro campo áurico y baja a nuestro nivel de percepción. Por razones similares, el Cuarzo Ahumado es útil para ayudar a traer los sueños más potentes y las ideas más geniales a la realidad física.

El Cuarzo Ahumado trabaja en armonía con las piedras de enraizamiento, como Chamanita Maestra, Turmalina Negra, Azabache y Obsidiana. Con la Moldavita, atrae la energía de la transformación al plano físico.

CUARZO AMPLIFICADOR

PALABRAS CLAVE amplificación vibratoria de las piedras, vitaminas, agua, instrumentos de energía **CHAKRAS** todos **ELEMENTOS** viento, tormenta **CORPORAL** amplifica los efectos de piedras y sustancias sanadoras **EMOCIONAL** amplifica todos los estados emocionales, así que ha de usarse en estados de felicidad, gratitud, amor y paz **ESPIRITUAL** aumenta los efectos energéticos de todas las piedras, así como los de otros instrumentos y sustancias utilizados para promover nuestra evolución espiritual

EL CUARZO AMPLIFICADOR es un tipo de cristal de cuarzo pequeño y transparente procedente de Madagascar. Está compuesto de minerales de dióxido de silicio con una dureza de 7.

El Cuarzo Amplificador es llamado así porque es un poderoso potenciador de las energías de casi todas las demás piedras. Esto lo hace inestimable para construir herramientas de cristal y para las redes o diseños de piedras que se colocan en el cuerpo. Los cristales pueden añadirse a varitas, llevarse en bolsos de medicinas, colocarse con piedras en nuestro entorno, ponerse en altares de sanación, incluirse en elixires o emplearse en cualquier otra aplicación en la que se desee aumentar el poder de las piedras y/o nuestra intención. El Cuarzo Amplificador es un catalizador de todo tipo de sinergias y se puede distribuir entre miembros de un grupo para fomentar cooperación e inspirar visiones creativas. La colocación de las piedras en armarios y en el frigorífico puede mejorar la fuerza vital y valor nutricional energético de los alimentos. Colocar Cuarzo Amplificador en las botellas de agua es una forma de potenciarla para que sea lo más beneficiosa posible. Colocar estos cristales dentro de un sombrero o en un cintillo puede mejorar los procesos mentales. El Cuarzo Amplificador puede ser una de las mejores piedras para aumentar la abundancia: podríamos, por ejemplo, adherir uno de estos cristales a nuestra chequera.

El Cuarzo Amplificador armoniza con casi todos los demás minerales. Al combinarlo con piedras de alta vibración como Fenacita, Moldavita o Azeztulita, se pueden potenciar sus efectos y ayudar a acelerar nuestra evolución espiritual.

CUARZO AQUA AURA

PALABRAS CLAVE calma y relajación, conexión con los reinos espirituales, mejora de la comunicación, protección psíquica **CHAKRAS** garganta (5to), tercer ojo (6to) **ELEMENTOS** agua **CORPORAL** baja la fiebre, alivia el estrés, limpia el campo áurico **EMOCIONAL** calma la ira, encuentra la paz interior **ESPIRITUAL** ayuda a la canalización, comunicación de la verdad, creación de prosperidad

El Cuarzo Aqua Aura se produce cuando las puntas o racimos de cuarzo transparente pasan por un proceso de tratamiento especial en el que sus superficies se unen con oro puro vaporizado o finamente pulverizado. Los cristales resultantes muestran superficies azules vivas con sutiles destellos de colores iridiscentes del arcoíris.

Este cuarzo estimula al chakra de la garganta, mejorando la capacidad de comunicar la verdad interior. También tiene un efecto calmante en el cuerpo emocional; puede utilizarse para calmar la ira, enfriar la fiebre y liberar el estrés. Es una piedra para mejorar el acceso a la verdad de las emociones y a los portales interiores del espíritu. Además, puede resultar de ayuda para convertirnos en un canal consciente de sabiduría espiritual.

El Cuarzo Aqua Aura tiene una vibración muy alta e intensa y puede utilizarse para activar todos los chakras. Es capaz de suavizar y sanar el campo áurico y liberar negatividad de los cuerpos emocional, físico, etérico y astral. Llevar esta piedra puede ayudarnos a brillar con nuestra propia belleza interior, atraer riqueza y éxito, hacer surgir la sabiduría esotérica, aliviar la depresión y ansiedad y ayudar a crear un aura de paz y bienestar en uno mismo y nuestro entorno. Es una piedra de elevación espiritual que puede ayudar a elevar la vibración de la humanidad a medida que entramos en la siguiente fase evolutiva.

CUARZO AURA ÁNGEL

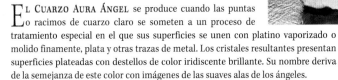

PALABRAS CLAVE elevación, paz, serenidad, conciencia expandida **CHAKRAS** coronilla (7mo), etéreo (8vo-14to) **ELEMENTOS** viento **CORPORAL** ayuda a liberar estrés; alivia calambres musculares, indigestión **EMOCIONAL** ideal para calmar, purificar y elevar el cuerpo emocional **ESPIRITUAL** facilita alcanzar estados más profundos en la meditación y conectar con los ángeles

E L CUARZO AURA ÁNGEL se produce cuando las puntas o racimos de cuarzo claro se someten a un proceso de tratamiento especial en el que sus superficies se unen con platino vaporizado o molido finamente, plata y otras trazas de metal. Los cristales resultantes presentan superficies plateadas con destellos de color iridiscente brillante. Su nombre deriva de la semejanza de este color con imágenes de las suaves alas de los ángeles.

Esta es una piedra que está en sintonía con la belleza. Además, puede ayudar a recordar que hay que prestar atención a la belleza que nos rodea, tanto en la naturaleza como en el espíritu. Llevar el Cuarzo Aura Ángel ayuda a ser un faro de belleza interior, paz y conciencia espiritual. Meditando con estas piedras, uno puede fácilmente ir más allá del cuerpo e ir a su "templo interior". Este es un lugar de purificación y descanso en el que los guías angélicos están presentes, listos para ayudar a liberar el estrés y entrar en una profunda paz.

El recuerdo de encarnaciones pasadas, comprensión del propio propósito espiritual, capacidad de canalizar el conocimiento superior y la oportunidad de comunicarse con entidades espirituales amorosas son algunas de las posibilidades disponibles a través del trabajo con el cuarzo del aura angelical. Y todas estas cosas tienen lugar en una "burbuja" de paz, tranquilidad y satisfacción.

El Cuarzo Aura Ángel funciona muy bien con el Cuarzo Aqua Aura, Danburita, Petalita, Serafinita, Ópalo de Oregón, Alejandrita y Kunzita.

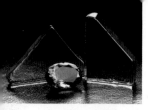

CUARZO AZUL SIBERIANO

PALABRAS CLAVE despertar psíquico, mediumnidad, claridad mental e introspección, sentirse cómodo en la Tierra **CHAKRAS** tercer ojo (6to), garganta (5to) **ELEMENTOS** viento, agua **CORPORAL** da apoyo a la función cerebral y sanación, ayuda con problemas de memoria **EMOCIONAL** ayuda a los "niños estrella" y a las personas sensibles a sentirse cómodas en la Tierra **ESPIRITUAL** abre capacidades latentes para recibir información del espíritu

Cuarzo Azul Siberiano es el nombre que recibe un cuarzo azul cobalto cultivado en laboratorio y creado en Rusia. Es un material de dióxido de silicio con un sistema de cristal hexagonal y una dureza de 7.

Este cuarzo es portador de una gran cantidad de energía. No hay ninguna otra piedra preciosa que muestre de forma tan llamativa el rayo azul como lo hace el Cuarzo Azul Siberiano. Activa tanto el chakra de la garganta como el tercer ojo en una armonía combinada que despierta las percepciones de la mente superior y facilita la comunicación elocuente de su propio conocimiento. La energía del elemento viento de esta piedra evoca el despertar psíquico y puede servir de ayuda para aquellos que deseen desarrollar los poderes de la clarividencia, clariaudiencia, profecía, psicoquinesia, mediumnidad y comunicación interdimensional. Estas piedras proporcionan una influencia equilibradora y calmante. Además, conectan con el elemento agua y con los reinos de las emociones y espíritu. Puede ser una piedra sanadora para aquellos que se sienten incomprendidos o incómodos en el plano terrestre o para cualquiera que se sienta alejado de los demás. Estas piedras iluminan la humanidad común que compartimos en los planos emocional y espiritual y nos ayudan a recordar y comunicar esa verdad.

El Cuarzo Azul Siberiano trabaja en armonía con la Danburita, Amatista, Moldavita, Ópalo de Oregón, Aragonita Azul, Shattuckita y Fenacita. Su actividad psíquica se ve reforzada por la Iolita y el Ópalo Azul de Owyhee.

INNER TRADITIONS

BEAR & COMPANY

Inner Traditions • Bear & Company
P.O. Box 388
Rochester, VT 05767-0388
U.S.A.

PLEASE SEND US THIS CARD TO RECEIVE OUR LATEST CATALOG.

Book in which this card was found _____

☐ Check here if you would like to receive our catalog via e-mail.

Name _____ Company _____

Address _____ Phone _____

City _____ State _____ Zip _____ Country _____

E-mail address _____

Please check the following area(s) of interest to you:

☐ Health   ☐ Self-help   ☐ Science/Nature   ☐ Shamanism
☐ Ancient Mysteries   ☐ New Age/Spirituality   ☐ Ethnobotany   ☐ Martial Arts
☐ Spanish Language   ☐ Sexuality/Tantra   ☐ Children   ☐ Teen

Please send a catalog to my friend:

Name _____ Company _____

Address _____ Phone _____

City _____ State _____ Zip _____ Country _____

Order at 1-800-246-8648 • Fax (802) 767-3726

E-mail: customerservice@InnerTraditions.com • Web site: www.InnerTraditions.com

CUARZO CATEDRAL

PALABRAS CLAVE acceso a la información espiritual, conciencia multidimensional **CHAKRAS** tercer ojo (6to), coronilla (7mo), etérico (8vo-14to) **ELEMENTOS** viento **CORPORAL** ayuda a recordar la información de civilizaciones pasadas para sanar el cuerpo **EMOCIONAL** ayuda a superar los miedos a entrar en la conciencia expandida **ESPIRITUAL** facilita el acceso a la información almacenada de los dominios espirituales

El Cuarzo Catedral es una variedad de cuarzo, un mineral de dióxido de silicio con un sistema cristalino hexagonal y una dureza de 7. Recibe este nombre por las pequeñas puntas incrustadas en el cuerpo principal del cristal que recuerdan a las torres de un antiguo castillo o catedral. Se halla en África, Rusia, Suiza y Madagascar.

Estos cristales se encuentran entre las piedras más ricas en información del reino mineral. Han sido programados por entidades espirituales para hacer posible que los humanos accedan al conocimiento necesario para elevar sus frecuencias vibratorias y evolucionar hacia el siguiente nivel de existencia. Entre otras cosas, el Cuarzo Catedral actúa como un depósito de conocimiento de estructuras energéticas provenientes de las dimensiones superiores. Al trabajar con esta piedra se puede desarrollar la visión clarividente necesaria para crear un mapa interno de los reinos astral, sutil, causal, dévico, angélico y otros. La mayor ventaja de estos esfuerzos es permitir que los humanos desarrollen una conciencia multidimensional.

El Cuarzo Catedral puede utilizarse con cualquier otra piedra, así como con hierbas, aceites, sonidos y diversas frecuencias de luz. Con todo ello, los cristales son capaces de abrir las puertas interiores a un conocimiento más profundo. Al ser colocada en una caja de luz que destelle en distintos colores a diferentes velocidades, esta piedra puede catalizar la entrada en la conciencia multidimensional.

CUARZO DE ENSUEÑO

PALABRAS CLAVE mejora de los sueños, viajes astrales, contacto con guías, liberación de estrés
CHAKRAS tercer ojo (6to), coronilla (7mo), estrella del alma (8vo) **ELEMENTOS** tormenta, tierra, agua
CORPORAL ayuda a perder peso de forma saludable, protección psíquica del cuerpo **EMOCIONAL** ayuda a la paz interior, curación emocional a través de los sueños, recuerdo de vidas pasadas **ESPIRITUAL** estimula la conciencia visionaria, sueños lúcidos y mejora las habilidades psíquicas

"Cuarzo de Ensueño" es el nombre metafísico que reciben los cristales de cuarzo con inclusiones de epidota. Es un cristal de dióxido de silicio con un sistema cristalino hexagonal y una dureza de 7. Su color es verde lechoso. Este cuarzo proviene de minas de cristal en Colombia.

Emana una energía suave y relajante que favorece los estados de meditación profunda y los sueños lúcidos. Estas piedras pueden ayudar a llevar paz al corazón y relajación al cuerpo y la mente. Ayuda a entrar en las puertas interiores de la experiencia visionaria y viaje interdimensional; puede facilitar el contacto con guías espirituales y ser una ayuda para el desarrollo de habilidades psíquicas y canalización.

El Cuarzo de Ensueño puede ayudar a recordar sueños y mejorar su calidad espiritual. Permite visualizar y manifestar con mayor claridad los sueños para el tipo de vida que se desea crear. Puede asistir en la rememoración de vidas pasadas y a romper patrones del pasado que todavía nos pudiesen estar gobernando. La exploración de vidas pasadas con este cuarzo también puede ayudar a recordar habilidades y talentos que poseíamos antes, pero que en la actualidad pudieran estar dormidos en el inconsciente. Trabaja en armonía con Moldavita y "Diamantes" Herkimer, que intensifican la actividad de los sueños vívidos. El Ópalo de Oregón y Alejandrita aumentan el recuerdo de vidas pasadas.

CUARZO DE HADA

PALABRAS CLAVE sintonización con los reinos de las hadas, dioses y ángeles, relajación, paz interior **CHAKRAS** corazón (4to), tercer ojo (6to), coronilla (7mo), etérico (8vo-14to) **ELEMENTOS** agua, viento **CORPORAL** ayuda a equilibrar dolores de cabeza, vértigo y problemas de visión **EMOCIONAL** ayuda a superar el miedo al juicio o a lo desconocido **ESPIRITUAL** facilita la entrada en el reino de hadas, viajes interdimensionales y creatividad

E L CUARZO DE HADA es el nombre que recibe una variedad de cristales de cuarzo que se encuentran en México. Se trata de cristales de dióxido de silicio con un sistema cristalino hexagonal y una dureza de 7. El nombre se debe a la gran variedad de formas extravagantes que presenta.

Estos cristales son la piedra angular de los viajes interdimensionales, ya que ayudan al usuario a entrar y salir libremente de muchos de los mundos interiores, en especial del reino de hadas. Este dominio se parece mucho a la Tierra, salvo que no tiene estaciones: vive en una especie de verano eterno. Aunque este reino está bañado por una hermosa luz, no hay sol ni tiempo, tal como los concebimos, ya que no existen allí. Viajes interdimensionales con este cuarzo se logran mejor a través de la meditación, aunque también pueden ocurrir en sueños. En cualquiera de las dos situaciones, este cuarzo puede ser una ayuda poderosa. Estimula el tercer ojo y activa la conciencia visionaria. Al sostenerlo cerca de la frente, se puede experimentar una "corriente de adrenalina" a través de los corredores geométricos interdimensionales. Al acceder a dimensiones más elevadas, emparejarlo con Fenacita puede potenciar su efecto.

El Cuarzo de Hada también facilita la curación emocional, liberación de fijaciones traumáticas del pasado, incluidas vidas pasadas, y la activación y aumento de la creatividad, especialmente en el arte y la música.

CUARZO DE LITIO

PALABRAS CLAVE paz interior, liberación de estrés y apegos negativos, sanación del aura, armonización de las relaciones **CHAKRAS** todos
ELEMENTOS tormenta, agua **CORPORAL** ayuda al cuerpo a superar el estrés y la depresión
EMOCIONAL llena el cuerpo emocional de una energía de calma, paz y amor **ESPIRITUAL** facilita la meditación al calmar la mente y abrir el corazón

EL CUARZO DE LITIO es un mineral de dióxido de silicio con un sistema cristalino hexagonal y una dureza de 7. Se presenta en forma de cristales prismáticos de cuarzo y contiene material color lavanda o gris rosado el cual es portador de litio. Se ha encontrado en Madagascar y Brasil.

Al sostener un cristal de Cuarzo de Litio podremos sentir energías suaves pero poderosas moverse a través del cuerpo. El chakra del corazón se abrirá, seguido de una ola de euforia agradable. A continuación, se estimulará el tercer ojo y se sentirán pulsaciones rítmicas de energía positiva fluyendo hacia todos los centros de la mente. Es sorprendente la fuerza que tienen estos cristales si tomamos en cuenta las energías por lo general suaves de otros minerales de litio. Esta piedra se puede utilizar para la activación cualquier chakra. Además, mejorará la profundidad de la meditación, así como la calidad de las visiones interiores. Su vibración es de profunda sanación, paz emocional, liberación de tensiones y despertar del ser superior. Esto la convierte en una piedra ideal para la meditación. Su uso llevará a quien lo utilice a un estado más continuo de conexión con su propia mente y corazón superiores. "Plantar" estos cristales en jardines estimula el crecimiento de forma positiva e invita a la participación de los devas y espíritus de la naturaleza.

El Cuarzo de Litio armoniza con Kunzita, Turmalina, Ambligonita, Lepidolita y todos los demás minerales de litio.

CUARZO ELESTIAL

PALABRAS CLAVE infusión de energía de reinos superiores, amor divino, comunicación angélica, enraizar el ser superior a la vida terrenal **CHAKRAS** todos **ELEMENTOS** tierra **CORPORAL** apoya el sistema óseo para la curación de huesos rotos o enfermos emocionales **EMOCIONAL** ayuda a recibir amor, alegría y bienestar de los reinos superiores **ESPIRITUAL** facilita el despertar a la comunicación multidimensional, viaje en el tiempo

"CUARZO ELESTIAL" es el nombre que recibe el cristal de cuarzo con terminaciones naturales en las caras y el cuerpo de un cristal estratificado o grabado. Es un cristal de dióxido de silicio con sistema cristalino hexagonal y una dureza de 7, y se halla en Brasil, África, Madagascar, Rumanía y Estados Unidos.

Estos cristales son como una central que conectan múltiples dimensiones, tiempos y niveles de conciencia entre sí. Estos cristales emanan sin parar vibraciones que nos recuerdan y nos reconectan con los mundos internos del espíritu. Sintonizan con facilidad con el dominio angélico. A través de esta conexión elestial, uno puede recibir una "descarga" de amor cósmico, que puede infundir cada célula del cuerpo con alegría y bienestar. Los elestiales ofrecen la maravilla y alegría de ver el reino angélico a través del ojo interior y de comunicarse con sus habitantes a través del corazón.

Los Cuarzos Elestiales ahumados también son conocidos por aligerar el corazón, al aliviar la carga de tristeza. Pueden sintonizar con los registros akásicos y con la sabiduría eterna que impregna el universo. Permiten que nuestra conciencia viaje con libertad a través del tiempo y espacio, y vea futuros probables, así como eventos pasados. Los cristales elestiales ahumados pueden ayudar a poner en acuerdo relaciones personales y pueden revelar fijaciones o bloqueos emocionales subyacentes. El Cuarzo Elestial ahumado puede combinarse con Moldavita para la transformación, sintonía y despertar.

CUARZO ESPÍRITU

PALABRAS CLAVE fusión con el ser superior, purificación, protección, evolución espiritual, liberarse del miedo **CHAKRAS** coronilla (7mo), plexo solar (3ro) **ELEMENTOS** tormenta **CORPORAL** protege el cuerpo etérico, evita que la energía negativa cause enfermedades **EMOCIONAL** limpia el cuerpo emocional, infunde paz interior **ESPIRITUAL** nos conecta con el ser superior, fortalece nuestra fuerza de voluntad

EL CUARZO ESPÍRITU es un mineral de dióxido de silicio con un sistema cristalino hexagonal y una dureza de 7. Tiene forma de vela cubierta de pequeños puntos de amatista o citrino. Solo se halla en Sudáfrica.

Es una piedra para poner en juego el espíritu con todos los aspectos de la vida interior y exterior. Alinea el "yo local" cotidiano con el yo superior y ayuda al yo superior a manifestarse a través nuestra forma humana. El Cuarzo Espíritu de color amatista vincula a nuestra mente consciente con el yo superior, permitiéndonos comprender y expresar el conocimiento que recibimos. La variedad citrino trabaja a través del tercer chakra, al ayudarnos a actuar directamente desde la voluntad del yo superior. Durante la meditación el Cuarzo Espíritu puede aportarnos paz mental y liberarnos del miedo. La forma amatista puede disipar apegos y entidades negativas, reparar "agujeros" en el cuerpo etérico, equilibrar el cuerpo astral y llevar los chakras y meridianos a su nivel óptimo de funcionamiento. Estimula el chakra de la coronilla para poder recibir información espiritual y para la comunicación con los guías. La variedad de citrino despeja y estimula el tercer chakra y libera a la voluntad de las inhibiciones propias de nuestra crianza para poder centrarnos en alcanzar los objetivos que hemos elegido y los del yo superior.

El Cuarzo Espíritu trabaja en armonía con todos los miembros de la familia del cuarzo y el berilo. La Moldavita tiene la capacidad de acelerar los efectos del cuarzo espiritual. La Guardianita le ayuda a purificar las energías negativas.

CUARZO FADEN

PALABRAS CLAVE restablecimiento del cuerpo etérico y campo áurico, restaura la salud física **CHAKRAS** todos **ELEMENTOS** tierra, tormenta **CORPORAL** estas piedras sanadoras son programables y multipropósito **EMOCIONAL** ayuda a la curación del cuerpo emocional **ESPIRITUAL** facilita la curación espiritual, conciencia de los cambios terrestres pasados y futuros

E L CUARZO FADEN es un mineral de dióxido de silicio con un sistema cristalino hexagonal y una dureza de 7. Se distingue de otros cristales de cuarzo por la presencia de una línea blanca difusa que atraviesa el centro. Procede de Pakistán, Brasil y Arkansas en Estados Unidos.

Esta es una de las principales piedras sanadoras de la familia del cuarzo. Quizás debido al hecho de que las propias piedras fueron "heridas" (rotas y vueltas a curar) durante su proceso de crecimiento, llevan el patrón de curación muy fuerte dentro de su programación natural. Así, cuando uno entra en resonancia con uno de estos cristales, su propia capacidad de curación se activa y/o refuerza. Además, son cristales muy programables, lo que hace posible aumentar su potencia como piedras curativas.

El Cuarzo Faden es ideal para la expansión de conciencia y para acceder a cualquiera de los planos vibratorios superiores. También es adecuado para aquellos que desean sintonizar con movimientos internos de la Tierra. La experiencia de los Faden en los cambios terrestres del pasado los convierte en herramientas ideales para quienes buscan información sobre cambios físicos y vibratorios actuales y futuros. Podemos cargar este cuarzo, y conseguir una activación aún más fuerte, si lo combinamos con piedras de poder como la Moldavita, Fenacita, Tanzanita, Danburita y Azeztulita. Para fines curativos, la Serafinita y Sugilita son poderosos amplificadores de la influencia curativa natural del Cuarzo Faden.

CUARZO FANTASMA BLANCO

PALABRAS CLAVE acceso a los registros akásicos, campos morfogénicos y memorias de vidas pasadas, conexión con guías espirituales, limpieza energética **CHAKRAS** tercer ojo (6to), coronilla (7mo) **ELEMENTOS** tormenta **CORPORAL** ayuda a sanar los problemas que surgen como "ecos" de traumas de vidas pasadas **EMOCIONAL** anima a liberarse de ataduras a patrones de vidas pasadas **ESPIRITUAL** apertura de los archivos espirituales de conocimiento y vidas pasadas

E L CUARZO FANTASMA BLANCO es un mineral de dióxido de silicio con un sistema cristalino hexagonal y una dureza de 7. Los fantasmas blancos exhiben dentro del cuerpo del cristal un contorno blanco de un cristal más pequeño. Los mejores cristales se hallan en Brasil y en Arkansas, Estados Unidos.

Los cristales de Cuarzo Fantasma Blanco son ideales para trasladarse a los archivos del pasado: a través de la sintonización meditativa se puede trabajar con estas piedras para acceder los registros akásicos con gran especificidad. Los Fantasmas Blancos pueden facilitar a los viajeros internos la especificación del objetivo de su búsqueda, así como la seguridad de llegar a él. Estos objetivos pueden incluir la recuperación de información de civilizaciones pasadas olvidadas como la Atlántida y Lemuria, entre otros. Este cuarzo ayuda a sintonizar la mente para recibir información de los campos morfogénicos de conocimiento que contienen todas las historias. El campo de nuestro pasado incluye recuerdos, sabiduría y conocimiento de las encarnaciones anteriores y se puede acceder a ellos con la ayuda del Cuarzo Fantasma Blanco. Esta piedra también es buena para limpiar el campo áurico y entorno de energías negativas. Puede iniciar el contacto con guías espirituales y maestros internos. Nos ayuda a recuperar energías perdidas en experiencias traumáticas del pasado, y nos permite revivirlas y liberar la angustia.

El Cuarzo Fantasma Blanco funciona bien con la Amatista, Cuarzo Rosa, Ópalo Azul de Owyhee, Alejandrita y los cristales de semillas lemurianas.

CUARZO FANTASMA NEGRO

PALABRAS CLAVE luz interior; liberación del autojuicio; recuperación de los fragmentos del alma, valor y resolución; aumento de la autoconciencia **CHAKRAS** todos **ELEMENTOS** tormenta **CORPORAL** ayuda a la salud ósea y a superar enfermedades relacionadas con oscuridades reprimidas **EMOCIONAL** fomenta la autoaceptación, el amor propio, el amor a los demás y el desprenderse de emitir juicios **ESPIRITUAL** facilita la recuperación del alma, libera de fijaciones con vidas pasadas y da claridad interior

E L CUARZO FANTASMA NEGRO es un mineral de dióxido de silicio con una dureza de 7. Su sistema cristalino es hexagonal (trigonal) se forma en cristales prismáticos y se caracteriza por tener inclusiones de carbono o manganeso.

Resulta útil para ver e integrar la sombra personal. Este trabajo también reúne las partes del alma que faltan o están "perdidas", lo que sana la psique y aporta un sentido más profundo de plenitud. Su uso en la meditación, la oración o el trabajo con los sueños puede ayudar a abrir las puertas interiores para que este material pueda ser experimentado, comprendido y liberado. A través de la luz que arroja sobre las zonas oscuras del ser, acalla al "juez" interior; fomenta la autoaceptación y el amor propio, lo que permite ofrecer amor incondicional a los demás. Si los patrones de vidas pasadas alimentan nuestras limitaciones psicológicas en esta vida, el Cuarzo Fantasma Negro puede utilizarse para ayudar a recordarlos y liberarlos, y nos permite centrarnos en aquellas vidas que son relevantes para las dificultades propias de nuestra encarnación actual.

Para mejorar las experiencias visionarias, se puede combinar el Cuarzo Fantasma Negro con "Diamantes" Herkimer y/o Fenacita. Los Fantasmas Negros armonizan bien con Moldavita, la cual acelera los procesos internos de transformación. Además, la Natrolita, Escolecita, Danburita, Petalita y Azeztulita pueden ayudar a centrarnos en las aperturas espirituales que se inician al trabajar con estos cristales.

CUARZO HEMATOIDEO

PALABRAS CLAVE vitalidad, creatividad, optimismo, alegría, humor, erotismo, perspicacia, confianza en sí mismo, libertad espiritual **CHAKRAS** raíz (1ro), sacro (2do), plexo solar (3ro) **ELEMENTOS** fuego, viento, tierra **CORPORAL** apoya funcionamiento del sistema inmunológico, órganos sexuales y sistema digestivo **EMOCIONAL** puede ser un remedio para el desánimo **ESPIRITUAL** estimula inspiraciones creativas, energías sexuales y libertad espiritual; anima a asumir riesgos que conducen a la realización creativa y/o romántica

E L CUARZO HEMATOIDEO es un cuarzo amarillo, rojo, naranja o marrón, coloreado por inclusiones de compuestos de hierro. Su nombre en inglés, *Eisen,* deriva del alemán *Eisenkiesel,* que significa "guijarro de hierro". Es un dióxido de silicio con una dureza de 7.

Es una piedra muy vigorosa. Emana una infusión de vitalidad, creatividad y optimismo que anima a embarcarse con confianza en los proyectos o visiones creativas. Activa con fuerza el segundo chakra, lo que estimula tanto la creatividad como el erotismo. Puede encender el romance o servir de motor de inspiración para la escritura, el arte, la poesía, la danza y otras intenciones creativas. Puede desencadenar momentos de gran revelación al regalarnos esa visión repentina capaz de reunir ideas disímiles y agruparlas en un nuevo compendio. En cuanto a la sanación, favorece los órganos sexuales, tracto intestinal y bazo; asiste la digestión y asimilación, estimula el sistema inmunitario y puede ayudar a superar la fatiga y el estrés.

Sirve para inspirar y dar energía a quienes se han quedado "estancados" o desanimados. Puede utilizarse para aumentar la confianza en uno mismo, mejorar la conciencia de nuestra libertad espiritual y animar a asumir riesgos cuando son necesarios para seguir nuestros sueños.

El Cuarzo Hematoideo funciona bien con Fenacita, Cinnazez y todos los tipos de Azeztulita. Puede desencadenar intensos estallidos de transformación con Moldavita.

CUARZO HOLLANDITA

PALABRAS CLAVE camino del destino, yo superior, regeneración, visión espiritual, aumento de la luz **CHAKRAS** todos (1ro-7mo), estrella del alma (8vo) **ELEMENTOS** tormenta **CORPORAL** ayuda al cuerpo etérico a recuperarse de la exposición a la radiación **EMOCIONAL** ayuda a superar bloqueos emocionales para realizar el propio yo superior **ESPIRITUAL** facilita la activación de las propias capacidades espirituales superiores

Estas inusuales piedras son cristales de cuarzo con inclusiones de Hollandita, que aparece dentro de las puntas de los cristales de cuarzo como puntos grisáceos y que, al inspeccionarlos con una lupa, resultan ser pequeñas estrellas de seis puntas. El cuarzo es un cristal de dióxido de silicio con un sistema cristalino hexagonal y una dureza de 7. Las inclusiones de Hollandita son óxido de bario y manganeso.

Las diminutas estrellas de Hollandita dentro de estos cristales de cuarzo pueden actuar como llaves para el despertar y la activación del verdadero yo. Tales activaciones pueden producirse en lo cognitivo, emocional, físico e incluso celular. Por ejemplo, la meditación con un cuarzo de Hollandita puede traer "recuerdos del futuro" en relación con lo que uno está destinado a ser. En el aspecto físico, llevar un Cuarzo Hollandita puede activar ese "molde" de nuestra propia forma ideal. Si el cuerpo de una persona no está alineado con su verdadera identidad, este puede cambiar y adoptar un patrón en resonancia con su nueva identidad. Para muchos, estos cambios pueden aparecer como mejoras en la salud y apariencia, incluyendo la pérdida de peso, mejora de la fuerza y resistencia, relajación de las líneas faciales, claridad de los ojos y numerosos otros fenómenos regenerativos.

El Cuarzo Hollandita trabaja en armonía con Moldavita, Herderita, Natrolita, Fenacita y Criolita, lo que aumenta su capacidad de hacer surgir el yo físico, emocional y espiritual ideal.

CUARZO MANDARINA

PALABRAS CLAVE creatividad, sexualidad, pasión, curiosidad, inspiración, diversión, inocencia **CHAKRAS** sacro (2do) **ELEMENTOS** fuego **CORPORAL** favorece el funcionamiento saludable de los órganos sexuales y glándulas suprarrenales **EMOCIONAL** fomenta un entusiasmo divertido y aventurero, disipa el miedo **ESPIRITUAL** inspira la originalidad y valentía, aporta una gran infusión de creatividad

E<small>L</small> C<small>UARZO</small> M<small>ANDARINA</small> es un mineral de dióxido de silicio con un sistema cristalino hexagonal y una dureza de 7. Tiene una coloración anaranjada causada por inclusiones o recubrimientos de hierro. Se halla en Brasil y Madagascar.

Este tipo de cuarzo activa el segundo chakra, lo que estimula la creatividad y energías sexuales, al combinarlas para mejorar el crecimiento espiritual. Las corrientes de estas piedras pueden desencadenar grandes estallidos de poder creativo. La meditación con Cuarzo Mandarina puede facilitar el surgimiento de nuevas ideas e inspiraciones desde lo más profundo del ser, y estos cristales pueden ayudar a encontrar el ánimo y energía para ponerlos en práctica. El Cuarzo Mandarina también puede utilizarse para activar el deseo sexual, sobre todo si la piedra se coloca en el segundo chakra o cerca de este. Las parejas pueden meditar o dormir dentro de una cuadrícula de estos cristales para potenciar la creatividad mutua y las inspiraciones que persiguen juntos, esto puede aumentar el nivel de erotismo en la relación. Si preferimos centrarnos en una sola de estas activaciones, podemos programar los cristales para potenciar solo las energías deseadas. Se puede utilizar el Cuarzo Mandarina para mejorar un esfuerzo creativo meditando con la piedra y pidiendo ayuda.

Las corrientes del Cuarzo Mandarina son amplificadas por la Calcita Naranja, Zincita, Cornalina y Zafiro Padparadscha. La Cuprita aporta una fuerza vital adicional y la Labradorita Dorada potencia la voluntad. Se pueden añadir la Fenacita, Azeztulita y Herderita para aumentar la creatividad espiritual.

CUARZO MOLDAVO

PALABRAS CLAVE anclar a tierra la luz espiritual del cuerpo, apreciar y expresar belleza, consciencia del corazón, anclar a tierra las vibraciones de la Moldavita **CHAKRAS** todos, en especial corazón (4to) y tercer ojo (6to) **ELEMENTOS** tormenta **CORPORAL** apoya la sanación y la transformación mediante la infusión de luz **EMOCIONAL** generar sentimientos de satisfacción y gratitud hacia el espíritu **ESPIRITUAL** inspira un despertar a la belleza espiritual y a la sabiduría

E L CUARZO MOLDAVO es un mineral de dióxido de silicio con un sistema cristalino hexagonal y un grado de dureza de 7. Sus colores son blanco, gris, marrón y naranja oxidado. Se encuentra en los campos de moldavita de la República Checa.

El Cuarzo Moldavo ha pasado millones de años en el mismo terreno donde se encuentra la moldavita: estas piedras han recibido, en cierto modo, las "enseñanzas" de esta última. Son piedras de la Tierra que han sido sintonizadas con las frecuencias de los mundos superiores. En este sentido, sostienen el patrón hacia el cual nosotros mismos nos dirigimos. La infusión de luz es la actividad más importante de la transformación espiritual que está ocurriendo ahora mismo en todo el mundo, y el Cuarzo Moldavo es útil en esta área en particular. Mientras meditamos, se siente una clara atracción de la energía de la luz en el cuerpo desde arriba cuando sostenemos la piedra sobre el corazón, el cual resuena con el Cuarzo Moldavo más que con la mayoría de las otras variedades de cuarzo. La vibración de esta piedra es una especie de síntesis de Moldavita y Azeztulita. La segunda resuena con los reinos espirituales más elevados y la primera se sintoniza a profundidad con la chispa divina de nuestros corazones. Estos reinos no están separados realmente, pero sus vibraciones son de diferente naturaleza. El puente que ofrece el Cuarzo Moldavo permite incorporar gran parte de las altas frecuencias de la Azeztulita con la característica resonancia de la Moldavita con el corazón. El Cuarzo Moldavo armoniza con Moldavita y con todas las Azeztulitas.

CUARZO MOLIBDENITA

PALABRAS CLAVE equilibrio, anclaje a tierra, fuerza, centralidad, estabilidad, vitalidad, resistencia, lealtad, persistencia, coraje, determinación, salud **CHAKRAS** todos **ELEMENTOS** tierra, agua **CORPORAL** mantiene el patrón vibratorio de funcionamiento óptimo para el cuerpo, ayuda a la desintoxicación **EMOCIONAL** estabiliza emociones, modera el miedo, depresión y ansiedad **ESPIRITUAL** equilibra las energías, generando resistencia y persistencia en el seguimiento de objetivos

E L CUARZO MOLIBDENITA es un cristal de cuarzo procedente de Perú con inclusiones de molibdeno gris plateado. El componente de cuarzo tiene una dureza de 7.

El Cuarzo Molibdenita es una piedra de armonización. Aporta una sensación de estabilidad y modera los sentimientos de depresión, miedo y ansiedad, al recordarnos que la confianza es el camino hacia la libertad y que el amor es su propia recompensa. Tiene la capacidad de unificar y equilibrar toda la columna de chakras, lo que produce una sensación de tranquilidad y bienestar. Es ideal para estimular y equilibrar los chakras débiles y para limpiar los restos etéricos de las heridas psicológicas o físicas. Puede transmitir las propiedades beneficiosas del molibdeno para reparar el campo áurico y realizar "cirugía psíquica". Llevar encima o portar Cuarzo Molibdenita favorece a la fuerza, la vitalidad y la resistencia de la persona. Lleva el plan de la función óptima para el cuerpo y resuena con la "conciencia del cuerpo". Se recomienda para la desintoxicación y el mantenimiento de la salud.

En el aspecto espiritual, el Cuarzo Molibdenita habla de mantener la intención clara hasta que se cumplan los objetivos y se manifiesten los cambios. Genera lealtad, persistencia, coraje, determinación y fuerza de voluntad. Ayuda a aferrarse a la esperanza en medio de las dificultades y a mantenerse centrado y con los pies en la tierra en las cumbres del éxito. En cierto modo, es un emblema del Tao, el agua que fluye en la vida y que persiste con modestia hasta superar todas las barreras.

CUARZO NEGRO TIBETANO

PALABRAS CLAVE protección y purificación espiritual, mejora de la meditación, equilibrio de los chakras y meridianos, limpieza y energización del aura **CHAKRAS** todos **ELEMENTOS** tormenta **CORPORAL** equilibra y dinamiza la matriz del cuerpo de cristal líquido **EMOCIONAL** limpia los patrones energéticos negativos, inicia el equilibrio emocional **ESPIRITUAL** ofrece limpieza espiritual, protección, mejora la meditación

E L CUARZO NEGRO TIBETANO es un dióxido de silicio con un sistema cristalino hexagonal y una dureza de 7. Los cristales suelen ser de doble punta y contienen inclusiones negras. Se hallan en el Tíbet y Nepal.

Son piedras poderosas para la protección espiritual. Sus corrientes crean una "burbuja de luz" alrededor del cuerpo, al permitir que solo penetren vibraciones positivas en el campo áurico. Dormir con Cuarzo Negro Tibetano protege de energías astrales inferiores y de sueños perturbadores. Puede purificar y limpiar la energía del espacio vital. En la meditación el Cuarzo Negro Tibetano emana un "om" silencioso y puede despertar el tercer ojo. Además, los cristales de Cuarzo Negro Tibetano pueden activar y equilibrar los chakras y sistema de meridianos, y eliminar los bloqueos energéticos. Estos cristales se pueden colocar alrededor de la cama o del espacio de meditación para crear un minivórtice de buenas vibraciones. Por otra parte, si se colocan en las esquinas exteriores de la casa, así como en cada puerta o ventana, pueden mejorar las energías sutiles de todo el entorno. Los rituales realizados con Cuarzo Negro Tibetano son más potentes y puros en sus efectos positivos.

El Cuarzo Negro Tibetano armoniza con la Moldavita, los cristales de semillas lemurianas, el Cuarzo de Litio y el Cuarzo Faden. La combinación de estas piedras con cualquiera de las Azeztulitas atraerá energías angelicales, y su uso con la Fenacita puede mejorar las experiencias de visiones.

CUARZO NIRVANA

PALABRAS CLAVE apertura al futuro, sinergia corazón-cerebro, éxtasis interior, destino, evolución, confianza, autoaceptación **CHAKRAS** todos **ELEMENTOS** tormenta **CORPORAL** ayuda a disipar diversos síntomas físicos causados por desequilibrios energéticos **EMOCIONAL** expande el cuerpo emocional hacia la unión extática con lo divino **ESPIRITUAL** facilita la sinergia corazón-cerebro, el satori y la iluminación

C UARZO NIRVANA es el nombre dado a un grupo de cristales de cuarzo de interferencia de crecimiento descubierto en 2006 en las altas montañas del Himalaya, en la India. Al igual que otros cuarzos, son cristales de dióxido de silicio con un sistema cristalino hexagonal y una dureza 7.

Los cristales de Cuarzo Nirvana resuenan en la intersección del tiempo pasado y futuro. Estos complejos cristales, casi sobrenaturales, pueden ayudarnos en la transmutación evolutiva que es nuestro destino más elevado. Pueden servir de conductos para las corrientes de iluminación interior que facilitan la encarnación de la iluminación. Un aspecto de esta iluminación es la capacidad del Cuarzo Nirvana de ayudarnos a unir la conciencia del cerebro y corazón, al crear un circuito de retroalimentación de alegría que conduce a la luz interior y éxtasis, el cual le ha valido a esta piedra el nombre de Cuarzo Nirvana. Su misión consiste en establecer el proyecto del destino posthumano, una forma de ser que va más allá de las limitaciones humanas históricas del miedo, duda y violencia, al vivir y crear cada momento a través de un compromiso total, continuo y confiado con lo fértil desconocido que es el futuro. Los seres que se expresan a través de estas piedras pueden ser vistos como ángeles de nuestro potencial o como nuestros seres futuros llamándonos a lo que podemos ser.

Los cristales de Cuarzo Nirvana funcionan bien con la Moldavita, Fenacita, Herderita, Azeztulita, Cuarzo Satyaloka, Petalita y Danburita.

CUARZO ROSA

PALABRAS CLAVE amor, dulzura, sanación emocional, liberación de estrés, unión con lo divino **CHAKRAS** corazón (4to)
ELEMENTOS agua **CORPORAL** apoya al corazón en la sanación de traumas y/o enfermedades **EMOCIONAL** ayuda a liberar heridas del
pasado, enseña confianza y esperanza **ESPIRITUAL** fomenta la espiritualidad del amor, lo vincula a uno con la gran madre

EL CUARZO ROSA es un cristal de dióxido de silicio con un sistema cristalino hexagonal y una dureza de 7. Su nombre deriva de su color y se encuentra en Brasil y Madagascar, así como en Dakota del Sur, en Estados Unidos.

Se trata de la piedra del amor puro hacia uno mismo, la pareja, los hijos, la familia, los amigos, la comunidad, la Tierra, el universo y lo divino. Meditar con ella trae una envoltura de amor alrededor de nosotros mismos y activa el chakra del corazón. Sanar las heridas del corazón y despertar su confianza son algunos de sus dones. Sus vibraciones calmantes son un bálsamo para las emociones, calman y limpian todo el campo áurico. Genera la liberación de la tensión y estrés, la disolución de la ira y resentimiento, la disipación del miedo y sospecha y al renacimiento de la esperanza y fe. Además, es una de las piedras de la gran madre: vincula el corazón personal con el corazón de la Tierra y el corazón del universo. Sus vibraciones de amor pueden penetrar hasta las células, al reprogramarlas para alegría y longevidad en lugar de desesperación y muerte. Puede estimular los chakras de la coronilla, tercer ojo y garganta, ya que los pone en armonía y unidad con el corazón. Incluso los chakras inferiores responden de forma positiva a la abundancia de energía de amor que fluye desde el corazón bajo su influencia.

El Cuarzo Rosa trabaja en armonía con todas las piedras. La Moldavita activa su capacidad para el despertar espiritual a través del poder del amor.

CUARZO RUTILADO

PALABRAS CLAVE programable para la sintonización, amplificación, aceleración, expansión de la conciencia, manifestación rápida y conectada a Tierra **CHAKRAS** todos **ELEMENTOS** tormenta **CORPORAL** apoya un proceso de sanación rápido, ayuda al crecimiento y fortaleza del cabello **EMOCIONAL** intensifica los sentimientos, acelera la catarsis emocional, fomenta el optimismo **ESPIRITUAL** ayuda la telepatía e intuición, amplifica el poder de manifestación

E L CUARZO RUTILADO es un mineral de dióxido de silicio con un sistema cristalino hexagonal y una dureza de 7 con inclusiones de rutilo, un mineral de óxido de titanio. La mayor parte proviene de Brasil o Madagascar.

El Cuarzo Rutilado chisporrotea con energía, se siente casi electrificado. Es muy programable y puede ser utilizado para magnificar la energía de casi cualquier intención o afirmación. Al hacer esto, se aconseja visualizar también la energía de esa intención programada volando en zumbidos a través de los hilos de rutilo de la misma forma en lo que haría la energía eléctrica a través de los cables de un circuito. A continuación, se puede visualizar el cristal con nuestra intención aún dentro de él emitiendo la energía programada al universo de la misma forma en la que una antena emite ondas de radio.

Esta piedra ayuda a saber al instante si una persona o situación transmite buenas o malas "vibras". Amplifica intenciones y emociones; acelera procesos de manifestación, intuición, catarsis emocional, apertura psíquica, expansión de la conciencia y viaje interdimensional.

El Cuarzo Rutilado trabaja en armonía con todos los tipos de cuarzo. Puede amplificar las energías de las doce piedras de la sinergia: la Moldavita, Fenacita, Tanzanita, Danburita, Azeztulita, Herderita, Brookita, Cuarzo Satyaloka, Petalita, Natrolita, Escolecita y Tectita Negra Tibetana. También armoniza con piedras interdimensionales como la Calcita Merkabita y Calcita Elestial.

CUARZO SANADOR DORADO

PALABRAS CLAVE rayo dorado puro de luz espiritual, autosanación, conciencia de Cristo **CHAKRAS** todos
ELEMENTOS tierra, fuego **CORPORAL** apoya autosanación del corazón, pulmones y sistema circulatorio
EMOCIONAL ayuda a sentir la alegría interior sin importar las circunstancias exteriores **ESPIRITUAL** ayuda a atraer la luz espiritual más elevada hacia uno mismo y la Tierra; puede iniciar la conexión con la conciencia de Cristo

El Cuarzo Sanador Dorado es un mineral de dióxido de silicio con una dureza de 7. Se caracteriza por una rica capa amarilla en parte o en toda su superficie, causada por la presencia de hematita. Se ha encontrado en Brasil y en Arkansas, Estados Unidos.

Sus cristales emanan corrientes muy poderosas para la sanación del cuerpo y expansión de la conciencia. Emiten fuertes ondas de energía placentera que impregnan todo el cuerpo. Están vinculados al mensajero divino y están sintonizados con el propósito de cocrear la Tierra como un planeta de luz. En su capacidad más elevada, los cuarzos sanadores dorados dan acceso a la conciencia de Cristo, al permitir a los seres humanos convertirse en los vehículos vivos para que la luz crística dorada entre en el mundo. Estos cristales resuenan con el gran sol central, la fuente del rayo dorado dentro del universo.

En la autosanación espiritual, el Cuarzo Sanador Dorado apoya todas las partes del cuerpo a través de su infusión de luz espiritual. Resuena con más facilidad con el corazón y puede funcionar como catalizador para la sanación de este, de los pulmones y del sistema circulatorio.

Este cuarzo resuena con fuerza con otras piedras del rayo dorado, como la Azeztulita Dorada del Himalaya, Tectita Dorada de Libia, Heliodoro, cristales de Azeztulita Dorada, Azeztulita Amarilla de Satyaloka, Apatita Dorada, Brasilianita y Danburita Dorada de Agni. Tiene una afinidad natural con las piedras que han sido superactivadas a través del proceso azozeo.

CUARZO SATYA MANI

PALABRAS CLAVE verdad espiritual e iluminación
CHAKRAS tercer ojo (6to), coronilla (7mo)
ELEMENTOS viento **CORPORAL** estimula las
conexiones neuronales entre el corazón y cerebro **EMOCIONAL** promueve el
no-juicio, la bondad, compasión y amor **ESPIRITUAL** inspira el compromiso con
la verdad, desencadena experiencias de *satori*

E L CUARZO SATYA MANI es un mineral de dióxido de silicio con un sistema cristalino hexagonal y una dureza de 7. Se encuentra en el sur de la India; *Satya Mani*
es una frase en sánscrito que significa "piedra de la verdad" o "gema de la verdad".

Como su nombre indica, se trata de una piedra de la verdad espiritual e iniciación. Sintoniza con la llamada interior del camino del destino propio. Aporta la
alegría que proviene de reconocer que las apariencias "sólidas" del mundo material
son solo manifestaciones de corrientes vivas más profundas de los reinos espirituales. Este cuarzo puede ayudar a despertar a la verdad de la existencia propia como
alma y espíritu y a la verdad más profunda de la interrelación de todos los seres. Es
una piedra de iluminación, que trae la luz de la verdad a la mente en virtud de su
conexión con el corazón. Inspira la expresión de la verdad y el compromiso con la
bondad, la conciencia clara, el no-juicio y la compasión. Sus corrientes intensifican
el circuito de conciencia entre el corazón y cerebro superior, lo que conduce a una
única conciencia unificada.

El Cuarzo Satya Mani también funciona en armonía con la Fenacita, Natrolita,
Danburita, Brookita, Herderita, Tectita Negra Tibetana, Azeztulita, Petalita, Escolecita y otras piedras de alta vibración. Tiene una afinidad especial con la Moldavita
y potencia los poderes de transformación espiritual de esta piedra. Intensifica los
beneficios potenciales de todos los demás minerales a base de sílice, sobre todo los
de la familia del cuarzo.

CUARZO TITANIO

PALABRAS CLAVE aumento de la fuerza vital y vitalidad, activación del cuerpo de luz arcoíris, humor y relajación, disfrute de la vida **CHAKRAS** todos **ELEMENTOS** fuego, tormenta **CORPORAL** apoya sistema endocrino, da energía a un sistema inmunológico lento y flojo **EMOCIONAL** magnifica la seguridad propia, aumenta la diversión y gozo de la vida **ESPIRITUAL** energiza todos los chakras, ayuda a despertar el cuerpo de luz arcoíris

CUARZO TITANIO es el nombre que se le da a un tipo de cuarzo que ha sido colocado en una cámara en la que se introduce titanio vaporizado y otros metales que se unen al cuarzo. El resultado es un cuarzo que muestra vívidos reflejos de colores y energías inusuales.

Este cuarzo proyecta fuerza, agudeza mental y poder físico. Las corrientes del Cuarzo Titanio pueden hacer que estemos más centrados, confiados y conscientes de nuestro entorno, más alegres por la vida en general y preparados para hacer frente a cualquier cosa que requiera de nuestra atención; seremos capaces de asumir mayores responsabilidades sin sentirlas como una carga. También se puede notar una activación de las capacidades mentales, sobre todo del lado analítico y racional, así como un aumento del sentido del disfrute. Podemos recibir una gran cantidad de vitalidad de este material. Aquellos que ya tienen un buen suministro de las energías que proporciona el Cuarzo Titanio pueden disfrutar del aumento del entusiasmo y disfrute de la vida que este les hace sentir. El Cuarzo Titanio puede estimular el humor y relajación, y ayuda a tomar la vida con más ligereza. Son piedras de Hermes, el dios de la inteligencia rápida y el ingenio, y pueden agudizar ambas cosas en quienes las utilizan.

El Cuarzo Titanio armoniza con la Moldavita, Cacoxenita, Lapislázuli, Zafiro Azul, Iolita y Lazulita. La Strombolita aumenta su foco en nuestra valoración y expresión del humor.

CUARZO TRANSPARENTE

PALABRAS CLAVE programabilidad, magnificación de nuestras intenciones, ampliación de las energías ambientales, limpieza, sanación, memoria **CHAKRAS** todos **ELEMENTOS** tormenta **CORPORAL** ofrece apoyo para el sistema nervioso, puede ser programado para ayudar en cualquier tipo de sanación **EMOCIONAL** puede ser utilizado para intensificar los sentimientos y/o sanar el cuerpo emocional **ESPIRITUAL** aumenta la claridad de la persona, ayuda la comunicación con guías espirituales

E L CUARZO TRANSPARENTE (también conocido como cristal de roca) es un cristal de dióxido de silicio con un sistema cristalino hexagonal y una dureza de 7. Es uno de los más abundantes en minerales y se halla en todos los continentes.

Esta es, por mucho, la piedra más versátil y multidimensional del reino mineral. Tres de sus propiedades clave son la amplificación de energía, programabilidad y memoria. Es también una piedra de luz que aporta una mayor conciencia espiritual a quien la lleva, la usa o medita con ella. Ofrece un corredor claro para las frecuencias vibratorias más altas del reino del espíritu. Este cuarzo puede utilizarse para amplificar las energías de otras piedras. Es el material base perfecto para herramientas energéticas como varitas, bastones, plantillas, etc. Sus cristales también son ideales para hacer "cuadrículas energéticas" que consisten en diseños trazados en la tierra o en el piso dentro de los cuales uno puede sentarse o acostarse para recibir las energías generadas por la combinación del cuarzo y la forma geométrica de la cuadrícula. El Cuarzo Transparente puede utilizarse para casi cualquier propósito metafísico, como la sanación, expansión de la conciencia, apertura de los chakras, comunicación con los guías, recuerdo de vidas pasadas, viajes interdimensionales, equilibrio de la polaridad, mejora de la meditación y sueños, atracción y envío de amor, generación de prosperidad, etc.

Armoniza bien con todas las demás piedras.

CUARZO TURMALINADO

PALABRAS CLAVE purificación, recuperación de influencias negativas **CHAKRAS** todos
ELEMENTOS tierra **CORPORAL** purifica el entorno, limpia el cuerpo de energías negativas
EMOCIONAL ayuda a superar patrones emocionales autodestructivos
ESPIRITUAL crea un campo protector y purificador alrededor del aura y del cuerpo

E L CUARZO TURMALINADO es un cuarzo transparente atravesado por finos cristales de turmalina negra. Se encuentra más que todo en Brasil, y el componente de cuarzo puede variar desde opaco por completo hasta ser claro como el agua.

Para quien haya deseado alguna vez una aspiradora psíquica que devuelva su campo energético al estado prístino e impoluto, el Cuarzo Turmalinado es un aliado ideal. El Cuarzo Transparente, con su fácil programación, puede ser una herramienta maravillosa y versátil. Sin embargo, también puede a veces recoger y amplificar energías poco armónicas. Pero en este material, la turmalina negra ejerce una influencia limpiadora y de conexión a tierra que mantiene el cuarzo limpio de negatividad. A su vez, el cuarzo amplifica las energías purificadoras de la turmalina negra, lo que convierte al Cuarzo Turmalinado en una de las herramientas más poderosas para disipar energías negativas, reparar el campo áurico, restablecer el equilibrio de los chakras y favorecer el bienestar general. Este cuarzo facilita la claridad de pensamiento. Es beneficioso para las personas que necesitan ayuda para mantenerse en el camino espiritual, sobre todo las que se han entregado a comportamientos negativos como la delincuencia o el abuso de drogas. Llevarlo puesto crea una "burbuja de luz" alrededor del cuerpo que aleja energías destructivas. Es ideal para la protección psíquica ya que mantiene a raya a las fuerzas negativas al tiempo que mejora la conciencia.

Las cualidades protectoras y purificadoras del Cuarzo Turmalinado se amplifican con la Moldavita, Piedra Chamanita Maestra, Guardianita, Egirina, Nuumita, Charoíta, Sugilita, Obsidiana Negra y el Azabache.

CUARZO VERDE DE SERIFOS

PALABRAS CLAVE conciencia de que la Tierra es el paraíso, aceptación gozosa de la vida física, sanación
CHAKRAS corazón (4to) **ELEMENTOS** tierra
CORPORAL promueve el disfrute y amor al cuerpo, disipa los apegos negativos, ayuda al rejuvenecimiento
EMOCIONAL inspira el alegre acogimiento de la vida y de la Tierra **ESPIRITUAL** transmite energías regenerativas y extáticas de la naturaleza

E L CUARZO VERDE DE SERIFOS es un cristal de cuarzo de color verde intenso en forma de hoja, compuesto de un mineral de dióxido de silicio con un sistema cristalino hexagonal y una dureza de 7. Se halla solo en la pequeña isla griega de Serifos.

Estos cristales emanan una energía celestial y uno puede imaginar cómo florecen los sembradíos de flores de los reinos superiores con ellos. Sin embargo, el verdadero paraíso del Cuarzo Verde de Serifos está aquí mismo, en la Tierra: sostener, portar o colocar estas piedras nos lleva a la conciencia de que la Tierra es el paraíso. Emanan una vibración dulce y poderosa que evoca el estado de disfrute saludable de la vida física y facilita el logro de una salud buena y vibrante. Este cuarzo ayuda a quien lo utilice o lo lleve consigo a estar anclado a tierra de la mejor manera posible, a través del amor por el mundo material y el lugar que uno ocupa en él. Nos recuerda que nosotros también somos flores que emanan del vientre fértil de la Tierra y que nuestra experiencia de la vida puede ser exquisita cuando prestamos atención a su belleza y placer. Estas piedras son útiles para aquellos que se sienten incómodos en sus cuerpos o están angustiados por las dificultades de la vida en la Tierra, ya que les ayuda a reconocer a este planeta como su hogar.

El Cuarzo Verde de Serifos armoniza con la Apofilita Verde, Rosophia, Amatista, Turquesa y Moldavita. La combinación con la Fenacita o Azeztulita permite alinear la conciencia de nuestro aspecto dimensional superior con la vida terrenal.

CÚMULOS ESTELARES DE ARAGONITA

PALABRAS CLAVE energías equilibradas, curación emocional, fuerza, confianza   **CHAKRAS** todos   **ELEMENTOS** tormenta   **CORPORAL** ayuda a la curación y regeneración de huesos, aumenta la vitalidad y resistencia   **EMOCIONAL** curación de las heridas emocionales, alineación del ser con el amor   **ESPIRITUAL** constituye una ayuda ideal de diagnóstico en el trabajo energético, limpia el campo áurico

La Aragonita es un mineral de carbonato de calcio con una dureza de 3,5 a 4. Se presenta en varios colores, como blanco, gris, rojizo, verde-amarillo y azul. Los Cúmulos Estelares de Aragonita son racimos rojizos de cristales de esta piedra que se encuentran en Marruecos.

Son poderosos aliados para la curación y el equilibrio del cuerpo emocional. Pueden ayudar a mantener un centro de serenidad en circunstancias difíciles y a descargar tensiones subconscientes relacionadas con heridas emocionales del pasado. Cuando estos apegos se han eliminado del cuerpo y campo áurico, los Cúmulos Estelares de Aragonita pueden propiciar una verdadera aventura de exploración en la que uno puede navegar por los registros de la historia de nuestra alma, recuperando información beneficiosa para su avance. Estas piedras pueden ayudar a que uno sea consciente de desequilibrios dentro del campo energético de uno mismo u otra persona. Son poderosas herramientas de diagnóstico para los practicantes de la cristaloterapia, los cuales colocan las piedras en distintas partes del cuerpo. Además, llevarlos consigo puede aumentar el sentimiento de fuerza emocional y confianza, ya que le permite a uno convertirse en una "estrella humana" que emana amor y compasión hacia los demás. Son herramientas maravillosas para liberar el dolor y el miedo además de traer más amor al mundo.

Los Cúmulos Estelares de Aragonita pueden combinarse muy bien con todas las calcitas, así como con Selenita, Celestita, Fenacita y "Diamantes" Herkimer.

CUPRITA

PALABRAS CLAVE fuerza vital, vitalidad, energía física, coraje, curación, divinidad femenina **CHAKRAS** raíz (1ro), sacro (2do) **ELEMENTOS** tierra **CORPORAL** ayuda a los pulmones, circulación, intestinos, próstata y órganos sexuales **EMOCIONAL** superar miedos relacionados con la supervivencia física **ESPIRITUAL** estimula el despertar de la kundalini, la alquimia y las energías de la diosa

L A CUPRITA es un mineral de óxido de cobre con una dureza de 3,5 a 4. El color es rojo, que va desde el pardo o el negruzco hasta el carmesí puro. Se ha encontrado en el Congo, Namibia y en Bisbee, Arizona, Estados Unidos.

La Cuprita es útil para los problemas de dominio físico relacionados con el chakra de la raíz: problemas de sanación, ansiedades irracionales, temores en torno a la mortalidad, terror inconsciente relacionado con traumas del pasado. Emana energía pura del primer chakra y su abundante flujo de *prana* es una bendición para cualquier persona cuyo primer chakra pueda estar bloqueado o débil. La meditación con esta piedra puede activar el primer chakra y puede ser decisiva para despertar las energías kundalini. Esto puede ser útil sobre todo para las personas que se sienten con "poca energía", ya que la Cuprita emana un manantial de vitalidad. Ofrece apoyo vibracional para la curación de disfunciones pulmonares, dificultades de circulación, problemas de próstata o de la parte inferior del intestino, o problemas con los órganos sexuales.

Es una piedra de poder femenino y activa el arquetipo femenino de la diosa Tierra. También es una piedra de la fertilidad en todos los niveles, útil para aquellos que desean concebir y para los que quieren dar a luz sus proyectos creativos en el mundo. La Cuprita también puede ser una piedra de alquimia y resuena con los arquetipos del mago y la gran sacerdotisa. Se pueden utilizar la Zincita y Tectita Tibetana Negra para aumentar las poderosas energías de fuerza vital que se despiertan al trabajar con la Cuprita.

CUPRITA CARMESÍ

PALABRAS CLAVE fuerza vital, vitalidad, energía física, coraje, curación, divino femenino, eterización de la sangre **CHAKRAS** raíz (1ro), sacro (2do) **ELEMENTOS** tierra **CORPORAL** provoca una infusión de fuerza vital, ayuda a la mayoría de los órganos y sistemas **EMOCIONAL** infunde pasión y vitalidad, mitiga la ansiedad y miedo **ESPIRITUAL** crea un vínculo con la diosa de la Tierra, estimula la transformación

L A CUPRITA CARMESÍ es un mineral de óxido de cobre con un sistema cristalino hexooctaédrico y una dureza de 3,5 a 4. Es de color rojo brillante, a veces con inclusiones azules de crisocola. Procede de un único hallazgo en México.

Es una piedra muy útil para aquellos que trabajan en cuestiones de sanación, ansiedades irracionales o temores en torno a la propia mortalidad. Ofrece energía pura del primer chakra, y su abundante flujo de *prana* es una bendición para cualquiera que tenga un primer chakra bloqueado o débil. Meditar con ella puede ser de ayuda para despertar las energías kundalini. Como piedra de *prana*, ofrece apoyo vibracional para la curación de disfunciones pulmonares, dificultades de circulación, problemas de próstata o de la parte inferior del intestino, o problemas con los órganos sexuales. La Cuprita Carmesí es una piedra de poder femenino y activa el arquetipo femenino de la diosa de la Tierra. Se aconseja llevarla puesta, dormir o meditar con ella, a todas aquellas mujeres que deseen encontrar su propia conexión con esta diosa, y que imaginen su propio chakra raíz con una raíz roja que se extiende hasta lo más profundo de la Tierra. La Cuprita Carmesí también puede ser una piedra de alquimia. Resuena con los arquetipos del mago y la suma sacerdotisa. De la misma forma que cobre conduce la electricidad, esta piedra transporta energías divinas desde el mundo interior hasta su manifestación en el mundo exterior.

Podemos combinarla de forma armoniosa con Rubí, Chamanita Maestra, Merlinita Mística y Rosophia. Las Azeztulitas elevan su energía. La Guardianita amplifica su poder, fortaleciendo y protegiendo el cuerpo.

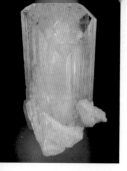

DANBURITA

PALABRAS CLAVE comunicación angélica, canalización, viaje interdimensional, paz, liberación del estrés
CHAKRAS corazón (4to), coronilla (7mo), etérico (8vo-4to)
ELEMENTOS viento **CORPORAL** ayuda a la recuperación de enfermedades relacionadas con el estrés
EMOCIONAL ayuda a encontrar la paz interior, calmar las preocupaciones y miedos **ESPIRITUAL** facilita los viajes interdimensionales y la comunicación angelical

L A DANBURITA constituye una gentil y poderosa ayuda para la elevación de la conciencia a las vibraciones espirituales superiores. Despeja y abre el chakra de la coronilla, al vincularlo y armonizarlo con el corazón. Activa e integra los chakras transpersonales y etéricos por encima de la cabeza, hasta el decimocuarto chakra. Esto permite que uno se mueva en conciencia hacia el dominio angélico, con el que esta piedra tiene una resonancia especial. También facilita viajes interdimensionales y comunicación con entidades espirituales distintas de los ángeles.

Esta piedra es excelente para aquellos que necesitan liberar estrés y preocupaciones. Calma el corazón y le envía el mensaje de que todo está bien. Sostener un ejemplar en cada mano puede resultar en una experiencia de mucha calma y apoyo durante la meditación. A las personas que tienen dificultades para dormir se les aconseja que sostengan una Danburita en la mano o que coloquen una en la funda de la almohada para traer la paz al subconsciente. Esta piedra tiene la capacidad de calmar el incesante diálogo interno que puede crear un ciclo de estrés.

La Danburita es una de las doce piedras de la sinergia (incluye la Moldavita, Fenacita, Tanzanita, Azeztulita, Petalita, Herderita, Tectita Negra Tibetana, Brookita, Natrolita, Escolecita y Azeztulita de Satyaloka). Trabaja en armonía con Lepidolita Lila, Ambligonita y Cuarzo Litio para aliviar el estrés. Para los viajes interdimensionales la Merkabita y Calcita Elestial son más efectivas.

DARWINITA

PALABRAS CLAVE conciencia del corazón, relación amorosa, vinculación del corazón y cerebro, parentesco con toda la vida, conciencia holográfica, gestación del nuevo ser humano **CHAKRAS** corazón (4to), tercer ojo (6to) y coronilla (7mo) **ELEMENTOS** tormenta **CORPORAL** apoya al cerebro, cuerpo calloso y corazón, engendra vínculos energéticos entre los hemisferios cerebrales **EMOCIONAL** atrae al corazón para estimular un estado de amor consciente y elimina el miedo del cuerpo emocional **ESPIRITUAL** acelera la evolución espiritual y despierta las capacidades espirituales

L A DARWINITA es un material meteórico vítreo similar a la Moldavita y otras tectitas. Se encuentra en los alrededores de un cráter de un kilómetro al sureste del monte Darwin en Tasmania, Australia. Es de color verde grisáceo y a menudo translúcida.

Es una piedra de relación amorosa con el mundo y todos los seres. Enseña que todo es amor y que experimentamos esa realidad al enfrentarnos a cada momento de la vida con una acción basada en el amor. Estimula el cerebro y el corazón, y provoca el despertar de nuevas capacidades espirituales. Ofrece un apoyo vibracional a la unificación de los hemisferios del cerebro y puede catalizar una mayor conectividad en este órgano a través del cuerpo calloso.

Estimula el patrón prototípico del nuevo ser humano, la siguiente fase de la evolución. Puede utilizarse para eliminar el miedo del cuerpo emocional y de la conciencia celular. Acelera la tasa vibratoria del cuerpo etérico, para que podamos seguir el ritmo de las vibraciones aceleradas de la Tierra. Además, estimula la percepción y la capacidad de "hacer nuevas todas las cosas" mediante la sintonía con lo que surge de los reinos espirituales.

La Darwinita puede combinarse con Moldavita, Tectita Dorada de Libia, Tectita Negra Tibetana, Azeztulita de Oro del Himalaya, Selenita Oro del Atardecer, todas las doce piedras sinérgicas y las siete piedras de la ascensión. Funciona bien con las piedras azozeo superactivadas.

DATOLITA

PALABRAS CLAVE conexión con mundos superiores, recuperación de información perdida, poder mental, conciencia espiritual **CHAKRAS** plexo solar (3ro), corazón (4to), etérico (8vo-14to) **ELEMENTOS** agua, viento **CORPORAL** brinda apoyo y calma al sistema nervioso **EMOCIONAL** ayuda a superar el dolor y la depresión, fomenta optimismo **ESPIRITUAL** activa la visión sutil y conciencia multidimensional

La Datolita es un borosilicato de calcio con un sistema cristalino monoclínico y una dureza de 5 a 5,5. Puede ser incolora, blanca, amarilla pálida o verde pálida. Muchos de sus mejores ejemplares provienen de Rusia.

Las Datolitas son cristales fuertes para el tercer ojo, la coronilla y los chakras etéricos. Abren la visión sutil, permitiendo ver las auras, así como los seres de los dominios astral, causal y sutil. Los espíritus de la naturaleza, ángeles, guías, maestros no físicos, sanadores y ayudantes se hacen visibles y están disponibles para la comunicación. Las energías de rápido impulso de esta piedra aumentan la vibración del propio campo energético para que podamos experimentar a conciencia su propio cuerpo espiritual, utilizándolo para explorar muchas dimensiones superiores que nos rodean. Estas piedras pueden recuperar recuerdos perdidos de la infancia, de vidas pasadas e incluso el registro akásico de la historia antigua de la humanidad. Pueden mejorar la precisión de la memoria y agudizar todas las capacidades mentales. Ayudan sobre todo a desarrollar la inteligencia matemática, pero también mejoran el aprendizaje lingüístico, memorización, análisis de sistemas, geometrías abstractas y otros usos de la mente.

La Datolita funciona muy bien con las piedras de alta vibración: Fenacita, Natrolita, Escolecita, Danburita y Azeztulita. También pueden combinarse con Heliodoro, Lapislázuli, Cuarzo Cinabrio, Calcita, Fluorita, Pirita y Axinita.

DIAMANTE

PALABRAS CLAVE intensidad, resplandor, soberanía **CHAKRAS** corazón (4to), tercer ojo (6to), coronilla (7mo), etérico (8vo-14to) **ELEMENTOS** tormenta **CORPORAL** activa los lóbulos prefrontales, magnifica los efectos de otras piedras **EMOCIONAL** intensifica los estados emocionales, ayuda a "quemar" viejos problemas **ESPIRITUAL** facilita el despertar de capacidades superiores, entrando en estados visionarios

EL DIAMANTE es un cristal cúbico de carbono puro con una dureza de 10, la más dura de todas las sustancias. Los Diamantes suelen ser incoloros, pero pueden ser amarillos, marrones, azules, rosas, verdes, naranjas o rojos. Durante siglos se ha dicho que brindan protección espiritual, al igual que cualidades como la victoria, valor, fidelidad, pureza y aumento del amor.

El Diamante puede ayudar a activar los lóbulos prefrontales del cerebro, sede de la mayoría de las capacidades paranormales y conciencia visionaria. Los cristales de Diamante son transductores que pueden hacer que las energías vibratorias de alta frecuencia de reinos espirituales estén más disponibles para el ser consciente. Pueden acelerar la propia evolución y abrir las puertas a los poderes psíquicos. En meditación, los cristales de Diamante pueden facilitar la entrada en estados visionarios. Si se usan en la vida cotidiana, pueden intensificar la capacidad de enfocar la conciencia para manifestar los objetivos y sueños. "Intensidad" es una palabra clave para el Diamante. Funciona en el cuerpo emocional para amplificar el poder de cualquier estado emocional. Por lo tanto, hay que estar atento a la hora de llevarlos puestos y, por lo general, hay que quitárselos si se está en un mal estado de ánimo. Sin embargo, pueden utilizarse de forma terapéutica para intensificar y "quemar" problemas emocionales subyacentes.

Los cristales de Diamante pueden potenciar y magnificar las energías de las piedras de alta vibración como la Moldavita, Fenacita, Azeztulita, Herderita, Celestita, Tectita Dorada de Libia, Tectita Negra Tibetana y muchas otras.

"DIAMANTE" CUARZO HERKIMER

PALABRAS CLAVE sueños, visiones, purificación, espiritualización de la vida física **CHAKRAS** tercer ojo (6to), coronilla (7mo) **ELEMENTOS** tormenta **CORPORAL** apoya la salud general, resistencia física y nivel de energía **EMOCIONAL** ayuda a limpiar el cuerpo emocional y a eliminar los apegos negativos **ESPIRITUAL** facilita el trabajo con los sueños, viajes astrales, viajes en el tiempo y cambios dimensionales

EL "DIAMANTE" CUARZO HERKIMER es un tipo de cristal de cuarzo con un sistema cristalino hexagonal y una dureza de alrededor de 7,5 (más duro que la mayoría de los cuarzos). Se halla en Herkimer, Nueva York, Estados Unidos, y sus alrededores.

Estos cristales son manifestaciones de luz espiritual pura y solidificada. Emanan una energía elevada y armoniosa que les "canta" de una manera positiva a los niveles superiores del espectro vibratorio del cuarzo. Son ideales para diseños corporales, trabajo con los sueños, piezas de meditación, joyería, plantillas, herramientas energéticas o casi cualquier otra aplicación. No solo emiten sus propias energías, sino que también pueden recoger y magnificar las frecuencias de otras piedras. Emanan la luz cristalina más brillante y ayudan a purificar nuestro campo energético y a sintonizarlo con la luz blanca de la esencia divina. Llevarlos puestos puede concedernos la gracia de una conexión constante, casi subliminal, con los dominios espirituales superiores. Los ángeles se sienten atraídos por el resplandor etérico puro que emanan estas piedras, por lo que los "Diamantes" Herkimer pueden utilizarse como ayuda para aquellos que desean comunicarse o estar en comunión con los ángeles. También son piedras ideales para los sueños lúcidos y otros tipos de trabajo onírico.

Los "Diamantes" Herkimer tienen una afinidad especial con la Moldavita y también trabajan en armonía con la Herderita, Cuarzo Satyaloka, Fenacita, Natrolita, Escolecita, Celestita, Danburita y todas las variedades de Azeztulita.

DIÁSPORA

PALABRAS CLAVE adaptabilidad, mejora mental, exploración meditativa **CHAKRAS** plexo solar (3ro), corazón (4to), tercer ojo (6to) **ELEMENTOS** viento **CORPORAL** ayuda a la recuperación de daños y enfermedades cerebrales **EMOCIONAL** ayuda a aliviar el estrés, a "dejar ir", a sintonizar con la voluntad divina **ESPIRITUAL** mejora la meditación y comunicación con seres superiores

La **DIÁSPORA** es un mineral de hidróxido de aluminio con un sistema cristalino ortorrómbico y una dureza de 6,5 a 7. Su gama de colores incluye rosa, violeta, marrón, tonos verdosos, amarillo, blanco, transparente y gris. Un descubrimiento de cristales de Diáspora en Turquía en los años 90 despertó un gran interés por su uso como gema y como piedra metafísica.

Esta piedra ayuda a desarrollar la fuerza de adaptabilidad en la vida. Estimula la voluntad, liberación de los deseos personales para estar de acuerdo con la voluntad divina. Predispone al usuario a encontrar el camino del flujo en lugar de forzar situaciones. Por lo tanto, es útil para aliviar el estrés, desarrollar relaciones que funcionen, encontrar el mejor nicho en las áreas de trabajo y carrera, y trabajar en asociación con seres espirituales de planos superiores.

Además, estimula áreas de la mente que mejoran la capacidad de ver diferentes puntos de vista sobre todos los temas e ideas. En la meditación, ayuda a encontrar y mantener un estado de "mente de principiante". Abre nuevas áreas de conciencia y evita que caigamos en patrones de expectativa y juicio. Aquellos que hacen lecturas o canalizaciones encontrarán que esta piedra les devuelve el sentido de sorpresa, maravilla y deleite en las percepciones inesperadas que recibimos.

La Diáspora se puede combinar con Kunzita, Aguamarina, Peridoto, Natrolita, Escolecita, Fenacita, Azeztulita, Danburita y Moldavita.

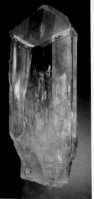

DIÓPSIDO

PALABRAS CLAVE conexión con la Tierra, apertura del corazón, curación, equilibrio, percepción sutil **CHAKRAS** corazón (4to), raíz (1ro), estrella de la Tierra (debajo de los pies) **ELEMENTOS** tierra **CORPORAL** apoya la regeneración de tejidos, la recuperación de la fuerza, los órganos reproductores **EMOCIONAL** ayuda a la relajación, liberación del estrés, al abrazo de la vida física **ESPIRITUAL** facilita la comunión con la Tierra y la conexión a ella, geomancia, amor

EL DIÓPSIDO es un silicato de calcio y magnesio con un sistema cristalino monoclínico y una dureza de 5,5 a 6. Su color puede ser blanco, verde claro, verde oscuro, marrón rojizo, marrón amarillento gris o negro. Se halla en China, la India y Estados Unidos.

Varía en su energía según su color, y los dos tipos más importantes son el negro y verde. El Diópsido negro resuena con el chakra de la raíz y ayuda a establecer un firme arraigo en la Tierra. Es una piedra para mejorar el bienestar físico a través de la resonancia energética con el "latido" del planeta. Dado que ayuda a enfocar la conciencia en dirección hacia abajo; es decir, hacia el suelo, es excelente para los zahoríes, ya que les ayuda a desarrollar la sensación intuitiva de lo que se esconde bajo sus pies. El Diópsido negro es una piedra maravillosa para la geomancia. Aquellos que trabajan con líneas ley descubrirán una mejoría en sus percepciones gracias a esta piedra.

El Diópsido verde envía sus energías a lo largo de toda la columna de chakras, desde la parte superior del cráneo hasta el coxis. Carga y activa los chakras del corazón, de la raíz y de la estrella de la Tierra. Está orientado al equilibrio y curación, y puede alinear todos los chakras, enviando el rayo verde de curación por todo el cuerpo y campo áurico. Puede servir de especial nivelación para mujeres en la zona de los órganos reproductores. En el chakra del corazón, el Diópsido verde favorece la capacidad de dar y recibir amor.

DIOPTASA

PALABRAS CLAVE perdón, compasión, liberación de patrones kármicos, prosperidad
CHAKRAS corazón (4to) **ELEMENTOS** agua
CORPORAL ayuda a la curación del corazón
y de las enfermedades causadas por traumas
emocionales **EMOCIONAL** ayuda a perdonar
abusos del pasado; apoya la alegría, paz y compasión **ESPIRITUAL** inculca la
liberación de los lazos kármicos y un enfoque centrado a plenitud en el corazón

L A DIOPTASA es un mineral de silicato de cobre hidratado con un sistema cristalino hexagonal y una dureza de 5. El color es de verde esmeralda a verde azulado. Se halla en Chile, Namibia, Rusia y Estados Unidos.

Es un poderoso aliado para despertar compasión amorosa y para sanar el dolor emocional. Aporta fuerza al corazón emocional a través del poder de la compasión. Apoya al corazón físico a través de su constante mensaje de serenidad y bienestar. Despierta el corazón espiritual a través de su patrón vibratorio de alta frecuencia, que resuena con el chakra del "corazón superior", justo encima del corazón físico. A través de estos canales, estimula perdón y la curación de viejas heridas interiores.

La Dioptasa es útil para obtener conocimiento de vidas pasadas y para la realización de los propósitos más elevados. Abre nuestros ojos interiores para reconocer patrones kármicos repetitivos, al liberar nuestro apego a ellos y avanzar con energía renovada. Su vibración es sana y fresca, y puede ayudar a limpiar el campo áurico de desarmonía. También puede utilizarse para crear abundancia y prosperidad. Al ser una de las piedras más puras del rayo verde, atrae la riqueza y todas las cosas buenas que pueden hacer nuestra vida física más agradable.

Trabaja en armonía con Malaquita, Azurita, Cuprita, Turquesa, Danburita, Escolecita, Herderita, Brookita, Fenacita y Azeztulita.

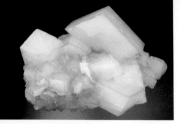

DOLOMITA

PALABRAS CLAVE capacidad de mantenerse centrado, calma, equilibrio, moderación, conexión a tierra **CHAKRAS** todos **ELEMENTOS** tierra **CORPORAL** ayuda a la salud ósea y desintoxicación, nos hace presentes "en el cuerpo" **EMOCIONAL** disminuye los extremos emocionales, ayuda a centrarse en la calma **ESPIRITUAL** es la piedra del "punto medio", ayuda a evitar extremos espirituales

L A DOLOMITA es un carbonato cálcico-magnésico con un sistema cristalino romboédrico y una dureza de 3,5 a 4. Su color varía entre blanco, gris, verdoso, pardo y rosado. Se han encontrado cristales en España, Italia, India, Gran Bretaña, Suiza y Namibia.

Es excelente para lograr la calma, el centro y el equilibrio. Al sostener un trozo de Dolomita, nuestro campo áurico se beneficiará al llenarse cualquier vacío en él de forma natural, se purgarán las energías negativas, se traerá de vuelta cualquier pluma sobreextendida para así ir adquiriendo su forma óptima. La Dolomita también actúa como un botón de "reinicio" de las emociones; suaviza emociones negativas y frena las pasiones excesivas; remueve el encanto de las fantasías irreales, sin arrebatarnos el entusiasmo por su verdadero propósito. Es una buena piedra para colocar en el entorno y puede proporcionar una influencia beneficiosa alrededor de los niños. Puede ayudar a contrarrestar el mal humor y otros síntomas de "hormonas descontroladas". Con niños más pequeños, favorece un ambiente de calma y seguridad que puede reducir la probabilidad de pesadillas, rabietas y otros extremos emocionales.

La Dolomita puede proporcionar una útil "base de operaciones" para la conexión a tierra y el mantenerse centrado. Es ideal para sostenerla después de colocaciones de cristal en el cuerpo, posterior a una regresión a vidas pasadas o trabajos de renacimiento y de respiración u otra práctica de transformación.

Se puede combinar con casi todos los tipos de piedra, aunque su influencia es moderada.

DUMORTIERITA

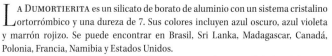

PALABRAS CLAVE inspiración divina,
capacidad psíquica, guía interior, mayor
capacidad de aprendizaje, disciplina mental
CHAKRAS tercer ojo (6to)
ELEMENTOS viento **CORPORAL** apoya
el funcionamiento neuronal y la claridad de la conciencia **EMOCIONAL** mejora
la inteligencia emocional y empatía **ESPIRITUAL** estimula capacidades
psíquicas, visión profética, perspicacia espiritual

L A DUMORTIERITA es un silicato de borato de aluminio con un sistema cristalino
ortorrómbico y una dureza de 7. Sus colores incluyen azul oscuro, azul violeta
y marrón rojizo. Se puede encontrar en Brasil, Sri Lanka, Madagascar, Canadá,
Polonia, Francia, Namibia y Estados Unidos.

Esta piedra abre las puertas de la perspicacia, al activar el chakra del tercer
ojo y ayudar a dar los saltos mentales necesarios para trascender dificultades y
resolver problemas. Potencia todas las capacidades mentales (lingüísticas, matemáticas, abstractas, etc.), así como la "inteligencia emocional". Activa las capacidades psíquicas latentes y estimula la clarividencia y clariaudiencia. En los
individuos dotados, puede infundir el don de la visión profética. Incluso puede
facilitar el desarrollo de habilidades de psicometría y psicoquinesia. Es una piedra fuerte de disciplina mental y es capaz de aumentar la fuerza de voluntad en
el aprendizaje. Ayuda a la retención de memoria y manipulación mental de los
conceptos necesarios para hacer surgir una nueva síntesis de ideas. Debido a su
estimulación de poderes mentales y psíquicos, es ideal para aquellos que trabajan
en áreas como astrología y tarot.

La Dumortierita se puede combinar con Zafiro Azul para la disciplina mental,
con Lapislázuli y Lazulita para la capacidad psíquica, con Fenacita para la visión
interior y con Azeztulita para el despertar espiritual.

EGIRINA

PALABRAS CLAVE limpieza, protección, energía, confianza

CHAKRAS todos **ELEMENTOS** tierra, fuego **CORPORAL** ayuda
al hígado, bazo, vesícula biliar, favorece la recuperación de la
exposición a sustancias o energías tóxicas, da energía y contribuye
a la recuperación de la adicción **EMOCIONAL** brinda apoyo en la
superación de la depresión, permite despejar la culpa y vergüenza y
aumenta la confianza en sí mismo, fortaleciendo la voluntad
ESPIRITUAL ayuda a eliminar energías y entes negativos

LA EGIRINA (también conocida como acmita) es un mineral de silicato de hierro y sodio con una dureza de 6. Su sistema cristalino es
monoclínico y se forma en cristales columnares, prismáticos, a veces
estriados con terminaciones puntiagudas. Su color es negro, negro
verdoso o negro pardoso.

Los cristales de Egirina son herramientas maravillosas para eliminar las energías negativas o atascadas de todos los niveles de los cuerpos sutiles. Son piedras
de confianza y fuerza que permiten brillar la luz propia, incluso en los lugares más
oscuros, en el mundo interior o exterior. Hay pocas piedras tan efectivas como la
Egirina para romper el apego de nuestro cuerpo etérico con entes o patrones negativos. Este tipo de apegos no son normales para individuos sanos y equilibrados en
el aspecto energético, pero cualquiera puede volverse vulnerable en momentos de
intenso miedo o ira, o por el abuso de alcohol, tabaco o drogas.

Llevar o usar Egirina puede ser una medida eficaz para forzar la liberación de
estas energías vampíricas; trabajar con esta piedra en disposiciones corporales o en
conjunto con otras modalidades de sanación de energía sutil puede, con el tiempo,
regenerar el escudo áurico protector que ha sido dañado.

EPIDOTA

PALABRAS CLAVE liberación de la negatividad, adopción
de patrones positivos, atracción de lo que uno emana
CHAKRAS todos **ELEMENTOS** tierra, agua
CORPORAL apoya disolución de bloqueos en el cuerpo
EMOCIONAL ayuda a desarrollar generosidad emocional
ESPIRITUAL brinda apoyo en la creación por medio de la ley
de atracción

L A EPIDOTA es un silicato de hierro y aluminio con un
sistema cristalino monoclínico y una dureza de 6 a 7.
Su color puede ser negro, verde oscuro o verde amarillo. Se han encontrado cristales
en Austria, Pakistán, México, Noruega, Mozambique y Estados Unidos.

La Epidota tiende a traernos más de lo que ya tenemos, de acuerdo con nuestro
bien más elevado. Por ejemplo, si estamos llenos de amor y generosidad, trabajar con
esta piedra traerá más de estos rasgos a nuestra vida. Si, por el contrario, estamos llenos de pensamientos negativos, celos e intolerancia, la Epidota aumentará en gran
medida el suministro de estos sentimientos.

Cuando se utiliza a conciencia y se programa para mejorar los resultados
deseados, esta piedra puede ser una herramienta muy poderosa. Puede utilizarse
para crear abundancia y prosperidad, atraer nuevas relaciones amorosas, catalizar el proceso creativo, etc. Sin embargo, siempre debe ya existir en nosotros al
menos la semilla de lo que se quiere atraer: si deseamos prosperidad (generosidad
del universo), debemos actuar con generosidad; si queremos amor, debemos ser
amorosos y así sucesivamente. La Epidota no nos ofrece un viaje gratuito, pero
puede ser de gran ayuda para aquellos que están preparados para dar un poco de
lo que desean recibir.

La Epidota se combina con la Moldavita para acelerar sus procesos de magneti-
zación. También trabaja en armonía con Serafinita, Tsavorita, Azeztulita, "Diamantes" Herkimer y Fenacita.

ESCAPOLITA

PALABRAS CLAVE visión, persistencia, autodisciplina, fuerza de voluntad, autotransformación, liberación
CHAKRAS todos **ELEMENTOS** tormenta
CORPORAL ayudan a integrar el plano divino de salud con el cuerpo **EMOCIONAL** fomenta el orgullo por el logro, inspira la dedicación a las más altas aspiraciones **ESPIRITUAL** apoya la consecución de nuestro propio destino y libertad

LA ESCAPOLITA es un mineral de sodio, calcio, silicio, aluminio, oxígeno, cloro, carbón y azufre con un sistema cristalino tetragonal y una dureza de 5 a 6. Sus cristales se hallan en todos los continentes.

Esta piedra ayuda a fijar la mente en un objetivo y a persistir hasta alcanzarlo: es maravillosa para desarrollar la autodisciplina y fuerza de voluntad para alcanzar la libertad interior. Su influencia planetaria es Saturno, el planeta de la estructura y la disciplina, con lo cual nos puede ayudar a crear las formas y estructuras que nos permitan cumplir nuestros sueños. Su frase clave es "fuerza de propósito". Es una piedra del destino, del *dharma*. Ayuda a escuchar la voz del ser superior y a llevar a cabo el proyecto del plan evolutivo para esta vida. También puede iluminar la memoria de vidas pasadas en las que pueden estar arraigados patrones de autosabotaje. No solo nos ayuda a abrazar nuevos patrones, sino que también permite liberarnos de los antiguos que ya no van en sintonía con nuestro ser más elevado.

La Escapolita es también una piedra de la perspicacia y profundización y como tal ayuda a adentrarnos en nuestra psique para descubrir aquello que nos retiene y que debemos superar para abrirnos paso hacia la libertad.

La Escapolita funciona bien con la Moldavita y cualquier tipo de zafiro: con el Zafiro Azul ayuda a la autodisciplina, con el amarillo ayuda a la prosperidad, y con el Zafiro Padparadscha estimula la creatividad.

ESCOLECITA

PALABRAS CLAVE paz interior, relajación, tranquilidad, viajes interdimensionales, despertar del corazón **CHAKRAS** tercer ojo (6to), coronilla (7mo) **ELEMENTOS** viento **CORPORAL** apoya de forma espiritual la función cerebral estable y niveles de serotonina **EMOCIONAL** ayuda a la estabilidad emocional, aporta sentimientos de tranquilidad y serenidad **ESPIRITUAL** facilita viajes interdimensionales y en el tiempo, enlaza con reinos superiores

L A ESCOLECITA es un mineral de zeolita con un sistema cristalino monoclínico y una dureza de 5 a 5,5. Puede ser incolora, blanca o amarillenta. Se ha encontrado en Teigarhorn, Islandia, y Poona, India.

La frase que mejor resume su energía es "paz interior". Estas piedras emanan una profunda paz que resuena en todo nuestro campo áurico. Para aquellos que desean mejorar la meditación, dormir mejor o tener dulces sueños, esta piedra es muy recomendable.

Este estado edificante y relajado que produce es ideal para las sesiones de sanación, las meditaciones, los sueños lúcidos o el sueño reparador. Ofrece protección contra la intrusión de energías astrales negativas, ya que nos eleva a planos vibratorios superiores. Es, además, una piedra interdimensional. Es posible contactar con inteligencias de dominios internos y externos lejanos cuando la utilizamos en nuestros viajes. También ayuda a viajar en el tiempo, y permite acceder a conocimientos de civilizaciones antiguas e incluso "futuras".

Desde el punto de vista emocional potencia las energías del corazón favoreciendo la expresión espontánea del amor. Es una buena piedra para ser intercambiada entre los amantes, porque ayuda a establecer una constante conexión invisible entre corazones.

La Escolecita armoniza con la Fenacita, Herderita, todas las Azeztulitas, Danburita y Apofilita. Su mejor aliada es la Natrolita, que es casi idéntica a ella en cuanto a su estructura molecular.

ESFALERITA

PALABRAS CLAVE fuerza física, vitalidad, conexión a tierra, equilibrio, discernimiento **CHAKRAS** raíz (1ro), sacro (2do), plexo solar (3ro) **ELEMENTOS** tierra, fuego **CORPORAL** favorece el sistema inmunitario, aumenta resistencia y nivel de energía **EMOCIONAL** nos ayuda a discernir la verdad y a superar prejuicios emocionales **ESPIRITUAL** repotencia la fuerza vital, sexualidad, creatividad, manifestación y voluntad

L A ESFALERITA es un mineral de sulfuro de zinc con un sistema cristalino de tetraedro y dodecaedro y una dureza de 3,5 a 4. Su color varía mucho entre rojo, negro, marrón, amarillo, verde, gris, blanco y traslúcido. La Esfalerita con calidad de gema se halla en España y México.

Esta piedra energiza el primer chakra y aumenta la fuerza vital, coraje, fortaleza y vitalidad. Estimula el segundo chakra y aumenta así la energía sexual, la inspiración creativa y las ganas de vivir. Fortalece el tercer chakra para un mayor éxito en la manifestación, un pensamiento más claro y una mayor fuerza de voluntad. Ayuda a extraer la energía y vitalidad de la Tierra y a liberar el exceso de energía hacia esta. Puede ser útil para lograr el equilibrio energético y conexión a tierra. La Esfalerita es también una piedra para el discernimiento: al meditar con ella podemos discernir fácilmente entre orientación y fantasía, entre verdaderas introspecciones espirituales e ilusiones. Al colocarlas sobre el cuerpo para la gemoterapia, se puede detectar con más facilidad si los problemas son físicos o energéticos. En consultas terapéuticas agudiza nuestra percepción para que nuestro "detector de la verdad" funcione de forma óptima y puede ayudar a quienes consultan a los oráculos a hacer interpretaciones correctas.

La Esfalerita funciona bien con Zincita, Turmalina Negra, Cuarzo Ahumado y Zafiro Azul. La Tectita Dorada de Libia y Heliodoro potencian la capacidad de la Esfalerita para fortalecer la fuerza de voluntad y manifestación. La Cornalina concentra las energías de la Esfalerita para mejorar nuestros aspectos sexuales y creativos.

ESFENO

PALABRAS CLAVE claridad y rapidez mental, aprendizaje acelerado, intuición, voluntad centrada **CHAKRAS** tercer ojo (6to), plexo solar (3ro) **ELEMENTOS** tormenta, viento **CORPORAL** favorece los huesos, oído y vista, estimula el cerebro **EMOCIONAL** fomenta el disfrute de la actividad mental y orgullo por los logros **ESPIRITUAL** aumenta la fuerza de voluntad y manifestación, sintoniza con la conciencia de Cristo

E L ESFENO es un mineral de silicato de calcio y titanio con un sistema cristalino monoclínico y una dureza de 5 a 5,5. Su color es amarillo o amarillo verdoso. Se ha encontrado en Rusia, Europa, Madagascar y Estados Unidos.

Actúa para despejar la mente y estimular el pensamiento; es excelente para limpiar las telarañas mentales, ayuda a la memoria y a establecer conexiones entre el nuevo material y nuestra base de conocimientos. Puede contribuir a aprender un nuevo idioma o una disciplina nueva. Refuerza las capacidades intuitivas y es útil para aprender disciplinas esotéricas como la astrología, numerología o cábala.

El Esfeno también potencia la voluntad. Como piedra brillante del rayo dorado puro puede activar el chakra del plexo solar, y aumentar la capacidad de gestionar nuestros proyectos, sueños y deseos. Inspira soluciones prácticas a los problemas. En un nivel más profundo, el rayo dorado del Esfeno resuena con la conciencia de Cristo. Puede ayudar a enlazar con los reinos superiores para absorber sabiduría. Ayuda a dar saltos intuitivos para descifrar los significados de textos esotéricos. También ayuda a moverse con facilidad en el estado consciente entre los reinos interiores.

El Esfeno armoniza con el Lapislázuli, Iolita, Lazulita, Heliodoro, Labradorita Dorada, Piedra Solar y Citrino. El Topacio Imperial, la Azeztulita Amarilla de Satyaloka y la Azeztulita Dorada del Himalaya pueden mejorar el enfoque en el rayo dorado y la conexión mística con la conciencia de Cristo.

ESMERALDA

PALABRAS CLAVE amor, compasión, curación, abundancia
CHAKRAS corazón (4to)   **ELEMENTOS** agua
CORPORAL apoya el buen funcionamiento del corazón,
sangre y sistema circulatorio   **EMOCIONAL** abre el cora-
zón al amor, perdón, compasión y confianza
ESPIRITUAL facilita el despertar al amor divino

LA ESMERALDA es una variedad verde del berilo, un mineral de silicato de aluminio y berilio con un sistema cristalino hexagonal y una dureza de 7,5 a 8. Las
Esmeraldas se hallan en Colombia, Brasil, Rusia y África.

Esta piedra representa la emanación cristalina más pura del rayo verde y es
la piedra que representa con mayor pureza los patrones de energía del chakra del
corazón activado. Invita a vivir y actuar desde el corazón, ofreciendo amor incondicional y compasión en la vida diaria y en las relaciones, abriéndose a recibir el
amor de los demás y despejando el canal para la conexión con el amor divino.
Puede ayudar a mantenernos centrados en la sabiduría del corazón y ayudar a
sanar el desamor.

La Esmeralda es conocida como una piedra de prosperidad. Llevarla puesta
ayuda a sintonizar nuestro patrón vibracional con el espectro de abundancia, lo
que permite atraer lo que necesitamos y deseamos. También una piedra de valentía;
ayuda a avanzar en el "camino con el corazón" sin importar las provocaciones o los
peligros que parezcan amenazarnos. Al igual que la Moldavita, está asociada con la
legendaria piedra del santo grial.

La Esmeralda trabaja en armonía con Moldavita y con otras piedras del corazón
como la Dioptasa, Aventurina, Morganita, Kunzita, Rodocrosita y Cuarzo Rosa. La
Tsavorita puede potenciar su eficacia como piedra de la prosperidad. La Lepidolita y
Esmeralda calman el cuerpo emocional. La Esmeralda también se alinea con Aguamarina, Heliodoro, Goshenita y Bixbita.

ESPINELA

PALABRAS CLAVE revitalización, inspiración, nueva esperanza, victoria, infusión de energía de todos los niveles del ser **CHAKRAS** coronilla (7mo), plexo solar (3ro) **ELEMENTOS** tormenta **CORPORAL** ayuda en la convalecencia a superar la fatiga, traumas y enfermedades **EMOCIONAL** promueve el optimismo y esperanza, disipa los pensamientos negativos **ESPIRITUAL** ablanda las limitaciones del pasado, inspira la autotransformación

L A ESPINELA es un mineral de óxido de aluminio y magnesio con un sistema cristalino cúbico y una dureza de 7,5 a 8. Sus colores son rojo, azul, verde, transparente, negro y marrón. Se halla en Madagascar, India y Sri Lanka.

Es una piedra de revitalización. Puede estimular cualquiera de los chakras, así como el sistema de meridianos, y aportar energía fresca donde más se necesita. Es excelente para reducir la fatiga, reponer energías agotadas y recuperarse de una enfermedad o trauma. En cuanto a las emociones, la Espinela es una piedra para renovar la esperanza; puede aliviar la carga de los pensamientos negativos y recordar que la vida es un regalo. En el aspecto mental, la Espinela puede ser un catalizador de la inspiración y de nuevas formas de pensar. Ayuda a generar y articular nuevas ideas. La Espinela puede incluso facilitar el proceso de construcción de una nueva imagen de nosotros mismos. Afloja el puño sobre ideas arraigadas y limitantes acerca de nuestros atractivos, nuestros talentos y capacidades para un nuevo crecimiento, lo que nos permite liberar nuestra mente y transformarnos en nuestro ser superior. La Espinela es la piedra de la victoria: inspira a aceptar los retos de la vida y a hacer lo necesario para alcanzarlos. Puede aumentar la resistencia y persistencia más allá de lo que uno creía posible. Ayuda a centrarse en el objetivo deseado y a continuar hasta conseguirlo.

La Espinela armoniza con Rodizita, Nuumita y Cuprita Carmesí. La Natrolita y todas las Azeztulitas llevan las energías de la Espinela a niveles espirituales superiores. La Rosophia la ayuda en la recarga emocional.

ESTAUROLITA

PALABRAS CLAVE anclaje a tierra y bienestar físico, conexión con reinos cercanos de las hadas, devas, conciencia animal y vegetal **CHAKRAS** raíz (1ro), corazón (4to), tercer ojo (6to), coronilla (7mo) **ELEMENTOS** tierra **CORPORAL** ayuda a dejar los hábitos autodestructivos, fomenta las prácticas de limpieza **EMOCIONAL** nos abre a la belleza y al amor del alma de la naturaleza **ESPIRITUAL** potencia los viajes astrales, la comunicación con los animales y los sueños lúcidos

L A ESTAUROLITA es un mineral complejo que contiene hierro, magnesio, zinc, aluminio y silicio. Su dureza es de 7 a 7,5 y su sistema cristalino es monoclínico. Los cristales hermanados han recibido el apodo de "cruces de hadas". Se halla en Estados Unidos, Brasil, Rusia y Suiza.

Este mineral vibra en las frecuencias de las dimensiones más cercanas a la nuestra. Puede servir de llave para el plano astral, el reino de los devas y de hadas, y se puede utilizar en la comunicación con los espíritus vegetales y animales. Mantener la vibración de la Estaurolita en el campo energético ayuda a abrir los ojos a mundos invisibles que existen en simbiosis con la Tierra física. Como cristal que a menudo se manifiesta como un símbolo de las cuatro direcciones, la Estaurolita también contiene el vínculo invisible con la "quinta dirección", que es la dirección interior vertical a través de la cual uno experimenta y navega por otros mundos. Dormir con un cristal de Estaurolita en la funda de la almohada puede iniciar un viaje astral o un sueño lúcido. Los meditadores pueden utilizarla para hacer finos discernimientos vibratorios entre varios portales interiores. Esta piedra también puede ayudar a abandonar hábitos autodestructivos y adoptar regímenes de limpieza.

El poder de la Estaurolita aumenta con el Rubí. La Cianita Verde y Apofilita Verde ayudan a sintonizar con los reinos de las hadas y dioses. La Cianita Azul incrementa la potencia de los sentidos psíquicos.

ESTIBINA

PALABRAS CLAVE sintonización con nuevas frecuencias, transformación, nuevas perspectivas, prosperidad, aumento del poder personal **CHAKRAS** todos **ELEMENTOS** tierra **CORPORAL** favorece la sanación de infecciones, invasiones parasitarias y erupciones cutáneas **EMOCIONAL** ayuda a superar los sentimientos de impotencia y miedo **ESPIRITUAL** ayuda a manifestar riqueza, facilita la autotransformación

L A ESTIBINA es un mineral de sulfuro de plomo con un sistema cristalino ortorrómbico y una dureza de 2. El color es gris metálico y se oscurece hasta el negro. Se halla en Rumanía, Japón y en la provincia china de Hunan.

Es una piedra portadora del poder del inframundo. Se asocia con Plutón (tanto el planeta como el dios) y emana sus energías de transformación, muerte, renacimiento, nuevas perspectivas, gran riqueza y poder. Sin embargo, se requiere de una intención muy enfocada cuando se trabaja con la Estibina, ya que, si la atención es más bien vaga, podemos experimentar resultados inesperados e indeseados. Pero para aquellos que saben lo que en verdad quieren, la Estibina puede ayudar a manifestarlo en abundancia.

Puede ayudarnos a realizar cambios profundos en nosotros mismos. Si uno sueña con una carrera, vida espiritual, imagen de sí mismo o personalidad exterior por completo diferentes, la Estibina puede magnetizar las experiencias, personas y sincronizaciones para que así sea. En lo que respecta a la adquisición de riqueza, la Estibina puede ser eficaz para atraer nuevas oportunidades a través de las cuales esto puede suceder.

El poder de la Estibina debe ser guiado de la manera adecuada. La Sodalita puede potenciar el conocimiento intuitivo, y ofrecer buenas corazonadas sobre posibles decisiones. La Esfalerita activa el "detector de la verdad" interno, lo que nos ayuda a discernir cuándo una oferta es demasiado buena para ser cierta. Las piedras visionarias como la Fenacita, Azeztulita y Herderita pueden ayudar a elegir objetivos valiosos. La Cuprita, el Heliodoro y la Zincita aumentan la energía y el poder de la Estibina.

ESTILBITA

PALABRAS CLAVE claridad de pensamiento, expansión del sentido del yo, paz interior, potenciación de los sueños
CHAKRAS corazón (4to), tercer ojo, (6to), coronilla (7mo) **ELEMENTOS** viento
CORPORAL favorece la función cerebral, equilibra la actividad eléctrica del cerebro
EMOCIONAL tranquilizadora y expansiva, nos abre a experiencias de dicha
ESPIRITUAL aumenta sutilmente la conciencia, mejora la vida de los sueños, despierta la alegría

L A ESTILBITA es un mineral de zeolita, un silicato sódico-cálcico de aluminio con un sistema cristalino monoclínico y una dureza de 3,5 a 4. Su color es blanco, rosáceo, gris, amarillento, rojizo, anaranjado o marrón. Se puede encontrar en Poona, India, en Islandia, en las Islas Feroe y en Escocia.

Los cristales de Estilbita emanan una alegría tranquila e incesante y claramente son piedras de la vibración del amor. Abren y sanan el chakra del corazón y ayudan a mantener la apertura y vulnerabilidad emocional incluso en las situaciones más difíciles. Cuando se medita con ella la Estilbita puede producir una expansión del sentido del yo que comienza en el centro del corazón y aumenta hasta que hayamos crecido más allá de los confines del cuerpo, convirtiéndose en una esfera de conciencia conectada al cuerpo por un cordón de luz. Por la noche la Estilbita puede ayudar a conciliar el sueño. Durante la meditación, la Estilbita aporta una paz interior que libera al ser. En caso de pérdida o dolor, puede ser un bálsamo para las emociones. Si se guarda una Estilbita en la funda de la almohada o en la mesita de noche, se puede experimentar un aumento de la vivacidad y la profundidad de los sueños.

Cuando la Estilbita y la Apofilita se juntan, el acceso interdimensional proporcionado por esta última es más suave y cómodo. La Estilbita también armoniza con Escolecita, Natrolita, Apofilita, Heulandita, Morganita, Cuarzo Satyaloka, Celestita, el grupo de las Azeztulitas y otras piedras del corazón y de las dimensiones espirituales superiores.

ESTRONCIANITA

PALABRAS CLAVE fuerza y confianza, entusiasmo por la vida, mayor vitalidad y sexualidad, determinación y autocontrol **CHAKRAS** sacro (2do), plexo solar (3ro), tercer ojo, (6to) **ELEMENTOS** tormenta **CORPORAL** favorece la fuerza y coordinación muscular, sanación de enfermedades musculares **EMOCIONAL** infunde confianza, equidad y autoestima, aumenta la sensualidad **ESPIRITUAL** inspira el compromiso con la vida, disipa las dudas y el miedo

L A ESTRONCIANITA es un mineral de carbonato de estroncio con un sistema cristalino ortorrómbico y una dureza de 3,5. Sus colores son blanco, amarillento, marrón e incoloro. Se halla en Escocia y Alemania.

Es una piedra de fuerza y confianza. Despeja y abre el tercer chakra para la plena expresión del poder personal. Canaliza la energía espiritual en el cuerpo, lo que proporciona una mayor vitalidad y resistencia. Recarga el campo áurico. Inspira seguridad en las decisiones y compromiso en nuestras actividades, fomenta el ahorro y ayuda a organizar y presupuestar el tiempo, dinero y energía. La Estroncianita inicia una actitud positiva, ya que elimina las dudas y vacilaciones, y ayuda a superar los miedos enfrentando y aceptando los hechos. Potencia los sentidos al disolver los sentimientos de insensibilidad y aislamiento. Aumenta la receptividad al placer, acalla al juez interior y favorece la autoestima. Mejora la receptividad y disfrute de los demás. Abre los ojos a nuestra humanidad común y fomenta la amistad. Además, promueve una sexualidad sana, la apreciación de la pareja y el disfrute del romance. Es una piedra de autocontrol que hace que escuchemos con atención antes de tomar decisiones.

La Estroncianita armoniza con la Celestita, la cual suaviza su voluntariedad. Funciona bien con todas las Calcitas y con la Aragonita Española. La Tectita Dorada de Libia aumenta su capacidad de energizar el tercer chakra.

EUCLASA

PALABRAS CLAVE transformación de negatividad, integridad, veracidad, claridad, intuición, compromiso espiritual **CHAKRAS** corazón (4to), garganta (5to), tercer ojo (6to) **ELEMENTOS** viento **CORPORAL** apoya la vista, función mental y habla adecuada **EMOCIONAL** fomenta la compasión y compromiso con la verdad **ESPIRITUAL** inicia la clarividencia, integridad espiritual y acceso a la guía interior

L A EUCLASA es un silicato de berilio y aluminio con un sistema cristalino monoclínico y una dureza de 7,5. Su color es de azul a verde azulado, y se halla en Brasil, Zimbabue, Tanzania y Rusia.

Es una piedra de claridad interior y fuerza del ser. Fomenta la impecabilidad y abre los ojos frente al mar de engaños cotidianos en el que vivimos inmersos; nos ayuda a descubrir agendas ocultas y acuerdos tácitos poco sanos. Sin embargo, no funciona a través de ira justificada o indignación, sino a través de la adhesión compasiva y persistente a la verdad.

Sus efectos se centran en los chakras del corazón y la garganta: el corazón es el lugar donde residen la verdad y compasión y la garganta es el lugar desde el que estas cualidades emergen a través de nuestra comunicación. El hecho de que esta piedra también estimule el tercer ojo significa que uno puede "ver" con claridad la verdad que revela. Esta mejora del tercer ojo que nos ofrece también ayuda a clarividentes y otros intuitivos en su trabajo. La Euclasa también parece tener el efecto de aumentar la frecuencia de sincronías en nuestras vidas y nos anima a reconocerlas como mensajes del espíritu.

Esta piedra trabaja en armonía con Topacio Azul natural, Turmalinas Azul y Verde, Apatita, Moldavita y Ajoíta. Para su uso como limpiador y equilibrador energético, podemos añadir Turmalina Negra y/o Azabache, ya que pueden potenciar sus efectos.

EUDIALITA

PALABRAS CLAVE abrir el corazón y seguir sus dictámenes, amor propio, sanación del cuerpo emocional **CHAKRAS** corazón (4to), raíz (1ro) **ELEMENTOS** tierra, agua **CORPORAL** apoya la salud y vitalidad en general, aumenta la fuerza vital **EMOCIONAL** facilita la realización de los deseos del corazón, curación emocional **ESPIRITUAL** favorece el despertar y seguimiento de la sabiduría del corazón

LA EUDIALITA es un mineral de silicato complejo que contiene sodio, calcio, cerio, hierro, manganeso, itrio y circonio. Su sistema cristalino es hexagonal y su dureza es de 5 a 5,5. Su color oscila entre rosa, rojo y marrón rojizo. Se ha encontrado en Groenlandia, Canadá y Rusia.

Es una piedra de fuerza vital y del amor que se combinan para unificar los anhelos del corazón con la vida física. Muchos de nosotros sentimos que nuestras vidas están dominadas por cosas que debemos hacer para sobrevivir: proveernos a nosotros mismos y a nuestras familias de comida, ropa, refugio y mantener nuestra salud física. A veces, esto parece ir en detrimento de la realización de nuestros deseos más sinceros, las cosas que proporcionan satisfacción emocional que hace que la vida sea algo más que una simple supervivencia. Las energías de esta piedra aportan resonancia y armonía a las vías paralelas de la supervivencia y realización. Activa el primer y el cuarto chakra y los pone en consonancia, y evoca sincronías que pueden unir lo que debemos hacer y lo que soñamos hacer.

La Eudialita puede utilizarse en la autosanación para reparar el cuerpo emocional y aportar más vitalidad y fuerza vital. Las inclusiones negras de esta piedra purifican sus energías y proporcionan protección psíquica. Trabaja en armonía con Escapolita Azul para la autorrealización, con Smithsonita y Lepidolita morada para la sanación emocional y con Rubí para la fuerza vital.

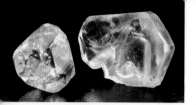

FENACITA

PALABRAS CLAVE activación del tercer ojo, visiones interiores, despertar del cuerpo de luz, viajes interdimensionales
CHAKRAS tercer ojo (6to), coronilla (7mo)
ELEMENTOS tormenta **CORPORAL** ayuda a la sanación de daños nerviosos y trastornos del sistema nervioso **EMOCIONAL** ayuda a encontrar el valor para llevar una vida centrada en el espíritu **ESPIRITUAL** cataliza múltiples experiencias de iniciación espiritual

L A FENACITA es un silicato de berilio con un sistema cristalino hexagonal y una dureza de 7,5 a 8. Su forma varía mucho de un lugar a otro; se ha encontrado en Brasil, Madagascar, México, Zimbabue, Zambia, Noruega, Rusia, Tanzania, Suiza y Estados Unidos.

Las Fenacitas pueden activar el tercer ojo, chakra de la coronilla y capacidades de visión interior. Son muy beneficiosas para la activación del cuerpo de luz y son las mejores piedras para los viajes interdimensionales. Pueden dar una limpieza instantánea al campo áurico y pueden ser utilizadas como conductos para la comunicación con guías espirituales, seres angélicos y otras entidades de dominios superiores. Al trabajar con las Fenacitas, podemos someternos a una serie de experiencias iniciáticas, cada una de las cuales sirve de plataforma para llevar nuestra propia conciencia a un nivel superior. Esta piedra es la piedra suprema del chakra del tercer ojo. Su energía latente es tan intensa que puede sentirse en el tercer ojo, incluso por personas que por lo general no son sensibles a las energías cristalinas. Abre los portales interdimensionales para el viaje interior, y permite que nuestra conciencia se sumerja a través de corredores interminables de formas geométricas sagradas. También puede utilizarse para despertar aquellas capacidades especiales latentes, alojadas en los lóbulos prefrontales del cerebro. A veces, esto puede dar lugar a experiencias espontáneas de telepatía, psicoquinesis, visión profética o visión remota. La Fenacita es capaz de elevar las frecuencias vibratorias de casi cualquier otra piedra.

FLUORITA

PALABRAS CLAVE aumento y claridad mental, mejora toma de decisiones, limpieza de los campos energéticos **CHAKRAS** todos **ELEMENTOS** viento **CORPORAL** apoya la química del cerebro, huesos y dientes; ayuda a superar el vértigo o mareo **EMOCIONAL** ayuda a disipar la confusión, deshonestidad, ansiedad por el futuro **ESPIRITUAL** ayuda a la limpieza del cuerpo astral mejorando las capacidades mentales

L A FLUORITA es un cristal de fluoruro de calcio con un patrón de crecimiento octaédrico y una dureza de 4. Sus colores incluyen el verde, el violeta, el blanco, el amarillo, el rojo, el rosa y el negro. Se han encontrado yacimientos en Alemania, Inglaterra, China, Argentina y Estados Unidos.

Esta piedra puede actuar como una "aspiradora psíquica", al limpiar la atmósfera de confusión, pensamientos desordenados, negatividad y contaminación astral. Equilibra el tercer ojo y las energías mentales en general. Puede ayudar a pensar con claridad y a hacer discriminaciones sutiles pero importantes respecto a los tipos de energías y personas que permitiremos entrar en nuestro mundo.

La Fluorita violeta es ideal para la purificación y el acceso de la mente a los dominios del espíritu. La Fluorita negra es el limpiador astral por excelencia. La Fluorita amarilla magnifica los poderes mentales y mejora la capacidad intelectual. La Fluorita verde puede limpiar y sanar el chakra del corazón. La Fluorita rosa limpia y sana el cuerpo emocional y trabaja para activar el chakra del "corazón superior" o "asiento del alma". La Fluorita azul es buena para el chakra de la garganta, lo que asegura una clara comunicación de las ideas propias.

Este tipo de piedra puede combinarse con la Turmalina Negra, el Cuarzo Ahumado, el Azabache, la Obsidiana, el Lapislázuli, la Iolita, la Labradorita Dorada, el Heliodoro, la Esmeralda, la Dioptasa, la Turmalina Rosa, el Cuarzo Rosa, la Kunzita, la Morganita y la Calcita.

FLUORITA MAGENTA

PALABRAS CLAVE pensamiento del corazón, verdad interior, sanación emocional, glándula pineal, conciencia superior, néctar divino **CHAKRAS** corazón (4to), tercer ojo (6to), coronilla (7mo) **ELEMENTOS** viento, agua **CORPORAL** activa centros cerebrales profundos, favorece conexiones neurales con el corazón **EMOCIONAL** sana el cuerpo emocional, fomenta el perdón, acceso a estados de éxtasis **ESPIRITUAL** inicia saltos de consciencia y unión con la divinidad

L A FLUORITA MAGENTA se agrupa en forma de intensos cúmulos de color rojo y violeta sobre una roca madre blanca. Tiene una dureza de 4 y se halla en México.

Esta es una piedra para el corazón que permite tomar conciencia de su pensamiento, deseos y conocimiento. Es una piedra para la verdad interior que aumenta la claridad y lleva las preocupaciones emocionales a un estado de pacífica comprensión. Es una piedra muy espiritual que vincula las energías de los chakras del corazón y de la coronilla y nos abre a la conciencia superior. La Fluorita Magenta es una piedra de sanación emocional. Fomenta el perdón hacia uno mismo y hacia los demás por cualquier herida que se haya causado.

Durante la meditación, la Fluorita Magenta estimula la glándula pineal en el centro del cerebro, fomentando la secreción de su néctar divino. Cuando esto ocurre, se puede entrar con facilidad en un estado de éxtasis: para ello se recomienda sostener una Fluorita Magenta en las manos, con los ojos abiertos y mirando la piedra, imaginando que el intenso color inunda nuestra mente y que al final impregna el centro del cerebro. La Fluorita Magenta también es útil para limpiar el cuerpo emocional, disipar la confusión emocional y saber cuáles son las mejores decisiones para el bien de todos.

La Fluorita Magenta funciona bien con Lepidolita, así como con Rodocrosita, Cuarzo Rosa de Madagascar, Rosophia y Turmalina Rosa.

FULGURITA

PALABRAS CLAVE manifestación del propio
propósito superior, mejora de la oración,
despertar de la kundalini, purificación,
despertar repentino **CHAKRAS** todos
ELEMENTOS tormenta **CORPORAL** apoya
el flujo sanguíneo, oxigenación, *prana* y fuerza vital **EMOCIONAL** limpia los
patrones disfuncionales del cuerpo emocional **ESPIRITUAL** facilita el despertar
espiritual repentino, amplificación de las oraciones

L AS FULGURITAS son tubos vítreos formados por la caída de un rayo sobre la
arena u otro suelo rico en sílice. El calor es bastante intenso como para vaporizar
la arena en el centro del rayo y fundir el material de los bordes.

Las Fulguritas se encuentran entre las piedras más poderosas para manifestar
nuestras propias visiones a través del poder de la oración. La energía del rayo, que
durante mucho tiempo se creyó era el toque de lo divino, todavía reside en ellas.
Pueden actuar como magnificadores de nuestras intenciones, porque crea una resonancia entre uno mismo y los poderes de mundos superiores. "Soplar nuestras plega-
rias" a través de un tubo de Fulgurita es una técnica poderosa. Las Fulguritas tienen
una fuerte vibración de alta frecuencia; al sostener un ejemplar, podemos sentir un
vórtice de energía zumbando a través de los chakras y el cuerpo de luz, purificando
y limpiando todo el sistema. También puede producirse un fuerte despertar de las
fuerzas kundalini de creatividad y poder interior.

Para los viajes interdimensionales, se puede añadir Calcita Merkabita, Herderita, Escolecita, Fenacita o Natrolita. Las Fulguritas tienen una tremenda afinidad con
la Moldavita. La combinación de estas energías puede provocar una profunda purificación, transformación y despertar de las fuerzas evolutivas en el individuo. Las
Fulguritas también funcionan bien con la Tectita Negra Tibetana, Herderita, Azeztulita, Fenacita, Danburita y Brookita. Para aquellos que encuentran las Fulguritas
demasiado intensas, la Ajoíta puede suavizar la tormenta.

GALENA

PALABRAS CLAVE recuperación chamánica del alma,
autotransformación alquímica, recuerdo de vidas pasadas
CHAKRAS raíz (1ro)   **ELEMENTOS** tierra
CORPORAL ayuda a recuperarse de infecciones, de sesiones
de radiación y/o quimioterapia   **EMOCIONAL** ayuda a la
recuperación del alma, a la curación de problemas de vidas
pasadas   **ESPIRITUAL** facilita el chamanismo, experiencia
visionaria y transformación alquímica

L A GALENA es un mineral de sulfuro de plomo con sistema de cristales acúbicos
y una dureza de 2,5. Su color es gris metálico. Se han encontrado cristales de
Galena en los estados de Kansas, Misuri y Oklahoma, Estados Unidos.

La Galena es una piedra del proceso alquímico de autotransformación. Puede
introducir en nuestro campo vibratorio ese deseo inquieto del buscador, que no ce-
sará hasta que el viaje hacia la iluminación esté completo. La Galena es también una
poderosa piedra de conexión a tierra y puede llevar la conciencia del meditador a lo
más profundo de la Tierra. De hecho, es una piedra ideal para llevarnos en un viaje
al inframundo, la exploración necesaria para recuperar las partes perdidas del alma.
Los interesados en el trabajo chamánico encontrarán un aliado en esta piedra, que
tiende hacia las profundidades, hacia el "otro mundo", donde chamanes hacen gran
parte de su trabajo. Las personas afectadas por dolencias difíciles de diagnosticar
encontrarán en ella la herramienta que les ofrecerá las ideas necesarias para descubrir el origen psicoespiritual del problema y avanzar hacia la curación.

La Galena puede ayudar en el trabajo de regresión a vidas pasadas, y funcionar como un "radar interno" para guiar la experiencia visionaria hacia los recuerdos apropiados para ver y sanar los problemas más importantes para el individuo
en determinado momento. Trabaja en armonía con Fenacita, Nuumita, Labradorita y Covelita.

GASPEITA

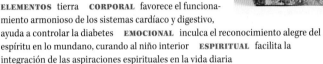

PALABRAS CLAVE percepción y expresión espiritual, manifestación, sanación emocional, control de peso, digestión **CHAKRAS** estrella de la Tierra (debajo de los pies), raíz (1ro), plexo solar (3ro), corazón (4to) **ELEMENTOS** tierra **CORPORAL** favorece el funcionamiento armonioso de los sistemas cardíaco y digestivo, ayuda a controlar la diabetes **EMOCIONAL** inculca el reconocimiento alegre del espíritu en lo mundano, curando al niño interior **ESPIRITUAL** facilita la integración de las aspiraciones espirituales en la vida diaria

L A GASPEITA es un carbonato de hierro y níquel-magnesio con un sistema cristalino trigonal y una dureza de 3. Su nombre deriva del lugar donde se descubrió por primera vez: la península de Gaspé en Quebec, Canadá. Su color varía de verde pálido a verde manzana, a menudo con inclusiones marrones. Su sistema cristalino es trigonal. Se halla en Canadá y Australia.

La energía de esta piedra consiste en expresar los reinos espirituales en la vida cotidiana. Facilita que seamos capaces de poner en palabras nuestras aspiraciones espirituales sin permitir que viejos hábitos o patrones tomen el control. Puede ayudar a quienes buscan darse cuenta de que las respuestas a sus preguntas más cruciales están a sus pies. También es excelente para despertar y sanar al niño interior. La Gaspeita combina las energías del corazón y del plexo solar, pero lo hace de forma física y con los pies en la tierra. Promueve la salud del corazón y del sistema digestivo, así como de los órganos viscerales, de forma que integra sus energías. Puede ayudar a personas con poco apetito a disfrutar de la comida y a comer alimentos adecuados en el momento oportuno. Ayuda a "escuchar" en nuestro interior qué tipo de alimentos necesitan y desean nuestro cuerpo y alma. Esto, en sí mismo, puede producir profundas sanaciones.

La Gaspeita se puede combinar con Piromorfita, Tugtupita, Criolita, Hiddenita, Ámbar, Turquesa, Azabache y Sugilita.

GEL DE SÍLICE DE LITIO

PALABRAS CLAVE calmante, tranquilizador, serenidad y estabilidad emocional, antídoto contra el estrés y negatividad

CHAKRAS todos **ELEMENTOS** agua **CORPORAL** apoya el equilibrio energético, ayuda a la asimilación de medicamentos **EMOCIONAL** calmante y sanador para el cuerpo emocional, ayuda a liberar estrés **ESPIRITUAL** facilita la encarnación de la divinidad femenina, proyectando la paz en el mundo

EL GEL DE SÍLICE DE LITIO es una variante de la Lepidolita, un mineral de silicato de potasio, aluminio y litio con un sistema cristalino monoclínico y una dureza de 2 a 3. Tiene un rico color magenta y se halla en Nuevo México, Estados Unidos.

Esta piedra transmite la vibración de la tranquilidad y receptividad puras. Es la encarnación misma de la energía *yin*, el poder de lo femenino. El Gel de Sílice de Litio es muy recomendable para la meditación y oración. Son piedras excelentes para eliminar el estrés. Si se coloca un trozo debajo de la almohada puede ayudar a encontrar un sueño más tranquilo. Un baño con este mineral en una bañera caliente con sal marina también puede asistir a liberar tensiones y a encontrar la relajación más profunda posible.

Es una piedra de paz y puede ayudar a difundir paz en el mundo. Es excelente para obsequiar, ya que con ella se regala tranquilidad, serenidad y, a veces, incluso euforia. También es capaz de realizar esta labor de forma encubierta. Utilizarla para proyectar la paz aclara y amplifica nuestra intención benévola consciente y aumenta su eficacia.

Otros minerales basados en el litio, como la Turmalina y Ambligonita, pueden amplificar las energías de esta piedra. El acceso a los planos vibratorios más elevados se puede conseguir combinándola con piedras como Fenacita, Azeztulita, Herderita, Danburita, Brookita y Selenita.

GEMA DE SILICATO

PALABRAS CLAVE mejora de la comunicación, conexión con las energías de la diosa, clarividencia, alegría, paz
CHAKRAS garganta (5to), corazón (4to), tercer ojo (6to)
ELEMENTOS agua, viento **CORPORAL** apoya el buen funcionamiento del corazón y la garganta; cura dolencias de base emocional **EMOCIONAL** cura el aura y cuerpo emocional, brinda apoyo a la comunicación **ESPIRITUAL** facilita un vínculo profundo con la diosa; clarividencia, profecía, mediumnidad

L A GEMA DE SILICATO es la crisocola silicatada: una combinación de crisocola y cuarzo con una dureza de 6 a 7. Es un material raro que se encuentra en pequeñas bolsas de minerales con cobre. Su color puede variar desde el azul verdoso hasta el azul turquesa profundo.

Puede que esta sea la mejor piedra del reino mineral para energizar el chakra de la garganta y hacer aflorar la verdad interior, con impecabilidad, claridad y elocuencia. También evoca las energías de la diosa en aquellos que la usan o la llevan. Puede llevarnos a la profundidad de los reinos espirituales, aunque también es una piedra de ligereza. Ayuda a desprenderse de las preocupaciones que pueden agobiar la psique, y libera el corazón para que se eleve hacia la alegría. Aumenta el discernimiento emocional para que podamos centrarnos en lo que en verdad importa en nuestra vida interior y relaciones. Aporta claridad a la comunicación y puede aumentar la capacidad de visión interior. Es excelente para estimular la clarividencia e incluso las visiones proféticas del futuro, así como la comunicación espiritual. Puede curar "hoyos" energéticos en los cuerpos astral y etérico, en especial alrededor del corazón. Además, puede apoyar la sanación vibratoria del cuerpo físico, sobre todo en lo que respecta a problemas del corazón y la garganta.

La Gema de Silicato trabaja en armonía con Crisocola, Crisoprasa, Turquesa, Ajoíta, Azurita, Malaquita, Azeztulita, Cuarzo Negro Tibetano y Clorita Fantasma.

GLENDONITA

PALABRAS CLAVE estimulación precisa de los chakras y meridianos, transmutación en el nuevo ser humano y cuerpo de luz   **CHAKRAS** todos los chakras primarios, secundarios y meridianos   **ELEMENTOS** fuego   **CORPORAL** ayuda a relajar y liberar estrés, infunde cuerpo con luz   **EMOCIONAL** infunde asombro y maravilla ante el despertar propio   **ESPIRITUAL** infunde integración corazón/cerebro y despierta la conciencia del cuerpo de luz

G LENDONITA es el nombre que recibe un pseudomorfo de la calcita que surge tras los cristales de ikaita. La calcita es un mineral de carbonato de calcio procedente de Rusia, con un sistema cristalino romboidal y una dureza de 3.

Las corrientes de la Glendonita entran en el cerebro y trabajan con rapidez en liberar la mente a través de su despertar de la verdad interior. Estimula el tercer ojo, el chakra de la coronilla y el chakra de la estrella del alma por encima de la cabeza. Puede ayudar a aumentar las capacidades psíquicas, hacer más vívidas las visiones interiores y abrir las puertas a un profundo silencio interior. Sus influencias pueden profundizar las experiencias meditativas y oníricas. Puede ayudar a la mente a ser más consciente de la actividad y el pensamiento del corazón. Esta piedra afecta al cerebro y a los procesos de pensamiento, al aumentar la influencia del hemisferio derecho. Acalla el diálogo interior y abre las puertas a la síntesis silenciosa de ideas, emociones y percepciones. Aumenta los sentimientos de asombro y maravilla espiritual. Podemos utilizarla para calmar los dolores de cabeza, aliviar el estrés mental, superar el insomnio, relajar los músculos tensos y despejar las energías bloqueadas en los meridianos. Puede abrir y armonizar cualquiera de los chakras. Facilita el proceso por el cual el nuevo cuerpo de luz se hace realidad.

La Glendonita funciona bien con el Cuarzo Satya Mani, la Natrolita, la Fenacita y la Herderita, la Calcita Merkabita y todo tipo de Azeztulita.

GOETHITA

PALABRAS CLAVE acceso a los registros akásicos,
recuerdo de vidas pasadas, conexión con la Tierra,
sanación a través del dolor, mejora de la vida del alma,
creatividad artística **CHAKRAS** raíz (1ro), sacro (2do),
tercer ojo (6to) **ELEMENTOS** tierra
CORPORAL ayuda a la sangre, la médula ósea y en la
oxigenación de la sangre **EMOCIONAL** ayuda a energizar o calmar el cuerpo
emocional para conseguir un balance **ESPIRITUAL** ayuda a recordar información de vidas pasadas para conseguir plenitud en esta vida

La GOETHITA es un mineral de hidróxido de hierro con un sistema cristalino
ortorrómbico y una dureza de 5 a 5,5. Su color es marrón negruzco, marrón
amarillento o marrón rojizo. Se han descubierto cristales finos de Goethita en
Cornualles, Inglaterra, y en Pikes Peak, Colorado.

La Goethita es una piedra para profundizar en nuestro interior y encontrar el
vínculo entre el yo y el planeta, facilitando nuestra propia sensibilización a las percepciones, emociones y energías del propio cuerpo y de la Tierra. Es excelente para
las personas que se enfrentan a un duelo. Hace que tomemos conciencia de nuestras
heridas, que a menudo han sido empujadas al inconsciente; la Goethita facilita la
recuperación del dolor perdido o reprimido y la catarsis de sanación y renacimiento
emocional que sigue. Estimula el cuerpo emocional para que seamos más conscientes de todo el espectro de nuestros sentimientos. Ayuda a abrir el corazón, y despierta compasión y amor. Refuerza el aspecto creativo del segundo chakra y es una
poderosa ayuda para artistas y escritores.

La Nuumita puede combinarse con Goethita para ayudar a realizar viajes interiores y acceder a los registros akásicos. La Alejandrita y el Ópalo de Oregón también
pueden ayudar en este sentido. El Cuarzo Ahumado magnifica los aspectos de conexión a tierra de la Goethita. Si experimentamos dificultades para "volver a subir"
luego de los viajes a las profundidades experimentados con Goethita, se recomiendan la Danburita y Petalita.

GOSHENITA

PALABRAS CLAVE estimulante mental, mejora de los sueños, lealtad, verdad, oración, asistencia espiritual **CHAKRAS** tercer ojo (6to), coronilla (7mo), etérico (8vo-14to) **ELEMENTOS** viento **CORPORAL** ayuda a aliviar los dolores de cabeza, insomnio, sinusitis, desequilibrios cerebrales **EMOCIONAL** fomenta la salud emocional, entusiasmo, claridad **ESPIRITUAL** ayuda al discernimiento espiritual, aumenta el poder de la oración

La GOSHENITA es una variedad incolora del berilo, un mineral de silicato de aluminio y berilio con un sistema cristalino hexagonal y una dureza de 7,5 a 8. Debe su nombre a un hallazgo en Goshen, Massachusetts. Se halla en Brasil, Pakistán, Afganistán, en el sur de África y en Estados Unidos.

Esta piedra despeja y activa el chakra de la coronilla, abriendo los portales del espíritu. Estimula los centros mentales y mejora la capacidad de pensamiento; es estimulante sobre todo para la inteligencia matemática. Es una piedra de persistencia, que ayuda a mantener la concentración y determinación para llevar las cosas a cabo. También es una piedra de lealtad. Puede aumentar el poder de la oración, para ayudar a la salud, el crecimiento espiritual o las relaciones; ayuda a llamar a los ángeles, guías y amigos en el espíritu. Es una piedra de la verdad, que ayuda a decir solo la verdad y descubrir engaños.

Para modificar ese claro desapego, libre de pasiones, característicos de nuestra piedra en cuestión, se puede emplear la Esmeralda o Morganita. Ambas piedras, muy relacionadas con la Goshenita, nos llevan a las cualidades amorosas y de perdón del corazón. La Goshenita también resuena con otros minerales de silicato de berilio como la Aguamarina, Heliodoro y Fenacita. Puede además combinarse con Nuumita para realizar claros viajes perceptivos al pasado profundo y oculto. Por último, la Azeztulita traslada la visión de la Goshenita al dominio del futuro más elevado posible.

GRANATE ALMANDINO

PALABRAS CLAVE fuerza, seguridad

CHAKRAS raíz (1ro) **ELEMENTOS** tierra

CORPORAL apoya los órganos reproductores, ayuda
a la recuperación de lesiones **EMOCIONAL** disipa la
negatividad, preocupación y pánico; ayuda a adherirse
a la verdad **ESPIRITUAL** ofrece conexión a tierra y
protección, despierta las energías de la kundalini

EL GRANATE ALMANDINO es un silicato de hierro y aluminio con una dureza de
7,5. Su nombre procede de la ciudad de Almandina, en Asia Menor. Se halla en
Sri Lanka, India, Afganistán, Brasil, Austria y la República Checa. Su color va de rojo
anaranjado a rojo púrpura.

Es una piedra de los tiempos antiguos de la historia de la humanidad, cuando
las personas estaban conectadas de una manera más íntima con la Tierra, y cuando
la vida era más exigente en lo físico. Puede potenciar la vitalidad y resistencia en
cuanto a vibraciones. Activa y fortalece el chakra de raíz, nuestro portal de conexión
con el mundo físico. Es excelente para aquellos que están un poco desconectados o
que carecen de energía. También es una piedra de la verdad tangible. Si uno tiende
a ser de los que se trazan planes poco realistas para el futuro, esta piedra puede
ayudarnos a manifestar una versión realista de estos planes.

El Granate Almandino también es una piedra de protección psíquica. Sus energías relativamente densas nos mantienen bien conectados al cuerpo y, cuando estamos arraigados de esta manera, es más difícil que las energías o entidades negativas
se adhieran. Como piedra del primer chakra, puede ayudar a despertar las energías
de la kundalini. Para ello, la Tectita Tibetana Negra puede ser una aliada útil. Una vez
estimuladas, las energías de la kundalini se estabilizan y se mantienen más arraigadas gracias a las vibraciones constantes y lentas del Granate Almandino. Si se desea
una mayor conexión a tierra y protección, se aconseja combinar esta piedra con el
Granate Andradita Negro.

GRANATE ANDRADITA NEGRO

PALABRAS CLAVE enraizamiento, protección, conocimiento, poder creativo **CHAKRAS** raíz (1ro), estrella de la Tierra (debajo de los pies) **ELEMENTOS** tierra **CORPORAL** protege el cuerpo de la invasión de fuerzas negativas **EMOCIONAL** ayuda a potenciar el yo, aumenta la confianza **ESPIRITUAL** ayuda a acceder a las energías elementales, poderes "mágicos", conocimiento perdido

EL GRANATE ANDRADITA NEGRO es un mineral de silicato de hierro y calcio con un sistema cristalino cúbico y una dureza de 6,5 a 7,5. Recibe su nombre del mineralogista brasileño Andrada e Silva. También se conoce como melanita, nombre derivado de la palabra griega que significa "negro", ya que lleva ese color. Se han encontrado finos ejemplares en México y en Groenlandia.

Esta es una poderosa piedra de conexión a tierra que también puede utilizarse para encender la magia y evocar los misterios de nuestro planeta. Puede ayudar a sintonizar con las fuerzas elementales y atraer su ayuda. Se puede meditar con esta piedra para penetrar en las profundidades del inconsciente colectivo y leer los campos morfogénicos de conocimiento que posee no solo la humanidad sino también otras especies inteligentes de la Tierra. Es una piedra que conecta con la oscuridad nutritiva y uno puede utilizarla para obtener ayuda de sus propias fuentes secretas de poder. Es ideal para aprovechar la propia fuerza vital, para despertar los fuegos creativos de la sexualidad y para potenciar y centrar la voluntad. Ayuda a establecer la base dinámica necesaria para que los que tienen una intención elevada puedan hacer realidad sus visiones.

Las energías vehementes de la Zincita pueden potenciar esta piedra. Para la prosperidad, la Tsavorita y Granate Verde Africano son de gran ayuda. Para la creatividad y sexualidad, el Granate Espartina, Cornalina y Zincita son útiles. Para la purificación podemos incorporar Turmalina Negra, Azabache u Obsidiana Negra.

GRANATE ARCOÍRIS

PALABRAS CLAVE felicidad, alegría, exuberancia,
bondad, generosidad, sanación de nuestro niño
interior **CHAKRAS** corazón (4to)
ELEMENTOS tierra, agua **CORPORAL** apoya el
buen funcionamiento del corazón; aporta energías de afirmación de la vida a todo
el cuerpo **EMOCIONAL** disuelve viejas emociones negativas; cura a nuestro niño
interior con suavidad, en forma de juego **ESPIRITUAL** aporta felicidad, buen
humor y entusiasmo por la vida; ayuda a disfrutar a plenitud del propio
camino espiritual

E L GRANATE ARCOÍRIS es un granate grosularia procedente de África, con un
sistema cristalino isométrico y una dureza de 6,5 a 7. Se caracteriza por sus vivos
tonos de rojo, verde y azul verdoso; muchos de sus ejemplares son de dos colores.

Esta piedra estimula el sentido innato del juego y puede resultar muy sanadora para nuestro niño interior. Puede aportar una importante sanación emocional a nuestro lado adulto al aligerar la carga de estrés y disipar el apego a las preocupaciones, los miedos, enfados y penas. Es una piedra de buen humor y puede hacer aflorar una ingeniosidad sorprendente, así como la amabilidad, generosidad y cordialidad. Al momento de conocer personas nuevas, esta piedra puede estimular un encuentro más agradable; puede ayudar a ver el lado bueno de las situaciones difíciles, permitiéndole a uno reconocer que todas las cosas, en última instancia, funcionan hacia el bien. Es nutritiva para el corazón, en lo emocional y físico, porque promueve un estado de ligereza. Resuena con la vibración de la alegría y puede ayudarnos a aprender a adoptar la alegría como forma de ser habitual.

Los Granates Arcoíris funcionan bien con la Azeztulita, ya que reúne las energías espirituales elevadas en una atmósfera de placer y buen humor. Con Moldavita pueden ayudar a relajarse y a disfrutar del proceso de transformación. Cuando se utilizan con piedras visionarias como la Fenacita, pueden facilitar el viaje a reinos de felicidad cósmica.

GRANATE ESPESARTINA

PALABRAS CLAVE creatividad, sexualidad, atracción
CHAKRAS raíz (1ro), sacro (2do), plexo solar (3ro)
ELEMENTOS tierra, fuego **CORPORAL** favorece
la fertilidad y reproducción sexual, ayuda al sistema
endocrino **EMOCIONAL** fomenta el optimismo,
confianza, audacia y acción **ESPIRITUAL** potencia
la manifestación, creatividad, carisma

EL GRANATE ESPESARTINA es un silicato de manganeso y aluminio con una dureza de 7 a 7,5. Su nombre se debe a su descubrimiento en Spessart, Alemania. También se halla en Sri Lanka, Brasil, Madagascar, Suecia y Estados Unidos. Su color característico es naranja amarillento.

El Granate Espesartina es una poderosa piedra de atracción. Puede ayudar a "magnetizar" a un amante, un nuevo trabajo, un proyecto creativo o cualquier cosa en la que la energía personal de atracción sea un factor clave. Ayuda a limpiar el campo áurico de elementos sin armonía; aumenta el carisma; magnifica las vibraciones del segundo chakra, lo que acentúa la creatividad y sexualidad. También actúa sobre el chakra del plexo solar, y otorga poder a la voluntad. Atrae las realidades potenciales hacia la manifestación. Debido a su ampliación de las energías del segundo chakra, puede aumentar la fertilidad en cualquier aspecto, desde lograr quedar embarazada hasta inspirarse en una idea brillante para una novela, poema, pintura u otro proyecto creativo. Es una piedra que consigue que cosas se muevan, por lo que es una potente herramienta que debe utilizarse con cuidado y habilidad, pero con un sentido de disfrute y diversión.

Las energías del Granate Espesartina se magnifican con la Fenacita rusa, Zincita, Calcita Naranja, Cornalina, Heliodoro y Labradorita Dorada. Si se empareja con Tsavorita crea una energía muy poderosa para la prosperidad financiera. Si se combina con Cuarzo Rosa y Granate Rodolita podemos atraer nuevos amores a nuestra vida.

GRANATE GROSULARIA

PALABRAS CLAVE prosperidad, salud
CHAKRAS plexo solar (3ro), corazón (4to)
ELEMENTOS tierra   **CORPORAL** apoya la salud
vibrante y abundante; la recuperación después de una
enfermedad   **EMOCIONAL** ayuda a superar la ansiedad financiera y/o conciencia de escasez
ESPIRITUAL facilita la manifestación de prosperidad,
aumenta las ganas de vivir

L A GROSULARIA es un mineral de silicato de aluminio y calcio con una dureza
de 7 a 7,5. Su nombre deriva de la palabra latina que significa "grosella", por su
semejanza con los colores de las bayas y de ciertos granates de color verde claro.
Muchos ejemplares se encuentran en África.

Estas piedras son naturalmente óptimas para solidificar la manifestación abundante. Su patrón vibratorio genera una confianza con entusiasmo, una motivación
para poner manos a la obra y hacer que las cosas sucedan. Si se trabaja en conjunto
con la Moldavita, ambas piedras resultan inmejorables para hacer realidad la abundancia que nos corresponde y el camino más elevado hacia el logro en este mundo.

Una Grosularia de particular interés es la Tsavorita. Son piedras, no solo de la
prosperidad, sino de riqueza en todos sus aspectos positivos: financieros, creativos,
emocionales, artísticos e incluso de salud física, la base de la verdadera riqueza. Están en sintonía con el rayo verde puro y rivalizan con la Esmeralda en su poder y
belleza. Las Tsavoritas pueden abrir y limpiar el chakra del corazón, potenciar la vitalidad, aumentar las ganas de vivir, inducir sentimientos de caridad y benevolencia
y ayudar a alinearse con los deseos del corazón y hacerlos realidad.

Todos los tipos de Grosularia trabajan en armonía con Aventurina, Jade Verde,
Esmeralda y Malaquita. Para dirigir su poder de manifestación hacia áreas espiritua-
les, es útil combinarlas con piedras de alta vibración como la Celestita, Azeztulita,
Natrolita y Apofilita Clara.

GRANATE RODOLITA

PALABRAS CLAVE sanación emocional, autoestima, caminar por el sendero espiritual **CHAKRAS** raíz (1ro), corazón (4to), coronilla (7mo) **ELEMENTOS** tierra **CORPORAL** apoya la curación de problemas físicos arraigados en heridas emocionales **EMOCIONAL** calma y cura el cuerpo emocional **ESPIRITUAL** facilita la conexión con los propios guías y ángeles, y sintoniza con el corazón

E L GRANATE RODOLITA es una variedad del granate piropo, un silicato de aluminio y magnesio con una dureza de 7 a 7,5. Su color varía del rojo rosado al violeta pálido. Su nombre deriva de palabras griegas que significan "piedra rosa". Se halla en Sri Lanka, Tanzania, Zambia, Brasil y Estados Unidos.

Esta piedra combina las energías del chakra raíz, el chakra del corazón y el chakra de la coronilla, por lo que ofrece apoyo físico, emocional y espiritual. Sus suaves energías activan la conexión con los guías internos y ángeles de la guarda, al tiempo que nos ponen en contacto con la voz silente de los anhelos del corazón. De este modo, crea una alineación interior que permite saber con claridad qué pasos dar en el camino espiritual. Paralelo a esto, la influencia de la conexión de la Rodolita con el chakra raíz ayuda a establecer y mantener los compromisos internos para avanzar en ese camino.

El Granate Rodolita ofrece curación emocional, sobre todo en las áreas de la culpa y vergüenza. Aquellos que fueron heridos de esta manera pueden encontrar que esta piedra aligera y levanta la carga de tales recuerdos. Si los recuerdos no son conscientes, esto puede manifestarse como un aligeramiento del estado de ánimo general y sensación de tranquila felicidad. El Granate Rodolita fortalece el cuerpo emocional, amplifica la capacidad de escuchar la llamada del espíritu y el camino espiritual. La Azeztulita, en especial Azeztulita Rosa, puede facilitar la curación espiritual apoyada por esta piedra.

GRANATE UVAROVITA

PALABRAS CLAVE superar la conciencia de pobreza, manifestar la abundancia **CHAKRAS** corazón (4to), plexo solar (3ro) **ELEMENTOS** tierra **CORPORAL** beneficia la vitalidad, reposición de los tejidos blandos, hidratación **EMOCIONAL** apoya la noción consciente de que uno tiene todo lo que necesita; paz interior, satisfacción **ESPIRITUAL** facilita la sintonía con el flujo infinito de la abundancia universal

E L GRANATE UVAROVITA es un silicato de calcio y cromo con una dureza de 7,5. Se halla en Rusia, Finlandia, Polonia, India y Estados Unidos. A veces la confunden con la esmeralda, por su color verde intenso. Recibe su nombre por un estadista ruso.

Esta piedra cura el sentimiento de insuficiencia en todos sus aspectos: bien sea la sensación de escasez en las finanzas o la falta de confianza en uno mismo, en el amor, poder, conocimiento, vitalidad o en cualquier otra cosa, la Uvarovita puede despejar la idea de que no es suficiente. Abre el corazón, y permite ver que uno contiene todo lo que realmente necesita. Aporta una sensación de paz y satisfacción, además del conocimiento de que el universo nos da justo lo que necesitamos en cada momento, al menos en lo que respecta a la agenda de nuestra evolución espiritual. Al darnos cuenta de esto, uno aprende a entregarse a esa agenda, sanando la lucha por satisfacer los deseos inferiores, que son, después de todo, la fuente de los sentimientos de carencia en primera instancia. Esta piedra nos lleva a aprender esta lección con delicadeza, porque tan pronto como nos liberamos de esa sensación de carencia, pasamos a formar parte del flujo de la abundancia universal. Este flujo, también, es potenciado por el Granate Uvarovita.

Para magnificar sus propiedades transformadoras se recomienda utilizarla con Moldavita. Para la manifestación de prosperidad financiera, la combinación de ambas piedras con Fenacita y otra piedra de la prosperidad, como Tsavorita o Granate Verde Africano, resulta ideal.

GUARDIANITA

PALABRAS CLAVE infusión de fuerza vital, conexión a tierra, fuerza, protección **CHAKRAS** todos **ELEMENTOS** tierra, viento, agua, fuego, tormenta **CORPORAL** llena la matriz corporal de cristal líquido con fuerza vital **EMOCIONAL** fomenta estados emocionales positivos y estimulantes **ESPIRITUAL** sintoniza simultáneamente con la Tierra y los reinos espirituales

L A GUARDIANITA es un material complejo compuesto por egirina, feldespato, nefelina, analcima, riebeckita-arfvedsonita, biotita, olivina y apatita. Su color es negro sobre blanco grisáceo, y se halla en Oregón, Estados Unidos.

Esta piedra aporta un enraizamiento profundo e inmediato a través del chakra raíz, por tanto ofrece una conexión instantánea con la Tierra y su fuerza vital ascendente. A medida que sus corrientes fluyen en nuestro campo, impregnan la matriz corporal de cristal líquido con una vibración zumbante de bienestar; la Guardianita hace que uno se sienta feliz, tranquilo y seguro. Nutre los cuerpos etérico y astral, lo que mejora su integración con el ser físico. Los componentes egirina y riebeckita le dan una fuerte cualidad purificadora y protectora, mientras que el feldespato y la nefelina ayudan a recibir las energías nutritivas de la fuerza vital de la Tierra. La influencia de la biotita es de enraizamiento y fortalecimiento. La apatita ayuda a limpiar el campo áurico, a calmar el cuerpo emocional, a mejorar la claridad mental y a fortalecer la voluntad. El olivino favorece la sensación de bienestar interior e infunde una actitud emocional positiva. Las corrientes de analcima proporcionan un vínculo edificante con los reinos vibratorios superiores. Con tantos minerales beneficiosos combinados en una sola piedra, es como si un equipo de ángeles se hubiera unido para ofrecernos la combinación ideal de energías protectoras, purificadoras, equilibradoras, fortalecedoras y elevadoras para ayudar a los seres humanos en estos tiempos de transformación.

HALITA AZUL

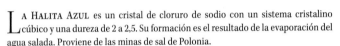

PALABRAS CLAVE limpieza, purificación, clareo
psíquico, activación de capacidades psíquicas
CHAKRAS todos **ELEMENTOS** tierra
CORPORAL apoya la limpieza interior, sistemas
linfático y circulatorio **EMOCIONAL** ayuda a eliminar
apegos poco sanos, infunde euforia **ESPIRITUAL** fomenta un estado de
compasión iluminada

L A HALITA AZUL es un cristal de cloruro de sodio con un sistema cristalino
cúbico y una dureza de 2 a 2,5. Su formación es el resultado de la evaporación del
agua salada. Proviene de las minas de sal de Polonia.

Esta piedra activa los chakras del tercer ojo y de la coronilla, al unificarlos
con el chakra de la estrella del alma, situado sobre la cabeza. Sus colores (azul
intenso, violeta y blanco traslúcido) son los colores asociados a esos centros
energéticos, y la Halita Azul es el único mineral que muestra los tres juntos. El
efecto de esta triple activación es una mejora de la capacidad psíquica, una purificación del campo energético y una elevación de la conciencia a niveles espirituales más altos. Ayuda a conseguir una claridad de pensamiento cristalina y un
flujo equilibrado de las energías del cuerpo de luz. Abre las vías de comunicación
con los guías espirituales y maestros internos y ayuda a la expresión verbal de
la verdad espiritual.

La Halita es una limpiadora instantánea para el cuerpo etérico y puede "barrer" cualquier cantidad de desechos psíquicos. También se puede utilizar para limpiar y aclarar otros cristales, tan solo poniéndolos en contacto con
esta piedra durante unas horas. La propia Halita Azul puede limpiarse y cargarse
al colocarla a la luz del sol durante un día. Trabaja en armonía con la Lepidolita Violeta, Halita Rosa, Lazurina Rosa, Escolecita, Natrolita, Calcita Merkabita, Calcita Elestial, Tectita Negra Tibetana y todos los tipos de Fenacita.

HALITA ROSA

PALABRAS CLAVE limpieza emocional, claridad interior, apertura del corazón, amor propio
CHAKRAS todos **ELEMENTOS** tierra
CORPORAL ayuda a limpiar el cuerpo de los desequilibrios relacionados con las emociones **EMOCIONAL** favorece la disipación de la negatividad, aporta alegría, aumenta el amor propio **ESPIRITUAL** facilita la apertura a la conciencia superior mediante la limpieza de la propia conciencia

L A HALITA ROSA es un cristal de cloruro de sodio con un sistema cristalino cúbico y una dureza de 2 a 2,5. Se forma por la evaporación del agua salada. Procede de las minas de sal de Polonia.

Es una piedra excelente para manifestar el amor propio, no solo para experimentarlo mediante sentimientos, sino también para actuar en consecuencia. Esto se debe a que esta piedra combina las energías del corazón y del plexo solar, los chakras del amor y voluntad.

La Halita Rosa es una piedra de claridad. Su presencia tiende a disolver los pensamientos poco claros, la confusión, el engaño y la duda. En verdad puede "despejar el aire" de muchas maneras. Se recomienda que aquellos que trabajan en entornos de negatividad o comunicación indirecta mantengan un trozo de esta piedra en el escritorio o la lleven consigo; su energía les ayudará a expresarse con franqueza y a reconocer la verdad en todo tipo de interacciones. Bañarse con el agua en la que se haya disuelto esta piedra es una experiencia encantadora y terapéutica, incluso superior a la que ofrecen los baños de limpieza con sal marina que muchas personas utilizan para limpiar y reponer sus energías. Solo se necesita una pequeña cantidad de este ejemplar para producir una limpieza etérica completa, y una sola piedra puede utilizarse una y otra vez hasta que se disuelva por completo.

La Halita Rosa trabaja en armonía con las piedras del corazón como la Rosophia, Morganita y Cuarzo Rosa, así como como con las piedras de alta vibración como lo son la Fenacita y Azeztulita.

HANKSITA

PALABRAS CLAVE purificación, disolución de bloqueos, limpieza de energías tóxicas, una "piedra de la verdad" **CHAKRAS** todos **ELEMENTOS** tierra **CORPORAL** ayuda al cuerpo a erradicar toxinas al liberar la retención de líquidos **EMOCIONAL** ayuda a limpiar la ira y resentimiento del cuerpo emocional **ESPIRITUAL** limpia todo tipo de desarmonía, estimula el cuerpo de luz

L A HANKSITA es un mineral de sulfato de potasio con un sistema cristalino hexagonal y una dureza de 3 a 3,5. Puede ser incolora, gris o amarilla pálida. Se encuentra en los lagos salados de California, ricos en boro.

Armoniza con facilidad y rapidez con el campo energético humano, aportando una influencia limpiadora y purificadora a todos los chakras. Estimula con fuerza el tercer ojo y puede facilitar los estados visionarios. Puede utilizarse para limpiar las energías de cualquier otra piedra o cristal y funciona de forma similar para limpiar cualquier energía discordante en la habitación donde se guarde. Sus energías clarificadoras se extienden también al cuerpo mental. Es una "piedra de la verdad" que ayuda a disipar las mentiras o ilusiones que vengan de terceros, o incluso de uno mismo. Ayuda a llegar a la esencia de todos los asuntos y mantiene la conciencia alineada con la realidad. En un uso más avanzado, y en conjunción con piedras poderosas como la Moldavita, Tectita Dorada de Libia y Heliodoro, puede ayudar a adoptar medidas contundentes en nombre de la verdad.

La Hanksita puede combinarse en sinergia con Halita Rosa, Halita Azul, Moldavita, Heliodoro, Tectita Dorada de Libia, Tectita Negra Tibetana, Labradorita Dorada, Lapislázuli y la mayoría de los tipos de cuarzo. Sus energías potencian y son potenciadas por la Azeztulita Satyaloka y Azeztulita Blanca original. Por último, puede utilizarse con la Fenacita para activar estados visionarios.

HEALERITA

PALABRAS CLAVE sanación de amplio espectro, rejuvenecimiento, longevidad, alegría, expansión, generosidad, intimidad, conciencia centrada en el corazón, sanación planetaria **CHAKRAS** plexo solar (3ro), corazón (4to), tercer ojo (6to) **ELEMENTOS** tierra, agua **CORPORAL** apoya todos los niveles del cuerpo, activa la respuesta inmunitaria adecuada, llena el cuerpo de fuerza vital para la sanación, rejuvenecimiento, longevidad **EMOCIONAL** inicia estados de alegría y armonía interior **ESPIRITUAL** apoya el despertar y el desarrollo espiritual, aumenta la vitalidad, expande la conciencia

L A HEALERITA es un mineral de silicato de magnesio con una dureza de 2,5 a 4. Es de color verde limón y se halla en el noroeste de los Estados Unidos.

Esta piedra emana profundas energías sanadoras, al trabajar en múltiples niveles para reestructurar chakras, meridianos y sistemas desalineados en los cuerpos orgánico y etérico, lo que aporta una gran infusión beneficiosa de materia-energía sutil. Sus corrientes llevan emanaciones de bienestar al cuerpo y alma. Resuena con los chakras del corazón, del plexo solar y del tercer ojo, lo que facilita la elevación y alineación de todo el campo vibratorio. Estimula el acuerdo armonioso de la conciencia, amor y voluntad, lo que permite manifestarlos a plenitud.

Esta piedra llena de energía a la matriz corporal de cristal líquido, lo que crea una revitalización en las células, y armoniza con el plano divino de la perfección holística del cuerpo. Con respecto a las emociones, fomenta la alegría, expansión, generosidad, intimidad y conciencia centrada en el corazón. Facilita el recuerdo de vidas pasadas, para aprender las lecciones que permitan corregir patrones disfuncionales. En el plano espiritual, es una piedra de sanación planetaria que ayuda a disipar los efectos nocivos de la guerra, contaminación, deforestación o explotación medioambiental.

La Healerita trabaja en armonía con Shungita, Moldavita, Fenacita, Labradorita Dorada, Serafina y Azeztulitas, incluyendo las piedras azozeo.

HELIODORO

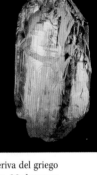

PALABRAS CLAVE activación de la mente y voluntad
CHAKRAS plexo solar (3ero) **ELEMENTOS** fuego
CORPORAL favorece la digestión y asimilación, y cura los
trastornos gástricos **EMOCIONAL** aporta posibilidad,
esperanza y vitalidad al cuerpo emocional **ESPIRITUAL** ayuda
a alcanzar las más altas aspiraciones espirituales

E L HELIODORO es una variedad de berilo de color amarillo
dorado, un mineral de silicato de aluminio y berilio con un
sistema cristalino hexagonal y una dureza de 7,5 a 8. Su nombre deriva del griego
que significa "regalo del sol". Se halla en Brasil, Pakistán, Afganistán, Madagascar
y Namibia.

Esta piedra es un potente aliado para el desarrollo del poder personal mediante
la activación de la mente y el uso adecuado de la voluntad. Ayuda a concentrarse en
el plexo solar, el chakra a través del cual se pueden canalizar las energías espirituales
hacia la realidad física. Destaca las cualidades de asertividad, autoconfianza, fuerza
física y mental, manifestación, discernimiento, benevolencia y poder. El Heliodoro es una piedra de conciencia superior y bienestar físico. Puede aportarnos una
conciencia más abundante y una vida más vibrante, revitalizarnos cuando tenemos
bajas energías, ayudarnos a redescubrir nuestro sentido de propósito y a encontrar
la fuerza de voluntad para seguir adelante con nuestra misión en la vida. Afina el
intelecto desde dentro hacia fuera, y crea una alineación vibratoria de los centros
mentales en el cuerpo etérico. También vincula la voluntad personal con la voluntad
divina y la conciencia de Cristo; puede activar en nosotros los rasgos que asociamos
con el ser crístico: amor espiritual, conciencia despierta a plenitud, clarividencia,
poder de transmutación y, en última instancia, el salto cuántico vibracional llamado
ascensión. Para aquellos profundamente comprometidos con su desarrollo espiritual, el Heliodoro puede ayudar a alinearse y fusionarse con este patrón divino.

HEMATITA

PALABRAS CLAVE enraizamiento, manifestación, convertir lo espiritual en físico **CHAKRAS** raíz (1ro) **ELEMENTOS** tierra **CORPORAL** ayuda a la sangre; protege los campos del cuerpo de las energías tóxicas **EMOCIONAL** fomenta un sólido sentido de sí mismo; ayuda al autoperdón **ESPIRITUAL** ayuda a creer en los sueños propios y a manifestarlos

L A HEMATITA es un mineral de óxido de hierro con un sistema cristalino hexagonal y una dureza de 5 a 6. Su nombre deriva de la palabra griega que significa sangre, en referencia a su color cuando se muele; sin embargo, la mayor parte de la Hematita que se encuentra en el mercado está pulida y tiene un color gris metálico.

Es una de las piedras más efectivas para conectarse con el cuerpo y mundo físico. Puede contrarrestar el espacio y confusión, lo que ayuda a ver las preocupaciones prácticas y a avanzar con acciones útiles. Puede utilizarse para equilibrar el campo áurico y alinear los chakras. Atrae las energías perdidas a través del sistema de meridianos hasta el chakra raíz.

La manifestación es uno de los problemas más comunes para las personas con orientación espiritual; muchos no se dan cuenta de que no basta con viajar a los reinos superiores y experimentar una conciencia expandida. Uno de los objetivos, quizás el principal, de la evolución humana es traer las energías de reinos etéricos a la manifestación en este lugar: el plano físico. La Hematita es una herramienta ideal para este trabajo: llevarla puesta puede ayudarnos a traer nuestros sueños y aspiraciones a la realidad y a aprender la diferencia entre lo que constituye una visión verdadera y una fantasía. La Hematita trabaja en armonía con otras piedras de tierra, así como con los "Diamantes" Herkimer, la Moldavita y Tectita Dorada de Libia. Ayuda a conectar a tierra las corrientes de las piedras de alta vibración como la Azeztulita, Herderita y Fenacita.

HEMATITA ARCOÍRIS

PALABRAS CLAVE aumentar la coherencia cristalina corporal, reparar el propio campo magnético, curar los trastornos autoinmunes, protección espiritual, ascensión vibracional **CHAKRAS** raíz (1ro), tercer ojo (6to), coronilla (7mo) **ELEMENTOS** tierra, tormenta **CORPORAL** ayuda a recuperarse de la anemia y de enfermedades autoinmunes como esclerosis múltiple y síndrome postpolio **EMOCIONAL** aumenta la sensación de bienestar, empoderamiento y confianza espiritual **ESPIRITUAL** brinda protección espiritual, aumenta el poder personal, estimula la activación del cuerpo arcoíris de luz, facilita la comunicación con los seres de piedra

L A HEMATITA ARCOÍRIS es una mezcla de hematita y goethita. Sus placas, similares a las del esquisto, muestran una iridiscencia multicolor en las superficies, lo que sirvió de inspiración para su nombre. Se encuentra en Brasil y en Arizona, Estados Unidos.

Este tipo de piedras pueden iniciar en el aspecto energético un mayor ordenamiento cristalino de la sangre. Una mayor coherencia cristalina puede conducir a la mejora de la conciencia y activación de las capacidades implícitas, como la habilidad psíquica y conciencia más allá del cuerpo. Se pueden utilizar para reparar el campo magnético, lo que hace que nos sintamos más poderosos, alertas y más disponibles para las energías sutiles y la conciencia expandida. Nos hacen sentir más enraizados, con la mente clara y en sintonía con la Tierra. En la autosanación espiritual, la Hematita Arcoíris puede utilizarse para ayudar a rectificar problemas como la anemia, al igual que enfermedades autoinmunes como esclerosis múltiple y síndrome postpolio. Puede ayudar a fortalecer los músculos mediante el ejercicio. En niveles sutiles, es una poderosa piedra de protección espiritual y, en su manifestación más elevada, puede facilitar la ascensión vibracional y manifestación del poder desencadenado.

El poder desencadenado es la capacidad de actuar en el mundo material a través de la conciencia. Para este propósito, el uso de la Hematita Arcoíris con Fenacita y Azeztulitas azozeo puede resultar de gran ayuda.

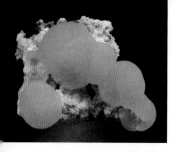

HEMIMORFITA

PALABRAS CLAVE activación de la luz, equilibrio del aura, sanación y comunicación emocional, empatía, alegría, canalización y mediumnidad
CHAKRAS corazón (4to) garganta (5to), tercer ojo (6to), coronilla (7mo), etérico (8vo-14to)
ELEMENTOS tormenta **CORPORAL** brinda soporte para un equilibrio hormonal adecuado
EMOCIONAL calma el cuerpo emocional, fomenta el perdón y la compasión
ESPIRITUAL ayuda a sintonizar con las frecuencias espirituales superiores, abre los chakras superiores

L A HEMIMORFITA es un silicato de zinc hidratado con un patrón cristalino ortorrómbico y una dureza de 4,5 a 5. Puede formarse como cristales, formas botrioidales o estalactíticas, o como recubrimientos. Sus yacimientos se ubican en Argelia, Italia, Grecia, México y Namibia.

Esta piedra manifiesta la energía del bienestar, al aportar equilibrio al campo áurico, disolver y disipar las manchas oscuras de negatividad o debilidad. Afecta de manera positiva al cuerpo emocional, lo que aporta una vibración de alegría que no niega los inevitables incidentes de la vida como la pena y dolor. De hecho, su energía tiende a mezclar la alegría y tristeza, dando como resultado un único flujo compasivo de vinculación emocional y empatía, tanto para uno mismo como para los demás. Permite que el cuerpo emocional se compenetre libremente con la mente y el cuerpo, de forma tal que este flujo irrestricto se genere en toda su plenitud.

La Hemimorfita azul mejora la comunicación de la verdad de nuestros sentimientos y puede ayudar a sanar relaciones disfuncionales. Facilita el crecimiento interior a través del cual podemos aprender a comunicarnos con las almas que han "atravesado". Puede permitir que algunos individuos se conviertan en médiums o canales, y su vibración parece atraer a guías espirituales y a seres angélicos. La Hemimorfita se combina en sinergia con la Smithsonita, Andalucita, Pirita, Aragonita y Calcita.

HERDERITA

PALABRAS CLAVE evolución, activación de capacidades latentes, despertar las funciones cerebrales superiores, descubrimiento del cuerpo de luz **CHAKRAS** tercer ojo (6to), coronilla (7mo), estrella del alma (8vo), transpersonal (9no) **ELEMENTOS** tormenta **CORPORAL** ayuda a equilibrar y aumentar la función cerebral, se recomienda para dolores de cabeza **EMOCIONAL** permite ver las situaciones emocionales con una perspectiva más elevada **ESPIRITUAL** activa las capacidades espirituales y psíquicas implícitas del cerebro

L A HERDERITA es un fosfato de berilio de calcio con un sistema cristalino monoclínico y una dureza de 5 a 5,5. Puede ser incolora, amarillo pálido, verde, pardo, gris y a veces de una tonalidad lavanda. Las Herderitas son cristales raros, que se encuentran en más abundancia en Brasil y África.

Es una de las piedras prominentes para despertar y cargar los chakras superiores del cuerpo, así como para conectar, por completo, nuestra conciencia con dimensiones superiores vinculadas a los chakras que se encuentran por encima de la cabeza en el cuerpo etérico. Todas las variedades de esta piedra comparten este rasgo y son herramientas muy poderosas para los viajes interdimensionales, la comunicación con los guías espirituales y seres de luz, y para abrazar la conciencia iluminada como un estado de ser a tiempo completo. La Herderita inicia el crecimiento de la conciencia, abre los chakras del tercer ojo y de la coronilla, así como los dos primeros chakras etéricos, lo que expande el sentido de uno mismo. De hecho, con ella podemos experimentarnos a nosotros mismos como un campo de energía que existe mucho más allá de los confines del cuerpo físico. Puede despertar una visión espiritual directa. Su efecto varía según la sensibilidad y preparación del individuo, pero la apertura interior se siente de forma casi universal.

La Herderita resuena con fuerza con las otras doce piedras de la sinergia: Moldavita, Fenacita, Tanzanita, Danburita, Azeztulita, Tectita Negra Tibetana, Brookita, Cuarzo Satyaloka, Natrolita, Escolecita y Petalita; así como también con la Calcita Merkabita, Calcita Elestial y Cuarzo Cinabrio.

HEULANDITA BLANCA

PALABRAS CLAVE sueños, visiones, viajes interdimensionales, acceso a civilizaciones pasadas, sanación emocional **CHAKRAS** corazón (4to); tercer ojo (6to), coronilla (7mo) **ELEMENTOS** viento **CORPORAL** apoya la evolución del cerebro y el despertar de las capacidades implícitas **EMOCIONAL** ayuda a alcanzar un estado de calma y conciencia elevada **ESPIRITUAL** ayuda a alcanzar estados de meditación profunda y silencio interior

L A HEULANDITA es un miembro de la familia de la zeolita, un mineral de silicato de sodio, calcio y aluminio con un sistema cristalino monoclínico y una dureza de 3,5 a 4. Puede ser incolora, rosa, roja, verde, amarilla o blanca. Los yacimientos más abundantes de cristales de Heulandita se encuentran en la India. Los tipos más populares de esta piedra para uso metafísico son la Heulandita blanca y la Heulandita verde de la India.

Al emplear la Heulandita Blanca en la meditación podremos viajar hacia el interior de muchas de las antiguas civilizaciones del pasado de la Tierra, como Egipto, Babilonia, incluso Lemuria y Atlántida. Esta piedra parece sintonizar con los registros akásicos de una manera muy visual. Puede ayudar a recuperar recuerdos de vidas pasadas, sobre todo los que tienen que ver con problemas y bloqueos psicológicos, lo cual puede ser muy valioso para la autosanación espiritual. Estas piedras tienen una capacidad especial para despertar las facultades de percepción sutil dormidas o latentes.

La Heulandita Blanca funciona muy bien en combinación con los cristales de semillas lemurianas y/o Aqua Lemuria, especialmente para viajar a la memoria y conciencia interdimensional de la antigua Lemuria. Los "Diamantes" Herkimer ayudarán a aquellos que pretendan sintonizar con la vibración atlante. Piedras como la Natrolita ofrecerán una mayor multiplicidad de opciones de acceso para el viaje interdimensional. Otras piedras recomendadas son la Apofilita, Calcita Merkabita, Fenacita y Cuarzo Satyaloka.

HEULANDITA VERDE

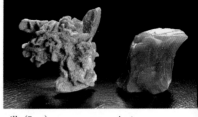

PALABRAS CLAVE sueños, visiones, viajes interdimensionales, acceso a civilizaciones pasadas, sanación emocional
CHAKRAS corazón (4to); tercer ojo (6to), coronilla (7mo)   **ELEMENTOS** viento
CORPORAL apoya la evolución del cerebro y el despertar de las capacidades implícitas   **EMOCIONAL** ayuda a alcanzar un estado de calma y conciencia elevada   **ESPIRITUAL** ayuda a alcanzar estados de meditación profunda y silencio interior

L A HEULANDITA es un miembro de la familia de la zeolita, un mineral de silicato de sodio, calcio y aluminio con un sistema cristalino monoclínico y una dureza de 3,5 a 4. Puede ser incolora, rosa, roja, verde, amarilla o blanca. Los yacimientos más abundantes de cristales de Heulandita se encuentran en la India. Los tipos más populares de esta piedra para uso metafísico son Heulandita Blanca y Heulandita Verde de la India.

La distinción entre la Heulandita verde y la blanca es en parte una cuestión de enfoque. La Heulandita verde es una piedra del corazón y ayuda a sintonizar con el corazón de la Tierra; también permite alcanzar el estado natural del corazón despierto, al vibrar en resonancia con los corazones de la Tierra, el sol, la galaxia y el universo, todos en unísono armónico. Esta piedra facilita esta resonancia, y ayuda a encontrar la frecuencia energética adecuada; también mejora la "inteligencia emocional" y puede facilitar la sanación emocional a través del despertar de la compasión; calma el nerviosismo y alivia el miedo; hace surgir el coraje y la determinación, y es una ayuda para aquellos que trabajan para superar contratiempos de todo tipo.

La Heulandita verde trabaja en armonía con Prasiolita (Amatista verde), Apofilita Verde, Turmalina Verde y Rosa, Morganita, Ajoíta, Kunzita y otras piedras del corazón.

HIDDENITA

PALABRAS CLAVE amor interpersonal, sanación del corazón, redescubrimiento de la alegría de las relaciones **CHAKRAS** corazón (4to) **ELEMENTOS** agua **CORPORAL** apoya el corazón y sistemas hormonales
EMOCIONAL estimula el cuerpo emocional, fomenta la alegría, dicha y amor
ESPIRITUAL enseña lecciones espirituales de la gratitud y la abundancia

La Hidenita es una variedad amarillo-verdosa o verde esmeralda de la espodumena, un mineral de silicato de aluminio y litio con un sistema cristalino monoclínico y una dureza de 6 a 7. Debe su nombre a W. E. Hidden, quien descubrió la piedra en 1879 en Carolina del Norte en Estados Unidos. Los yacimientos más importantes se encuentran en Brasil, Madagascar, Birmania y Estados Unidos.

Esta piedra vibra al verdadero ritmo del corazón espontáneo y amoroso, al sintonizar con el futuro, pero despreocupado de las consecuencias. Enseña, a través de los sentimientos que genera en el ser, que amar es su propia recompensa y que conseguir lo que queremos a través de la manipulación no tiene ningún sentido. Se trata de un estado muy liberador, que convertiría todo el mundo humano en un paraíso si se practicara de manera universal. Su mensaje es sencillo: aunque el amor y la pérdida vayan de la mano, amar sigue siendo lo mejor y lo único que se debe hacer. Se recomienda a aquellos que estén dispuestos a reclamar su capacidad de amar con todo su corazón que lleven consigo esta piedra. Además, difundirla en todas las direcciones es bueno para las relaciones personales y para el mundo.

La Hiddenita trabaja en sinergia con todas las piedras del corazón, como la Ajoíta, Kunzita, Morganita, Cuarzo Rosa, Turmalina Rosa y Verde, Aventurina, Calcita Rosa, Esmeralda, Rodonita, Rodocrosita y muchas otras. Cuando se combina con piedras interdimensionales como la Fenacita, Herderita o Natrolita, permite ascender la meditación a los reinos del amor universal.

HIERRO DE TIGRE

PALABRAS CLAVE fuerza, vigor, voluntad enfocada, energía y fuerza física, autosanación, conexión a tierra **CHAKRAS** raíz (1ro), sacro (2do), plexo solar (3ro) **ELEMENTOS** fuego, tierra **CORPORAL** beneficia la vitalidad física, sostiene los riñones, pulmones, intestinos y páncreas **EMOCIONAL** aumenta la confianza en uno mismo, ayuda a superar el autosabotaje **ESPIRITUAL** aumenta el poder personal, concentración, claridad mental y anclaje a tierra

E L HIERRO DE TIGRE es una piedra anillada que contiene capas de ojo de tigre, jaspe y hematitas. El Hierro de Tigre debe su nombre a la presencia de ojo de tigre y hematita rica en hierro. Se halla en Australia.

Es una piedra de fuerza, resistencia y coraje. Combina tres piedras poderosas amplificando y mezclando sus efectos: el ojo de tigre aumenta la vitalidad, practicidad y acción física; el jaspe rojo aumenta la vitalidad y vigor; y la hematita es muy eficaz para la conexión a tierra. Estos tres minerales juntos son los más dinámicos en el aspecto energético de todas las piedras de conexión a tierra. El Hierro de Tigre es muy útil para la autosanación, sobre todo de enfermedades crónicas. Nos ayuda a fortalecer nuestro físico. Refuerza los patrones de salud, el poder personal, la voluntad enfocada, la claridad mental y la conexión a tierra. El Hierro de Tigre fomenta la expresión creativa, en especial en áreas como la música y la actuación. Ayuda a quienes son sensibles en lo energético o psíquico a permanecer a gusto en el cuerpo. Puede infundir armonía vibratoria en los riñones, pulmones, intestinos y páncreas. Ayuda a fortalecer el sistema sanguíneo y tono muscular. También permite mantener la fuerza de voluntad para abandonar malos hábitos y cumplir con los programas de dieta y ejercicio.

El Hierro de Tigre trabaja en sinergia con Heliodoro, Granate Rojo, Labradorita, Cerusita, Esfalerita, Cuarzo y Jaspe. Resuena con el Jaspe Araña para mejorar la agilidad, resistencia y fuerza.

HIPERSTENA

PALABRAS CLAVE autoconocimiento a través de la conciencia visionaria, recepción de la comprensión a través de la conexión con los campos mórficos, autosanación por medio de la visualización, aceptación de nuestra propia sombra **CHAKRAS** tercer ojo (6to) **ELEMENTOS** viento **CORPORAL** ayuda en el proceso de autosanación a través de la visualización creativa **EMOCIONAL** nos hace conscientes de nuestra propia faceta de sombras, ayuda a la sanación emocional a través de la comprensión y autoaceptación **ESPIRITUAL** mejora la visión psíquica, aumenta la conciencia espiritual y comprensión intuitiva a través de la resonancia con campos mórficos de conocimiento

L A HIPERSTENA es un silicato de hierro y magnesio con una dureza de 5,5 a 6. Está relacionada con la labradorita y otros feldespatos y es de color gris oscuro, negro o marrón. Se ha encontrado en América, Europa, Asia, Australia y Nueva Zelanda.

Es una piedra de visión psíquica y puede revelar conocimientos que ayuden a resolver problemas. También es una piedra de la magia, que ayuda a los que desean manifestar sus intenciones al implantar sus patrones en campos mórficos superiores, donde se reciben y de donde provienen las respuestas.

Puede utilizarse para promover el proceso de sanación mediante visualizaciones creativas. Gracias a sus capacidades para mejorar la visión y magnificar la intención, los resultados de la terapia de visualización pueden mejorar de forma considerable. En el ámbito emocional, ayuda a comprender, aceptar y curar el lado oscuro de la persona. El uso de esta piedra en la meditación ayuda a ver y aceptar en nuestro interior las partes juzgadas y despreciadas de la propia naturaleza, lo que amplía el conocimiento consciente de uno mismo y lleva a un estado de plenitud.

La Hiperstena se combina en sinergia con Labradorita, Labradorita Dorada, Espectrolita, Fenacita, Danburita y Moldavita. Con las Azeztulitas superactivadas de azozeo, la Hiperstena confiere una vívida cualidad visionaria a la experiencia del despertar y la transformación espiritual.

INFINITA

PALABRAS CLAVE sanación y protección del campo áurico, activación de la kundalini, sensibilidad a las energías sutiles   **CHAKRAS** raíz (1ro), sacro (2do), plexo solar (3ro), corazón (4to)   **ELEMENTOS** tierra
CORPORAL ayuda a que las células y el ADN se mantengan estables cuando se exponen a la contaminación electromagnética o energética
EMOCIONAL fomenta la confianza en uno mismo y la independencia
ESPIRITUAL limpia el aura de patrones negativos habituales

I NFINITA es el nombre comercial de una variedad de serpentina verde o gris verdoso procedente de Sudáfrica, un mineral de silicato de magnesio con un sistema cristalino monoclínico y una dureza de 3 a 4.

Es una piedra excelente para la sanación del cuerpo etérico. Un "agujero" o fuga de energía en el cuerpo etérico puede provocar sentimientos de fatiga, depresión y agotamiento, y permitir que los vampiros psíquicos se adhieran a nuestro campo, lo que agota aún más nuestras fuentes de vitalidad emocional, mental y física. La vibración de la Infinita repone el cuerpo etérico y ayuda a sellar los agujeros. En individuos sanos, puede ayudar a elevar la vibración de uno a frecuencias más altas. Es una piedra excelente para la activación gradual del canal kundalini. La meditación con esta piedra, junto con la visualización de un fuego blanco benévolo que sube por la columna vertebral, puede facilitar bastante este proceso.

Asimismo, puede ayudar a conectar con las energías de la naturaleza. Es una buena piedra para llevar a las meditaciones al aire libre, ya que es capaz de ayudarnos a ver los espíritus dévicos, hadas y espíritus asociados con cascadas, montañas, cañones u otros lugares de poder.

La Infinita es una piedra de geomancia. Puede aumentar la sensibilidad a las líneas ley, las "corrientes de dragón" del sistema de meridianos de la Tierra. Puede ayudar en todos los tipos de radiestesia y puede aumentar la potencia del reiki y otros tipos de sanación energética.

IOLITA

PALABRAS CLAVE visión interior, viaje chamánico, curación de viejas heridas, recuperación del alma
CHAKRAS tercer ojo (6to) **ELEMENTOS** viento
CORPORAL apoya la sanación de los ojos, de los problemas de memoria, de los problemas de sueño **EMOCIONAL** fomenta la calma y el ingenio en situaciones difíciles **ESPIRITUAL** facilita la experiencia visionaria en la meditación

L A IOLITA es un mineral de silicato de aluminio y magnesio con una estructura cristalina ortorrómbica y una dureza de 7 a 7,5. Su nombre, "Iolita", proviene del color violeta de la piedra. Los yacimientos más importantes se encuentran en Brasil, Madagascar, Birmania, India y Sri Lanka.

Esta piedra ofrece conducirnos por el camino interior hacia lo más profundo de nosotros mismos. Es excelente para utilizar en los viajes chamánicos. Ayuda a aumentar la vivacidad y detalle de las visiones interiores y a invocar símbolos de lo más profundo de la psique que iluminarán los problemas que debemos afrontar para seguir creciendo. Aumenta la capacidad de moverse en áreas de viejo miedo, y nos enseña que la exploración de las propias heridas es el camino más directo hacia la sanación. Es también una piedra de tesoros interiores: ayuda a llegar a las profundidades del inconsciente y a descubrir las partes perdidas de uno mismo. Es una excelente ayuda para explorar vidas pasadas y sus lecciones kármicas. Ayuda a combinar el pensamiento consciente normal con el conocimiento intuitivo. Asiste en el fortalecimiento de los vínculos energéticos entre el cerebro y corazón. Llevarla consigo puede ayudar a despertar y mantener los dones psíquicos. Es una piedra excelente para astrólogos, lectores de tarot, mediadores y otros canalizadores intuitivos de información interior.

La Iolita trabaja en armonía con el Lapislázuli, Amatista, Tanzanita, Lazulita, Azurita y otras piedras del rayo índigo/violeta. La Escolecita espiritualiza sus energías a un nivel superior. La Hematita y otras piedras de tierra sirven para enraizar e integrar las lecciones que la Iolita trae para nosotros.

JADE AZUL

PALABRAS CLAVE conocimiento espiritual, pensamiento claro, discernimiento
CHAKRAS tercer ojo (6to), coronilla (7mo)
ELEMENTOS tierra **CORPORAL** ayuda a calmar la inflamación, hinchazón, afecciones artríticas, asma y afecciones bronquiales **EMOCIONAL** calma el cuerpo emocional; puede ayudar a mantener una conducta objetiva y tranquila en situaciones de estrés
ESPIRITUAL proporciona la activación de vibraciones superiores y conexión a tierra de las energías excesivas, ayuda a una transición más suave durante las experiencias de iniciación.

JADE es un nombre que comparten dos minerales muy diferentes: la nefrita, un silicato de calcio y magnesio, y la jadeíta, un silicato de sodio y aluminio. La primera tiene una dureza de 6 y la segunda de 6,5 a 7. Ambas tienen sistemas cristalinos monoclínicos y son piedras muy resistentes, un rasgo causado por sus estructuras cristalinas entrelazadas con delicadeza, pero unidas con fuerza.

El Jade Azul puede calmar la mente al permitirnos mantener la cabeza fría en situaciones de estrés. Es una "piedra filosofal" que aumenta la capacidad de ver el mundo desde un punto de vista más elevado y evita perderse en los pequeños dramas de la vida. Mejora las capacidades mentales de ambos lados del cerebro, y beneficia tanto la capacidad de pensamiento racional como la intuición creativa. El Jade Azul ayuda a escuchar las voces interiores de los guías espirituales y del propio corazón y a tomar decisiones claras a la luz de la sabiduría revelada. Estimula las capacidades psíquicas y la sensibilidad espiritual. Es una piedra muy recomendable para aquellos que desean ser médiums porque potencia tanto la apertura como la discriminación, de modo que uno no solo escucha la voz interior, sino que también toma en consideración sus palabras cuidadosamente.

El Jade Azul se combina en armonía con la Cianita Azul, Zafiro Azul, Turmalina Indicolita, Fenacita y Azeztulita Blanca.

197

JADE LAVANDA

PALABRAS CLAVE alta sintonía espiritual, compasión, serenidad **CHAKRAS** coronilla (7mo), corazón (4to) **ELEMENTOS** tierra **CORPORAL** alivia el estrés y pone el cuerpo físico en armonía con el plano espiritual propio **EMOCIONAL** fomenta un estado de serenidad y benevolencia **ESPIRITUAL** ayuda a sintonizar con los reinos angélicos y con Guan Yin

JADE es un nombre que comparten dos minerales muy diferentes: la nefrita, un silicato de calcio y magnesio, y la jadeíta, un silicato de sodio y aluminio. La primera tiene una dureza de 6 y la segunda de 6,5 a 7. Ambas tienen sistemas cristalinos monoclínicos y son piedras muy resistentes, un rasgo causado por sus estructuras cristalinas entrelazadas con delicadeza, pero unidas con fuerza.

Los seres angélicos revolotean alrededor del Jade Lavanda de la misma forma en que los colibríes lo hacen alrededor de un arbusto floreado. La energía que emana es del más alto espectro etérico y proporciona alimento espiritual a todos los que la tocan o incluso la contemplan. Puede ayudar a sintonizar en armonía con Guan Yin, el bodhisattva de la compasión, y a orientarse hacia acciones amorosas y caritativas en el mundo. Es una piedra del rayo violeta de purificación espiritual y es una maravillosa compañera para llevar a retiros. En la meditación, puede mejorar el estado visionario y ayudar a entrar con suavidad en el espacio del "no pensamiento". Nos permite deshacernos del cinismo y la ira reprimida y abrazar una actitud de aceptación serena.

De la misma manera que orienta la mente hacia la purificación y compasión, la meditación con esta piedra puede mejorar la intuición, empatía y todas las variedades de capacidad psíquica. Está mucho más en sintonía con los reinos angélicos superiores que con el plano astral.

El Jade Lavanda trabaja en armonía con Kunzita, Morganita, Hiddenita, Astaralina, Magnetita, Sugilita y todos los tipos de jade.

JADE NEGRO

PALABRAS CLAVE protección, limpieza de la
negatividad **CHAKRAS** todos **ELEMENTOS** tierra
CORPORAL ayuda al cuerpo a protegerse de enfermedades, infecciones y parásitos; se recomienda sobre
todo para viajes **EMOCIONAL** ayuda a comprender
y sanar las partes más oscuras del ser
ESPIRITUAL beneficiosa para la protección psíquica, integración de nuestra
faceta de sombra

J ADE es un nombre que comparten dos minerales muy diferentes: la nefrita, un
silicato de calcio y magnesio, y la jadeíta, un silicato de sodio y aluminio. La primera tiene una dureza de 6 y la segunda de 6,5 a 7. Ambas tienen sistemas cristalinos
monoclínicos y son piedras muy resistentes, un rasgo causado por sus estructuras
cristalinas entrelazadas con delicadeza, pero unidas con fuerza.

Es una piedra que actúa como un "guardaespaldas" etérico cuando se lleva
puesta o se transporta, emanando fuertes energías que limpian el aura de cualquier
vulnerabilidad a los apegos de fuerzas o entidades negativas. Es como si la piedra nos
hiciera "invisibles" a esos seres, incluidos los vampiros energéticos y personas que
proyectan ira y agresividad. El Jade Negro también puede protegernos de los campos morfogénicos de energía negativa, como el miedo y violencia que proyectan los
medios de comunicación. Es un aliado útil sobre todo en tiempos de guerra o crisis
mundial, cuando no deseamos que nos arrastre la conciencia negativa de las masas.

Mirando hacia el interior, el Jade Negro puede ayudar a "limpiar la casa" y a
librarnos del miedo, ira, duda, odio y otras emociones destructivas. Permite que el
inconsciente se abra y libere los recuerdos traumáticos que a menudo son las raíces
de tales sentimientos. La meditación con esta piedra puede iniciar profundos viajes
interiores y es útil en particular para aquellos que hacen la recuperación del alma
y los viajes chamánicos, por lo que los ayuda a ir a las profundidades y volver a un
estado superior de conciencia.

JADE ROJO

PALABRAS CLAVE valor, acción **CHAKRAS** raíz
(1ro), plexo solar (3ero), estrella de la Tierra (debajo de
los pies) **ELEMENTO** tierra **CORPORAL** estimula
y vigoriza todos los sistemas corporales, aumenta el chi
EMOCIONAL fomenta la fortaleza para superar las
dificultades **ESPIRITUAL** potencia la fuerza vital y
conexión con la Tierra a través del chakra raíz

JADE es un nombre que comparten dos minerales muy diferentes: la nefrita, un
silicato de calcio y magnesio, y la jadeíta, un silicato de sodio y aluminio. La primera tiene una dureza de 6 y la segunda de 6,5 a 7. Ambas tienen sistemas cristalinos monoclínicos y son piedras muy resistentes, un rasgo causado por sus estructuras cristalinas entrelazadas con delicadeza, pero unidas con fuerza.

Para las almas apacibles que tienen dificultades para imponerse, el Jade Rojo aporta la energía del guerrero. Es una piedra de poder y voluntad individual que ayuda a dejar de lado el miedo, preocupación, duda y "ansiedad del umbral". Este último mal se asemeja a la sensación de vacilación que uno puede sentir en la cima de un trampolín o en la puerta del despacho de su jefe. Esta piedra disipa el miedo que nos retiene, ya que nos invita a dar el paso y dejar que las cosas pasen como tienen que pasar; es una piedra de acción que nos dice: "No te quedes ahí parado, ¡haz algo!". Con la ayuda del Jade Rojo en el bolsillo o alrededor del cuello, podemos seguir ese impulso.

Por suerte, esta piedra también emana una vibración equilibradora de sabiduría que ayuda a no precipitarnos. Sin embargo, su modo es el de la solución activa, no el de la espera tranquila.

El Jade Rojo es un excelente talismán para los que estudian artes marciales o se entrenan para el rendimiento deportivo. Favorece el aumento de la vitalidad física, incrementa el flujo de *prana* y estimula la creatividad y energía sexual.

JADE VERDE

PALABRAS CLAVE salud, abundancia   **CHAKRAS** corazón (4to)
ELEMENTOS tierra   **CORPORAL** ayuda espiritual para
fortalecer el corazón y la salud en general
EMOCIONAL ayuda al cuerpo emocional a abrirse a la alegría
ESPIRITUAL fomenta el disfrute de la vida sin apegarse
demasiado al mundo material

JADE es un nombre que comparten dos minerales muy diferentes: la nefrita, un silicato de calcio y magnesio, y la jadeíta, un silicato de sodio y aluminio. La primera tiene una dureza de 6 y la segunda de 6,5 y 7. Ambas tienen sistemas cristalinos monoclínicos y son piedras muy resistentes, lo que se debe a sus estructuras cristalinas entrelazadas con delicadeza, pero unidas con fuerza.

El Jade Verde lleva la sanación en el corazón y, como tal, es una piedra hecha para sanar al corazón. Sus energías son tan fuertes y constantes que uno siente un flujo de bienestar y equilibrio casi de inmediato al tocarla. Es una buena piedra para llevar con nosotros durante el sueño, tanto por sus vibraciones armoniosas y nutritivas como por su efecto beneficioso sobre la vida onírica. Fomenta el crecimiento sano y constante del chi o fuerza vital. Se recomienda llevarla cuando se practica senderismo, jardinería o relajación al aire libre, ya que atrae la fuerza vital de la Tierra e impregna el campo áurico con esa energía. Cuando no podemos estar al aire libre, esta piedra puede ayudar a llevar la esencia de la naturaleza incluso a los entornos más artificiales.

El Jade Verde puede armonizar y equilibrar el chakra del corazón, lo que ayuda al bienestar emocional y físico. Puede utilizarse para atraer abundancia y prosperidad y para transmitir paz y bondad amorosa a todos los que nos rodean. Es una piedra de la abundancia y puede ayudar a atraer riqueza y todo tipo de prosperidad.

JADE VIOLETA

PALABRAS CLAVE humor, conocimiento espiritual y sintonización
CHAKRAS coronilla (7mo), tercer ojo (6to), estrella de la Tierra
(debajo de los pies) **ELEMENTOS** tierra **CORPORAL** ayuda a
calmar el sistema nervioso y a aliviar los síntomas provocados por
estrés **EMOCIONAL** en aquellas personas sensibles, protege sus
cuerpos emocionales de patologías energéticas de los demás
ESPIRITUAL ayuda a regular el campo áurico, mejora los sueños y
visiones

JADE es un nombre que comparten dos minerales muy diferentes:
la nefrita, un silicato de calcio y magnesio, y la jadeíta, un silicato
de sodio y aluminio. La primera tiene una dureza de 6 y la segunda de 6,5 a 7. Ambas
tienen sistemas cristalinos monoclínicos y son piedras muy resistentes, un rasgo
causado por sus estructuras cristalinas entrelazadas con delicadeza, pero unidas
con fuerza.

Esta piedra nos llena de alegría y felicidad. El Jade Violeta es excelente para
purificar el aura y disipar cualquier actitud negativa que impida experimentar la
alegría espontánea de la vida. Esta piedra preciosa evoca mucho humor y también
aumenta la apreciación de la perfección del orden divino en todas las cosas. Al llevarla puesta representa un activo para casi todo el mundo, sobre todo en aquellos
que necesitan "relajarse" y dejarse llevar por la vida. También puede ayudar a dejar
de lado las limitaciones autoimpuestas y a mantener la conciencia de que la abundancia del universo está disponible para cada uno de nosotros.

La combinación de Jade Violeta con Moldavita amplifica su potencial para el
avance de la prosperidad, así como la apreciación del humor cósmico. La Danburita,
Azeztulita o Fenacita combinadas con el Jade Violeta pueden aportar alegría a la
experiencia de las dimensiones superiores y facilitar el acceso a ellas. Es una piedra
muy amigable, tanto con otras piedras como con nuestras energías humanas. Ofrece
una experiencia de la verdad de la propia alegría esencial.

"JASPE" ABEJORRO

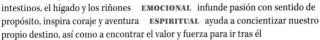

PALABRAS CLAVE inspiración, intensidad, manifestación creativa, aventura
CHAKRAS plexo solar (3ro)   **ELEMENTOS** fuego
CORPORAL apoya el buen funcionamiento de los intestinos, el hígado y los riñones   **EMOCIONAL** infunde pasión con sentido de propósito, inspira coraje y aventura   **ESPIRITUAL** ayuda a concientizar nuestro propio destino, así como a encontrar el valor y fuerza para ir tras él

E L "JASPE" ABEJORRO no es un verdadero jaspe, sino una roca sedimentaria que contiene azufre, óxidos de manganeso, rejalgar y oropimente (minerales de sulfuro de arsénico) y carbonato de calcio. Se halla en Australia.

El "Jaspe" Abejorro resuena con fuerza en los chakras segundo (sacro) y tercero (plexo solar). Aporta inspiración e intensidad al ámbito de la manifestación creativa. Es una poderosa ayuda para unir la pasión y el propósito para el desarrollo del propio destino, y puede ayudar a persistir y superar los obstáculos.

El "Jaspe" Abejorro es una piedra de aventura. Estimula la agudeza mental, por lo que uno es más capaz de notar y aprovechar las oportunidades. Estas piedras pueden aumentar el nivel de activación del complejo de neuronas del intestino, lo que permite ser más consciente de los propios "sentimientos viscerales" o instintos. Estimula el valor, asertividad, resistencia y concentración. Si se usa, puede aumentar la claridad y agudeza mental, inspiración y manifestación.

En la autosanación espiritual, esta piedra puede ayudar a limpiar y aclarar en el aspecto energético el tracto intestinal, el hígado y los riñones. En la autosanación emocional, es un antídoto contra el miedo, la indecisión y la vacilación. En la evolución espiritual, nos coloca en el camino de nuestro destino más elevado.

El "Jaspe" Abejorro armoniza con Moldavita, Fenacita, Heliodoro, Tectita Dorada de Libia, Apatita, Tectita Negra Tibetana, Anandalita y Azeztulita.

JASPE ELEGANTE

PALABRAS CLAVE enraizamiento de energías mentales; disciplina y perseverancia; sanación lenta y constante **CHAKRAS** todos **ELEMENTOS** tierra **CORPORAL** ayuda a superar el insomnio y otros trastornos del sueño, favorece la salud general **EMOCIONAL** ayuda a calmar el miedo o preocupación causados por energías mentales hiperactivas **ESPIRITUAL** sirve de apoyo para organizar la mente y conectarla a Tierra, ayuda a resolver problemas

EL JASPE es una variedad microcristalina del cuarzo, un mineral de dióxido de silicio con un sistema cristalino hexagonal y una dureza de 6,5 a 7. El nombre Jaspe deriva de una palabra griega que significa "piedra manchada". Los jaspes pueden incluir hasta un 20% de materiales extraños, lo que explica su gran variedad de colores y patrones. El Jaspe Elegante presenta una gran variedad de colores y se halla más que todo en la India.

El Jaspe Elegante ayuda a atender los detalles mundanos de la vida con eficacia y buen humor. Se asienta con firmeza en el cuerpo y concentra las energías mentales en el tratamiento de los asuntos y deberes más importantes en ese momento. Ayuda a evitar la dilación y a hacer planes coherentes para el futuro. Favorece la visión de la vida reduciendo las dificultades y miedos. Es una piedra que ayuda a "enfrentar" lo que sea. También es una buena piedra de sanación lenta, que trabaja de forma gradual, pero completa, para ayudar a eliminar problemas crónicos en el cuerpo y la psique. Resuena con todos los chakras, no de forma dramática, pero sí de una manera sana que al final aporta equilibrio.

JASPE ESCÉNICO

PALABRAS CLAVE viaje interior a lugares sagrados y civilizaciones antiguas, conexión con la conciencia de la Tierra **CHAKRAS** tercer ojo (6to), raíz (1ro) **ELEMENTOS** tierra **CORPORAL** apoya de manera energética el crecimiento de los huesos y la sanación **EMOCIONAL** ayuda a reconectarse de forma emocional con la Tierra y con la sabiduría milenaria de vivir en equilibrio **ESPIRITUAL** ayuda a sintonizar con los puntos de poder a través del campo electromagnético de la Tierra y sus sistemas energéticos; puede ayudar a conectarse con lugares y tiempos lejanos

E L JASPE ESCÉNICO es una variedad microcristalina del cuarzo, un mineral de dióxido de silicio con un sistema cristalino hexagonal y una dureza de 6,5 a 7. Su nombre se debe a la calidad escénica de sus dibujos de color bronceado y marrón. Se encuentra más que todo en Estados Unidos, en especial en Oregón.

Esta piedra puede utilizarse en la meditación para fundirse con la conciencia de la Tierra, lo que puede ser una experiencia fantástica de unión con las energías de la madre y todos los niveles de las energías de la diosa. También puede utilizarse para encontrar las líneas ley del sistema de meridianos de la Tierra, lo que puede resultar útil a la hora de decidir cómo situar una casa u otra construcción nueva, o dónde se puede establecer una red de energía de cristal para obtener el máximo efecto.

El Jaspe Escénico también puede facilitar otros tipos de viaje interior. Al emplear estas piedras, podemos "viajar" como punto de conciencia a los muchos puntos de poder del planeta, e incluso a través del tiempo a antiguas civilizaciones. Al viajar a los lugares de poder, podemos aprender la naturaleza y las aplicaciones de las energías residentes y aprovecharlas en la vida cotidiana. En el caso de las civilizaciones antiguas, podemos traer de vuelta el conocimiento de las tecnologías espirituales para ponerlas en práctica en nuestro mundo actual.

JASPE MOKAITA

PALABRAS CLAVE sanación de la Tierra, conexión con la naturaleza, alegría de vivir **CHAKRAS** todos **ELEMENTOS** tierra

CORPORAL apoya de manera espiritual la salud del hígado y desintoxicación **EMOCIONAL** fomenta la renovación de la esperanza, vigorización y energía, ayuda a superar la pena o depresión **ESPIRITUAL** facilita la conexión profunda con la naturaleza, ayuda a conectar con los espíritus de la naturaleza y los seres dévicos

EL JASPE MOKAITA es una variedad microcristalina del cuarzo, un mineral de dióxido de silicio con un sistema cristalino hexagonal y una dureza de 6,5 a 7. El nombre "jaspe" deriva de una palabra griega que significa "piedra manchada". El jaspe puede incluir hasta un 20% de materiales extraños, lo que explica su gran variedad de colores y diseños. El Jaspe Mokaíta se halla en Australia.

Esta piedra ayuda a recuperar la capacidad latente de sentir las corrientes de energía electromagnética de la Tierra y a utilizarlas, junto con las energías propias, para así maximizar los efectos de nuestra voluntad y poder personal. Esta piedra reaviva la capacidad de solo "saber" qué dirección hay que tomar en los viajes físicos o no físicos. Emana la energía del conocimiento animal, o del instinto, y permite encontrar los hilos de las propias facultades instintivas. Es una piedra beneficiosa para los interesados en practicar la comunicación con animales y ayuda a encontrar la relación con espíritus de los antepasados. Puede limpiar y activar el tercer ojo y el chakra del plexo solar, y alinearlos con el chakra raíz, lo que permite la percepción intuitiva de patrones de las energías de la Tierra y fuerza de la vida, ya que pulsa a través de nuestro mundo y nosotros mismos.

Sus efectos se ven acelerados e intensificados por la Moldavita.

JASPE OCEÁNICO

PALABRAS CLAVE disfrutar de la vida, liberarse de la negatividad y estrés, relajarse, expresarse de manera positiva, sanar en lo físico y emocional
ELEMENTOS tierra **CORPORAL** ayuda con los problemas físicos causados por agujeros en el campo áurico **EMOCIONAL** fomenta el buen humor y disfrute del momento presente **ESPIRITUAL** aporta claridad y enfoque centrado, estimula una actitud positiva

E L JASPE OCEÁNICO es una variedad inusual de jaspe que solo se halla en Madagascar. Es un mineral de dióxido de silicio con un sistema cristalino hexagonal y una dureza de 6,5 a 7. Los colores del Jaspe Oceánico incluyen tonos vivos de blanco, verde, rosa, rojo y negro. Sus patrones son locos e indescriptibles.

Es una piedra de alegría y buen humor. Abre la conciencia a los aspectos benévolos de la vida y levanta el ánimo. Estimula los chakras del plexo solar, corazón y garganta, lo que transmite el impulso de sentir, hablar y actuar de una manera positiva. Favorece la expresión del amor y ayuda a darse cuenta de qué y a quién se ama de verdad. Destierra la autocomplacencia y el hábito de dar por sentados a los seres queridos, la salud, prosperidad o seguridad. Lleva la conciencia al momento presente, por lo que alivia la preocupación por el futuro o amargura por el pasado. Permite liberar el estrés y escapismo, y ayuda a valorar el aquí y ahora. Es útil para aquellos que sufren de depresión o comportamientos adictivos, ya que les hace conscientes de lo que están haciendo y abre sus ojos a una realidad mejor. Su uso en la meditación ayuda a dejar ir pensamientos y a centrarse.

El Jaspe Oceánico trabaja en armonía con todos los tipos de jaspe y cuarzo, así como con Amatista, Sugilita y Charoíta. Por su parte, la Lepidolita y Ambligonita aumentan su influencia relajante. La Strombolita puede añadir humor al elevado espíritu del Jaspe Oceánico.

JASPE REAL DEL SAHARA

PALABRAS CLAVE vitalidad, fertilidad, voluntad, coraje, creatividad, visión profética

CHAKRAS todos **ELEMENTOS** tierra **CORPORAL** apoya el sistema digestivo, hígado, bazo; aumenta el nivel de energía **EMOCIONAL** presta valor para expresar la verdad propia y actuar desde el amor **ESPIRITUAL** estimula visiones del futuro; sirve de apoyo para la autodisciplina y la persistencia

Eᴌ Jᴀsᴘᴇ Rᴇᴀʟ ᴅᴇʟ Sᴀʜᴀʀᴀ es una variedad microcristalina del cuarzo, un dióxido de silicio con una dureza de 6,5 a 7. Se presenta en nódulos redondeados con vivos patrones de color cuero, negro y marrón. Se encuentra en el norte de África.

Es un estabilizador de los chakras y tiende a equilibrar todo el sistema. Estimula los tres primeros chakras, lo que aumenta la vitalidad, fertilidad creativa y voluntad. Resuena con el corazón, lo que engendra allí una energía suave y amorosa. En la garganta, activa la capacidad de hablar (o escribir) con valentía la verdad del corazón. Estas piedras también vibran con fuerza en el tercer ojo. Durante la meditación, el Jaspe Real del Sahara puede aportar percepciones de cambios espirituales que se avecinan en el futuro. Es una piedra de la "Nueva Jerusalén", la Tierra en su estado de transformación, con los mundos espirituales y material en plena conjunción. La meditación con esta piedra puede facilitar visiones en las que podemos vislumbrar lo que está por venir a medida que nos acercamos a esa gran conjunción. En el chakra de la coronilla esta piedra puede ayudar a despertar el vínculo interno de uno con lo divino, y nos invita a abrirnos a recibir la conciencia del "soy quien soy". En el autodesarrollo fomenta la persistencia y autodisciplina.

El Jaspe Real del Sahara trabaja en armonía con Moldavita y Guardianita, Chamanita Maestra, Piedra de la Profecía, Rosophia, Astaralina, Merlinita Mística, Shantilita, Agnitita y todas las Azeztulitas.

JASPE ROJO

PALABRAS CLAVE fuerza física y vitalidad, estabilización de las energías **CHAKRAS** raíz (1ro), sacro (2do) **ELEMENTOS** tierra **CORPORAL** aumenta la fuerza y energía, favorece la recuperación de la debilidad física debida a la enfermedad, es útil para generar tejido muscular, puede potenciar efectos del ejercicio, ayuda a los sistemas circulatorio y respiratorio **EMOCIONAL** ayuda a liberar el apego a las experiencias emocionales o sexuales negativas **ESPIRITUAL** estimula el chakra raíz, favorece el ascenso de la energía kundalini

EL JASPE ROJO es una variedad microcristalina del cuarzo, un mineral de dióxido de silicio con un sistema cristalino hexagonal y una dureza de 6,5 a 7. El nombre "jaspe" deriva de una palabra griega que significa "piedra manchada". El jaspe puede incluir hasta un 20% de materiales extraños, lo que explica su gran variedad de colores y diseños. Se halla en Brasil, Estados Unidos y otros países.

El Jaspe Rojo puede ayudar a mejorar la resistencia y vigor de la persona y puede trabajar con el tiempo para aumentar la cantidad de *chi*, o fuerza vital, en el campo energético. Fortalece el chakra raíz y profundiza la conexión con la Tierra. Mejora la memoria, en especial la de los sueños u otras experiencias internas. Su patrón vibratorio es tan estable que tiende a estabilizar las propias energías si uno lo lleva consigo o lo mantiene en el entorno. Esta estabilización puede conducir a una buena salud, emociones equilibradas, expresión veraz y acciones justas. Esta piedra tiene una especie de nobleza con los pies en la tierra que simplemente se contagia a su dueño. El Jaspe Rojo hace su trabajo de forma gradual, pero ofrece la ventaja de que los logros obtenidos son más permanentes que los conseguidos con otras piedras o métodos.

JASPE SELVA TROPICAL

PALABRAS CLAVE sanación de la Tierra, conexión con la naturaleza, alegría de vivir **CHAKRAS** todos **ELEMENTOS** tierra **CORPORAL** apoya de forma espiritual la salud del hígado y la desintoxicación **EMOCIONAL** fomenta la renovación de la esperanza, vigorización y energía, ayuda a superar el dolor o depresión **ESPIRITUAL** facilita la conexión profunda con la naturaleza, ayuda a conectar con los espíritus de la naturaleza y seres dévicos

E L JASPE es una variedad microcristalina del cuarzo, un mineral de dióxido de silicio con un sistema cristalino hexagonal y una dureza de 6,5 a 7. El nombre "jaspe" deriva de una palabra griega que significa "piedra manchada". El jaspe puede incluir hasta un 20% de materiales extraños, lo que explica su gran variedad de colores y diseños. Se halla en Brasil, Estados Unidos y otros países.

El Jaspe Selva Tropical ofrece una clave para la conexión de nuestro corazón con la naturaleza y nuestro impulso para trabajar en la sanación del planeta. Nos hace ver de manera consciente que nosotros, como criaturas, no estamos separados del mundo de los animales, plantas o minerales. Con esta conciencia surge una deliciosa sensación de alegría, que una vez que se enciende, llega al mismo tiempo la conciencia de la precaria posición de la vida en la Tierra. Ambas experiencias se combinan para ayudar a que nos comprometamos a actuar en favor de la preservación y el mantenimiento de la vida. El Jaspe Selva Tropical también sirve para alinearse con el equilibrio de nuestro propio patrón natural, el cual es perfeccionado como organismo vivo. Esto puede aportar el equilibrio necesario al cuerpo y ayudar a tratarlo mejor. Apoya la liberación de malos hábitos como lo son comer en exceso, beber, fumar u otras prácticas que destruyen el cuerpo. Al mismo tiempo, puede aumentar el deseo de alimentarse bien, hacer ejercicio y pasar tiempo en la naturaleza.

JASPE UNAKITA

PALABRAS CLAVE sanación, equilibrio, liberación de malos hábitos, sintonización superior, persistencia paciente
CHAKRAS todos, en especial el del corazón (4to)
ELEMENTOS tierra **CORPORAL** ofrece apoyo energético espiritual en el tratamiento de cánceres o enfermedades del corazón, promueve el crecimiento de tejidos sanos, también puede ser útil en la recuperación de lesiones
EMOCIONAL ayuda a liberar verdaderamente las emociones negativas y los patrones de pensamiento habituales que las originan
ESPIRITUAL eleva la vibración de los cuerpos físico y emocional, por lo que se libera patrones emocionales que no estén en armonía, así como frecuencias emocionales más bajas

EL JASPE UNAKITA es una variedad microcristalina del cuarzo, un mineral de dióxido de silicio con un sistema cristalino hexagonal y una dureza de 6,5 a 7. Es conocido por sus encantadores dibujos rosas y verdes. Se halla en Brasil, Sudáfrica y otros países.

La Unakita encarna la cualidad del jaspe de ejercer una influencia benéfica lenta. Facilita la eliminación gradual de los malos hábitos, especialmente los de comer y consumir alcohol en exceso. Ayuda a desenterrar y liberar los lazos de viejas heridas emocionales de una manera que evita el shock y el trauma. Favorece la purga, durante un período de uno a dos años, de muchas energías y sustancias tóxicas de las células del cuerpo. Hace que todos los cuerpos no físicos se alineen al fin con el cuerpo físico y entre sí, creando la oportunidad de sintonizar con mundos superiores. Enseña paciencia y persistencia y le recuerda a uno que vale la pena esperar las cosas que tienen más valor. La Unakita es una piedra para los verdaderos buscadores espirituales que desean mantenerse firmes en el camino elegido.

KUNZITA

PALABRAS CLAVE amor divino, sanación emocional, activación de la sabiduría del corazón **CHAKRAS** corazón (4to) **ELEMENTOS** agua **CORPORAL** alivia estrés y apoya el buen funcionamiento del sistema nervioso parasimpático **EMOCIONAL** ayuda a ser receptivo al amor y la energía **ESPIRITUAL** conecta con la energía del amor divino que subyace en toda la creación

L A KUNZITA es la forma rosa-violácea del espodumeno, un silicato de litio y aluminio con un sistema cristalino monoclínico y una dureza de 6 a 7. Se forma en cristales prismáticos con estrías verticales. Sus principales yacimientos se encuentran en Pakistán, Afganistán, Brasil, Madagascar y California, Estados Unidos.

La Kunzita abre el corazón a las energías del amor: el amor a uno mismo, el amor interpersonal, el amor a la humanidad, a los animales, a las plantas, a los minerales, a todo lo que existe. Lo más importante es que es un conducto desde el corazón hasta la vibración del amor divino. Al abrazar todos los otros tipos de amor, uno se prepara para recibir conscientemente el amor divino y, cuando eso ocurre, la respuesta inmediata e inevitable es el amor por lo divino. Meditar con esta piedra puede facilitar experiencias profundas de amor universal. Llevarla puesta ayuda a pasar el día con amabilidad, gentileza y serenidad. La Kunzita puede activar la voz silenciosa del corazón, y abrir una comunión sin palabras entre los aspectos mentales y emocionales. Puede despertar el corazón y animarlo a comunicarse de una forma más íntima con la mente. Si uno está dispuesto a escuchar y seguir el silencioso impulso del corazón, su vida y su mundo se beneficiarán bastante.

La Kunzita trabaja en armonía con la Hiddenita, Moldavita, Morganita, Cuarzo Rosa, Ajoíta, Esmeralda y Turmalina Rosa. Por su parte, la Fenacita, Azeztulita, Escolecita y Natrolita pueden abrir las puertas a los reinos espirituales del amor divino con los que resuena la Kunzita.

LABRADORITA

PALABRAS CLAVE magia, protección
CHAKRAS todos **ELEMENTOS** viento
CORPORAL incrementa los efectos de
las oraciones curativas y de las afirma-
ciones **EMOCIONAL** ayuda a realizar el "trabajo interior" para erradicar viejos
patrones negativos **ESPIRITUAL** fomenta las capacidades psíquicas, aumenta
habilidad de percibir con el ojo interior, útil para la magia, los rituales
y la protección psíquica

La Labradorita es un feldespato de plagioclasas con una estructura de cristal triclínico y una dureza de 6 a 6,5. Es muy apreciada por su notable juego de colores (labradorescencia) que muestra vivos destellos de verde, azul, oro, naranja, rojo y a veces violeta. Se encuentra más que todo en Canadá y en la isla de Madagascar.

Es la piedra preciosa de la magia y despierta en quienes la llevan puesta las capacidades mentales e intuitivas entre las que se incluyen la clarividencia, la telepatía, el viaje astral, la profecía, la lectura psíquica, el acceso a los registros akásicos, el recuerdo de vidas pasadas y la comunicación con guías y espíritus superiores. Aumenta el "control de las coincidencias": la práctica de fomentar el grado de observación de sincronías y serendipia en nuestras vidas. Es una piedra interdimensional que emana una energía que nos ayuda a atravesar a conciencia el velo que hay entre nuestro mundo diario de la vigilia y muchos dominios y planos de la conciencia interior. Es la gema de las aventuras ya que nos ofrece la oportunidad de embarcarnos en una multitud de viajes hacia mundos interiores, así como de aumentar nuestro poder de afectar el mundo externo de una forma mágica. Si se coloca en el tercer ojo durante la meditación, la Labradorita puede facilitar experiencias visuales del futuro, del pasado, y de muchos mundos interiores de lo temporal y lo atemporal.

La Labradorita trabaja en armonía con la Piedra Lunar, la Piedra Solar, Espectrolita y Labradorita Dorada. También tiene afinidad con la Moldavita junto a la cual estimula la mágica transformación del yo inferior hacia el yo superior.

LABRADORITA DORADA

PALABRAS CLAVE uso correcto de la voluntad, claridad, confianza, poder, vitalidad, creatividad, determinación, vínculo con el gran sol central **CHAKRAS** plexo solar (3ro) **ELEMENTOS** fuego **CORPORAL** ayuda a la desintoxicación; apoya el buen funcionamiento de los riñones, vesícula biliar y bazo **EMOCIONAL** aumenta la confianza en uno mismo, carisma y habilidades sociales **ESPIRITUAL** ayuda a reconocer y alcanzar el propósito espiritual que uno tiene destinado

L A **LABRADORITA DORADA** es una variedad de feldespato plagioclasa con un sistema cristalino triclínico y una dureza de 6 a 6,5. Suele ser transparente y su color es amarillo dorado. Se halla en Oregón y en México.

Es una de las mejores piedras para trabajar con el tercer chakra, ya que potencia la fuerza interior, vitalidad, valentía, pensamiento claro, resistencia, actividad mental, enfoque espiritual y determinación. Puede ayudar a ver el patrón divino en las luchas diarias. En el trabajo de los sueños, puede ayudarnos a despertar conscientemente en los planos superiores y a traer información importante. Esta piedra nos lleva a la comunión con las energías de nuestro propio sol y con el gran sol central, el hogar y origen de la conciencia en el universo; este es su mayor regalo. El gran sol central es el centro espiritual del universo, que existe en el reino etéreo; está casi siempre rodeado por multitudes de ángeles en órbita y es de este dominio que emana la "música de las esferas". En la meditación, se puede seguir el hilo dorado de la energía de esta piedra hacia el reino sagrado.

La Labradorita Dorada trabaja en armonía con todos los tipos de Labradorita, Espectrolita, la Piedra Lunar y la Piedra Solar, así como con Zincita, Moldavita, Fenacita, Herderita, Escolecita y Natrolita. Resuena con todas las variedades de la Azeztulita que están vinculadas a profundidad con el gran sol central.

LÁGRIMA DE APACHE

PALABRAS CLAVE anclaje a tierra, protección, sintonía psíquica, sanación emocional
CHAKRAS raíz (1er chakra), sexual/creativo (2do chakra) y corazón (4to chakra)
ELEMENTOS tierra, fuego **CORPORAL** apoya fortaleza y estamina, estimula el sistema inmunológico **EMOCIONAL** elimina patrones de pensamientos negativos, sana heridas emocionales **ESPIRITUAL** gratitud por la vida y cuerpo físico, protección de las fuerzas negativas

L A LÁGRIMA DE APACHE es una variedad de obsidiana, una roca volcánica vítrea rica en sílice con un contenido de agua inferior al 1%. Su dureza es de 5 a 5,5. Es originaria de México y del suroeste de los Estados Unidos. Este tipo de piedras son redondeadas, de entre 1,3 y 2,5 centímetros de diámetro, y suelen ser semitransparentes y de color negro-marrón.

Podemos hacer uso de ella para la conexión a tierra y para protegernos de las energías negativas. Se vincula fácilmente con el cuerpo emocional y pueden usarse para limpiar y sanar viejas heridas o cargas emocionales que uno pueda cargar del pasado, bien de esta vida o de una anterior. La Lágrima de Apache facilita el procesamiento y la liberación de patrones emocionales congelados, en especial aquellos que se ubican por debajo del nivel de conciencia. La meditación con Lágrima de Apache puede abrir las compuertas del dolor, lo que permite la limpieza y liberación de sentimientos de herida o victimización. Esta piedra es un excelente talismán de protección contra todo tipo de fuerzas negativas; elevan el nivel de sintonía psíquica para que uno pueda "sentir" la aproximación de personas, situaciones o energías amenazantes. Se puede utilizar para limpiar el campo áurico y el cuerpo etérico de paraísos astrales, o las propias limitaciones y cargas autoinfligidas.

Esta piedra es gran aliada de las piedras de tierra y de protección como el Cuarzo Ahumado, la Turmalina Negra, la Egirina, el Granate Rojo, la Piedra de Cuarzo sanador del oro, así como la Moldavita, la Tectita Negra Tibetana y la Tectita Dorada de Libia.

LAPISLÁZULI

PALABRAS CLAVE visión interior, comunicación veraz, virtudes nobles **CHAKRAS** tercer ojo (6to), garganta (5to) **ELEMENTOS** viento **CORPORAL** ayuda a ver las causas kármicas o psicológicas de las enfermedades **EMOCIONAL** ayuda a reconocer y disolver patologías emocionales **ESPIRITUAL** fomenta la telepatía, recuerdos de vidas pasadas, conciencia visionaria, profundiza la meditación

E L LAPISLÁZULI es un silicato de sodio con un sistema de cristal isométrico y una dureza de 5 a 6. En latín el nombre significa "piedra azul". Los mejores ejemplares vienen de Afganistán.

Esta piedra se utilizaba para sepultar y decorar a los faraones del antiguo Egipto. Como piedra de la realeza y espiritualidad, nada la superaba, y aún sigue llevando la vibración del rey o la reina interior que se halla muy dentro de cada uno de nosotros. Activa los centros psíquicos del tercer ojo, lo que promueve mayor intuición y acceso a la orientación espiritual. Es una piedra de conciencia visionaria que lleva nueva información a la mente en imágenes en vez de palabras. Aumenta la capacidad intelectual, lo cual hace que aprendamos y enseñemos mejor. Es la piedra de la verdad y una influencia estimulante para el chakra de la garganta. El Lapislázuli es una piedra de iniciación, así como un catalizador de viajes místicos hacia una consciencia más elevada. Es atractiva para individuos que en particular tengan conexiones con vidas pasadas en Egipto y, al meditar con ella, pueden recibir la ayuda para recuperar recuerdos de esas vidas pasadas, facilitándoles evolucionar en la encarnación actual.

El Lapislázuli funciona bien con Moldavita, Alejandrita, Ópalo de Oregón, Turquesa, Rodocrosita, Sugilita, Crisoprasa, Pietersita, Rodonita y Larimar. La Guardianita ayuda con protección en reinos interiores.

LARIMAR

PALABRAS CLAVE tranquilizante, alivia, relaja el cuerpo emocional, mejora la comunicación, poder femenino, conexión con energías de la diosa **CHAKRAS** tercer ojo (6to), garganta (5to) **ELEMENTOS** agua, fuego **CORPORAL** ayuda en la sanación espiritual de problemas de la garganta y de enfermedades relacionadas al estrés **EMOCIONAL** fomenta la serenidad, relajación y fortalecimiento del yo emocional **ESPIRITUAL** promueve la conexión con divinidad femenina, nos ayuda a liberarnos de apegos poco sanos

EL LARIMAR es una forma de pectolita azul, un mineral de silicato de sodio y calcio con una dureza de 4,5 a 5. Exhibe patrones espectaculares de azul, azul verdoso y blanco. Se consigue en la isla de La Española, en el mar Caribe.

Se trata de una piedra muy beneficiosa para el chakra de la garganta; provee el poder de comunicación clara, fortaleza emocional y estabilidad que nos permite hablar desde el corazón. Es una piedra de poder femenino que nos aporta acceso a la divinidad femenina interior. Favorece un estado de confianza, bienestar y de conocimiento de nuestras propias capacidades que nos relaja. Trae alivio al cuerpo emocional, porque libera de estrés y tensiones; es capaz de enfriar los temperamentos irascibles y guiar el exceso de pasión hacia la paz. También puede utilizarse para disminuir la frecuencia e intensidad de los sofocos y es un antídoto útil cuando las energías kundalini están hiperactivas. En la meditación esta piedra puede ayudar a ver y a liberarse de los vínculos internos enfermizos con personas o principios que no aportan nada a nuestro bien supremo. Abre el camino hacia la "escalera divina de la ascensión" en la cual dejamos atrás cualquier compromiso obsoleto del pasado. Poner piedras de Larimar en nuestro entorno genera una atmósfera placentera y serena.

El Larimar trabaja en armonía con casi todas las piedras, en especial con Lapislázuli, Azeztulita, Moldavita, Turquesa y Crisocola.

LAZULITA

PALABRAS CLAVE capacidades psíquicas, enfoque mental y disciplina, fomenta la función cerebral trascendente **CHAKRAS** tercer ojo (6to)
ELEMENTOS viento **CORPORAL** nos ayuda a superar dolores de cabeza, migrañas y tensión ocular **EMOCIONAL** facilita la exploración de vidas alternas y puede ayudar a disolver patrones de otras vidas pasadas **ESPIRITUAL** estimula la mente para que resuene en frecuencias más elevadas, puede ayudar a sintonizar con otras dimensiones, mejora el recuerdo de los sueños

L A LAZULITA es un fosfato de magnesio, hierro y aluminio con un sistema cristalino monoclínico y una dureza de 5 a 6. Su color va desde el azul intenso al azul pálido, y a veces azul verdoso. Se halla en Brasil, India, Madagascar, Austria, Suecia y Estados Unidos.

Esta piedra emana el rayo índigo puro y resulta muy estimulante para el chakra del tercer ojo. Se puede utilizar para activar todas las habilidades psíquicas, incluyendo la clarividencia, clariaudiencia, psicometría, mediumnidad, visión profética, canalización, visión remota, telepatía, psicoquinesia, entre otras. La Lazulita también funciona para lograr una mayor concentración y autodisciplina en actividades mentales, por lo que resulta una piedra excelente para estudiantes y profesionales con grandes cargas de trabajo. Puede provocar ideas inspiradoras en las personas creativas; emana una vibración que favorece el funcionamiento máximo del cerebro y sus energías resuenan con un equilibrio hemisférico y coherencia excepcional. Es una buena piedra para llevar o usar para mantener a raya "telarañas asociadas a la edad", ya que ayuda a preservar e incrementar la memoria.

La Lazulita trabaja en armonía con la Iolita, Lapislázuli, Cuarzo Azul Siberiano cultivado en laboratorio, Sodalita y Azurita. La Fenacita, Natrolita, Escolecita, Danburita, Herderita, Brookita y Azeztulita ayudan a estimular las capacidades cerebrales superiores y a despertar la conciencia psíquica.

LEPIDOCROCITA

PALABRAS CLAVE sanación emocional, liberación de
patrones autodestructivos, amor y empatía, recuperación del alma, inspiración y comunicación creativas
CHAKRAS corazón (4to) **ELEMENTOS** fuego, agua
CORPORAL da apoyo a la sangre, corazón, pulmones,
salud de los sistemas endocrino y reproductivo **EMOCIONAL** ejerce una poderosa influencia para el equilibrio y la sanación emocional **ESPIRITUAL** ayuda en
la recuperación del alma, protección psíquica, sintonía con el amor divino

L A LEPIDOCROCITA es un mineral de hidróxido de hierro con un sistema crista-
lino ortorrómbico y una dureza de 5. Su color va de marrón rojizo a rojo intenso.
En Madagascar se han descubierto cristales de cuarzo con inclusiones "fantasma" de
Lepidocrocita cerca de las terminaciones.

La Lepidocrocita es una piedra de alineación energética que pone en relación
y armonía todos los aspectos de los cuerpos astral, sutil y etéreo y el sistema de
chakras del cuerpo. Puede ayudar a sanar los "agujeros" en el campo áurico causados por abuso de drogas o alcohol o por apegos y entidades negativas. Ofrece protección psíquica, al rodear a la persona con una "cáscara" de luz blanca y dorada.
Apoya el cuerpo emocional, y nos asiste para entrar en amor divino para ayudarle
a sanar viejas heridas. Ayuda a procesar el dolor, a aliviar la depresión y a recuperar fragmentos del alma que se han dejado atrás en momentos traumáticos de la
vida. Esta piedra facilita la comunicación verbal, empática, telepática, emocional,
matemática, musical y artística. La Lepidocrocita emana amor y puede abrir el
chakra del corazón; lo que resulta excelente para ayudar a parejas a comunicarse
a profundidad.

La Lepidocrocita armoniza con Cuarzo Rosa, Kunzita, Morganita, Rodocrosita,
Ajoíta, Larimar, Aguamarina, Cuarzo Azul Siberiano, Lapislázuli y Iolita. La Azezt-
lita Rosa de Satyaloka aumenta sus efectos curativos emocionales.

LEPIDOLITA

PALABRAS CLAVE sanación y equilibrio emocional, purificación, serenidad, relajación, alivio del estrés
CHAKRAS todos, en especial el del corazón (4to) y tercer ojo (6to) **ELEMENTOS** agua
CORPORAL de forma espiritual, ayuda a recuperarse de trastornos de insomnio y relacionados con estrés
EMOCIONAL ayuda al equilibrio emocional y a despejar la preocupación **ESPIRITUAL** inspira serenidad, profundiza la meditación

L A LEPIDOLITA es un silicato de potasio y aluminio con un sistema cristalino monoclínico y un grado de dureza de 2,5 a 3. Su color es a menudo rosa, violeta o lavanda. La Lepidolita se ha encontrado en África, Brasil, Groenlandia y Estados Unidos.

Es eficaz para calmar la crispación de los nervios, ayudar a liberar el estrés y preocupación y ponernos en el camino de la aceptación voluntaria. La Lepidolita no solo trae la calma a las turbulentas aguas emocionales, sino que también proporciona una energía de conciencia iluminada que nos mantiene en el buen camino para poder manejar la situación de una manera más elevada. La Lepidolita es una piedra de serenidad: anima a responder a la hostilidad sin levantar las defensas, a encontrar el camino de la acción armoniosa y a ver los problemas como oportunidades para aprender. Es también una piedra de purificación espiritual y, al meditar con ella, es capaz de limpiar las energías bloqueadas en cualquiera de los chakras y en todo el sistema de meridianos. Puede disipar los pensamientos negativos y eliminar los apegos emocionales negativos.

La Lepidolita trabaja en armonía con otros minerales portadores de litio, como la Turmalina, Kunzita, Petalita y Ambligonita. Sus energías espirituales pueden ser aumentadas por la Fenacita, Azeztulita, Natrolita, Escolecita, Calcita Elestial y Calcita Merkabita. Su propiedad de serenidad puede activarse aún más con cristales de semillas lemurianas y Aqua Lemuria.

LEPIDOLITA LILA

PALABRAS CLAVE alivia el cuerpo emocional, alivia el estrés, mejora la meditación, paz, serenidad, amor, conexión divina **CHAKRAS** todos, en especial el del corazón (4to) y la coronilla (7mo) **ELEMENTOS** tormenta, agua **CORPORAL** ayuda al funcionamiento armonioso de órganos y sistemas corporales **EMOCIONAL** ayuda a liberar estrés y a acoger serenidad y amor **ESPIRITUAL** activa nuestro vínculo con la divina presencia o ser superior

L A LEPIDOLITA LILA es un silicato de aluminio y potasio con un grado de dureza de 2,5 a 3. Su color es lavanda intenso, con cierta translucidez. Esta variedad de Lepidolita solo se ha encontrado en Zimbabue, África.

Esta piedra combina el rayo rosa del corazón con la llama violeta de la purificación y despertar espiritual. Activa la conexión consciente con el ser superior y ayuda a mantener el vínculo con este. Usar o portar Lepidolita Lila puede facilitar el desarrollo de la conciencia de la presencia divina y puede ayudarnos a convertirnos en cocreadores conscientes con esa presencia. Cuando esto ocurre, aumenta muchísimo el número de sincronizaciones positivas en nuestras vidas. La Lepidolita Lila potencia los sentimientos de paz, serenidad y amor, por lo que es ideal para liberar el estrés, calmar los nervios y tan solo dejarnos llevar. Se recomienda para quienes deseen recuperarse de un duelo o una depresión y para cualquier persona que pase por un momento difícil, como una enfermedad, ruptura matrimonial, cambio de carrera u otro reto personal.

La Lepidolita Lila trabaja en armonía con la Azeztulita, Morganita, Turmalina, Gel de Sílice de Litio, Ambligonita, Cuarzo de Litio, Smithsonita y Serafinita.

LUZ DE LITIO

PALABRAS CLAVE serenidad, paz, comodidad y relajación en el proceso de desarrollo espiritual, activación del cuerpo de luz, conexión consciente con la divinidad **CHAKRAS** todos **ELEMENTOS** agua **CORPORAL** facilita la autosanación mediante el alivio del estrés y la expansión de la consciencia con comodidad, soporte del sistema digestivo **EMOCIONAL** contribuye a estabilizar el estado de ánimo y a liberar estrés, puede generar euforia **ESPIRITUAL** provee comodidad, relajación en la transformación espiritual, estimula la activación del cuerpo de luz, estado de éxtasis y visiones de los reinos divinos

L A LUZ DE LITIO se compone de lepidolita, cuarzo y silicato de hierro y se descubrió en las Montañas Rocosas de Colorado, Estados Unidos. Su color va del gris al amarillo y/o al rosa.

Es poderosa para elevar la conciencia. Sus suaves corrientes aumentan en intensidad hasta que nos hace sentir envueltos en una luz espiritual, un brillo muy reconfortante y relajante. Es ideal para aquellos que están pasando por un período de transformación espiritual porque su presencia construye un campo vibratorio de seguridad, placer, comodidad, alegría y relajación curativa. Esta sensación de confort es muy útil durante la activación del cuerpo de luz, lo cual significa una metamorfosis completa. En la meditación, la Luz de Litio puede conducir a estados de éxtasis y a tener visiones de reinos divinos, e incluso iniciar estados de reconocimiento del verdadero ser divino.

Estas piedras son muy recomendadas en la autosanación espiritual para estabilizar el estado de ánimo, calmar el nerviosismo y liberar el estrés. Ayudan al corazón y al sistema nervioso, y a calmar los problemas digestivos provocados por la ansiedad. Los baños con Luz de Litio resultan terapéuticos en lo espiritual y físico.

La Luz de Litio armoniza con la Turmalina, Sugilita, Petalita, Ambligonita, Lepidolita y otras piedras a base de litio. Funciona bien con la Azeztulita de Sauralita, Azeztulita Color Crema y Miel, Fenacita, Herderita y Apofilita Clara.

MADERA PETRIFICADA

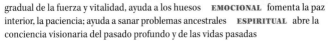

PALABRAS CLAVE crecimiento constante, cuerpo
fuerte, recuerdo de vidas pasadas, paz interior
CHAKRAS raíz (1ro), tercer ojo (6to)
ELEMENTOS tierra **CORPORAL** apoya el aumento
gradual de la fuerza y vitalidad, ayuda a los huesos **EMOCIONAL** fomenta la paz
interior, la paciencia; ayuda a sanar problemas ancestrales **ESPIRITUAL** abre la
conciencia visionaria del pasado profundo y de las vidas pasadas

L A **MADERA PETRIFICADA** pertenece a la familia del cuarzo, un mineral de
dióxido de silicio con un sistema cristalino hexagonal y una dureza de 6,5 a 7.
En este material la sustancia orgánica de la madera ha sido sustituida por el silicio.

Se trata de una piedra de paciencia, de crecimiento lento y constante hacia la
meta de la transformación espiritual. Es muy buena para fortalecer el cuerpo de forma gradual; se recomienda que la lleven consigo aquellos que necesitan una mayor
estabilidad en la columna vertebral o en la estructura del esqueleto. También infunde fuerza de carácter y ayuda a vivir según los propios ideales. Brinda una sensación
de paz en tiempos de cambio. La Madera Petrificada ayuda a recordar vidas pasadas
y es especialmente útil para enraizar los conocimientos que se obtienen al experimentar estos recuerdos. Ayuda a convertir las debilidades del pasado en nuevas
fortalezas, al igual que la madera perecedera ha evolucionado su forma hasta convertirse en piedra inmortal. Esta piedra lleva una huella de la historia "reciente" de
la Tierra (de 100 a 200 millones de años) y puede ser utilizada para ver los registros
akásicos de nuestro planeta. Al utilizar la Madera Petrificada junto con otras piedras
que se encuentran en sintonía con el pasado profundo (por ejemplo, Nuumita), se
pueden obtener visiones claras de civilizaciones anteriores y de tiempos anteriores
a los humanos.

La Madera Petrificada armoniza con todos los miembros de la familia del cuarzo,
sobre todo con ágata, jaspe y calcedonia. Para vitalidad y fuerza física, la Piedra de
Sangre, Jaspe Rojo, Ónix y Cornalina son aliados ideales. Para recordar vidas pasadas,
el Ópalo de Oregón, Ópalo Azul de Owyhee y Alejandrita son muy recomendables.

MAGNESITA

PALABRAS CLAVE despertar de sensibilidades superiores, apertura de la visión interior, verdad y dicha, escuchar al corazón **CHAKRAS** tercer ojo (6to), coronilla (7mo) **ELEMENTOS** tormenta **CORPORAL** ayuda al cuerpo a liberar tensiones, beneficiosa para los intestinos, tensión muscular, problemas relacionados con estrés **EMOCIONAL** promueve la alegría y armonía emocional, alivio del estrés **ESPIRITUAL** nos abre a experiencias espirituales trascendentes

L A MAGNESITA es un mineral de carbonato de magnesio con un sistema cristalino romboédrico y con un grado de dureza de 3 a 4. La Magnesita es a menudo blanca, pero también puede presentarse en tonos grises, amarillos o marrones. Se han encontrado ejemplares cristalinos de Magnesita en Minas Gerais, Brasil.

La Magnesita es una de las piedras más poderosas para activar los chakras del tercer ojo y de la coronilla: al colocar una de estas piedras en la frente y cerrar los ojos se puede esperar sentir una energía pulsante rítmica, que se hace más fuerte a medida que pasan los minutos; ese es el comienzo de la activación del ojo de la visión interior en los lóbulos prefrontales del cerebro. Si recibimos la experiencia completa de esta apertura, el chakra de la coronilla florece en forma del "loto de mil pétalos". Esta experiencia de verdad se siente como una flor que se abre de repente en la parte superior de la cabeza.

La Magnesita nos puede ayudar en el proceso de autorreflexión y puede aclarar la visión interior. Es una especie de "detector de la verdad" cuando se realiza un trabajo interior, y puede ayudar a ver a través de los velos inconscientes que pueden mantenernos en estado de confusión. Entre las propiedades místicas de la Magnesita se encuentra el despertar de la mente a la comunicación con el corazón. La Magnesita no activa el chakra del corazón, pero sí estimula la parte del cerebro y de la mente que puede escuchar y responder a la "voz" del corazón. Esta audición es el comienzo de la verdadera sabiduría.

MAGNETITA

PALABRAS CLAVE alineación de energías sutiles con el cuerpo, conexión a tierra, equilibrar polaridades, despertar de potenciales ocultos **CHAKRAS** todos **ELEMENTOS** tierra **CORPORAL** ofrece apoyo a la sangre, hígado, médula espinal, limpia los meridianos **EMOCIONAL** ayuda a prevenir oscilaciones de estados de ánimo, buena para el equilibrio emocional **ESPIRITUAL** ayuda a psíquicos, sanadores y a gente sensible a mantenerse conectados a tierra y equilibrados

L A Magnetita es un mineral de óxido de hierro con una dureza de grado 5,5 a 6,5. Se presenta en forma de cristales octaédricos y en forma granular o maciza. Es bastante magnética: atrae las limaduras de hierro y puede desviar la aguja de una brújula. La Magnetita se halla en Estados Unidos, Brasil y en muchos otros países.

Es una de las piedras esenciales para los sanadores con cristales debido a sus numerosos usos para alinear las corrientes del campo áurico y múltiples niveles del cuerpo energético. Es excelente para equilibrar polaridades: masculina y femenina, física y espiritual, hemisferios izquierdo y derecho del cerebro, entre muchas otras. Su magnetismo natural se presenta como un campo simétrico que, a través de la resonancia, lleva los propios campos energéticos a una configuración similar. Podemos recibir las energías beneficiosas de la Magnetita tan solo sentándonos y sosteniendo una piedra en cada mano; esto afectará todo nuestro campo áurico, moviéndolo hacia el equilibrio simétrico, y la energía que corre a través del sistema de meridianos iniciará el equilibrio hemisférico en el cerebro. Cuando esto ocurre, comienzan a aflorar los potenciales ocultos: las personas que son racionales y lineales en su pensamiento encontrarán que su lado intuitivo se despierta, mientras que otros que son intuitivos, pero no prácticos, pueden descubrir que se están organizando. Los anteriores son solo ejemplos, pero este tipo de reequilibrio está disponible para aquellos que trabajan con la Magnetita.

La Magnetita armoniza y potencia los efectos de casi todas las demás piedras.

MALAQUITA

PALABRAS CLAVE liderazgo iluminado, creatividad, confianza, protección, un corazón sano
CHAKRAS plexo solar (3ro), corazón (4to)
ELEMENTOS fuego **CORPORAL** aumenta la vitalidad, ayuda a reparar tejidos y a recuperarse de enfermedades, se recomienda para la inflamación, artritis, digestión, desintoxicación **EMOCIONAL** ayuda a desarrollar confianza en sí mismo y claridad emocional **ESPIRITUAL** facilita la protección psíquica, manifestación, aumenta fuerza de voluntad

L A MALAQUITA es un mineral de carbonato de cobre con un sistema cristalino monoclínico y una dureza de 3,5 a 4. Su nombre proviene de la palabra griega *malache* ("malva"), debido a su color, y se halla en Rusia y África.

Es una de las piedras más importantes para la protección contra energías negativas. Impregna el campo áurico con vibraciones positivas y refuerza la "coraza" energética natural que nos protege de fuerzas hostiles y activa el "radar psíquico" con el que se siente la presencia del peligro. Incluso acentúa el tipo de protección en el que las sincronías parecen conspirar para mantenernos a salvo. La Malaquita emana el patrón energético que resulta saludable para el corazón. Ayuda a mantener el equilibrio emocional y ofrece una mayor capacidad para ver y evitar las propias trampas emocionales. Estimula el chakra del plexo solar, lo que aumenta la fuerza de voluntad: en presencia de Malaquita es más fácil rechazar las tentaciones. Esta piedra infunde confianza y responsabilidad y es útil en el progreso espiritual mediante la acción correcta.

La Malaquita trabaja en armonía con el Ojo de Tigre para la energía física y protección, y con la Morganita para equilibrar el chakra del corazón. También funciona bien con otros minerales a base de Cobre, como Azurita, Turquesa, Shattuckita, Crisocola y Ajoíta.

MARCASITA

PALABRAS CLAVE vitalidad física, espiritualidad en la vida física, equilibrar polaridades energéticas **CHAKRAS** raíz (1ro), sacro (2do) **ELEMENTOS** tormenta **CORPORAL** fomenta con energía la recuperación de infecciones bacterianas, erupciones en la piel, proliferación de hongos e infecciones, puede contribuir a la pérdida de peso **EMOCIONAL** promueve límites emocionales claros, reivindicando nuestro poder propio **ESPIRITUAL** fomenta la autosuficiencia y adopción de medidas para alcanzar nuestras metas

L A MARCASITA es un mineral de sulfuro de hierro con un sistema cristalino ortorrómbico y una dureza de grado 6 a 6,5. En su composición química es idéntica a la pirita, pero su color es más claro y los patrones de crecimiento de sus cristales son diferentes.

Esta piedra permite ver la interacción de los mundos espiritual y físico; nos da la oportunidad de observar cómo los eventos físicos reflejan los patrones arquetípicos espirituales, y da pistas sobre las acciones que podemos tomar para estar en consonancia con los patrones espirituales que deseamos adoptar. En otro nivel, nos ayuda a "pregonar con el ejemplo" de la espiritualidad en nuestra vida diaria. La Marcasita ayuda a equilibrar polaridades del sistema energético, limpia el campo áurico de influencias discordantes y ayuda a cortar apegos a otras personas con las que podríamos tener relaciones malsanas.

A través de los tres chakras inferiores, la Marcasita trabaja para optimizar la fuerza vital, coraje, energía sexual, creatividad, fuerza de voluntad y claridad mental. Cuando estos chakras están cargados y equilibrados, el chakra del corazón y los chakras superiores tienen mucha más energía con la que trabajar y descubrimos un renovado entusiasmo por todas nuestras actividades de búsqueda, tanto internas como externas.

La Marcasita se combina en sinergia con Pirita, Hematita, Piedra Caliza, Zincita, Malaquita, Morganita, Fenacita, Natrolita y Escolecita.

MERLINITA

PALABRAS CLAVE magia, intuición, conexión con las energías elementales, recuerdo de vidas pasadas, aperturas psíquicas, mediumnidad **CHAKRAS** plexo solar (3ro), tercer ojo (6to) **ELEMENTOS** tormenta **CORPORAL** ayuda a recuperarse de dolores de cabeza y de problemas cardíacos **EMOCIONAL** fomenta el sentido de la aventura y libertad interior **ESPIRITUAL** abre capacidades intuitivas para la magia y sintonía espiritual

L A MERLINITA es una combinación natural de cuarzo y psilomelana con una dureza de 6 a 7. Algunas Merlinitas se presentan en trozos de roca con áreas mezcladas de cuarzo blanco y psilomelana negra, mientras que otras son de psilomelana oscura recubierta de cristales relucientes de cuarzo druzy.

Esta piedra puede abrir los velos entre el mundo visible e invisible, y provoca la apertura hacia capacidades intuitivas más profundas. Puede ayudar a contactar con las almas de difuntos que deseen dar mensajes a los vivos.

Sirve de apoyo para aprender todo tipo de magia. Abre los canales psíquicos para obtener guías más elevadas. Ayuda a comprender las interrelaciones entre astrología, tarot, numerología y otras ciencias ocultas. Facilita las visiones proféticas y atrae frecuentes sincronizaciones. Permite servir de canal para la manifestación de las fuerzas creativas de los planos superiores; la Merlinita es capaz de invocar a las fuerzas elementales para que nos ayuden en nuestras búsquedas y ambiciones. También puede ser un potente catalizador para recordar vidas pasadas; evoca el reino de los sueños y de la imaginación, y hace que los recuerdos de vidas pasadas sean mucho más vívidos. Activa el "radar interior" que asegura que experiencias de vidas pasadas sean las más relevantes para las necesidades actuales.

La Merlinita trabaja en armonía con Moldavita, Obsidiana, Amatista y Sugilita. La Fenacita o cualquiera de las Azeztulitas puede elevarla a niveles vibratorios más altos.

MERLINITA MÍSTICA

PALABRAS CLAVE alineación de la columna de chakras, equilibrio e integración de polaridades, reclamar nuestra integridad, crear a través de la magia **CHAKRAS** todos **ELEMENTOS** fuego, tierra **CORPORAL** ayuda a recuperación de desajustes de la columna vertebral y problemas articulares **EMOCIONAL** nos impulsa a reclamar partes exiliadas del alma sin juzgar **ESPIRITUAL** ayuda con la magia elemental, integración de la sombra, unión mística

L A MERLINITA MÍSTICA es el nombre que recibe un mineral único compuesto por cuarzo, feldespato y varios oligoelementos. Su color es una mezcla arremolinada de blanco y negro. Fue descubierto en Madagascar.

Este mineral puede disipar los velos entre el mundo visible e invisible, y abrir las puertas a capacidades intuitivas más profundas. Puede facilitar la apertura de las zonas dormidas de la mente. Aumenta la sensibilidad a las comunicaciones de los reinos sutiles, y permite "hablar" con espíritus de plantas y animales y con entidades dévicas. Para aquellos que deseen trabajar con las energías elementales para la manifestación mágica o el despertar de experiencias místicas, esta piedra puede ser un poderoso aliado. La mezcla de blanco y negro de la Merlinita Mística simboliza los lados de la luz y la sombra del ser, los cuales debemos acoger en el momento del despertar interior. Una de las cualidades clave de la Merlinita Mística es la de devolver a la luz de la conciencia las partes exiliadas de uno mismo. Este pasaje, a menudo difícil, puede conducir a la verdadera unión mística que lleva al yo a la totalidad y permite la unidad del yo y el mundo.

La Merlinita Mística resuena con la Chamanita Maestra, así como con todas las formas de Azeztulita, Turmalina Negra, Azabache y Cuarzo Ahumado. Sus cualidades para potenciar los sueños se ven favorecidas por el Ópalo Dorado Lemuriano. Para sintonizar con el llamado espiritual del futuro desconocido, la Merlinita Mística puede combinarse con las Piedras de los Círculos.

MERLINITA NEGRA

PALABRAS CLAVE enlace con el inconsciente profundo, sueños lúcidos, meditación, viaje chamánico, comunicación con espíritus, adivinación, visión profética **CHAKRAS** todos, en especial tercer ojo (6to) y raíz (1ro) **ELEMENTOS** tierra, viento, fuego **CORPORAL** asiste a todos los órganos y sistemas que intervienen en la purificación del cuerpo y eliminación de toxinas **EMOCIONAL** apacigua los miedos espirituales enseñándonos que el inconsciente forma parte de uno mismo **ESPIRITUAL** facilita el acceso al inconsciente profundo

L A MERLINITA NEGRA es una variedad de psilomelana pura, un hidróxido de bario y manganeso con un sistema cristalino monoclínico y una dureza de 5 a 6. Se compone de bandas en forma de remolino de color gris oscuro y negro. Fue descubierta en México.

Es la piedra del inconsciente profundo, es excelente para los sueños lúcidos y facilita la meditación, porque nos permite "ir a lo profundo" con facilidad. Ofrece un conducto directo al silencio, el punto de quietud en el centro de todas las cosas. Es útil para facilitar el viaje chamánico, comunicación espiritual, adivinación y visión profética. Enseña a hacernos amigos de nuestra oscuridad interior, y a reconocer que todo lo que se experimenta allí forma parte de nosotros mismos. La Merlinita Negra puede ayudar a encontrar y reintegrar las partes rechazadas o perdidas, facilitando la integridad. En la autosanación espiritual, esta piedra ofrece apoyo vibratorio al hígado, riñones, intestinos y otros órganos relacionados con la purificación y eliminación de desechos.

La Merlinita Negra se amplifica con la Moldavita, que eleva su vibración. También armoniza con la Obsidiana, Amatista y Sugilita. Con la Azeztulita Blanca superactivada, la luz del rayo blanco puro se fusiona con el rayo oscuro, y aporta una poderosa unión de energías. Cuando se integra por completo, el poder elemental transmitido por la Merlinita Negra puede transmutarse en poder espiritual. Como siempre, se aconseja permanecer fiel a los caminos benévolos.

METAL COBRE

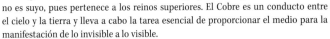

PALABRAS CLAVE canalización y anclaje a tierra de las vibraciones superiores, conducción y potenciación de las energías de las piedras **CHAKRAS** todos **ELEMENTOS** tierra **CORPORAL** favorece la sangre, ayuda la reparación de los tejidos, aumenta la vitalidad **EMOCIONAL** ayuda a formar una perspectiva espiritual de experiencias emocionales **ESPIRITUAL** ayuda a manifestar energías espirituales en el plano material

EL COBRE es el metal para la canalización de energías. Tiene la capacidad de anclar a tierra y transferir una amplia gama de frecuencias vibratorias de lo espiritual a lo físico. Es el metal del mago. Crepita con la electricidad y el fuego, pero el fuego no es suyo, pues pertenece a los reinos superiores. El Cobre es un conducto entre el cielo y la tierra y lleva a cabo la tarea esencial de proporcionar el medio para la manifestación de lo invisible a lo visible.

Puede transportar las energías de las piedras del mismo modo que un cable de Cobre transporta la electricidad. Al colocar patrones geométricos de cristales, estos pueden potenciarse al conectar las piedras con alambre de Cobre. Una varita láser de cuarzo u otro cristal puede intensificarse al envolver una bobina de alambre de Cobre alrededor de ella. Uno de los dispositivos energéticos más poderosos y básicos que se pueden hacer es un tubo de Cobre lleno de piedras y una punta de cristal en uno o ambos extremos: esta es la herramienta de varita energética más sencilla. Las pirámides o formas geométricas construidas con tubos de Cobre llenos de cristales son cámaras de meditación de muy alta energía. El Cobre fomenta la experimentación y la invención; resuena con el planeta Urano y su energía de ideas revolucionarias y cambios inesperados.

Las pulseras de Cobre que se utilizan desde hace mucho tiempo para tratar la artritis abren el flujo energético bloqueado del cual los síntomas artríticos son una manifestación.

METAL NIOBIO

PALABRAS CLAVE activación del cuerpo arcoíris, comunicación con entidades extraterrestres y etéricas **CHAKRAS** todos **ELEMENTOS** tierra **CORPORAL** ofrece una vibración neutra que apoya las corrientes de cualquier piedra con la que se trabaje para sanar y ayudar al cuerpo **EMOCIONAL** fomenta la imparcialidad con respecto a cuestiones emocionales, nos ayuda a mirar con frialdad nuestros desencadenantes emocionales y evitar la identificación con viejos patrones emocionales **ESPIRITUAL** facilita la comunicación con todos los reinos superiores, ayuda a acceder a conciencia a la orientación angelical, ideal para recordar y comprender experiencias extraterrestres

E L NIOBIO es un metal tan extraño que uno se pregunta si en verdad pertenece a la Tierra. Vibra en las mismas frecuencias utilizadas por muchos de los visitantes extraterrestres y nos puede ayudar a movernos en sus planos de conciencia. Aquellos que tienen recuerdos semiconscientes de experiencias extraterrestres pueden recibir asistencia por el Niobio para hacerlos conscientes. Este metal también nos ayuda a sintonizarnos con el mundo angelical, sobre todo en lo que respecta a recibir orientación.

El Niobio nos impulsa a ver todo desde una nueva perspectiva y nos ayuda a discernir la magia que hemos pasado por alto delante de nuestras narices. El Niobio es el metal del cuerpo arcoíris y adornarse con él puede ayudar a alinear todas las formas no físicas del ser de tal manera que el verdadero cuerpo arcoíris puede tomar forma. Este metal puede armonizar con cualquier piedra, pero la Azeztulita y Fenacita son sus favoritas para saltar de dimensión. El Niobio es útil para fabricar herramientas de luz y dispositivos de cristales energéticos. Resuena con las energías místicas del planeta Neptuno.

METAL ORO

PALABRAS CLAVE energía solar, arquetipo de la
energía masculina, creatividad, confianza, vitalidad
CHAKRAS todos, en especial raíz (1ro), sacro (2do),
plexo solar (3ro) **ELEMENTOS** tierra
CORPORAL aporta vitalidad y energías solares
al cuerpo **EMOCIONAL** fomenta el optimismo,
coraje, nobleza, determinación y sensación general de bienestar, disipa el
miedo y emociones negativas **ESPIRITUAL** estimula la activación positiva
de los chakras inferiores, enciende el corazón solar, fomenta la participación
alegre en la vida

E L ORO es el metal de la realeza y de la energía del padre divino. Se asocia con el
sol, con el fuego, con la fuerza vital en su modo creativo y con la energía masculina. Es el metal del ser exterior, de la personalidad iluminada por el sol. El Oro
es el metal que mejor conduce electricidad y es óptimo como conductor universal
de las energías sutiles de las piedras. Aunque el Oro es el mejor metal para las joyas
activas en cuanto a energías, hay que tener en cuenta las piedras y los individuos
involucrados, ya que ambos varían mucho en sus patrones energéticos, por lo que
hay muchos casos en los que se debe optar por otros metales.

El Oro revitaliza las energías físicas y amplifica el poder de la mayoría de las
piedras preciosas. Favorece la franqueza, integridad y genera confianza en quien lo
porta. En los cuentos de hadas simboliza la finalización exitosa de un proceso de
crecimiento interior y la recompensa por ello. Con su brillo, también simboliza reinos celestiales.

El Oro conduce las energías sutiles de la mayoría de las piedras preciosas mejor
que cualquier otro metal. Tiene una afinidad especial con la Moldavita, Lapislázuli,
Diamante, Ópalo Precioso, Ópalo de Oregón, Labradorita Dorada, Heliodoro y las
formas transparentes de Azeztulita.

METAL PLATA

PALABRAS CLAVE energía lunar, energía arquetípica femenina, misterio, introversión, el inconsciente
CHAKRAS todos **ELEMENTOS** tierra
CORPORAL enfría exceso de calor corporal, contribuye al equilibrio hormonal de la mujer, ayuda al cuerpo a superar virus y bacterias, apoya con energía al sistema inmunológico **EMOCIONAL** estimula la sintonía con el lado intuitivo y emocional del ser, conecta tanto a los hombres como a las mujeres con su lado femenino, fomenta la receptividad emocional; refuerza la empatía **ESPIRITUAL** estimula conexión con la diosa, permite viajar a los reinos astrales, nos sintoniza con las profundidades del subconsciente

L A PLATA es el metal de la diosa, de la luna, de la noche, del secreto, de lo misterioso, de la gran sacerdotisa, de la energía femenina, de la fuerza vital en su aspecto oculto. La Plata es el segundo metal (después del Oro) que mejor conduce la electricidad y también armoniza bien con la mayoría de las piedras preciosas. Mientras que el Oro emana una energía de extroversión, la Plata es introversión, y así como el Oro genera confianza en uno mismo, la Plata fomenta la autocontención y reflexión interior. El Oro brilla con una luz ardiente y la Plata es un espejo para el alma, el metal de la luz de la luna.

La Plata funciona mejor con las piedras que potencian las capacidades psíquicas y/o trabajan para sanar el cuerpo emocional. En los cuentos de hadas, Plata simboliza el viaje a través del bosque oscuro y la confrontación con el misterio. Es el símbolo del reino inconsciente, el mundo del alma del que surgen los patrones arquetípicos de la vida. Fomenta los sueños lúcidos y viajes a vidas pasadas.

La Plata tiene sintonía en particular con la Piedra Lunar, Ópalo de Oregón, Obsidiana, Malaquita y Rosophia.

METAL PLATINO

PALABRAS CLAVE conexión cósmica, comunicación interdimensional **CHAKRAS** todos, en especial tercer ojo (6to), coronilla (7mo), etéreo (8vo-14to) **ELEMENTOS** tormenta **CORPORAL** estimula sistemas energéticos del cuerpo, emana un poderoso campo de protección alrededor del cuerpo **EMOCIONAL** ayuda a controlar las emociones y a mantener despierto al observador interno neutral como centro de nuestro ser **ESPIRITUAL** activa los chakras superiores, estimula comunión y comunicación con los reinos superiores, sirve de ayuda para realizar viajes fuera del cuerpo

E L PLATINO es el espíritu, así como el Oro es la personalidad y la Plata es el alma. Es las estrellas, la energía angelical andrógina, la fuerza vital en su aspecto de transformación. El Platino tiene el espectro vibratorio más alto de todos los metales y su resonancia es mejor con las piedras que están en sintonía con los chakras superiores del cuerpo y con los chakras no físicos que están por encima de la cabeza. Mientras que el Oro y la Plata son extroversión o introversión, el Platino es trascendencia: estimula la conciencia para aspirar a los reinos más elevados. Está vinculado no solo al reino angelical, sino al patrón arquetípico del ser humano divino; evoca la energía de la iluminación y arquetipo de la estrella. Es una poderosa antena para sintonizar con nuestra propia presencia "yo soy".

El Platino puede potenciar la conexión con ángeles y guías espirituales. Es portador del patrón energético de la revelación. Trabaja en el campo áurico para sanar las heridas del alma que fueron destinadas o escogidas para nuestro propio aprendizaje (o bendición) en esta vida; su poder sanador llega a través del vehículo de la conciencia ampliada. Nos abre a la comprensión de que los desafíos en nuestra vida son perfectos en el contexto de la evolución espiritual. El Platino tiene una afinidad especial con Fenacita y Azeztulita, por lo que es capaz de potenciar las cualidades trascendentes de estas dos piedras.

METAL TITANIO

PALABRAS CLAVE poder, acción, conciencia superior, llevar la contradicción a la síntesis
CHAKRAS todos **ELEMENTOS** tierra
CORPORAL ofrece protección contra campos electromagnéticos generados por ordenadores y equipos electrónicos, favorece la sanación física al vigorizar el campo energético de la persona
EMOCIONAL infunde una sensación de protección y seguridad, apacigua el miedo, eleva y refuerza el cuerpo emocional **ESPIRITUAL** estimula la fuerza y pureza energéticas, ofrece protección espiritual al aumentar el poder de nuestro campo vibratorio, inspira determinación

E L TITANIO es el metal del poder e invencibilidad. Evoca la imagen del gigante, guerrero, héroe, entusiasta defensor de todo lo preciado. Resuena con las energías del planeta Marte. Aumenta la vitalidad física y aporta más energía al campo áurico, por lo que puede ser un antídoto vibratorio contra la pereza y fatiga. Es un metal de acción más que de reflexión, de movimiento más que de meditación.

El Titanio funciona bien sobre todo con piedras de alta energía como Moldavita, Natrolita, Herderita, Zincita, Tectita Negra Tibetana y Piedra de la Profecía. Es ideal para fabricar herramientas de luz. El Titanio también es un metal para la conciencia superior que lleva a la resolución de conflictos internos y a la síntesis de pensamientos que pudieran parecer contradictorios. Es amigo de las ideas fabulosas e imposibles y puede soportar la tensión inherente a la paradoja. Es un metal de la nueva conciencia que será la norma cuando se produzca la gran transformación de la humanidad. Al portar o llevar puesto el Titanio, se siembra una semilla de esa energía en el campo áurico.

METEORITO CONDRITA

PALABRAS CLAVE comunicación interdimensional y extraterrestre, acceso a los registros akásicos del sistema solar **CHAKRAS** tercer ojo (6to), coronilla (7mo) **ELEMENTOS** tierra **CORPORAL** da apoyo a huesos, sangre y sistema circulatorio **EMOCIONAL** trabaja en el equilibrio y estabilización del cuerpo emocional **ESPIRITUAL** nos ayuda a conectar con extraterrestres, ayuda para viajes interdimensionales

L AS CONDRITAS son meteoritos pétreos. Contienen más que todo piroxeno y olivino, pequeñas cantidades de feldespato plagioclasa y níquel-hierro. Su estructura se compone de pequeños granos esféricos llamados "condritas".

Los Meteoritos Condrita vibran en las frecuencias más adecuadas para la comunicación interdimensional con extraterrestres y entre ellos. Como piedras a base de sílice, las Condritas son programables y pueden alinearse con funciones específicas, como abrir el propio canal telepático o "viajar" interdimensionalmente a otras estrellas y planetas. Pueden utilizarse para almacenar información, en especial conocimientos esotéricos relacionados con la "escalera de la conciencia" sobre la cual se intercambian energías de alta frecuencia. Las Condritas llevan los registros espirituales de este sistema solar. Estos cuentan la historia de las entidades etéricas que existieron en otros planetas, desde Mercurio hasta Saturno. Aunque estos planetas no son aptos para la vida física tal y como la conocemos, aquellos que hacen viajes astrales o que acceden a sus historias espirituales, descubren que la conciencia siempre ha existido en el sistema solar. La meditación con meteoritos de Condrita nos puede aportar una experiencia de primera mano de estos reinos sutiles interplanetarios.

Los Meteoritos Condrita se combinan en armonía con Herderita, Brookita, Danburita, Petalita, Amatista y Sugilita. La Moldavita se puede utilizar con meteoritos de Condrita para aprovechar las corrientes interplanetarias, las inteligencias extraterrestres y las visiones de muchos reinos de conciencia superior.

METEORITO DE NÍQUEL-HIERRO

PALABRAS CLAVE activación de la kundalini, visión interior, despertar espiritual, paciencia y persistencia en el crecimiento espiritual

CHAKRAS raíz (1ro), plexo solar (3ro), tercer ojo (6to), coronilla (7mo) **ELEMENTOS** fuego **CORPORAL** mejora la resistencia y la fuerza, favorece sangre y tejidos **EMOCIONAL** favorece el equilibrio emocional, protege y ancla a tierra el cuerpo emocional **ESPIRITUAL** cataliza la transformación espiritual a través del despertar de la energía kundalini

L os Meteoritos de Níquel-Hierro vibran con una intensidad casi eléctrica. Pueden activar el canal de la kundalini, al hacer que el fuego espiritual, casi siempre dormido, que existe en todos los seres humanos cobre toda su fuerza. Estas piedras conducen las corrientes de las estrellas, el *Saura Agni* de los vedas hindúes, la energía oculta que anima el universo. Cuando se agita esta energía, pueden producirse grandes despertares y cambios. Sin embargo, el efecto varía mucho. Algunas personas no sentirán nada en absoluto porque su frecuencia vibratoria es demasiado baja para resonar con estos poderosos meteoritos, mientras que otras se sentirán hiperestimuladas y querrán alejarse de ellos; esto puede deberse a que el cuerpo emocional no está preparado para tolerar el potencial de transformación que estas piedras generan.

Los Meteoritos de Níquel-Hierro estimulan los chakras del tercer ojo y de la coronilla. Actúan como catalizadores de la visión interior y del despertar espiritual. Sin embargo, también activan el chakra raíz y el plexo solar, ya que ofrece un ancla de conexión a tierra muy necesaria para poder manejar todo lo que estos generan. Además, los Meteoritos de Níquel-Hierro estimulan el plexo solar, el chakra de la acción y voluntad.

Los Meteoritos de Níquel-Hierro armonizan con Anandalita, Moldavita, Tectita Dorada de Libia y Tectita Tibetana, cada una de las cuales resuena para potenciar el despertar del fuego interior de la kundalini.

METEORITO PALLASITA

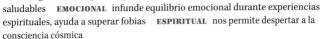

PALABRAS CLAVE unión con la supermente cósmica y campos de conocimiento, viaje interdimensional, prosperidad, estabilidad emocional   **CHAKRAS** corazón (4to), tercer ojo (6to)   **ELEMENTOS** tierra
CORPORAL apoya al corazón, ayuda a la purificación de la sangre, contribuye a disipar bacterias y virus no saludables   **EMOCIONAL** infunde equilibrio emocional durante experiencias espirituales, ayuda a superar fobias   **ESPIRITUAL** nos permite despertar a la consciencia cósmica

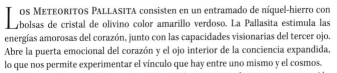

L OS METEORITOS PALLASITA consisten en un entramado de níquel-hierro con bolsas de cristal de olivino color amarillo verdoso. La Pallasita estimula las energías amorosas del corazón, junto con las capacidades visionarias del tercer ojo. Abre la puerta emocional del corazón y el ojo interior de la conciencia expandida, lo que nos permite experimentar el vínculo que hay entre uno mismo y el cosmos.

Durante la meditación con la Pallasita, la mente puede entrar en una unión iluminada con la supermente cósmica, lo que permite acceder a campos morfogénicos del conocimiento, por lo que podemos tan solo "preguntar y conocer" en un instante. A través de la conexión del corazón es posible entrar en unión extática con el corazón del cosmos, también conocido como el gran sol central. Cuando ambos vínculos se activan, se puede sentir que nuestro ser se extiende a través de todo el universo y es el universo entero.

La Pallasita ayuda a liberar el miedo a expandir la conciencia más allá del cuerpo. Ayuda a quienes se sienten "atrapados" en el cuerpo a soltarse y viajar en el plano astral y otros planos superiores. Puede calmar el miedo a volar y puede ayudar a los que sufren de agorafobia. La Pallasita también puede ayudar a manifestar la prosperidad y abundancia en la vida material.

Trabaja en armonía con Fenacita, "Diamantes" Herkimer, Dioptasa, Morganita, Esmeralda y Kunzita.

MOLDAVITA

PALABRAS CLAVE transformación, evolución espiritual rápida, activación de los chakras, limpieza, protección, aumento de incidencia de las sincronías **CHAKRAS** todos, en especial corazón (4to) y tercer ojo (6to) **ELEMENTOS** tormenta **CORPORAL** ayuda a sintonizar el cuerpo con sus niveles más elevados de funcionamiento **EMOCIONAL** abre el corazón, nos inspira a alcanzar nuestro destino más elevado **ESPIRITUAL** cataliza múltiples y muy poderosos despertares espirituales

L A MOLDAVITA es un miembro del grupo de las tectitas, una mezcla vidriosa de dióxido de silicio, óxido de aluminio y otros óxidos metálicos, de color verde profundo con un sistema cristalino amorfo y una dureza de 5,5 a 6. Solo se encuentra en la meseta de Bohemia en la República Checa.

La Moldavita es conocida desde hace mucho tiempo como una piedra sagrada. Se encuentra en amuletos de altares desde el año 25.000 a. C., y la leyenda la relaciona con la legendaria piedra del santo grial. En el folclore checo se creía que guiaba a la persona hacia su destino y la ayudaba a encontrar y conservar el amor verdadero.

En la actualidad, la Moldavita es conocida como una piedra de rápida y poderosa transformación espiritual. Puede catalizar grandes cambios de prioridades e incluso cambios físicos vitales. Su tendencia es atraer todo lo que se relaciona a nuestra propia evolución espiritual y el bien más elevado, y disolver nuestras conexiones con aquello que obstaculice esa evolución. Esto puede incluir cambios de carrera, relaciones, dieta, salud y objetivos personales, así como despertares interiores, sueños proféticos y visiones del verdadero destino. La Moldavita en ocasiones ha provocado una apertura repentina del chakra del corazón, conocida como "descarga de Moldavita". Puede estimular cualquier chakra y brinda sanación allí donde el cuerpo lo requiera. La Moldavita también tiene la capacidad de desaparecer y reaparecer, mostrando una cualidad de arlequín.

Puede energizar los efectos de muchas piedras, armoniza bien sobre todo con los "Diamantes" Herkimer y todos los tipos de cuarzo.

MORGANITA

PALABRAS CLAVE amor divino y compasión
CHAKRAS corazón (4to) **ELEMENTOS** viento
CORPORAL da apoyo al corazón físico y a su campo
energético **EMOCIONAL** alivia el alma con amor divino,
ayuda a superar viejas penas **ESPIRITUAL** inspira la
fusión exultante con el amor divino que todo lo impregna

L A MORGANITA es una variedad rosa, melocotón o violeta del berilo, un mineral de silicato de aluminio y berilio con un sistema cristalino hexagonal y una dureza de 7,5 a 8. Lleva el nombre del financista y coleccionista de minerales J. P. Morgan. Los yacimientos proceden de Brasil, Madagascar, África y Estados Unidos.

Esta piedra está en sintonía con la frecuencia del amor divino. Abre el corazón a un nivel más profundo, nos hace conscientes del enorme océano de amor cósmico en el que todos existimos. Nos da la oportunidad de entregarnos al inmenso poder del amor divino y permitir que nos muestre nuestro camino de vida con mayor claridad. La Morganita puede brindarnos una liberación inmediata de viejos dolores y penas, y una sensación de ligereza, como si nos hubiéramos quitado una carga de encima. La Morganita aporta la frecuencia de la compasión divina y facilita bastante la autosanación emocional a través de una rendición interior que nos libera del dolor al que nos habíamos aferrado de forma inconsciente.

Cuando mantenemos la Morganita con nosotros durante largos períodos de tiempo, hay un crecimiento de la confianza y poder que surge de estar siempre conscientes de nuestra conexión con el amor divino. Se puede facilitar este proceso si sostenemos una Morganita sobre el corazón, "inhalando" el amor divino y luego ofrecemos nuestro amor a través de la piedra al exhalar. Por medio de esta práctica, se puede establecer un flujo circular de gran dulzura y poder.

La Morganita armoniza con las otras piedras del chakra del corazón como son el Cuarzo Rosa, Rodocrosita, Rodonita, Rosophia, Esmeralda, turmalina, etc., así como la Fenacita, Danburita, Petalita y Azeztulita.

MOSCOVITA

PALABRAS CLAVE estimulación mental, inspiración, resolución de problemas, sintonía con el futuro, percepciones extrasensoriales, moderación de un despertar espiritual demasiado rápido **CHAKRAS** corazón (4to), coronilla (7mo) **ELEMENTOS** viento **CORPORAL** alivia los dolores de cabeza, mareos, etc., provocados por un despertar psíquico demasiado rápido **EMOCIONAL** ayuda a ver y disolver apegos emocionales poco sanos **ESPIRITUAL** ayuda a la apertura psíquica, estimula todas las energías mentales

L A MOSCOVITA es un silicato de aluminio y potasio con un sistema cristalino monoclínico y una dureza de 2,5 a 4. Su color suele ser rosa o grisáceo.

Es una piedra de energías bastante positivas. Estimula la mente, promoviendo el pensamiento claro y rápido, resolución eficaz de problemas y síntesis de nuevas ideas a partir de viejas informaciones. Es la piedra de la novedad que enseña a probar marcos de referencia desconocidos. La Moscovita estimula las capacidades superiores del cerebro, lo que nos lleva a acoger la paradoja, y sostener la tensión de los opuestos sin sufrir un calambre cerebral. La Moscovita es una piedra de inspiración, que fomenta creación de nuevas vías neuronales y aumenta la frecuencia de los momentos reveladores. Nos ayuda a sintonizar con la corriente temporal del futuro y, para ello, permite que el aparato mental descanse con comodidad en el estado de indeterminación. Estimula los chakras sexto y séptimo, y activa los principales centros mentales. Favorece las funciones de intuición, telepatía, clarividencia y otras formas de percepción extrasensorial. Nos vuelve receptivos a la información y a las sugerencias de guías espirituales. Ayuda a adoptar "pensamientos más amplios", lo que nos permite ver los vínculos entre disciplinas tan diversas como el arte, música, filosofía y matemáticas.

La Moscovita trabaja en armonía con la Lepidolita para la elevación espiritual. La Moldavita lleva las energías mentales de la Moscovita a un nivel superior. Para las visiones e inspiraciones, la Fenacita y "Diamante" Herkimer son aliados ideales.

NATROLITA

PALABRAS CLAVE experiencia visionaria, salto cuántico a la conciencia superior, evolución del cerebro **CHAKRAS** tercer ojo (6to), coronilla (7mo), etérico (8vo-14to) **ELEMENTOS** tormenta **CORPORAL** ayuda a la sanación espiritual de daños y disfunciones cerebrales **EMOCIONAL** ayuda a la recuperación emocional de apegos psíquicos parasitarios **ESPIRITUAL** estimula expansión de la conciencia y la ascensión

L A NATROLITA es un silicato de aluminio y sodio con un sistema cristalino ortorrómbico y una dureza de 5 a 5,5. Las piedras pueden ser incoloras, blancas o grises, y se hallan en Rusia, India y Nueva Jersey, Estados Unidos.

Es una de las dos o tres piedras más poderosas para la estimulación de los chakras del tercer ojo y de la coronilla. De hecho, puede provocar la fusión de estos chakras en un gran centro de energía. La energía de la Natrolita se mueve más allá de los confines del cuerpo físico, lo que activa nuestro vínculo consciente con los chakras octavo a decimocuarto por encima de la cabeza. Estos chakras están alineados con los cuerpos superiores, el astral y causal, así como con el yo superior. La Natrolita ayuda a abrir las puertas interiores hacia una miríada de reinos internos para exploración e iluminación.

Esta piedra brinda protección psíquica y hace imposible que las entidades o influencias negativas penetren en nuestro campo áurico. Sus vibraciones pulsantes pueden llevar la luz a cualquier zona del cuerpo donde las energías estén bloqueadas. Se puede utilizar para limpiar los chakras y los meridianos y es útil para estimular el sistema nervioso a mayores niveles de sensibilidad a las sutiles energías espirituales que nos rodean. La Natrolita es una piedra para la ascensión, junto con la Herderita, Fenacita, Danburita, Azeztulita, Escolecita, Brookita y Cuarzo Satyaloka; ese es el grupo óptimo de piedras para elevar nuestras energías vibratorias en resonancia con los mundos superiores. La Natrolita es también una de las doce piedras de la sinergia y funciona bien con la Tectita Tibetana, Moldavita y Tanzanita.

NOVACULITA

PALABRAS CLAVE infusión de materia-energía sutil, estimulación de la iluminación, discernimiento, corte de lazos poco sanos con el pasado **CHAKRAS** tercer ojo (6to), coronilla (7mo) **ELEMENTOS** viento, tormenta **CORPORAL** libera energías bloqueadas y elimina apegos negativos que causan dolencias físicas **EMOCIONAL** facilita la liberación del pasado y aporta entusiasmo por la vida y afán de aprendizaje y desarrollo espiritual **ESPIRITUAL** lleva una corriente de materia-energía sutil al cuerpo, lo que ayuda al proceso de iluminación.

La Novaculita es una variedad microcristalina del cuarzo con una dureza de 7. Su nombre deriva de una palabra latina que significa "navaja" o "cuchillo afilado". Esta piedra estimula con fuerza los chakras superiores. Actúa como un conducto para la infusión de materia-energía sutil o fuego celestial que cambia y hace evolucionar las células y moléculas de nuestro cuerpo con rapidez. Esto puede activar nuestra capacidad latente de poderes espirituales o *siddhis*. Se puede pensar en Novaculita como una especie de "piedra gurú" que enseña a nuestro cuerpo a alcanzar la iluminación.

La Novaculita es una piedra de discernimiento: bajo su influencia se puede mejorar mucho este aspecto, así como la inteligencia e intuición. En el trabajo energético se puede utilizar la Novaculita para cortar lazos emocionales o kármicos poco sanos (a veces llamados "cordones"); combinar Novaculita con cuarzo en una varita láser funciona muy bien para esto. En la autosanación espiritual es una piedra ideal para la cirugía psíquica. Está en sintonía con el corazón y cerebro en particular y sus corrientes pueden ayudar a limpiar las energías del torrente sanguíneo, sistema linfático y sistema nervioso.

El poder de la Novaculita se ve potenciado por la Moldavita, Shungita y todas las piedras superactivadas de azozeo. Ayuda a la sanación cuando se combina con la Healerita o Serafinita. Trabaja con la Cinnazez como aliada útil para el sistema nervioso.

NUUMITA

PALABRAS CLAVE magia personal, viajes interiores,
sintonía con fuerzas elementales, autodominio
CHAKRAS tercer ojo (6to), plexo solar (3ro), raíz (1ro)
ELEMENTOS tierra, tormenta   **CORPORAL** ayuda a
calmar y equilibrar el sistema nervioso
EMOCIONAL fomenta aceptación de uno mismo,
reconocimiento de la fuerza interior   **ESPIRITUAL** ayuda a honrar nuestra
profundidad y encontrar nuestro poder interior

L A NUUMITA es una combinación de antofilita y gedrita con un grado de dureza
de cerca de 6. Se compone de cristales estrechamente intercalados que presentan destellos de colores iridiscentes. Solo se halla en Groenlandia.

La Nuumita recurre a las energías ardientes del núcleo de la Tierra y nos ofrece
el don del poder interior para el autodominio. Puede llevarnos a un viaje a las profundidades de la psique para ayudarnos a liberar energías atrapadas en el subconsciente.
Ayuda a recordar y liberar energías fijadas en la infancia, en el nacimiento e incluso en
vidas pasadas, así como a tener coraje y determinación para hacer el trabajo interior
necesario para curarse y estar completo. Se puede utilizar como piedra de observación,
ya que ayuda a entrar en estados alterados de conciencia. Es excelente para el viaje
chamánico. Es capaz de potenciar la clarividencia y la intuición; puede ayudar a aprender el lenguaje del cuerpo y a canalizar las energías curativas para uno mismo y para
los demás. Nos sintoniza con las fuerzas elementales de la Tierra para poder invocarlas
en momentos de necesidad. Es una piedra de magia personal que puede aumentar la
frecuencia de sincronías y "buena suerte" en nuestras vidas. La Nuumita puede ser una
poderosa piedra de meditación que abre las puertas interiores del autodescubrimiento. Se puede usar en joyería para atraer la dinámica del poder interior, el autodominio,
la magia y la manifestación en nuestras vidas.

La Nuumita armoniza con la Moldavita, Tectita Dorada de Libia, Turmalina,
Amatista, Labradorita, Piedra Solar y Piedra Lunar.

OBSIDIANA ARCOÍRIS

PALABRAS CLAVE recuperación de las heridas emocionales, viaje profundo a través de la oscuridad hacia la luz **CHAKRAS** raíz (1ro) **ELEMENTOS** tierra **CORPORAL** facilita la eliminación de bloqueos y apegos que pueden causar enfermedades **EMOCIONAL** fomenta el optimismo y la esperanza, apoya al cuerpo emocional durante los tiempos oscuros **ESPIRITUAL** ayuda a atravesar la noche oscura del alma

L A OBSIDIANA ARCOÍRIS es una roca volcánica vítrea, rica en sílice, con una estructura amorfa y una dureza de 5 a 5,5. Es negra con capas de color iridiscente. Su nombre deriva del destacado personaje romano de la Antigüedad, Obsius.

Esta piedra ayuda a emprender el viaje descendente hacia la luz inesperada. Para la mayoría de los seres humanos es imposible escapar de la prisión de su propia psique herida sin ir en descenso; ese viaje a las profundidades es tan sorprendente como necesario. A medida que bajamos, encontramos las piezas olvidadas de nosotros mismos que hemos dejado atrás en cada herida. Al recuperar las partes y continuar, podemos experimentar más vacío y una oscuridad más profunda antes de estallar de repente en la luz en el mismo nadir del descenso. A menudo, estos viajes hacia abajo son precipitados por una crisis en la vida exterior; sin embargo, la meditación con Obsidiana Arcoíris puede facilitar una experiencia más voluntaria de las profundidades. Tales descensos elegidos suelen ser de menor duración que los provocados por crisis y ayudan a acercar el alma a la conciencia.

La Obsidiana Arcoíris tiene afinidad con la Piedra Lunar Arcoíris. Utilizadas juntas, podemos mantener una conciencia dual, en la que una parte de nosotros mismos permanece en el mundo iluminado mientras otra parte realiza el viaje oscuro.

OBSIDIANA CAOBA

PALABRAS CLAVE liberación de limitaciones
internas, sanación de sentimientos de indignidad
CHAKRAS raíz (1ro), sacro (2do)
ELEMENTOS tierra **CORPORAL** apoya con
energía las funciones del hígado y riñón, ayuda a la desintoxicación
EMOCIONAL facilita la sanación de la vergüenza que llevamos sin saberlo,
fomenta amor propio **ESPIRITUAL** ideal para la protección psíquica, limpieza
de bloqueos, creatividad

La Obsidiana Caoba es una roca volcánica vítrea, rica en sílice, con una estructura amorfa y una dureza de 5 a 5,5. Es de una tonalidad negra con manchas de color marrón rojizo. Recibe su nombre del destacado personaje romano de la Antigüedad, Obsius.

Esta piedra puede ayudar a limpiar el segundo chakra de energías negativas y residuos de viejas heridas emocionales. Estas fijaciones pueden bloquear el flujo de las energías creativas o crear problemas en la expresión plena de la sexualidad, por lo que es importante trabajar para asegurarse de que este chakra funcione con libertad. Al colocar piedras de Obsidiana Caoba entre el primer y el segundo chakra se puede "sacar el veneno" de las memorias inconscientes de vergüenza, humillación o abuso, liberándolos en la luz.

Esta piedra es capaz eliminar los "implantes" psíquicos negativos que nos frenan en otras áreas. Es ideal para disipar sentimientos de indignidad que nos impiden desarrollar nuestro potencial en el trabajo, amor y despertar espiritual. Llevar o usar la Obsidiana Caoba nos protege de los ataques psíquicos, ya sean de entidades no físicas o de otras personas; es casi como tener un guardaespaldas etérico.

La Obsidiana Caoba trabaja en armonía con el Cuarzo Negro Tibetano, Sugilita y Turmalina Negra en lo que respecta a ofrecer protección psíquica. La Zincita ayuda a curar las heridas del segundo chakra. La Moldavita es útil para ayudar a superar limitaciones del pasado.

OBSIDIANA COPO DE NIEVE

PALABRAS CLAVE perseverancia, introspección, sintonía con el guía espiritual, recuerdo de vidas pasadas, comunicación con espíritus

CHAKRAS raíz (1ro), tercer ojo (6to) **ELEMENTOS** tierra **CORPORAL** facilita la sanación espiritual del cáncer, fomenta la receptividad a sanar **EMOCIONAL** ayuda a disipar la "conciencia de víctima", inspira a confiar en uno mismo **ESPIRITUAL** aumenta sensibilidad psíquica, recuerdo de vidas pasadas y atención a las sincronías

L A OBSIDIANA COPO DE NIEVE es una roca volcánica vidriosa, rica en sílice, con una estructura amorfa y una dureza de 5 a 5,5. Es de color negro con manchas blanquecinas. Se denomina así por el destacado personaje romano de la Antigüedad, Obsius.

Esta piedra permite sacar lo mejor de una mala situación, porque despeja pensamientos negativos y autodestructivos e inspira nuevas ideas para mejorar la situación. Aumenta el pensamiento, y elimina la fantasía que drena la energía. Incrementa la sensibilidad psíquica de la persona lo que la hace más capaz de notar las sincronías significativas que pueden señalar el camino de la persona. Meditar con la Obsidiana Copo de Nieve nos puede poner en contacto con el mundo de las almas, y facilitar la comunicación con seres queridos fallecidos. También sintoniza con los recuerdos de vidas pasadas o hechos olvidados de la vida anterior, al centrarse en el recuerdo de los acontecimientos relacionados con las dificultades actuales. En tales recuerdos se encuentra la clave para la comprensión que permitirá superar y liberar problemas.

La Obsidiana Copo de Nieve trabaja en sinergia con la Magnesita, lo que mejora así la sintonía con los reinos superiores. La Zincita refuerza los chakras inferiores donde los desequilibrios pueden quedar expuestos al trabajar con la Obsidiana Copo de Nieve. Por último, el Lapislázuli, Iolita, Cuarzo Azul Siberiano, Escolecita y Herderita ayudan a mejorar su capacidad psíquica.

OBSIDIANA DE PAVO REAL

PALABRAS CLAVE viaje chamánico, viaje
astral, protección psíquica **CHAKRAS** raíz
(1ro), tercer ojo (6to) **ELEMENTOS** tierra
CORPORAL ayuda con los problemas físicos
causados por agujeros en el campo áurico **EMOCIONAL** inspira la comunión y
celebración con los seres espirituales **ESPIRITUAL** facilita los viajes chamánicos
y comunicación con los espíritus

L A OBSIDIANA DE PAVO REAL es una roca volcánica vítrea, rica en sílice, con
una estructura amorfa y una dureza de 5 a 5,5. Es negra con remolinos de color
iridiscente. Su nombre se deriva del destacado personaje romano de la Antigüedad,
Obsius.

Su danza de colores iridiscentes abre el tercer ojo al mundo interior de la conciencia visionaria. Es excelente para los sueños lúcidos, el trabajo respiratorio, la meditación guiada y otras prácticas de expansión de la conciencia. Al igual que la Obsidiana
Arcoíris, puede mostrarnos la luz inesperada en la oscuridad; sin embargo, esta piedra
no es en sí una piedra de las profundidades, sino que es más útil para entrar en los
planos cercanos del mundo astral, sutil y causal. Es una herramienta para chamanes
y otros que "caminan entre los mundos", un aliado para la protección y visión clara
que ayuda a negociar con confianza las puertas entre las dimensiones. Es también
una piedra que llama a los mundos a unirse para celebrar. Es excelente para utilizarla
en rituales y reuniones en las que se desea convocar a los ancestros, guías y espíritus
ayudantes. En los otros mundos, sus energías aparecen como patrones ondulantes en
forma de serpiente de colores vivos e iridiscentes, que irradian en todas las direcciones
desde la piedra física. Es capaz de llamar la atención de los seres espirituales y los atrae.
Gracias a esta característica, se puede utilizar cuando se llama a los seres queridos
fallecidos para la comunicación con los espíritus.

La Obsidiana Pavo Real funciona bien con la Moldavita, Piedra Chamán, Piedra
de la Profecía, Fenacita y Escolecita.

OBSIDIANA DORADA

PALABRAS CLAVE sanación del abuso de poder, activación de la
voluntad superior, mejora de la manifestación **CHAKRAS** raíz (1ro),
plexo solar (3ro) **ELEMENTOS** tierra **CORPORAL** ayuda al
cuerpo a superar problemas estomacales y digestivos
EMOCIONAL fomenta la confianza en uno mismo a través del autoconocimiento **ESPIRITUAL** empodera la manifestación de la voluntad
divina a través de uno mismo

L A OBSIDIANA DORADA es una roca volcánica vidriosa, rica en sílice, con una
estructura amorfa y una dureza de 5 a 5,5. Es negra con remolinos de oro torna-
solado. Su nombre deriva del destacado personaje romano de la Antigüedad, Obsius.

La Obsidiana Dorada sintoniza con la energía del gran sol central a través de la
limpieza y activación del tercer chakra. El gran sol central podría llamarse la fuente
de la manifestación en el reino físico, y como tal emana y mantiene un hilo de conexión con el tercer chakra de cada ser del universo. La luz dorada del gran sol central
también se refleja en la luz iridiscente de esta piedra, lo que la hace ideal para limpiar las energías negativas y purificar el campo áurico, sobre todo en el plexo solar.
Cuando todo nuestro canal está despejado, incluso hasta llegar a la fuente, nuestra
voluntad se alinea con lo divino y esto mejora bastante nuestro poder de manifestación. Esta piedra es útil para hacer aflorar los talentos ocultos de cada uno y puede
ayudar a lograr el éxito mundano en su expresión.

La Obsidiana Dorada trabaja en armonía con la Labradorita Dorada, Heliodoro,
Ambligonita y Citrino, todas ellas piedras del rayo dorado. En la vinculación de la
propia conciencia con el gran sol central, la Azeztulita Dorada del Himalaya, Azeztulita Amarilla de Satyaloka y Azeztulita Dorada de Carolina del Norte son, por mucho,
las ayudas más poderosas. La Moldavita aumenta la capacidad de esta piedra para
manifestar la vocación más verdadera y elevada de cada uno.

OBSIDIANA NEGRA

PALABRAS CLAVE protección psíquica, anclaje a tierra, limpieza de la negatividad, comunicación espiritual **CHAKRAS** raíz (1ro) **ELEMENTOS** tierra **CORPORAL** ayuda a sanar problemas causados por el material no procesado de la "sombra" **EMOCIONAL** ayuda a disipar el juicio hacia uno mismo y autosabotaje **ESPIRITUAL** facilita limpieza psíquica, anclaje a tierra, protección y comunicación con los espíritus

L A Obsidiana Negra es una roca volcánica vítrea, rica en sílice, con una estructura amorfa y una dureza de 5 a 5,5. Su nombre deriva del destacado personaje romano de la Antigüedad, Obsius.

Esta piedra elimina las energías negativas propias y de nuestro entorno con eficacia. Es como una aspiradora psíquica que limpia el campo áurico de desarmonías, apegos negativos, "basura" astral, así como de ira, codicia, miedo, resentimiento, etc. Es una piedra con conexión fuerte a tierra que estimula el chakra raíz para hacer su enlace con el chakra de la estrella de la tierra debajo de los pies, y en lo profundo del núcleo de la Tierra. Es útil para todos los tipos de adivinación incluyendo la comunicación con espíritus. También es una piedra fuerte de protección espiritual. Además, ayuda a sacar del exilio el material de la sombra permitiendo que se transmute a través del corazón; así como a recuperar las partes exiliadas del inconsciente, incluso de vidas pasadas. Contribuye en la sanación del cuerpo y alma.

La Obsidiana Negra armoniza con el Azabache, Turmalina Negra y Cuarzo Ahumado para el anclaje a tierra. La Moldavita puede elevar la vibración de la Obsidiana Negra para la autotransformación. El Ámbar aporta una influencia sanadora. La Alejandrita y Ópalo de Oregón ayudan a utilizar la Obsidiana Negra en la visión de vidas pasadas. Las piedras de alta vibración como la Fenacita, Escolecita, Natrolita y Azeztulita proporcionan una mayor capacidad psíquica y un alto enfoque espiritual al trabajar con Obsidiana Negra.

OJO DE TIGRE

PALABRAS CLAVE equilibrio entre los extremos, discernimiento, vitalidad, fuerza, practicidad, equidad **CHAKRAS** plexo solar (3ro), sacro (2do), raíz (1ro) **ELEMENTOS** fuego, tierra **CORPORAL** favorece el equilibrio hormonal, aumenta la vitalidad general **EMOCIONAL** facilita la búsqueda de armonía emocional con los demás **ESPIRITUAL** infunde equilibrio espiritual, vigor, creatividad y claridad

E L OJO DE TIGRE es un mineral de dióxido de silicio con un sistema cristalino hexagonal y una dureza de 7. Tiene bandas brillantes que van del marrón amarillento al dorado. Se halla en Sudáfrica, India, Australia y Estados Unidos.

Se trata de una Piedra Solar de vitalidad, practicidad y acción física. Estimula los chakras raíz y plexo solar, lo que ayuda a tomar acciones efectivas y permanecer con los pies sobre la tierra, tranquilo y centrado. El Ojo de Tigre es una piedra de claridad mental: activa y estimula el intelecto, afila la espada de la lógica y abre la mente para poder acoger la paradoja. El Ojo de Tigre infunde energía al cuerpo para cumplir con los imperativos de la voluntad. Puede aportar la fuerza necesaria para superar el cansancio o desánimo. Activa y alinea los chakras inferiores para que las acciones se aprovechen de todo el espectro de la fuerza primordial, la creatividad e intención iluminada. Como piedra del equilibrio, el Ojo de Tigre permite encontrar el centro armonioso entre todo tipo de polaridades. Ayuda a ver ambas partes en los desacuerdos, de hecho, se recomienda a las personas que pasan por negociaciones difíciles que lleven consigo un Ojo de Tigre. Nuestra capacidad y voluntad de encontrar un lugar común con los demás casi siempre inspirará una respuesta similar.

El Ojo de Tigre armoniza con todos los miembros cristalinos de la familia del cuarzo, así como con Malaquita, Charoíta, serafina y la mayoría de los tipos de jaspe. La Moldavita aporta una energía transformadora positiva que ayuda a atravesar lugares "atascados" con la ayuda de la vitalidad y la fuerza del Ojo de Tigre.

ÓNIX

PALABRAS CLAVE fuerza interior, concentración, fuerza de voluntad, autodominio, disciplina, uso de la razón **CHAKRAS** raíz (1ro), plexo solar (3ro), tercer ojo (6to) **ELEMENTOS** tierra **CORPORAL** ayuda a recuperar la fuerza y vitalidad después de una enfermedad **EMOCIONAL** ejerce una influencia calmante, engendra confianza y poder **ESPIRITUAL** fomenta la persistencia, fuerza de voluntad; mejora la capacidad mental

EL ÓNIX es una variedad de la calcedonia, un miembro de la familia del cuarzo con un sistema cristalino hexagonal y una dureza de 7. Se define como una calcedonia anillada con líneas son paralelas.

Es una piedra de fuerza interior. Aumenta la resistencia y persistencia, lo que permite llevar a cabo incluso las tareas más difíciles y lentas. Aumenta la capacidad de mantener la concentración mental, lo que permite aprender nuevas materias difíciles y utilizar bien todo lo que se domina. Potencia energéticamente la retención de la memoria y fomenta la atención a los detalles. Es también una piedra de fuerza física; ayuda a contener las energías en lugar de permitir que se disipen. Ayuda a aumentar poco a poco la vitalidad. Esta piedra emana la energía del autodominio. Puede ayudar a controlar, concentrar y dirigir la voluntad, lo que supone un aumento considerable del poder personal. Ayuda a aprender que el control más importante es el autocontrol. Es capaz de enfriar y condensar las energías excesivas; calma el nerviosismo, apacigua la ansiedad, calma los temperamentos irascibles y racionaliza la pasión.

El Ónix es una buena influencia para la conexión a tierra cuando se medita con piedras de alta energía. Funciona bien con otras piedras porque consolida sus energías. Ayuda a integrar los conocimientos espirituales. Junto con la Fenacita, Azeztulita y otras piedras visionarias, puede ayudar a enraizar sus beneficios en el mundo físico.

ÓPALO AZUL DE OWYHEE

PALABRAS CLAVE fuerza silenciosa, confianza tranquila, decisión, exploración interior, amplificación de las emociones positivas, protección psíquica **CHAKRAS** garganta (5to), tercer ojo (6to), plexo solar (3ro) **ELEMENTOS** agua **CORPORAL** ayuda en los problemas de garganta, como laringitis, dolor de garganta, tiroides **EMOCIONAL** fomenta la confianza en uno mismo, la calma, la claridad de objetivos **ESPIRITUAL** facilita el recuerdo de vidas pasadas, éxito en la magia positiva

E L ÓPALO AZUL DE OWYHEE, un material de sílice hidratado con una dureza de 5,5 a 6,5, fue descubierto en 2003 en Oregón, Estados Unidos. Su rico color azul es similar en tono a la calcedonia azul fina.

Combina el rayo azul puro del chakra de la garganta y del tercer ojo con sutiles reflejos dorados que activan el plexo solar. De este modo, se casan los poderes de percepción, expresión y voluntad, lo que nos permite ver, hablar y actuar con claridad, autoridad y confianza. Estas piedras son un antídoto contra la indecisión, timidez, miedo, impotencia, confusión, inarticulación y muchas otras expresiones de energías bloqueadas. Los Ópalos Azules de Owyhee son piedras de fuerza tranquila y sosegada que permiten elegir las palabras, la acción o la inacción como el mejor medio para lograr nuestro propósito. Son piedras de memoria profunda, que retiran el velo que nos separa de la conciencia de encarnaciones pasadas. También pueden utilizarse como talismanes para todo tipo de magia positiva: aumentan la experiencia de las emociones positivas, pero no magnifica la negatividad. De hecho, esta piedra actúa como una protección contra los ataques psíquicos o intrusión de energías y entidades astrales. Además, ayuda en los sueños lúcidos, viajes chamánicos y comunicación con los seres espirituales.

El Ópalo Azul de Owyhee combina bien con el Ópalo Blanco de Oregón, Moldavita, Herderita, Ópalo Negro, Ópalo Rosa y Azul Andino.

ÓPALO COMÚN

PALABRAS CLAVE blanco: purificación, rosa: sanación emocional, azul: calmar la mente, marrón y negro: protección emocional **CHAKRAS** blanco: coronilla (7mo), rosa: corazón (4to), azul: garganta y tercer ojo (5to y 6to), marrón y negro: raíz y sacro (1ro y 2do) **ELEMENTOS** tierra **CORPORAL** todos los colores ayudan gradualmente en varios procesos de sanación **EMOCIONAL** trabaja para apoyar y sanar el cuerpo emocional **ESPIRITUAL** nos abre al espíritu a través de la sanación de las heridas del alma

E L ÓPALO COMÚN, un material de sílice hidratado con una dureza de 5,5 a 6,5, puede ser de varios colores diferentes, pero casi siempre es opaco y no muestra nada del "fuego" que exhibe el Ópalo precioso.

Esta piedra vibra a una frecuencia más baja y con una intensidad más suave que los ópalos transparentes y/o los ópalos de fuego, y esto potencia sus efectos calmantes y tranquilizadores sobre el cuerpo emocional. El ópalo, en todos sus colores, es una piedra de energías suaves. El Ópalo blanco proporciona la purificación de nuestro campo energético, limpiando y reequilibrando los chakras del cuerpo etérico y apoyando su conexión con el ser físico. El Ópalo rosa sirve para sanar emociones, sobre todo las relacionadas con el dolor subconsciente. El Ópalo azul es un antídoto para pensamientos inquietos si uno tiende a despertarse por la noche con la mente acelerada; un Ópalo azul en la funda de la almohada nos ayudará a dormir más tranquilos, mejorar el recuerdo de los sueños, provocar experiencias oníricas más agradables, facilitar la comunicación de los sentimientos. Por último, los ópalos marrones y negros son catalizadores suaves del proceso de sanación física a través de su apoyo al cuerpo emocional, ayudan a eliminar la depresión al moderar la sensación de aislamiento; además, son capaces de ayudar a recibir más fuerza vital y energías creativas al estimular con sutileza los dos primeros chakras.

ÓPALO DE FUEGO

PALABRAS CLAVE pasión, creatividad
CHAKRAS sacro (2do) **ELEMENTOS** fuego
CORPORAL apoya sistemas reproductivos, aumenta
vitalidad y energía **EMOCIONAL** fomenta actitud
de optimismo, juego y ganas de vivir
ESPIRITUAL estimula energías de la creatividad,
pasión, manifestación, sexualidad

EL ÓPALO DE FUEGO, un material de sílice hidratado con una dureza de 5,5 a 6,5, recibe su nombre por su vivo color naranja. No suele ser opalescente, pero a veces es lo bastante claro como para formar gemas facetadas, cuya belleza sorprende. Las mayores fuentes de estas piedras se ubican en México, pero se han encontrado yacimientos en Brasil, Guatemala, Honduras, Turquía, Australia y Estados Unidos.

El Ópalo de Fuego despierta la pasión, la cual puede canalizarse en muchas direcciones: desde los deseos corporales hasta lo espiritual y sublime. Sea cual sea la elección, esta piedra aumentará la intensidad y placer de la experiencia. En cuestiones de sexualidad, la conexión del Ópalo con el cuerpo emocional ayudará a mezclar más amor en la experiencia. En las situaciones en las que la timidez, el miedo o la vergüenza nos frenan, esta piedra aliviará nuestras inhibiciones y nos permitirá disfrutar más y estar menos cohibidos.

En el ámbito espiritual, puede mejorar la búsqueda apasionada de la iluminación. Puede ayudar a engendrar el estado en el que muchos famosos buscadores espirituales de la historia han hecho de la deidad la meta de su amor y anhelo. Se ha dicho que, en cuestiones de crecimiento espiritual, "es la intensidad del anhelo la que hace el trabajo". Si utilizamos o llevamos puesto el Ópalo de Fuego durante la meditación y oración, podremos notar que la intensidad emocional de la experiencia habrá subido varios niveles.

ÓPALO DE LA LLAMA VIOLETA

PALABRAS CLAVE purificación espiritual y energética, equilibrio emocional, comunicación angélica, vínculo con la llama violeta **CHAKRAS** todos, en especial la coronilla (7mo) **ELEMENTOS** agua, viento, tormenta **CORPORAL** facilita la liberación del estrés y permite que el cuerpo se guíe por su sabiduría innata **EMOCIONAL** aporta armonía emocional a las células y cuerpo etérico **ESPIRITUAL** limpia y purifica cuerpo etérico y matriz energética celular, mejora conexión con los seres angélicos, estimula experiencia visionaria

EL ÓPALO DE LA LLAMA VIOLETA es un ópalo violeta y blanco descubierto en México en 2011. Muestra sorprendentes y hermosos patrones de estos colores que van desde el lila pálido hasta el azul índigo.

Es una piedra que calma el cuerpo emocional y aporta tranquilidad a la matriz corporal de cristal líquido. Ejerce una influencia de sanación a tensiones que pueden persistir en las células y órganos, permitiendo que la sabiduría interior del cuerpo prevalezca. Puede espiritualizar las emociones, al transmutarla en formas superiores de sentimiento. Estimula la conciencia espiritual y facilita la comunicación con los ángeles de la guarda y espíritus ayudadores. Activa los chakras de la coronilla y del tercer ojo, e inicia la experiencia visionaria. Puede limpiar y purificar el cuerpo etérico y matriz energética celular. Sus vibraciones aportan armonía a estas zonas y disuelven los apegos negativos o constricciones internas. Durante la meditación, tiene la capacidad de hacer un llamado a la llama violeta del fuego espiritual para la purificación, transformación y renacimiento como humano espiritual.

El Ópalo de la Llama Violeta se ve reforzado en su eficacia por la presencia de la Moldavita, Azeztulita, Amatista y sobre todo por la Azeztulita Sauralita con Amatista. También resuena bastante con la Auralita 23. Debido a sus propias vibraciones de alta frecuencia, el Ópalo de la Llama Violeta armoniza fácil con todas las piedras superactivadas de azozeo.

ÓPALO DE OREGÓN

PALABRAS CLAVE alegría, autoexpresión, imaginación
CHAKRAS plexo solar (3ro), corazón (4to), coronilla (7mo)
ELEMENTOS fuego **CORPORAL** ayuda a la sanación
a través de la liberación de problemas de vidas pasadas,
apoya los riñones **EMOCIONAL** fomenta la permanencia en un estado de alegría, soltando heridas pasadas **ESPIRITUAL** facilita el descubrimiento de los patrones de vidas pasadas que nos retienen

E L ÓPALO DE OREGÓN, un material de sílice hidratado con una dureza de 5,5 a 6,5, solo se encuentra en Opal Butte, Oregón, Estados Unidos. Fue descubierto allí sin querer por un pastor hace más de 100 años. En su mayoría es transparente con un matiz azulado, pero puede ser rojizo o amarillo. Rara vez muestra "fuego".

Esta piedra permite experimentar y expresar con alegría emociones e imaginación. Anima a actuar según los propios deseos de forma amorosa. Nos conecta con el lado alegre de la experiencia emocional a la vez que nos permite integrar y liberar viejas heridas. El Ópalo de Oregón puede ser una llave para desvelar los secretos de vidas pasadas. También activa el "radar interior" que nos guía hacia la vida o vidas que más necesitamos revisar para entender las dificultades de la vida actual. Esto es cierto sobre todo en los casos en los que los problemas actuales son ecos o repeticiones de patrones de vidas pasadas. Su energía, de alegre aceptación, permite comprender y liberar esos problemas recurrentes y avanzar con libertad y claridad.

El Ópalo de Oregón está relacionado con el elemento fuego, por lo que anima a transmutar cualquier negatividad que se pueda encontrar en energía útil. Se dice que la emoción es la puerta a la experiencia espiritual y crecimiento interior. Para aquellos que deseen entrar en ella, esta piedra puede ser la llave. También se dice que cuando sentimos más alegría estamos más cerca de la verdad. El Ópalo de Oregón puede ser una vía hacia la verdad de nuestra alegría esencial.

ÓPALO DORADO LEMURIANO

PALABRAS CLAVE integración de los cuerpos mental y emocional, al recordar la conciencia lemuriana, y disolver los muros interiores y límites psicológicos
CHAKRAS plexo coronilla (7mo), tercer ojo (6to), corazón (4to)
ELEMENTOS agua, aire **CORPORAL** calma el cuerpo en el aspecto celular, ayuda a aliviar el estrés **EMOCIONAL** aumenta empatía, disipa soledad, calma sentimientos turbulentos **ESPIRITUAL** nos sintoniza con Lemuria, permitiéndonos acceder a sus dones espirituales

E L ÓPALO DORADO LEMURIANO es un material de sílice hidratado con una dureza de 5,5 a 6,5, de una tonalidad amarillo caramelo. Estas piedras solo se hallan en Madagascar.

El Ópalo Dorado Lemuriano, más que cualquier otra piedra, puede llevar al viajero interior a la memoria viva de Lemuria en los registros akásicos: uno puede ver imágenes de templos con cúpulas verdes redondas, gente semitransparente y se puede sentir el aire impregnado de corrientes arremolinadas de impresiones psíquicas. Las personas intuitivas que meditan con esta piedra pueden hacer muchas investigaciones internas fructíferas sobre la historia de Lemuria que nos ayudarían en estos tiempos. Estas piedras pueden contribuir a que desarrollemos nuestras capacidades internas de telepatía, clarividencia, empatía y profecía que prevalecían en los tiempos lemurianos. El Ópalo Dorado Lemuriano permite relajarse y sentir el flujo de la vida, dejando ir el estrés. Puede ayudar a manifestar los sueños y a entrar con facilidad en estados profundos de meditación, facilita los sueños lúcidos y mejora la memoria de los sueños. Puede ayudar a trabajar espiritualmente para superar trastornos del sueño. Infunde calma y una sensación de confianza generalizada. Funciona bien con la Rosophia y Morganita. La Calcita Acuática Lemuriana puede potenciar la profundización de capacidades psíquicas y los recuerdos de Lemuria. El Ópalo de Oregón aumenta la capacidad de recordar vidas pasadas, quizás en la antigua Lemuria.

ÓPALO PRECIOSO BLANCO

PALABRAS CLAVE intensificación de las emociones, purificación **CHAKRAS** todos **ELEMENTOS** agua **CORPORAL** apoya la sanación a través de la liberación de patrones negativos, ayuda con los problemas de la piel **EMOCIONAL** estimula poderosamente la limpieza emocional y la sanación **ESPIRITUAL** facilita la limpieza interior que conduce a la conexión con el ser superior

E L ÓPALO PRECIOSO BLANCO, un material de sílice hidratado con una dureza de 5,5 a 6,5, es el Ópalo más conocido y el más utilizado en joyería. Su color lechoso de base resalta el fuego multicolor de forma muy atractiva. La mayor parte de estos ejemplares proceden de Australia.

Esta piedra lleva una semilla del "fuego sagrado", la intensa energía espiritual que consume los aspectos impuros del ser sin "quemarnos" necesariamente. Cuanto más dispuestos estemos a liberar nuestros apegos a nuestros enfados, miedos u otros patrones negativos, mejor puede funcionar. Si nos aferramos con obstinación, por supuesto, la liberación de energías incluso insanas puede resultar bastante dolorosa. El Ópalo Blanco es un amplificador emocional: puede intensificar tanto los estados positivos como los negativos. En cada caso, hay un beneficio: con las emociones positivas, la recompensa es obvia; pero, con los sentimientos negativos, la amplificación puede hacer que uno sea plenamente consciente de la destrucción que tales indulgencias pueden provocar, y esto ayuda a que uno acepte liberarse de ellas. Esta piedra puede ser entonces un maestro cálido y amistoso o uno severo, todo depende de lo que llevemos con nosotros a la experiencia.

El Ópalo Blanco funciona bien con todos los demás tipos de ópalo, al amplificar sus efectos. Potencia las energías del Cuarzo, la Amatista, Citrino, Jaspes y Calcedonias. Con el Lapislázuli puede despertar al rey o a la reina interior. Con el Cuarzo Verde de Serifos, sintoniza con las energías de la diosa. Con la Zincita, aporta intensidad a la sexualidad y creatividad.

ÓPALO PRECIOSO NEGRO

PALABRAS CLAVE manifestación de intención propia, amplificación de emociones, revelación y liberación de heridas psíquicas **CHAKRAS** raíz (1ro), coronilla (7mo) **ELEMENTOS** tormenta **CORPORAL** ayuda a la sanación (en especial de quistes o tumores) mediante la liberación de traumas pasados **EMOCIONAL** ayuda a liberar los miedos más profundos **ESPIRITUAL** ayuda a encontrar la luz en las partes oscuras del ser

E L ÓPALO PRECIOSO NEGRO, un material de sílice hidratado con una dureza de 5,5 a 6,5, es un ópalo de fuego con un color de base negro, gris oscuro o gris azulado oscuro. La mayor parte se encuentra en Lightning Ridge, Australia.

Es una piedra de magia y misterio. Estimula y enlaza los chakras de la raíz y coronilla, ayudando a conectar las más altas aspiraciones espirituales con la vida física. Es un poderoso amplificador de nuestras intenciones, sobre todo si esa intención lleva una carga emocional. De hecho, se aconseja hacer las intenciones conscientes, porque el Ópalo Negro trabaja con tanto poder que uno podría manifestar un resultado que no desea conscientemente. Además, es excelente para aquellos que hacen un trabajo interior profundo: durante la meditación, puede llevarnos a las raíces de la psique, al permitir la liberación de recuerdos traumáticos de experiencias pasadas que ahora pueden estar gobernando una parte de nuestras vidas. Estas piedras son útiles en la recuperación del alma y recuerdo de vidas pasadas y, una vez más, ayudan a encontrar y liberar experiencias negativas que nos retienen.

La Moldavita y/o la Amatista pueden combinarse con el Ópalo Negro para la protección espiritual. La Strombolita, Moscovita y Jaspe Oceánico ayudan a mantener los estados emocionales y mentales en territorio positivo. Por su parte, la Fenacita, Danburita y Azeztulita pueden ayudar a asegurar la manifestación del más alto potencial espiritual.

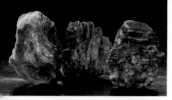

ÓPALO ROJO

PALABRAS CLAVE fuerza emocional, confianza, vitalidad, perseverancia, decisión, creatividad, erotismo **CHAKRAS** sacro (2do), plexo solar (3ro) **ELEMENTOS** agua, fuego **CORPORAL** apoya el sistema inmunológico; puede aumentar la energía y vitalidad en general **EMOCIONAL** fortalece el cuerpo emocional, aumenta la capacidad de sentir a profundidad sin desanimarse por dificultades y penas; inspira confianza; fomenta la aceptación
ESPIRITUAL ayuda a aceptar los altibajos de la vida sin desanimarse; estimula la creatividad, erotismo, confianza y fortaleza espiritual

Ó PALO ROJO es el nombre dado a un ópalo de color marrón rojizo encontrado en México en 2011. Presenta capas arremolinadas de color y tiene una dureza de 5,5.

Es una piedra que fortalece el cuerpo emocional. Aumenta la paciencia y ayuda a ver las cosas desde una perspectiva a largo plazo. El fortalecimiento del cuerpo emocional que aporta aumenta la resistencia a los altibajos de la vida y permite soportar el dolor y pérdida sin caer en depresión. Ayuda a sanar heridas emocionales del pasado y aumenta la capacidad de sentir profundamente. Calma turbulencias interiores y aporta confianza. En la autosanación espiritual puede utilizarse para incrementar la vitalidad y el nivel de energía general. Favorece el sistema inmunológico y ayuda a disipar problemas físicos provocados por el desánimo o depresión. Aumenta las energías yang, potenciando la decisión, fuerza interior y capacidad de perseverar ante los contratiempos. Ayuda a desarrollar la resistencia emocional y paciencia. Aumenta las energías eróticas y creativas. Es excelente para el primer y segundo chakra, ya que hace aflorar poderosas energías de la fuerza vital, las cuales pueden expresarse a través de esfuerzos artísticos, nuevos proyectos o el amor carnal.

El Ópalo Rojo resuena con la Cornalina de Nueva Zelanda, el Ópalo de la Llama Violeta, el Ópalo Azul de Owyhee, la Vitalita y la Vortexita.

ORO DE LOS CURANDEROS

PALABRAS CLAVE sanación, enraizamiento de las energías de alta frecuencia en el cuerpo, armonía energética y equilibrio **CHAKRAS** todos **ELEMENTOS** tierra **CORPORAL** apoya la sanación física, oxigenación de la sangre, vitalidad general emocional **EMOCIONAL** ayuda a conseguir el equilibrio interior y la confianza en uno mismo **ESPIRITUAL** enraíza las energías de alta frecuencia en el cuerpo, ayuda a la manifestación de los deseos

"ORO DE LOS CURANDEROS" es el nombre que recibe una combinación de pirita y magnetita extraída en Arizona, Estados Unidos. La pirita es un mineral de sulfuro de hierro con una dureza de 6 a 6,5, mientras que la magnetita es un mineral de óxido de hierro con una dureza de 5,5 a 6,5. Ambos minerales tienen estructuras cristalinas cúbicas.

Esta piedra emana una energía poderosa y positiva. Armoniza los cuerpos astral, sutil y causal y los alinea como debe ser con el físico. Equilibra los aspectos masculinos y femeninos del ser. Activa los chakras débiles o perezosos y mejora el flujo de energías sutiles en todo el sistema meridiano. Ayuda a las personas con poca energía y elimina la pasividad. En las sesiones de sanación, produce una sinergia en la que tanto el profesional como el cliente pueden sentir un notable aumento de sus niveles de energía tanto durante como después de la sesión.

El Oro de los Curanderos puede utilizarse para cualquier chakra. Esta piedra es una fuente de *prana,* así como un equilibrador integrador de todos los sistemas energéticos. Promueve una perspectiva positiva y facilita la iniciación de nuevos proyectos creativos. Llevarla puesta puede crear una sensación general de bienestar, comodidad en el cuerpo, confianza en uno mismo, aceptación de los demás y equilibrio en todos los niveles. Trabaja en armonía con la Moldavita, que puede acelerar y reforzar sus efectos. También funciona en sinergia con la Serafinita, Sugilita, Egirina, Cuarzo Ahumado, Cornalina, Fenacita y Turmalina Negra.

PAKULITA

PALABRAS CLAVE enraizamiento con altas energías, fuerza vital, creatividad, poder personal, energías sexuales, juventud, relación íntima con la divina femenina **CHAKRAS** raíz (1ro), sacro (2do), plexo solar (3ro) **ELEMENTOS** tierra, fuego **CORPORAL** apoya el hígado, riñones, vejiga y órganos sexuales **EMOCIONAL** aumenta el optimismo, humor, alegría, confianza en uno mismo y deseo de vivir nuevas aventuras **ESPIRITUAL** despierta la fuerza vital, creatividad, voluntad, persistencia y poder personal, facilita la relación con la Tierra espiritual

L A Pakulita es una riolita esferulítica que se encuentra en el monte Paku, en Nueva Zelanda. También se le llama piedra crisantemo de Nueva Zelanda. Creada por el enfriamiento de la lava, está cristalizada con racimos radiantes de feldespatos y cuarzo.

Se trata de una roca muy atractiva. Estimula los tres chakras inferiores, y despierta las energías de la fuerza vital, la creatividad y el poder. Puede ayudar a los artistas a encontrar inspiración y puede beneficiar las relaciones amorosas por su vibración de intimidad. Enciende el fuego de la voluntad y la persistencia. Proporciona conexión a tierra con altos niveles de energía y engendra una relación consciente e íntima con Gaia. Estimula la juventud, vitalidad, optimismo, humor, alegría y deseo de vivir nuevas aventuras. Despierta un sentimiento relajado de confianza en sí mismo y deseo de ofrecer compañerismo a los demás. En la autosanación espiritual favorece el nivel de energía y refuerza el sistema inmunitario con una avalancha de vitalidad. Ayuda al hígado, riñones, vejiga y órganos sexuales. En el caso de los hombres, llevarla puesta o usarla puede ayudar a disipar los problemas que causan impotencia. Para las mujeres, protege con energía los ovarios.

La Pakulita vibra en armonía con el Peridoto, Piedra Amuleto, Moldavita, Fenacita, Piedra de la Revelación, Piedra de Empoderamiento, Azeztulita Sauralita, Azeztulita Color Crema y Miel, Ágata Luz de Luna y Cornalina de Nueva Zelanda.

PAPAGOÍTA

PALABRAS CLAVE retorno a un estado de gracia, vínculo con dimensiones superiores, transmutación del dolor, cristalización de la conciencia más allá del cuerpo **CHAKRAS** tercer ojo (6to), coronilla (7mo), etérico (8vo-14to) **ELEMENTOS** viento **CORPORAL** alivio del dolor de migrañas, calambres menstruales, problemas de estrés **EMOCIONAL** ayuda a transmutar emociones negativas en positivas **ESPIRITUAL** estimula el cuerpo etérico, despierta el vehículo Merkabá

L A PAPAGOÍTA es un mineral a base de cobre con un intenso color azul. Puede surgir en incrustaciones o líneas delgadas, o como inclusión. De esta última forma aparece en los cristales de cuarzo ubicados en Messina, Sudáfrica.

Las Papagoítas son piedras del jardín del edén interior. Cuando uno sostiene uno de sus cristales en la cabeza es posible entrar en un estado paradisíaco: se presenta una gran sensación de expansión de la conciencia y una poderosa alegría y serenidad que invade todo el campo áurico; nos sentimos completos y de alguna manera mucho más grandes que en la conciencia normal. Al igual que su prima, la Ajoíta, esta piedra es conocida por transformar la energía negativa en positiva, así parece convertir la tristeza en felicidad. También activa las habilidades psíquicas y facilita actividades como viajes fuera del cuerpo. Estimula el chakra del tercer ojo y potencia todas las capacidades intuitivas. Si se continúa trabajando con ella se experimentará la apertura del chakra de la coronilla y, en última instancia, su vinculación con los chakras no físicos del cuerpo etérico. Esta piedra ayuda a construir el vehículo de luz Merkabá y, por medio de este proceso, se puede experimentar la unidad con todo lo que es.

La Papagoíta trabaja de maravilla con su prima, la Ajoíta. También funciona en armonía con la Calcita Merkabita, Natrolita, Escolecita, Celestita, Azeztulita Satyaloka, Azeztulita Blanca, Danburita, Herderita, Brookita, Cuarzo Negro Tibetano y Cuarzo Litio.

PERIDOTO

PALABRAS CLAVE aumenta la prosperidad, calidez, bienestar **CHAKRAS** plexo solar (3ro), corazón (4to) **ELEMENTOS** tierra **CORPORAL** apoya el hígado, riñones, vejiga y órganos sexuales **EMOCIONAL** emana sensación de bienestar, ayuda a sentirse digno y feliz **ESPIRITUAL** ayuda a crear abundancia, acalla el miedo espiritual, inspira generosidad

EL PERIDOTO es un silicato de magnesio y hierro con un sistema cristalino ortorrómbico y una dureza de 7. Su color, que varía entre verde oliva y verde lima, se debe al hierro. Los principales yacimientos están en Pakistán, Brasil, Australia y Estados Unidos.

Los Peridotos son pequeñas pepitas verdes de poder positivo: su vibración aporta una sensación interior de calidez y bienestar, como el sol en un día de primavera. Contribuyen a activar y armonizar el tercer y cuarto chakra, creando una integración de amor y voluntad. Pueden ayudarnos a tener el coraje de llevar a cabo los deseos de nuestro corazón y a ser generosos con los demás, incluso mientras nos encontramos en la búsqueda de nuestros destinos individuales. El Peridoto es una piedra de abundancia financiera y espiritual y puede atraer y crear nuestras visiones interiores más importantes.

El Peridoto puede usarse para bendecir y dar energía a nuestro trabajo, ya sea cuidando el jardín, criando a los niños, trabajando como sanador, construyendo un negocio o ayudando a otros en tales actividades. Es una herramienta que ayuda a alinear la realidad física con la verdad interior, esto incluye el éxito y la abundancia en los esfuerzos de la carrera si hacemos nuestro trabajo de forma correcta y si consideramos que somos merecedores del éxito. Puede ayudar a restablecer el sentido de la autoestima si nos sentimos atormentados por la culpa o el arrepentimiento por hechos pasados; calma los miedos espirituales y permite avanzar en el camino de la evolución. También ayuda a asumir la responsabilidad y a reparar el sufrimiento que hayamos podido causar.

PETALITA

PALABRAS CLAVE tranquilidad, elevación, expansión de la conciencia, manifestación, lo espiritual en lo físico, apertura a los mundos superiores
CHAKRAS tercer ojo (6to), coronilla (7mo), etérico (8vo-14to) **ELEMENTOS** viento
CORPORAL ofrece ayuda espiritual para aliviar el estrés, reducir la presión arterial alta, calmar la hiperactividad y manía **EMOCIONAL** calma el cuerpo emocional, ayuda a sanar los problemas de abuso **ESPIRITUAL** resulta ideal para sintonizar con dimensiones superiores, expandir la conciencia

L A PETALITA es un silicato de aluminio y sodio con un sistema cristalino monoclínico y una dureza de 6 a 6,5. Su color puede ser blanco, incoloro, gris, rosado o amarillo. Se halla en Australia, Brasil y Afganistán.

Esta piedra tiene una profunda conexión con el reino del espíritu, lo que puede llevarnos a una dimensión de descanso y sanación, y permite que nos bañemos en la tranquila felicidad del espíritu libre. Las Petalitas también son piedras de visión: pueden abrir el ojo interior a muchas mansiones de las dimensiones superiores, y permitir que la mente investigadora descubra múltiples horizontes nuevos. Puede utilizarse para potenciar todos los poderes psíquicos, como la clarividencia y telepatía, y para ayudar a sintonizar con el conocimiento del propio *dharma* o camino del destino más elevado. De igual forma, tiene un aspecto de enraizamiento que nos ayuda a permanecer conectados a la vida terrenal mientras exploramos las dimensiones interiores que abre. Por lo tanto, también es una piedra de manifestación que ayuda a traer a la realidad física las visiones exaltadas que nos encontramos al viajar a los mundos superiores. Se aconseja a los sanadores que lleven Petalita durante sesiones con sus clientes y que coloquen ejemplares de esta piedra sobre la persona en los lugares apropiados, ya que esto ayudará a abrir los canales espirituales de sanación.

La Petalita es una de las doce piedras de la sinergia. También trabaja en armonía con Calcita Merkabita, Papagoíta, Calcita Elestial, Ajoíta, Lepidolita, Gel de Sílice de Litio, Turmalina, Ambligonita y Morganita.

PIEDRA AMULETO

PALABRAS CLAVE energía positiva, sanación lenta y constante, limpieza de negatividad **CHAKRAS** todas **ELEMENTOS** tierra **CORPORAL** ayuda a todos los órganos y sistemas, ideal para la recuperación de enfermedades **EMOCIONAL** ayuda a calmar la ansiedad y tensión; disipa el mal humor y los malos sueños **ESPIRITUAL** sirve de apoyo para encontrar la armonía natural con uno mismo y con la Tierra

L A PIEDRA AMULETO es un tipo de riolita, un mineral rico en sílice con una dureza de cerca de 7. Procede del centro de Australia. Los aborígenes llaman a las piedras "los hijos de Uluru", en honor al lugar sagrado ahora conocido como Ayers Rock.

Estas piedras ofrecen un tipo especial de "protección" vibratoria. No es que repelan la negatividad, sino que vibran de manera tan positiva que no resuenan con personas o situaciones negativas. Emanan corrientes tan bondadosas que pueden librarnos de un mal humor con solo sostenerlas, y nos hacen sentir tan cómodos que el miedo y estrés parecen desaparecer y olvidarse. Las piedras amuleto están en sintonía con la armonía natural de la Tierra. Pueden ayudar a regular los patrones de sueño saludables y a disipar malos sueños. Son excelentes piedras para niños, porque sus corrientes son estables y reconfortantes. En la sanación, los efectos son lentos y constantes, en vez de drásticos. Las piedras tienden a animar al cuerpo a encontrar su propio equilibrio natural. Son ideales para personas que están convalecientes una vez pasada la crisis de una enfermedad o lesión. Calman la inestabilidad emocional, ansiedad y/o depresión. Apoyan la relación armoniosa dentro de uno mismo, así como con otras criaturas, la naturaleza y la Tierra.

Las Piedras Amuleto pueden combinarse con casi todas las demás piedras. Pueden ayudar a ajustarse con más facilidad a las piedras de alta vibración como la Azeztulita, Anandalita, Fenacita, Herderita y Calcita. Con la Moldavita, mejoran el proceso de autotransformación positiva.

PIEDRA CHAMÁN

PALABRAS CLAVE viaje chamánico, recuperación del alma, equilibrio de la polaridad, protección psíquica, intuición **CHAKRAS** todos **ELEMENTOS** tierra **CORPORAL** da apoyo a la tiroides y glándulas suprarrenales, puede programarse para brindar apoyo a cualquier órgano o sistema **EMOCIONAL** ayuda a superar el miedo a la muerte mediante el descubrimiento de los mundos espirituales **ESPIRITUAL** facilita los viajes interiores, proporciona protección y discernimiento

L A PIEDRA CHAMÁN está formada por concreciones de arenisca. Estas piedras se hallan en el límite norte del Gran Cañón, en el sur del estado de Utah. Son esféricas por naturaleza y su diámetro varía de poco más de un centímetro a más de cinco.

Estas piedras son excelentes herramientas y talismanes para aquellos que se dedican al viaje chamánico, renacimiento, respiración holotrópica o a otras formas intensas de trabajo interior de transformación. Ayudan a guiarnos hacia las experiencias más beneficiosas para sanar el alma y avanzar en el camino del crecimiento espiritual. Las piedras chamán ofrecen protección psíquica a los viajeros interiores. Proporcionan un escudo energético que impide que se adhieran entidades negativas. También aumentan la percepción intuitiva, facilitando la percepción del acercamiento de todo tipo de seres, tanto positivos como negativos. Esto puede ayudar a aquellos que no están familiarizados con el trabajo chamánico a percibir y conectar con su animal de poder y otros ayudantes y guías. También ayudan a equilibrar las polaridades de nuestro campo vibratorio, así como a armonizar las energías del sistema de meridianos. Ayudan en la alineación de todos los chakras, así como a su correcta sintonización con los cuerpos etérico y astral.

La Piedra Chamán funciona bien con la Piedra de la Profecía, Alejandrita, Ópalo de Oregón, Escolecita, Apofilita, Fenacita y todas las Azeztulitas.

PIEDRA DE EMPODERAMIENTO

PALABRAS CLAVE confianza, fuerza, poder personal, valor, autoconciencia, voluntad, compromiso **CHAKRAS** raíz (1ro), sacro (2do), plexo solar (3ro), tercer ojo (6to) **ELEMENTOS** tierra, tormenta **CORPORAL** apoya órganos viscerales, manos, pies y hombros, facilita los esfuerzos para aumentar la fuerza muscular y ósea **EMOCIONAL** fomenta la liberación de dudas y agitación interior, así como el compromiso con nuestro propio camino **ESPIRITUAL** aumenta la confianza y conciencia del propio poder, estimula la plena encarnación del alma

L A PIEDRA DE EMPODERAMIENTO es una forma muy silicada de la roca chert de Nueva Zelanda, un cuarzo criptocristalino con una dureza de 7, similar al sílex.

Es una piedra de confianza, fuerza y poder personal. Resulta muy potente para enraizar nuestras energías a la Tierra, así como para recibir y almacenar su fuerza vital. Aquellos que se sientan desconectados de la Tierra encontrarán que esta piedra puede disipar completamente esta desorientación. Ayuda a que el alma se comprometa con la encarnación plena en el cuerpo. La Piedra de Empoderamiento alivia la vacilación e indecisión, aumenta la fuerza de voluntad, inspira valor, estimula el sentido práctico y anima a actuar con determinación. Ayuda a eliminar el miedo y las dudas, y permite concentrarse plenamente en la intención. Su influencia puede fortalecer el sistema digestivo y los intestinos; favorece el hígado y vesícula biliar, así como las manos, pies y hombros; y es útil en la musculación y para fortalecer los músculos y esqueleto. Es muy recomendable para cualquier persona que esté conveleciente después de una enfermedad o lesión y para aquellos que deseen dejar atrás los efectos psicológicos de una pena o un trauma.

La Piedra de Empoderamiento armoniza con Hiperstena, Cuarzo Ahumado y Cuprita Carmesí. Funciona con la Auralita 23 para purificar y reparar el cuerpo etérico. Con Moldavita puede facilitar la evolución y transformación espiritual.

PIEDRA DE LA PROFECÍA

PALABRAS CLAVE enraizamiento de la luz
espiritual en el ser físico y en el mundo,
visualizaciones proféticas **CHAKRAS** estrella
del alma (8vo), coronilla (7mo), tercer ojo (6to),
estrella de la Tierra (debajo de los pies)
ELEMENTOS tierra **CORPORAL** limpia el cuerpo de exceso de energía, elimina
bloqueos energéticos **EMOCIONAL** permite sentir la alegría de la Tierra al recibir
luz espiritual **ESPIRITUAL** ayuda a la sanación de la Tierra, estimula la
capacidad de clarividencia

LA PIEDRA DE LA PROFECÍA es una piedra rara y fuera de lo común que se
halla en el desierto del Sahara. Parece ser una concreción que contiene
hierro y otros minerales. La persona que las descubrió las llamó así después de
experimentar lo que denominó una "visión profética" al meditar con un ejemplar.

Estas piedras son quizás el mineral más poderoso para enraizar la energía
de la luz en el cuerpo físico. Cuando uno sostiene una de estas piedras, una gran
cantidad de energía entra a través del chakra de la coronilla, y llena el cuerpo
hasta la planta de los pies. Este enraizamiento de la luz espiritual puede sanar
tanto a uno mismo como a la Tierra y es muy importante en estos tiempos.

Haciendo honor a su nombre, la Piedra de la Profecía puede catalizar visiones
de futuros probables. Para experimentarlas, casi siempre hay que trabajar con ella
en meditación de forma regular durante algunas semanas, aunque las personas
sensibles pueden recibir las visiones mucho antes. A menudo las experiencias iniciales son fragmentarias, aunque su viveza e integridad aumentan con la práctica.

Esta piedra armoniza bien sobre todo con la Moldavita y las Azeztulitas que
pueden aportar aún más energía de luz. Las piedras chamán, la piedra Chamanita Maestra y la Nuumita ayudan a conectar a tierra esta energía. Los "Diamantes"
Herkimer y la Fenacita potencian sus rasgos visionarios.

PIEDRA DE LA REVELACIÓN

PALABRAS CLAVE visión profética, habilidades psíquicas, recuerdo de vidas pasadas, comunicación con espíritus, recuperación de la memoria **CHAKRAS** corazón (4to), tercer ojo (6to) **ELEMENTOS** viento, agua, tormenta **CORPORAL** influencia curativa constante para el corazón y cerebro; favorece la recuperación **EMOCIONAL** ayuda a superar temores sobre el futuro; ¡el corazón adora esta piedra! **ESPIRITUAL** estimula visiones de futuros potenciales; mejora el recuerdo de vidas pasadas y capacidades intuitivas, ayuda a la comunicación con almas difuntas; refuerza el entendimiento entre el corazón y el cerebro

L A PIEDRA DE LA REVELACIÓN es un cuarzo microcristalino multicolor con una dureza de 7. Se halla en zonas remotas de Nueva Zelanda.

Es una piedra que tiene una poderosa resonancia con el corazón y estimula su conciencia sobre la revelación del futuro, lo que la hace visible a los ojos de la mente en forma de imágenes o visiones en lugar de palabras. El futuro que se ve no es un conjunto preciso y predeterminado de acontecimientos, sino un patrón de posibilidades: el futuro potencial o el plano de lo que puede suceder dependiendo de las elecciones humanas. Las imágenes son legibles, del mismo modo que se puede leer y descifrar el *I Ching* o las cartas del tarot. Puede estimular la capacidad innata de visión profética al abrir un canal de comunicación entre la conciencia del corazón y la conciencia mental. Es una herramienta excelente para cualquiera que desee mejorar sus capacidades psíquicas. Puede aportar recuerdos de vidas pasadas y mejorar las experiencias visionarias de los reinos chamánicos. En la autosanación, ayuda a recuperar los recuerdos suprimidos por traumas o amnesia. También contribuye a liberar la preocupación excesiva o temores irracionales sobre el futuro.

La Piedra de la Revelación resuena con el Cuarzo Nirvana, Fenacita, Moldavita, Cornalina de Nueva Zelanda, Vortexita y todas las variedades de Azeztulita.

PIEDRA DE LOS CÍRCULOS

PALABRAS CLAVE sintonía con la conciencia de la Tierra, despertar de capacidades dormidas, unión cocreativa con alma del mundo **CHAKRAS** tercer ojo (6to), coronilla (7mo) **ELEMENTOS** tormenta **CORPORAL** estimula activación completa del cerebro y despertar de la inteligencia corporal **EMOCIONAL** inspira el regocijo y devoción apasionada al alma mundial **ESPIRITUAL** despierta muchas capacidades latentes; unión cocreativa con Sofía

L AS "PIEDRAS DE LOS CÍRCULOS" son aquellos trozos de sílex que se recogen dentro de las formaciones de círculos de cultivo en Inglaterra. El sílex es una roca sedimentaria compuesta en su totalidad de sílice.

Las Piedras de los Círculos comparten con la azeztulita la propiedad única de ser "piedras despiertas", que han recibido sus patrones vibratorios hace poco, a través de la intervención de una inteligencia superior. En el caso de las Piedras de los Círculos, el despertar de cada grupo de piedras se produce cuando se forma un círculo de cultivo. Las personas que las encuentran atestiguan que las piedras encarnan las notables energías del propio círculo de cultivo. Son desencadenantes evolutivas, estimulan todo el cerebro y activan capacidades latentes como la clarividencia, presciencia, acceso al "conocimiento instantáneo" y conciencia de la Tierra. Ayudan a sintonizar con la corriente del tiempo del futuro y despiertan nuestro potencial para cocrear el mundo en colaboración con el alma del mundo. Al meditar con ellas, podemos sentir una urgencia que nos llama a despertar y a emprender este camino de nuestro destino más elevado.

Las Piedras de los Círculos trabajan en armonía con la Rosophia para comunicarse con Sofía (el alma del mundo) y experimentar su amor. La Herderita y Azeztulita nos ayudan a acelerar nuestra evolución con las Piedras de los Círculos y Guardianita nos ayuda a enraizar e integrar poderosos potenciales por ellas despertados.

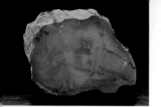

PIEDRA DE MADERA DE COROMANDEL

PALABRAS CLAVE conciencia de las memorias ancestrales de la Tierra, viaje en el tiempo al pasado, conciencia lemuriana, receptividad, vínculo con el latido de la Tierra, protección de los telómeros, longevidad **CHAKRAS** todos, especialmente el chakra de la raíz (1ero) **ELEMENTOS** tierra **CORPORAL** mejora la vitalidad, apoya los telómeros para aumentar la longevidad **EMOCIONAL** facilita la paz interior, la satisfacción y la resonancia extática con el latido del corazón de la Tierra **ESPIRITUAL** facilita la sintonía con el latido del corazón de la Tierra, ayuda a recordar e identificarse con la conciencia lemuriana

L A PIEDRA DE MADERA DE COROMANDEL es una madera petrificada de color marrón intenso procedente de la península de Coromandel, en Nueva Zelanda. Es un dióxido de silicio con una dureza de 7.

Tiene profundos recuerdos de la antigua Tierra. Es portadora de los recuerdos de la historia lemuriana de Nueva Zelanda, así como de cualidades lemurianas de profunda intuición, empatía y conocimiento corporal. Nos anima a visualizar el potencial de un renacimiento lemuriano en el mundo actual y sugiere que la nueva conciencia a la que está destinada la humanidad es de compenetración empática. Aumenta receptividad de la persona a las corrientes vibratorias sutiles de la Tierra, incluido el latido de su corazón. Con estas piedras, uno puede aprender a entrar en resonancia extática con ese latido, el cual impregna el ser en todos los niveles: espiritual, mental, emocional y físico.

La Piedra de Madera de Coromandel emana una vitalidad curativa que es plácida, lenta y duradera. Es ideal para ayudar a la recuperación de enfermedades crónicas. Estas piedras benefician a los telómeros del ADN por medio de vibraciones, lo que ayuda a preservar la memoria celular y favorece la longevidad.

Se puede combinar con todos los tipos de jaspe, así como con la Piedra Revelación, Azeztulita Sauralita y Cinnazez, la Cornalina de Nueva Zelanda, Piedra de Empoderamiento y Azeztulita Sanda Rosa.

PIEDRA DE SANGRE

PALABRAS CLAVE fuerza, valor, purificación, vitalidad
CHAKRAS raíz (1ro) **ELEMENTOS** tierra
CORPORAL ayuda a la desintoxicación y purificación de la
sangre; al hígado y sistema endocrino **EMOCIONAL** inspira
el valor para afrontar la enfermedad y mortalidad, altruismo,
entusiasmo por la vida **ESPIRITUAL** facilita la disipación
de las energías negativas, y permite entrar en la conciencia de Cristo

LA PIEDRA DE SANGRE es una variedad de calcedonia opaca con una dureza de 6,5 a 7. Es de color verde oscuro con manchas rojas. En la Edad Media, se pensaba que sus manchas rojas eran de la sangre de Cristo y se le atribuían poderes mágicos. Se han encontrado depósitos en la India, China, Brasil, Australia y Estados Unidos.

La Piedra de Sangre es un gran purificador, una herramienta de sanación para disipar las influencias negativas del campo áurico y llevar las energías sutiles a la plenitud y el equilibrio. Nos conecta enteramente con nuestro cuerpo, para aumentar nuestra fuerza, determinación y coraje. Aumenta la vitalidad y puede ayudar a afrontar la mortalidad física; es un buen talismán para los enfermos, incluso cuando se trata de enfermedades incurables, debido a que nos permite mirar sin temor a la verdad. Es una piedra de noble sacrificio, y puede ofrecer valor y consuelo. Puede suscitar los rasgos de carácter más elevados y altruistas en quien la lleve o utilice. En su forma más eficaz, estimula el impulso hacia la conciencia de Cristo.

La Piedra de Sangre fortalece el chakra de la raíz, aumenta las ganas de vivir y la resistencia en la actividad física. Favorece la purificación de la sangre y la depuración de las toxinas del cuerpo. Trabaja en armonía con Cuprita, Cuarzo Ahumado, Zincita, Turmalina Negra, Azabache y Obsidiana. Para conectar con las vibraciones de la conciencia de Cristo, se puede combinar la Piedra de Sangre con el Topacio Imperial y/o con Azeztulita Dorada.

PIEDRA GAIA

PALABRAS CLAVE conexión con el corazón de la Tierra, amor y compasión, curación emocional, energías de la diosa **CHAKRAS** corazón (4to) **ELEMENTOS** agua **CORPORAL** apoya curación de migrañas y dolores de cabeza por tensión, estrés, trastornos gástricos **EMOCIONAL** calma el cuerpo emocional, favorece el sueño reparador **ESPIRITUAL** se vincula con la divinidad femenina y el corazón de la Tierra

"PIEDRA GAIA" es el nombre que se le da a un material vítreo derivado de las cenizas de la erupción volcánica del monte Santa Helena de 1980. Se trata de un material vidrioso de color verde intenso que se obtiene al fundir y potenciar la ceniza volcánica recogida en el lugar de la erupción.

Esta piedra es ideal para poner nuestros corazones en resonancia con el corazón de la Tierra: lleva la energía del chakra del corazón del *anima terra*, el alma de la Tierra. Promueve las relaciones amorosas entre personas. Es un regalo ideal para la pareja sentimental, ya que sus energías promueven el crecimiento del amor y la intimidad. Puede utilizarse para sanar tensiones entre padres e hijos, o entre cualquier miembro distanciado de un círculo familiar o de amistad; induce a la compasión y disipa la ira. Puede ayudar en negociaciones en las que uno debe intentar persuadir a una persona poco comprensiva para que entienda nuestro punto de vista.

Las Piedras Gaia son piedras de la diosa, y uno puede usarlas para enviar y recibir amor hacia y desde cualquier aspecto de la feminidad divina. Se pueden utilizar para sanar y calmar el corazón y para energizar el cuerpo emocional.

Los sanadores pueden usar estas piedras en los clientes para la activación del chakra del corazón y para traer armonía a todos los chakras. Trabajan en armonía con la Amatista, Danburita, Azeztulita, Fenacita y todos los tipos de cuarzo. Para la curación emocional, funciona bien con Cuarzo Rosa Cristalizado y con Morganita.

PIEDRA LUNAR

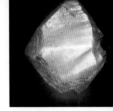

PALABRAS CLAVE misterio, autodescubrimiento, intuición, introspección, sueños, la diosa **CHAKRAS** tercer ojo (6to) y coronilla (7mo) **ELEMENTOS** viento **CORPORAL** ayuda a las mujeres a regular con comodidad sus ciclos menstruales **EMOCIONAL** fomenta la tolerancia, calma, paciencia y tranquilidad interior **ESPIRITUAL** estimula la reflexión interior, sintonía con la divinidad femenina

L A PIEDRA LUNAR es un feldespato, un silicato de aluminio y potasio con un sistema cristalino monoclínico y una dureza de grado 6 a 6,5. La Piedra Lunar recibe su nombre por su brillo blanco azulado. Se halla en Sri Lanka, Madagascar, Birmania, Australia, India y Estados Unidos.

En la India, la Piedra Lunar siempre ha sido considerada una piedra sagrada con un significado especial para los amantes. Se creía que colocarla en la boca durante la luna llena se podía ver el futuro. En Europa se decía que la Piedra Lunar reconciliaba a los amantes separados y curaba el insomnio.

La Piedra Lunar es la gema de la gran sacerdotisa, guardiana de los misterios femeninos. En su luz reflejada podemos proyectar y por tanto observar las verdades ocultas que residen en las profundidades de nosotros mismos a la luz de la conciencia. La Piedra Lunar es un talismán para el viaje interior y meditar con ella puede llevarnos a lo más profundo de nuestro ser. Lo que se revela allí se reconoce a menudo como la pieza o piezas que faltan en el rompecabezas de nuestras vidas, partes del alma que se han dejado atrás u olvidado. Esta piedra también puede llevarnos en un viaje a vidas pasadas: es ideal para llevar durante las sesiones de regresión. En las mujeres puede revelar su poder femenino y su conexión con la diosa, y en los hombres permite la expresión del lado femenino, un paso importante en el camino hacia la plenitud.

La Piedra Lunar actúa en sinergia con el Rubí, lo que estimula la combinación de amor, conciencia intuitiva, valor y pasión.

PIEDRA LUNAR ARCOÍRIS

PALABRAS CLAVE optimismo, vitalidad, paz interior, cuerpo de luz arcoíris **CHAKRAS** todos **ELEMENTOS** viento **CORPORAL** ayuda al organismo a superar la fatiga provocada por la depresión **EMOCIONAL** inspira entusiasmo, valorarse a sí mismo, alegría **ESPIRITUAL** estimula el despertar del cuerpo de luz arcoíris

L A PIEDRA LUNAR ARCOÍRIS es un feldespato, un silicato de aluminio y potasio con un sistema cristalino monoclínico y una dureza de 6 a 6,5. Se halla en la India y se distingue por su iridiscencia multicolor.

Emanan gran vitalidad, fuerza vital y alegría exuberante. Ofrecen los dones de la paz interior y armonía, el equilibrio emocional y fuerza, la purificación y transformación de la negatividad, así como la protección psíquica. Además, la Piedra Lunar Arcoíris puede facilitar la alineación y activación de todos los chakras sin dejar de estar anclada a tierra y centrada. Estas poderosas sanadoras del cuerpo emocional se recomiendan para aquellos que sufren de estrés o que arrastran viejas heridas emocionales, ya que promueven un sano optimismo que puede sostenernos en tiempos oscuros. Son piedras de gran luz y ayudan a encender la luz interior del corazón. También pueden facilitar la activación del cuerpo de luz arcoíris, el vehículo espiritual por el que nuestra conciencia puede viajar a través de los muchos mundos interiores.

Estas piedras están alineadas con las energías de la diosa y pueden ayudarnos a potenciar con éxito el aspecto femenino. A través de su conexión con la diosa, también se puede entrar en comunión con las energías y los espíritus de la naturaleza, desde los devas de las plantas hasta la conciencia galáctica.

La Piedra Lunar Arcoíris armoniza bien con todos los demás tipos de Piedra Lunar, así como con la Piedra Solar, Labradorita, Jade Negro, Ámbar, Labradorita Dorada, Moldavita, Amatista, Azabache y Tectita Negra Tibetana.

PIEDRA MANI

PALABRAS CLAVE perdón, inclusión, regeneración de la esperanza, unión con el ser superior, recuperación del alma, rejuvenecimiento, metanoia **CHAKRAS** corazón (4to) **ELEMENTOS** tierra, agua, tormenta **CORPORAL** facilita el rejuvenecimiento del cuerpo mediante la sanación emocional y espiritual **EMOCIONAL** ayuda a sanar patologías emocionales creadas por juicios hacia nosotros mismos y fragmentación, estimula el perdón y reconciliación **ESPIRITUAL** ayuda a reintegrar el ser fragmentado dando cabida a la integridad espiritual y a la unión con el ser superior y la divinidad

LA PIEDRA MANI es un jaspe blanco y negro proveniente del suroeste de los Estados Unidos. Se trata de una variedad microcristalina del cuarzo, con una dureza de 7. Recibe el nombre de "Piedra Mani" en honor al maestro místico del siglo III, Mani.

Las energías de esta piedra fomentan el perdón, inclusión y regeneración de la esperanza. Estas energías van primero al núcleo del ser, al revelar las heridas y fragmentación provocadas por la vergüenza y juicio hacia uno mismo. La Piedra Mani disuelve estos patrones disfuncionales y facilita el proceso por el cual sacamos nuestras "partes perdidas" del exilio y las rescatamos, por lo que resulta una piedra excelente para realizar el trabajo de recuperación del alma. A medida que recuperamos nuestra integridad, se incrementa el sentido de compasión por los demás y podemos ser eficaces en ayudarles en el camino del autoperdón y la integridad.

Dado que la Piedra Mani facilita la unidad del ser y la unión con el ser superior, es una piedra de despertar místico. Puede incluso encender la metanoia, en la que la identidad personal se funde con la divinidad. En la metanoia se es libre de volar a las alturas espirituales o de descender a los pasajes más profundos del corazón. En ambos lugares, descubriremos el rostro amoroso del ser divino sonriéndonos a nosotros, de espejo a espejo.

La Piedra Mani funciona en sinergia con Rosophia, Brookita, piedras chamán, Merlinita blanca y negra original y Merlinita Negra.

PIEDRA SOLAR

PALABRAS CLAVE liderazgo, benevolencia, fuerza, abundancia de bendiciones, energía masculina iluminada
CHAKRAS sacro (2do), plexo solar (3ro)
ELEMENTOS fuego **CORPORAL** calienta el cuerpo, aumenta el metabolismo, digestión y vitalidad, favorece los sistemas endocrino y reproductor **EMOCIONAL** fomenta una actitud positiva y benévola, supera las dudas sobre sí mismo **ESPIRITUAL** inspira responsabilidad, convicción, benevolencia, ayuda a la prosperidad

L A PIEDRA SOLAR es un feldespato oligoclasa con un sistema cristalino triclínico y una dureza de 6 a 6,5. Su color va del naranja al marrón rojizo, mezclado con blanco. Proviene de la India, Canadá, Noruega, Rusia y Estados Unidos.

Es una piedra de poder personal, libertad y conciencia expandida. Refleja las cualidades de la luz solar: apertura, benevolencia, calidez, fuerza, claridad mental y capacidad para otorgar bendiciones. La Piedra Solar puede encender el fuego del liderazgo en aquellos que la portan, ayudando a los líderes a encontrar la convicción interior y autodisciplina para avanzar. Derrite la sensación de indignidad que puede impedir que uno sea quien es, plenamente. La Piedra Solar engendra una sensación de abundancia con respecto a todas las necesidades y deseos y puede ayudar a manifestar prosperidad, adquirir conocimientos y alcanzar la sabiduría. Puede alinear la sabiduría del corazón con las inspiraciones de la mente. Meditar con la Piedra Solar en el tercer ojo ayudará a ver el camino de acción más elevado en cualquier situación. Energiza el segundo y tercer chakra, estimula el liderazgo y voluntad, creatividad y sexualidad. Puede aportar exuberancia e innovación en las expresiones románticas y/o artísticas.

El *yang* de la Piedra Solar equilibra el *yin* de la Piedra Lunar, creando una hermosa armonía. También funciona bien con Labradorita, Moldavita, Ámbar, Selenita, Labradorita Dorada, Prasiolita, Azabache, Danburita, Larimar y Cuarzo.

PIEDRA SOLAR DE IOLITA

PALABRAS CLAVE inspiración artística, acción productiva,
vitalidad física, mejora de las capacidades intuitivas
CHAKRAS sacro (2do), plexo solar (3ro), tercer ojo (6to)
ELEMENTOS viento, fuego **CORPORAL** estimula el sistema
endocrino, ayuda a la pérdida de peso **EMOCIONAL** ayuda
a la autoconfianza en situaciones sociales y a hablar en público
ESPIRITUAL mejora la intuición, comunicación con guías
y espíritus

L A PIEDRA SOLAR DE IOLITA es una combinación natural de Iolita y Piedra
Solar. La Iolita es un mineral de silicato de aluminio y magnesio con un sistema
cristalino ortorrómbico y una dureza de 7. La Piedra Solar es un mineral de feldespato oligoclasa con un sistema cristalino triclínico y una dureza de 6. La Piedra Solar
de Iolita procede de un único hallazgo en la India.

Esta piedra combina las propiedades de la Iolita y la Piedra Solar para crear
nuevos efectos energéticos. La Iolita es una piedra de visión interior, que estimula el
tercer ojo, potencia las capacidades psíquicas, activa el don de la profecía y aumenta
la sensibilidad a todo tipo de energías sutiles. También es una piedra de autodisciplina, que permite elaborar y seguir planes concretos para la consecución de nuestros objetivos. Emana las vibraciones del valor y liderazgo. Aumenta la capacidad
innata de asumir la responsabilidad de dar un paso adelante en situaciones difíciles
y arriesgar la propia seguridad por el bien de la colectividad. Estimula el segundo
y tercer chakra, sedes de la creatividad y la voluntad. Además de sus propiedades
individuales, la Iolita y la Piedra Solar unen la visión del tercer ojo con la voluntad de
acción del plexo solar, lo que nos permite movernos con fuerza hacia la consecución
de nuestros sueños. También permite viajar interdimensionalmente sin perder el
sentido de uno mismo y nuestro propósito.

Para los viajes interdimensionales, se puede combinar con Fenacita y Herderita. Para manifestar los sueños, se puede utilizar con Granate Tsavorita y Hematita.

PIEDRAS AZULES DE STONEHENGE

PALABRAS CLAVE sintonización con conocimientos ancestrales, geomancia, chamanismo
CHAKRAS raíz (1ro), tercer ojo, (6to), coronilla (7mo) **ELEMENTOS** tierra
CORPORAL ayuda a atraer vitalidad mediante la alineación con las energías de la Tierra **EMOCIONAL** asiste en la eliminación de bloqueos emocionales relacionados con vidas pasadas **ESPIRITUAL** ayuda a la alineación con el corazón del mundo, aumenta los poderes psíquicos

L AS PIEDRAS AZULES DE STONEHENGE son una mezcla de dolerita manchada, dolerita azul, riolita y ceniza volcánica con un alto contenido de sílice. Su color es gris azulado con manchas blancas. Se encuentra en las montañas Preseli de Gales.

Estas piedras recuerdan al misticismo prehistórico de los días de los misterios en Gran Bretaña. Cuando se medita con esta piedra, se tiene la sensación de ver lejos a través de la distancia y el tiempo. Estas piedras son útiles para sintonizar con los antiguos registros akásicos, ya que facilitan la visión intuitiva de los conocimientos e historias de civilizaciones pasadas.

Revelan una historia de su uso que se remonta a tiempos anteriores a Stonehenge, tal vez a la Atlántida. Las piedras de Stonehenge resuenan con mucha facilidad con las "corrientes de dragón" o "líneas ley" de la Tierra. Pueden ser útiles para localizar los mejores lugares para la construcción, cavar pozos, erigir templos y altares al aire libre o tan solo meditar. Facilitan el cambio de forma y los viajes chamánicos. Pueden ayudar en la adivinación, así como en la sintonización con vidas pasadas. Son unas de las piedras más poderosas para todo tipo de geomancia: pueden utilizarse para extraer energías del sistema de meridianos de la Tierra, del cual Stonehenge forma parte. Un trozo de piedra azul de Stonehenge puede actuar como talismán vibratorio, permitiendo sentir el "latido del mundo" y entrar en armonía con el corazón del mundo.

Las Piedras Azules de Stonehenge resuenan bastante con Moldavita, Nuumita, Criolita, Tugtupita y todas las Azeztulitas.

PIEDRAS Z

PALABRAS CLAVE viaje interdimensional, magia, geometría sagrada, vehículo Merkabá **CHAKRAS** tercer ojo (6to), coronilla (7mo) **ELEMENTOS** tormenta **CORPORAL** estimula el cerebro y sistema nervioso **EMOCIONAL** inspira interés por otras dimensiones **ESPIRITUAL** nos hace conscientes del reino astral, nos permite viajar como punto de conciencia, genera visiones espirituales

L
AS PIEDRAS Z son concreciones poco características de cristales que se hallan en el desierto del Sahara. Son de color marrón negruzco y presentan una gran variedad de formas extrañas. Algunos ejemplares contienen incrustaciones de fósiles.

Para aquellos que deseen viajar interdimensionalmente y explorar los reinos sutiles de la conciencia, las Piedras Z podrían ser el medio de transporte ideal. Estimulan con fuerza los chakras de tercer ojo y coronilla lo que amplía la conciencia y permite ver y explorar los reinos más cercanos que casi siempre se pasan por alto en nuestro estado cotidiano. Con ellas se puede acceder con facilidad al reino astral. Otro reino más enrarecido, el de las "geometrías vivientes", puede alcanzarse utilizando las Piedras Z junto con la concentración meditativa en el Merkabá u otras formas de geometría sagrada. Si trabajamos en visualizar el vehículo Merkabá colocando una Piedra Z en el tercer ojo, podemos experimentar una transición mucho más rápida y vívida al estado de "viaje", al movernos como un punto de conciencia en cualquier parte del universo de manera casi instantánea.

Estas piedras pueden ser útiles para aquellos que deseen trabajar con corrientes elementales, porque los ayuda a influir en la manifestación de la energía. Pueden ser excelentes herramientas para trabajar con la magia, sobre todo en el área de la magia simpática.

Las Piedras Z armonizan con la Danburita, Anandalita, Rosophia, Turmalina Negra, Granate Andradita Negro, Piedra Guardiana y Merlinita. Las piedras de alta vibración, como la Azeztulita, canalizan la influencia de las Piedras Z hacia fines altruistas.

PIEMONTITA

PALABRAS CLAVE inteligencia del corazón, sanación emocional, compromiso con la vida, alegría, purificación de la sangre y tejidos corporales, activación del cuerpo de luz
CHAKRAS corazón (4to) **ELEMENTOS** agua, viento
CORPORAL apoya al corazón y sistema circulatorio, ayuda a limpiar las células de energías tóxicas **EMOCIONAL** disipa las emociones negativas, aumenta el entusiasmo de buen corazón por la vida **ESPIRITUAL** aumenta conciencia del corazón, facilita comunión de la mente y corazón, ayuda a sanar y alinear nuestras energías, apoya la formación del cuerpo de luz

L A PIEMONTITA es un mineral de sorosilicato con un sistema cristalino monoclínico y una dureza de 6 a 6,5. Recibe su nombre de la región italiana del Piamonte. Suele ser de color rojo oscuro y a menudo está mezclada con cuarzo u otros minerales.

Las corrientes de la Piemontita se dirigen directamente al corazón, llenándolo de fuerza, valor y sentido de propósito. Estas piedras tienen la capacidad de hacer aflorar la inteligencia innata del corazón, porque nos ayuda a comprender su forma de pensar, curarle su dolor y reavivar compromiso con la vida. Sus capacidades para fortalecer este órgano del cuerpo pueden dar lugar a una gran oleada de alegría. Las vibraciones de esta piedra son tan afirmativas para la vida que pueden cambiar los patrones dentro de la matriz corporal de cristal líquido a través de la influencia del corazón en la sangre a su paso. Además, favorece la oxigenación del cuerpo y estimula la eliminación de toxinas. Es un socio ideal para aquellos que trabajan para sanar y alinear todos los niveles energéticos del ser creando al final el cuerpo de luz. En niveles más mundanos, las corrientes de Piemontita ofrecen una dosis de entusiasmo para nuestras vidas y relaciones, lo que aumenta nuestro sentido de diversión y y nos ayuda a recordar la aventura de ser humanos.

La Piemontita trabaja en sinergia con Moldavita, Azeztulita y con Astaralina, la cual proporciona una especie de capullo energético para la activación del cuerpo de luz de esta piedra.

PIETERSITA

PALABRAS CLAVE perspicacia, intuición, aumento del poder de la voluntad, precognición, viaje interdimensional, transformación del ser
CHAKRAS plexo solar (3ro), tercer ojo (6to)
ELEMENTOS tormenta **CORPORAL** aumenta energías mentales y físicas, mejora vitalidad general **EMOCIONAL** potencia voluntad; brinda confianza en uno mismo y valentía **ESPIRITUAL** gran activación espiritual, cataliza las experiencias cumbre, poderosa ayuda a la manifestación

L A PIETERSITA es un mineral de dióxido de silicio con un sistema cristalino hexagonal y una dureza de 7. Sus colores oro, marrón, gris, gris azulado y negro son de gran intensidad. Se halla en Sudáfrica y China.

Esta piedra crea una activación unificada de los chakras del plexo solar y del tercer ojo, engendrando un poderoso aumento de la energía de la voluntad y capacidades intuitivas. Si nos encontramos bajo la influencia de esta piedra percibiremos con agudeza la naturaleza de situaciones, lo que nos conducirá a acciones decisivas. Gracias al don de la Pietersita de aumentar la energía, es muy probable que logremos nuestros objetivos. Cuando esta piedra estimula el tercer ojo, la visión se expande hacia una conciencia del futuro. Los lectores de tarot u otros oráculos notarán que su visión se agudiza y que sus predicciones son más exactas. Muchos usuarios sentirán un aumento en la frecuencia del conocimiento telepático; de hecho, resulta una excelente ayuda en viajes interdimensionales, ya que un sentido de voluntad fortalecido puede elegir el rumbo que tomen nuestros viajes interiores. La Pietersita aumenta la claridad de pensamiento y favorece los saltos intuitivos. A veces, las epifanías sembradas por esta piedra pueden conducir al estado de *samadhi*, o iluminación dichosa espontánea.

La Pietersita trabaja en armonía con la Moldavita, Fenacita, Natrolita, Calcita Merkabita, Escolecita, Nuumita, Tectita Dorada de Libia, Heliodoro, Labradorita Dorada, Ojo de Tigre, Piedra Lunar, Piedra Solar y Labradorita.

PIRITA

PALABRAS CLAVE energía masculina, manifestación, acción, vitalidad, fuerza de voluntad, creatividad, confianza   **CHAKRAS** plexo solar (3ro)
ELEMENTOS tierra   **CORPORAL** apoya la salud
reproductiva masculina, ayuda a combatir las
infecciones   **EMOCIONAL** fomenta el dominio del miedo y adopción de medidas
asertivas   **ESPIRITUAL** promueve actitud positiva y fuerte determinación,
destierra negatividad

L A PIRITA es un mineral de sulfuro de hierro con un sistema cristalino cúbico u
octaédrico y una dureza de 6 a 6,5. Su nombre deriva de la palabra griega que
significa fuego. Existen importantes yacimientos en Italia, España y Perú.

   Es excelente para aumentar el poder del tercer chakra tanto en hombres como
en mujeres. Proporciona un aumento inmediato de la vitalidad; incrementa la fuerza
de voluntad ayudando a superar los malos hábitos y a establecer nuevas pautas de
salud y energía positiva. Contribuye a superar la ansiedad y a establecer una actitud
de "sí se puede" sobre cualquier cosa que se haya decidido intentar. Puede filtrar
las influencias negativas y darnos el valor para desterrarlas. Esta piedra puede ser
una herramienta útil para equilibrar polaridades y crear armonía en el campo áurico. La Pirita estimula la creatividad en el arte, matemáticas, escultura, arquitectu-
ra, ciencia y otras disciplinas. Alimenta las cualidades de ambición, compromiso y
persistencia. Aumenta la claridad mental y concentración. Ayuda a tomar medidas
asertivas y a desarrollar el guerrero interior en beneficio de la comunidad. Para los
hombres, potencia la masculinidad y apoya la expresión sublime y entusiasta del
erotismo masculino.

   La Pirita trabaja en armonía con Zincita y Cornalina para la sexualidad masculina. La Prehnita, Heliodoro, Tectita Dorada de Libia, Labradorita Dorada y Citrino
ayudan a la Pirita a reforzar las energías del tercer chakra. Para la conexión a tierra,
su compañera ideal es Hematita.

PIROMORFITA

PALABRAS CLAVE mejora de la digestión y asimilación, descarga de sustancias y energías tóxicas, mezcla de amor y voluntad   **CHAKRAS** plexo solar (3ro), corazón (4to)   **ELEMENTOS** tierra   **CORPORAL** apoya el sistema digestivo, hígado, vesícula biliar, bazo y páncreas   **EMOCIONAL** aumenta la comprensión de la intuición, ayuda a tolerar la negatividad del ambiente sin efectos negativos   **ESPIRITUAL** facilita la unificación del corazón (amor) y el plexo solar (voluntad)

L A PIROMORFITA es un mineral de fosfato de plomo con un sistema de cristales hexagonales y una dureza de 3,5 a 4. Su color suele ser verde guisante. Los cristales de mejor calidad se hallan en Alemania, Inglaterra, Australia y Estados Unidos.

Se trata de una piedra de las vísceras. Puede contribuir energéticamente a la correcta digestión y asimilación de los alimentos y al mantenimiento de la flora adecuada en el tracto intestinal. Limpia, en el aspecto vibracional, el intestino grueso y ayuda a la eliminación de los productos de desecho. Mejora los poderes intuitivos de los cuerpos físico y etérico, por lo que uno recibe "sensaciones viscerales" precisas sobre otras personas y situaciones. Ayuda a digerir y asimilar nueva información y energías, tanto en lo mental como espiritual. Ayuda a eliminar los malos hábitos y asociaciones negativas. Permite ser más consciente y apreciar el cuerpo. Ayuda al hígado, vesícula biliar, bazo y páncreas. En el aspecto psicológico, ayuda a calmar la ira y a descargar los pensamientos negativos. Permite tolerar cierto grado de toxicidad entre las personas del entorno sin vernos afectados por ella. La Piromorfita es una piedra de los chakras del plexo solar y corazón. Alinea y combina el amor y voluntad. Es poderosa para la práctica de la magia benévola.

La Piromorfita trabaja en armonía con Pirita, Heliodoro, Labradorita, Dioptasa, Esmeralda, Morganita y Zincita.

POUNAMU

PALABRAS CLAVE fuerza de la vida, poder personal, magia, vitalidad, longevidad, lealtad y amor propio, resplandor interior
CHAKRAS corazón (4to), tercer ojo (6to) **ELEMENTOS** tierra, agua, fuego **CORPORAL** apoya el buen funcionamiento del corazón, los pulmones y el sistema circulatorio, ofrece grandes cantidades de chi **EMOCIONAL** inspira una poderosa lealtad y amor propio **ESPIRITUAL** estimula la fuerza vital y el poder que habita en uno mismo, ayuda a hacer magia real y puede conectar con ayudantes espirituales de la antigua Nueva Zelanda

"POUNAMU" es un nombre que hace referencia a ciertas piedras preciosas verdes nativas de Nueva Zelanda, entre las que se encuentran las nefritas y serpentinas. Su dureza puede oscilar entre 3 y 7. El pueblo maorí ha venerado durante mucho tiempo a esta piedra verde, llamándola *Pounamu*, "piedra del wairua", el mundo del espíritu que nos rodea a todos.

Es una piedra de vida que emana corrientes de fuertes energías de la fuerza vital. Es asimismo una piedra de longevidad y puede utilizarse en trabajos de sanación para implantar las vibraciones de vitalidad y programar el cuerpo para una larga vida. También es una piedra de poder; sus corrientes entran con facilidad en nuestro campo energético a través del corazón o del tercer ojo, llenando el campo áurico de fuerza y vitalidad. Estimula las emociones del valor, lealtad, pasión y libertad, y trae a la conciencia lo importante que es honrar cada una de ellas. La Pounamu es una piedra mágica, capaz de transferir poder a quien la lleva. Está vinculada a los antiguos pueblos de Nueva Zelanda y permite invocar sus espíritus en busca de ayuda.

En la sanación, actúa como una fuente de vitalidad, y ayuda a superar la fatiga y estrés. Ayuda al corazón, pulmones y sistema circulatorio. Puede limpiar las energías congestionadas y purificar el campo áurico. Ayuda a encontrar la profunda lealtad a uno mismo para liberarse de relaciones poco sanas, malos hábitos, dudas sobre sí mismo, ansiedad y/o depresión. La Pounamu puede trabajar en sinergia con Moldavita, Cuprita Carmesí, Tectita Negra Tibetana, Piedra de Empoderamiento, Piedra de la Revelación y Azeztulita Sauralita.

PRASIOLITA
(Amatista Verde)

PALABRAS CLAVE despertar el corazón, vincular el yo inferior y superior, conexión profunda la naturaleza **CHAKRAS** corazón (4to), coronilla (7mo), tercer ojo (6to) **ELEMENTOS** tierra **CORPORAL** apoya el estómago y corazón, ayuda con problemas digestivos **EMOCIONAL** facilita la alegría de ver lo divino en uno mismo y en los demás **ESPIRITUAL** inicia la experiencia del ser superior

LA PRASIOLITA (Amatista Verde) es un cristal de dióxido de silicio con un sistema cristalino hexagonal y una dureza de 7. Su nombre deriva de la palabra griega que significa "puerro". Se halla en Brasil y en Arizona, Estados Unidos.

Esta piedra lleva consigo el vínculo energético entre los chakras del corazón y de la coronilla y puede ser un catalizador para la identificación con el yo superior espiritual. A través de la asociación de la amatista violeta con el chakra de la coronilla y la protección psíquica, combinada con la activación de las vibraciones curativas del corazón por parte de la Prasiolita, existe el potencial de una experiencia unificadora en la que uno se abre con toda la mente y el corazón a la experiencia de lo divino. La Prasiolita ayuda a expresar los ideales espirituales en la vida cotidiana: nos recuerda que debemos amar y bendecir a los demás, y ver a través de sus debilidades humanas la esencia divina que hay en ellos. Es una piedra de *namasté*, el reconocimiento de la chispa divina dentro de todos los seres. Nos ayuda a ser conscientes de esta verdad, un cambio de enfoque que nos permite trascender las tentaciones del juicio y negatividad. En esencia, facilita que pongamos en práctica la espiritualidad.

La combinación de esta piedra con la amatista violeta amplifica la conexión con los reinos espirituales superiores. La Prasiolita también trabaja en armonía con Danburita, al cambiar un vínculo con el dominio angélico y facilitar la activación del cuerpo de luz. Si incorporamos Moldavita, se incrementará la velocidad de la transformación espiritual.

PREHNITA

PALABRAS CLAVE paz interior, unión del corazón y la voluntad, comunicación con los seres no físicos **CHAKRAS** plexo solar (3ro), corazón (4to) **ELEMENTOS** tierra, agua

CORPORAL favorece los sistemas digestivo, circulatorio, linfático y urinario **EMOCIONAL** aporta conciencia de paz, disipa las preocupaciones e inquietud **ESPIRITUAL** sintoniza con dimensiones superiores a través de la conciencia del corazón

L A PREHNITA es un mineral de silicato de aluminio y calcio con un sistema cristalino ortorrómbico y una dureza de 6 a 6,5. Su color suele ser verde amarillo. Se encuentra en Australia, China y Nueva Jersey, Estados Unidos.

Esta piedra vincula el corazón con la voluntad, por lo que nuestro poder se utiliza para llevar a cabo el impulso del corazón. Sus acciones adquieren la coloración de la paz y sus deseos se alinean con el bien más elevado posible en cada situación. Calma la inquietud, nerviosismo y preocupación y ayuda a permanecer en el momento presente y a evitar el uso malsano de la imaginación (por ejemplo, cuando visualizamos todos los futuros desastrosos posibles). La Prehnita nos recuerda la existencia de nuestro poder personal al tiempo que invoca el uso de ese poder al servicio del amor. Ayuda a entrar en contacto con seres de otras dimensiones. Al utilizar esta piedra en meditación, se puede aprender a "escuchar" las corrientes de comunicación angelical, la guía de seres espirituales o el canto del propio ser superior. También puede ayudar a psíquicos y lectores intuitivos a ser más precisos en sus predicciones. Funciona como purificador de energías del sistema digestivo, así como de los riñones, las suprarrenales, el hígado y la vesícula biliar.

Esta piedra trabaja en armonía con la Adamita, Jade, Smithsonita, Hemimorfita, Aragonita Azul, Tectita Dorada de Libia, Heliodoro, Esmeralda, Moldavita, Natrolita, Escolecita, Herderita, Lepidolita Lila y todas las Azeztulitas.

RODOCROSITA

PALABRAS CLAVE sanación emocional, recuperación de recuerdos perdidos y regalos olvidados, amor propio, compasión
CHAKRAS corazón (4to), plexo solar (3ro)
ELEMENTOS fuego, agua **CORPORAL** ayuda con problemas relacionados con el estrés, sana el cuerpo **EMOCIONAL** repara el aura emocional, facilita la sanación profunda de los problemas del niño interior y vidas pasadas
ESPIRITUAL profundo vínculo con la energía del amor, potencia la creatividad, aporta alegría

L A RODOCROSITA es un carbonato de manganeso con un sistema cristalino hexagonal y una dureza de 3,5 a 4. El yacimiento más importante se encuentra en Argentina, donde se formó la Rodocrosita en las minas de plata incas.

Es una piedra de amor, dirigida más que todo hacia uno mismo para sanación emocional. Ayuda a realizar el trabajo necesario de recuperar, revivir y liberar los recuerdos de las heridas emocionales. Por medio de vibraciones apoya la autosanación en estas importantes áreas. Gracias a su energía de amor propio y compasión por el niño interior, la Rodocrosita puede ser un valioso aliado. Emana corrientes de paz interior y de autoperdón, lo que nos permite florecer plenamente.

Esta piedra es capaz de limpiar, calmar y sanar el campo energético alrededor del corazón. Puede reparar "agujeros" o zonas dañadas en el campo áurico, sobre todo en el cuerpo emocional. Puede profundizar meditaciones y regresiones a vidas pasadas. También es una piedra de la alegría: llevar con nosotros esta piedra al aire libre en un bonito día, permitiendo que la belleza de la naturaleza entre en nuestros sentidos, nos ayuda experimentar una vez más el sentido de la gracia y felicidad mágica que son naturales en ese niño que se siente seguro y amado.

La Rodocrosita trabaja en armonía con las piedras del corazón, incluyendo Cuarzo Rosa, Calcita Rosa, Rodonita, Morganita, Esmeralda, Granate Tsavorita y Rosophia. La Moldavita puede aumentar su intensidad. También funciona bien con Fenacita, Alejandrita, Ópalo de Oregón, Turmalina Negra y Azabache.

RODONITA

PALABRAS CLAVE descubrir y desarrollar talentos ocultos, compasión, amor, generosidad, altruismo **CHAKRAS** corazón (4to), raíz (1ro) **ELEMENTOS** fuego **CORPORAL** apoya la pérdida de peso, desintoxicación y purificación; es bueno para el hígado y riñones **EMOCIONAL** fomenta el altruismo y generosidad, la alegría de servir a los demás **ESPIRITUAL** ayuda a realizar las capacidades únicas de uno y a cumplir con su destino

L A RODONITA es un mineral de metasilicato de manganeso con un sistema cristalino triclínico y una dureza de 5,5 a 6,5. Su nombre deriva de la palabra griega que significa "rojo rosado". Hoy en día se halla en Suecia, Australia, India, Madagascar, México, Sudáfrica, Brasil, Canadá y Estados Unidos.

Se trata de una piedra que promueve la energía del amor. En este caso, el amor está más dirigido hacia el exterior que en piedras como la Rodocrosita. La Rodonita fomenta el uso de los dones y talentos propios en beneficio de la comunidad. El amor dirigido "hacia afuera" que engendra la Rodonita es de altruismo y generosidad, utilizando los propios talentos para dar regalos a los demás. Este camino de generosidad ofrece a menudo una mayor satisfacción que la de recibir lo que uno desea. La Rodonita atrae a las personas y a las situaciones que mejor se adaptan a los talentos únicos de cada uno y, al utilizarlos, se puede experimentar la satisfacción del profundo deseo de amar y ser amado. También puede aumentar la profundidad, claridad y significado de las experiencias internas, lo que facilita la comprensión de los mensajes que hay detrás de sueños y visiones. Puede proporcionar un vínculo psíquico con el patrón arquetípico del destino personal, lo que nos ayuda a permanecer "en el carril" para el cumplimiento de nuestras más altas aspiraciones.

La Rodonita armoniza con la mayoría de las otras piedras del corazón, incluida la Rosophia, Cuarzo Rosa, Calcita Rosa, Morganita y Esmeralda. También funciona bien con la Fenacita, Escolecita, Natrolita, Herderita, Sugilita y Cuarzo Tibetano Negro.

ROSOPHIA

PALABRAS CLAVE el amor de Sofía, despertar de la conciencia del corazón, cocrear con lo divino, transmutación alquímica de uno mismo y del mundo **CHAKRAS** corazón (4to) **ELEMENTOS** tierra **CORPORAL** apoya la sanación del corazón, lleva el amor a las células **EMOCIONAL** despierta y profundiza con fuerza la experiencia del amor **ESPIRITUAL** permite la unión extática cocreativa con el alma del mundo

L A ROSOPHIA es una mezcla de feldespato rojizo, cuarzo blanco y biotita negra descubierta en las montañas Rocosas de Estados Unidos. El nombre deriva de "Rosa de Sofía", que significa el "corazón de la sabiduría".

Es la piedra base del corazón, que une nuestro corazón con el de Sofía, el principio divino femenino que subyace a la belleza y armonía del mundo. Al sostener esta piedra en el corazón, sentiremos corrientes de energía de amor calmante circulando dentro del pecho y, de inmediato, también la presencia del amor femenino. Dormir con una piedra Rosophia cerca del corazón engendrará un sueño más profundo y pacífico. Llevarla con nosotros puede disipar la depresión y frustración, inculcando calma y la presencia amorosa que es la pura conciencia del corazón. El contacto regular con esta piedra, quizás más que con cualquier otra, produce una relación cada vez más consciente con el alma del mundo. A medida que esto ocurre, uno se siente inspirado a amar y cuidar del mundo y de todos sus seres, ya que, al hacerlo, estamos cuidando de Sofía. A medida que se afianza la relación, podemos iniciarnos en una unión alquímica cocreativa con ella para la transmutación de uno mismo y del mundo en el cosmos del amor.

La Rosophia trabaja en armonía con todas las piedras. La combinación más importante se produce con la Azeztulita Blanca, a través de la cual la luz del cielo se encuentra con el amor de la Tierra en el propio corazón, cumpliendo el plan divino.

RUBÍ

PALABRAS CLAVE fuerza vital, coraje, pasión, fortaleza, entusiasmo, aventura, protección **CHAKRAS** raíz (1ro) **ELEMENTOS** tierra **CORPORAL** aumenta el chi en el cuerpo, estimula la salud en todos los órganos y sistemas **EMOCIONAL** inspira la confianza en uno mismo, entusiasmo por la vida, confianza y voluntad **ESPIRITUAL** infunde valor espiritual y altruismo, hace surgir el heroísmo

E L RUBÍ es una variedad roja del corindón, un óxido de aluminio con un sistema cristalino hexagonal y una dureza de 9. Esta piedra se extrae en Sri Lanka, Birmania, Tailandia, India, Brasil y Estados Unidos.

Los Rubíes emanan el rayo rojo puro con una vibración insuperable. Esta piedra es una herramienta poderosa para estimular el chakra de la raíz y atraer más fuerza vital. El Rubí energiza y activa el cuerpo físico, mental y emocional, y aumenta la pasión y fortaleza, lo que permite perseguir las aspiraciones con el corazón. Elimina los sentimientos de desesperanza o derrota y abre el manantial de optimismo y determinación necesario para alcanzar objetivos difíciles. Imparte una sensación de poder, y mejora la confianza en uno mismo y el espíritu aventurero. Los Rubíes vibran con un entusiasmo por la vida, ya que inculca una voluntad de corazón abierto para dar cualquier salto de fe que se requiera. Esta piedra es un imán para la novedad y aventura: sus vibraciones atraen oportunidades de cambios inesperados de escenario y/o situación. Se trata de una piedra de valor. Calma las dudas y ayuda a afrontar la ansiedad. Inspira los aspectos protectores del carácter, y nos anima a defender a los que se ven amenazados. Nos ayuda a ser la clase de persona a la que admiraríamos.

El Rubí trabaja en armonía con Zafiro Azul, Proustita, Cuprita, Zincita, Cuarzo Rosa y Morganita.

RUBÍ CIANITA

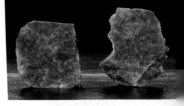

PALABRAS CLAVE fuerza vital, valor, pasión, intuición, capacidad psíquica, inspiración, conciencia visionaria **CHAKRAS** todos, en especial raíz (1ro) y tercer ojo (6to) **ELEMENTOS** tierra, tormenta **CORPORAL** apoya el buen funcionamiento del cerebro y sistema nervioso, así como el de los órganos sexuales, intestinos y vísceras **EMOCIONAL** acelera el proceso de formación de relaciones íntimas y mejora la atracción mutua **ESPIRITUAL** estimula la conciencia intuitiva y visiones interiores; aumenta el valor, pasión y compromiso con el desarrollo espiritual

E L RUBÍ CIANITA es una combinación de rubí rojo y cianita azul que se encuentra en el sur de la India. El rubí es un corindón rojo con una dureza de 9, mientras que la cianita es un silicato de aluminio con una dureza que varía de 4,5 a 7.

Esta piedra puede aumentar la fuerza vital, valentía, pasión y fortaleza. Estimula la intuición, habilidades psíquicas, conciencia de la sabiduría de los sueños y capacidad de navegar en los reinos espirituales. Facilita la expansión de la conciencia y sensibilidad espiritual, al tiempo que potencia el valor, fortaleza y sentido de la aventura. Estimula el chakra raíz y tercer ojo, lo que aumenta la conciencia visionaria, así como la vitalidad física y fuerza vital. El Rubí Cianita ayuda a integrar las altas energías espirituales en el cuerpo físico y a "predicar con el ejemplo" de nuestra propia vida espiritual en el mundo cotidiano.

El Rubí Cianita incrementa la pasión y ayuda a mantener una mayor sensibilidad. Es una piedra ideal para amantes o para regalar a alguien por quien uno se siente atraído. En la vida cotidiana puede aumentar la vitalidad, lo que nos permite trabajar muchas horas sin agotarse. Estimula la inspiración y perspicacia, y nos revela nuevas visiones de nuestro propio propósito y potencial. En la autosanación brinda apoyo al cerebro, médula espinal, órganos sexuales, intestinos y vísceras.

El Rubí Cianita armoniza con Zafiro Azul, Cuprita, Zincita, Cuarzo Rosa, Morganita, Moldavita, Fenacita, Rubí Fucsita y Azeztulita.

RUBÍ FUCSITA

PALABRAS CLAVE cuerpo emocional fuerte, valoración de uno mismo, aumento de la fuerza vital
CHAKRAS raíz (1ro), corazón (4to)   **ELEMENTOS** agua
CORPORAL infunde *prana* en el cuerpo; apoya intestinos, corazón, células, órganos   **EMOCIONAL** fomenta la autoestima, ayuda a sanar problemas en las relaciones
ESPIRITUAL nos inspira a curarnos a nosotros mismos, inculca la conciencia del ser profundo

L A FUCSITA es un compuesto natural de rubí rojo y fucsita verde que es una mica de cromo. Se halla en el sur de la India.

Sus energías combinan el coraje, la fuerza y la pasión por la que se conoce al rubí con corrientes calmantes, nutritivas y basadas en el corazón de la fucsita. Representa, a la vez, el empoderamiento y fortalecimiento del cuerpo emocional. Fomenta un fuerte sentido de la salud y bienestar general en lo que respecta al ser emocional y físico. Puede ser de gran ayuda para superar enfermedades relacionadas con patrones emocionales disfuncionales. Anima a afrontar el futuro con una actitud de confianza y seguridad. Estimula los chakras de la raíz y corazón al aportar una infusión de fuerza vital al cuerpo. Limpia con energía los intestinos y estimula la regulación adecuada del proceso de eliminación. Disipa las energías aletargadas del corazón y anima al cuerpo a eliminar los bloqueos arteriales. Aporta *prana* adicional al torrente sanguíneo y proporciona apoyo vibracional a las células, órganos y sistemas. Trabaja para limpiar el cuerpo emocional de residuos psíquicos que han quedado de relaciones pasadas. Anima a valorarse a sí mismo y a tener un alto nivel de exigencia a la hora de elegir pareja emocional. Nos recuerda la presencia del ser en nuestro interior, así como de su amor eterno, el cual nunca puede perderse.

El Rubí Fucsita trabaja en armonía con Rosophia, Cuprita Carmesí, Anandalita, Guardianita, Dioptasa, Zincita y Astaralina.

RUTILO

PALABRAS CLAVE sintonización, amplificación, aceleración, expansión de la conciencia, aceleración de la manifestación
CHAKRAS todos **ELEMENTOS** tormenta **CORPORAL** ayuda al sistema digestivo, ayuda a superar adicciones
EMOCIONAL inspira el compromiso activo y entusiasta con la vida; disipa la pasividad **ESPIRITUAL** mejora el viaje meditativo, recuerdo de los sueños, vínculo con los reinos superiores

E L RUTILO es un cristal de óxido de titanio con un sistema cristalino tetragonal y una dureza de 6 a 6,5. Su color va del amarillo dorado al marrón rojizo, rojo o negro. La mayoría de los cristales de Rutilo se hallan en Brasil y Madagascar.

Los cristales de Rutilo son como antenas de radio sintonizadas con la frecuencia de la intención divina. Ayudan a ver el flujo cósmico, y permite así aumentar las sincronías y experiencias de gracia. Esta piedra eleva nuestras propias antenas de sensibilidad psíquica. Intensifica nuestra capacidad para percibir las "vibras" buenas o malas. A la vez que funciona como una antena, el Rutilo también es un amplificador: puede magnificar y acelerar los efectos de nuestras intenciones y es una ayuda para la manifestación. El Rutilo es capaz de amplificar la energía de la conciencia abriendo el acceso a los mundos superiores. Del mismo modo, es un acelerador de las actividades de manifestación, intuición, catarsis emocional, apertura psíquica, expansión de la conciencia, viajes interdimensionales, aprendizaje y proceso creativo. Facilita dar saltos de comprensión y mejora la capacidad de sintetizar información. Puede ayudar a escritores y artistas a encontrar nueva inspiración. En los negocios puede acelerar la acumulación de riqueza y aplicación de nuevas ideas.

El Rutilo armoniza con piedras de alta vibración como las doce piedras de la sinergia. Por su parte, puede trabajar para lograr un vínculo instantáneo con reinos superiores con las piedras de intención: Fenacita, Calcita Merkabita, Danburita, Calcita Elestial, Herderita y Brookita.

SEDONALITA

PALABRAS CLAVE equilibrio, armonía interior, sensibilidad psíquica, inspiración, optimismo, despertar **CHAKRAS** todos
ELEMENTOS tormenta **CORPORAL** da apoyo al cerebro y sistema nervioso
EMOCIONAL inspira optimismo, entusiasmo y voluntad de transformación
ESPIRITUAL mejora capacidad psíquica, recuerdo de vidas pasadas, experiencia de visiones, comunicación interdimensional

L A SEDONALITA es una concreción de arenisca roja que se encuentra en las montañas rojas y el desierto que rodean Sedona, Arizona, un lugar famoso por sus poderosos vórtices de energía. La piedra se presenta a veces en esferas naturales de un poco más de uno a cinco centímetros de diámetro y también se encuentra en trozos amorfos.

Es capaz de cargar y armonizar el sistema de meridianos y puede hacer que los cuerpos astral y sutil se alineen con el físico. Estas piedras tienen la capacidad de anclarnos a tierra, aunque también son estimulantes y generan un estado de mayor sensación de sensibilidad y alerta. Pueden utilizarse para activar cualquiera de los chakras y meridianos.

Aumentan también las capacidades psíquicas de la persona, al potenciar cualquier sensibilidad natural y agregar dimensiones. Pueden despejar la niebla mental, fatiga y torpeza, y estimular el entusiasmo. Tienen una energía muy optimista que nos inspira a ponernos en marcha para manifestar nuestros sueños.

Es una piedra íntimamente ligada al entorno de Sedona, Arizona, y a todos los fenómenos que allí se producen. Puede desencadenar experiencias espirituales espontáneas, incluyendo recuerdos de vidas pasadas, visiones de seres espirituales y extraterrestres, y el despertar de la capacidad de canalización. Ofrece una rápida aceleración del crecimiento espiritual y puede facilitar visiones extraordinarias.

La Sedonalita trabaja en sinergia con Moldavita, Azeztulita, Amazez y todas las piedras de la ascensión vibratoria.

SELENITA

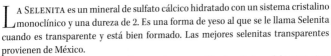

PALABRAS CLAVE activación espiritual, comunión con el ser superior, guías espirituales y ángeles   **CHAKRAS** tercer ojo (6to), coronilla (7mo), etérico (8vo-14to)
ELEMENTOS viento   **CORPORAL** despeja los bloqueos energéticos, induce la alineación interior, facilita la sanación
EMOCIONAL inspira a liberarnos de inseguridad y a alcanzar nuestros deseos
ESPIRITUAL facilita la limpieza áurica, activación de los chakras superiores y sintonización espiritual

L A SELENITA es un mineral de sulfato cálcico hidratado con un sistema cristalino monoclínico y una dureza de 2. Es una forma de yeso al que se le llama Selenita cuando es transparente y está bien formado. Las mejores selenitas transparentes provienen de México.

Se trata de una piedra que abre y activa con rapidez los chakras del tercer ojo y coronilla, así como el chakra estrella del alma, situado sobre la cabeza. Su intensidad es mayor que la de casi cualquier otra piedra para los chakras superiores: una varita de Selenita que apunta al tercer ojo envía una energía que se siente como una ráfaga de viento que atraviesa la frente y sale por la parte superior de la cabeza. Es rápida y eficaz en la limpieza del campo áurico y puede limpiar las energías congestionadas o negatividad del cuerpo físico y etérico. Eleva la conciencia a planos superiores y hace posible el encuentro consciente con guías espirituales y ángeles de la guarda y facilita la experiencia de recibir guía interna. Colocar una varita de Selenita en la espalda, a lo largo de la columna vertebral, nos permite conseguir una alineación energética de las vértebras y también de los chakras. La Selenita es también una piedra excelente para construir redes energéticas de cristales o piedras. Un grupo de seis o más varitas dispuestas alrededor del cuerpo nos coloca en un minivórtice de energía.

La Selenita amplifica y armoniza con la mayoría de las otras piedras. Tiene una especial afinidad con las doce piedras de la sinergia: Moldavita, Fenacita, Tanzanita, Danburita, Azeztulita Blanca, Brookita, Herderita, Escolecita, Natrolita, Petalita, Tectita Negra Tibetana y Azeztulita de Satyaloka.

SELENITA DORADA

PALABRAS CLAVE crear a través de la voluntad,
integración de hemisferios cerebrales, unificación
cerebro/mente y corazón/sabiduría
CHAKRAS plexo solar (3ro), corazón (4to), tercer ojo
(6to), coronilla (7mo) **ELEMENTOS** fuego, viento
CORPORAL favorece los sistemas de digestión y eliminación, visión y oído
EMOCIONAL ayuda a recuperarse de adicciones y heridas en nuestro poder
personal **ESPIRITUAL** inicia nuestro potencial de cocreación, estimula la visión
interior

L A SELENITA DORADA es un mineral de sulfato de calcio hidratado con una dureza de 2. Recibe este nombre por su color dorado y brillo. Estos cristales fueron
descubiertos en Texas, Estados Unidos, en el año 2007.

Se trata de una piedra que abre y activa con rapidez los chakras del tercer ojo y
plexo solar. Cuando se sostiene en el tercer ojo, sus corrientes suben también hasta
la coronilla, estimulando su apertura. La Selenita Dorada ayuda a desarrollar la actividad creadora de la voluntad, al estimular la visión y voluntad de crear. Esta actividad creadora es, ante todo, una de confianza: al confiar en lo desconocido mientras
mantenemos la esencia de nuestra intención de corazón, nos involucramos en la
cocreación con el alma del mundo. Esta piedra puede ayudar a la autosanación en
las siguientes áreas: dificultades digestivas, lentitud intestinal, problemas de visión
y audición, debilidad muscular y comportamientos adictivos. Las adicciones y otros
tipos de malos hábitos son, desde cierta perspectiva, enfermedades de la voluntad,
y la mejora en la fuerza de voluntad que ofrece la Selenita Dorada puede ayudar a
romper todo tipo de viejos patrones que estén atascados.

Este mineral resuena con la Danburita Dorada de Agni, Labradorita, Fenacita,
Herderita, Azeztulita Dorada del Himalaya, Azeztulita Amarilla Satyaloka y otras
piedras de alta vibración. Su poder se magnifica cuando se combina con la Guardianita o Chamanita Maestra.

SERAFINITA

PALABRAS CLAVE autosanación, regeneración, plenitud, conexión angelical **CHAKRAS** todos **ELEMENTOS** tierra **CORPORAL** apoya la salud celular, se puede utilizar en la sanación espiritual para reducir la actividad de las células cancerosas **EMOCIONAL** ayuda a liberar emociones tóxicas, fomenta una actitud alegre **ESPIRITUAL** sirve de ayuda en la comunicación con ángeles, devas y espíritus de la naturaleza

L A SERAFINITA es una variedad de clinocloro, un silicato de magnesio y hierro hidratado con un sistema cristalino monoclínico y una dureza de cerca de 4. Solo se halla en la región del lago Baikal en Siberia.

Es una de las piedras más poderosas para alinear todos los elementos de los cuerpos no-físicos a lo largo de la columna "yo soy" de la espina dorsal. Es tanto centralizadora como energizante y sus hermosos tonos verdes muestran lo bien que se adapta al chakra del corazón. Puede mover las energías bloqueadas en los meridianos y se puede combinar con acupuntura para este fin. La Serafinita impregna el campo áurico con vibraciones de plenitud y bienestar. Es una piedra muy evolucionada y nos hace avanzar con rapidez en nuestra propia evolución.

No es por casualidad que el nombre de la Serafinita derive de los serafines. Estas piedras resuenan con fuerza con todos los niveles del reino angelical, incluso los más elevados. Aquellos que deseen encontrarse con ángeles en meditación o en sueños pueden utilizar esta piedra para facilitar las sintonías necesarias.

Sus energías son de tono femenino y pueden ayudar a experimentar una mayor conciencia de la divinidad femenina.

La Serafinita armoniza con la Moldavita, Fenacita, Rosophia, Escolecita, Petalita, Tanzanita, Danburita, Azeztulita, "Diamantes" Herkimer, Tectita Negra Tibetana y Charoíta. La Azeztulita y Rosophia ayudan a establecer conexión con la divinidad femenina.

SERPENTINA

PALABRAS CLAVE despertar de las funciones cerebrales superiores, conexión con la naturaleza, despertar de la kundalini **CHAKRAS** todos **ELEMENTOS** tierra **CORPORAL** ayuda a "recablear" las vías neuronales para que sean las áreas cerebrales superiores las que predominen y guíen el comportamiento **EMOCIONAL** ayuda a liberar el miedo al cambio y a acoger la transformación **ESPIRITUAL** ayuda a despertar las energías *kundalini* para la evolución personal

L
A SERPENTINA es un mineral de silicato de magnesio con un sistema cristalino monoclínico, ortorrómbico o hexagonal y una dureza que va de 2 a 5,5. Sus principales yacimientos se encuentran en Inglaterra, Sudáfrica, Brasil y Estados Unidos.

Es una de las mejores piedras para despertar las energías *kundalini*, el "poder de la serpiente", el cual, según se dice, reside en la base de la columna vertebral. La Serpentina es también una buena piedra para colocar en los puntos meridianos para limpiar energías bloqueadas y permitir que se restablezca el flujo sano y natural. Es poderosa para trabajar a nivel energético en poner a la vieja parte reptiliana del cerebro al servicio del cerebro superior; en muchas personas, debido a las heridas psíquicas de su familia y su cultura, ocurre lo contrario. Meditar con esta piedra o llevarla puesta puede ayudar a establecer el orden previsto por la naturaleza, además de aportar paz y alegría al individuo y repercutir en su mundo exterior.

La Serpentina armoniza con la serafina en la reprogramación de patrones cerebrales no saludables. La Herderita, Fenacita, Natrolita, Escolecita y Azeztulita pueden ayudar en este proceso estimulando las áreas cerebrales superiores. La Anandalita y Tectita Negra Tibetana refuerzan sus energías en el proceso de despertar de la *kundalini*. Otras piedras que armonizan con la Serpentina son Amatista, Piedra Luna, Tectita Dorada de Libia, Labradorita Dorada, Zincita, Ojo de Tigre, Esmeralda, Jade Verde, Jade Violeta y Strombolita.

SHANTILITA

PALABRAS CLAVE "paz que supera el entendimiento", silencio interior, armonía **CHAKRAS** todos **ELEMENTOS** viento, fuego **CORPORAL** favorece la recuperación de lesiones y enfermedades, disipa el estrés **EMOCIONAL** calma las preocupaciones y ansiedad y nos lleva a una paz profunda **ESPIRITUAL** ayuda a la meditación y oración al aquietar la mente

Sʜᴀɴᴛɪʟɪᴛᴀ es el nombre de un ágata gris procedente de Madagascar. Es un dióxido de silicio con un sistema cristalino hexagonal y una dureza de 7. Su nombre proviene del sánscrito *shanti* que significa "paz divina".

Las corrientes de Shantilita entran en el cuerpo como un "zumbido" o una ola de energía apresurada, con la que llega un flujo inmediato de paz a través del cuerpo, infundiendo un estado de profunda relajación. La Shantilita es una piedra excelente para la meditación, porque puede llevarnos a estados de profundo silencio interior, y ayudarnos a sentirnos en sintonía con el silencio viviente de los reinos espirituales. Acalla el diálogo interior porque su paz es tan atractiva para la psique que la "caravana de pensamientos" tiende a disiparse. Esta piedra puede ayudar a despejar los ciclos repetitivos de preocupación y ansiedad. Su resonancia profunda, lenta y amorosa trabaja para disolver el círculo vicioso de la tensión y preocupación. Como piedra de paz profunda, puede resultar beneficiosa para quienes trabajan en el aspecto espiritual para aliviar todo tipo de patologías relacionadas con estrés. Como es lo bastante fuerte como para sentirse en todo el cuerpo etérico es ideal para quienes se recuperan de cualquier enfermedad o lesión. La Shantilita puede servir de ayuda en la oración, ya que aquieta la mente y lleva la atención hacia lo sagrado. Ayuda a encontrar comunión con el reino angelical y contribuye al proceso de ascensión al llevar nuestro campo vibratorio a un estado de tranquila receptividad y armonía.

La Shantilita funciona bien con todas las Azeztulitas, así como con Anandalita, Guardianita, Rosophia, Escolecita, Danburita y Petalita.

SHATTUCKITA

PALABRAS CLAVE intuición, comunicación, canalización, mediumnidad, trabajo con oráculos **CHAKRAS** corazón (4to), garganta (5to), tercer ojo (6to) **ELEMENTOS** agua, viento **CORPORAL** favorece el equilibrio adecuado de los órganos viscerales y sus fluidos **EMOCIONAL** ayuda a aceptar la verdad y a liberar los miedos, en especial los miedos a los reinos espirituales **ESPIRITUAL** ayuda a sintonizar con el guía interior y la comunicación con los espíritus

L A SHATTUCKITA es un mineral de hidróxido de silicato de cobre con un sistema cristalino ortorrómbico y una dureza de 3,5. Se halla en las minas de cobre de Argentina, Congo, Namibia, Sudáfrica y Estados Unidos.

Esta piedra ayuda a comprender y comunicar la información del espíritu. Nos puede abrir el canal psíquico, permitiéndonos "escuchar" los mensajes de guías y maestros internos, así como de los espíritus de difuntos. Si uno desea trabajar como médium, la Shattuckita es un aliado ideal, ya que vibra con el tono de la verdad por lo que también puede ayudar a asegurar que las interpretaciones de los mensajes del "otro lado" sean precisas. Estimula el chakra de la garganta, y mejora así las habilidades de comunicación. El mayor uso de la Shattuckita es la comunicación de la sabiduría y la información de los reinos superiores. Facilita la práctica de la escritura automática y canalización vocal y ayuda a encontrar las palabras adecuadas para expresar las comunicaciones de guías espirituales y maestros. Facilita el sentido de la sinestesia y puede estimular las capacidades mentales e intuitivas. Esto hace que sea muy útil para aquellos que estudian disciplinas intuitivas como astrología, tarot, runas, quiromancia, *I Ching* y otras guías oraculares.

La Shattuckita funciona bien con la Turquesa, Crisocola, Larimar y Ajoíta para la activación del chakra de la garganta. Para estimular el tercer ojo, la Fenacita, Natrolita, Lazulita y Calcita Merkabita son piedras ideales.

SHIVA LINGHAM

PALABRAS CLAVE activación de la kundalini, vitalidad y *prana*, transformación espiritual y renacimiento, iluminación, unidad con el todo **CHAKRAS** todos **ELEMENTOS** tierra, viento, agua, fuego, tormenta **CORPORAL** estimula todos los sistemas energéticos, trata la impotencia e infertilidad **EMOCIONAL** ayuda a fundirse en éxtasis con lo divino **ESPIRITUAL** puede despertar las energías kundalini y provocar el samadhi

L A SHIVA LINGHAM es una piedra con forma de huevo compuesta de cuarzo criptocristalino (con impurezas), un mineral de dióxido de silicio con una dureza de 7. Se origina en el río Narmada, en el oeste de la India.

Esta piedra lleva el nombre del dios hindú Shiva y resuena a profundidad con las energías de la Tierra, aunque también transportan fuertes energías de agua, viento e incluso fuego. De hecho, la energía del fuego de estas piedras es tan fuerte que son capaces de activar las energías kundalini y cargar todo el sistema de chakras. Para aquellos que sientan que necesitan un impulso de vitalidad y energías *prana*, es muy recomendable meditar o dormir con una Shiva Lingham.

Las leyendas esotéricas señalan que existe un campo de conocimiento invisible en el que puede encontrarse la energía psíquica almacenada de rituales y creencias humanas. Cuando conecta con alguna parte de dicho campo, puede aprovechar la energía de toda la conciencia del pasado que ha permitido formarlo. Así, cuando uno trabaja con un objeto sagrado como una piedra Shiva Lingham, puede recibir el beneficio de los esfuerzos de todos aquellos que han utilizado tales piedras para búsquedas espirituales a lo largo de la historia. Esto es en especial cierto porque estas piedras están compuestas más que todo de cuarzo microscópico. A través de la resonancia del cristal, cualquier Shiva Lingham puede conectarse con todos los demás cristales en todo el mundo, en todos los lugares y tiempos. A través de este poder, las Shiva Linghams pueden ser emblemas de la transformación interior.

SHUNGITA

PALABRAS CLAVE limpieza y purificación, infusión de luz espiritual, activación del cuerpo de luz, adhesión a la verdad

CHAKRAS todos **ELEMENTOS** fuego, viento, tormenta **CORPORAL** purifica el cuerpo y lo prepara para ser transformado por una infusión de luz espiritual **EMOCIONAL** nos libera de patrones emocionales negativos, puede generar un renacimiento emocional **ESPIRITUAL** nos prepara para la activación del cuerpo de luz, limpiando, equilibrando y alineando todas las partículas del cuerpo

L A SHUNGITA es una combinación de grafito amorfo, silicato cristalino y otros minerales, y se encuentra cerca de Shunga, Rusia. Su dureza es de 3,5.

Esta piedra limpia las energías de todo el cuerpo y nos dispone a recibir la luz espiritual. Sus vibraciones operan en las moléculas, y libera los átomos del cuerpo de su atadura a patrones y energías negativas. Puede limpiar el cuerpo de patrones disfuncionales que se manifiestan como enfermedades, dificultades emocionales o varios tipos de negatividad. Ayuda a las personas que no tienen los pies sobre la tierra a conectarse mejor con ella. Proporciona un aura de protección psíquica, sobre todo debido a la alineación energética que facilita.

Es la piedra de la verdad: bajo su influencia, uno no puede actuar o hablar en falso sin sentir una gran incomodidad. Esto se debe a que la Shungita disipa la negatividad y trae tanta luz espiritual que uno siente de inmediato la desagradable sensación de desarmonía si incorpora un pensamiento o declaración negativa o falsa. La influencia limpiadora de esta piedra tiende a disipar patrones habituales de autodestrucción. En cuanto a emociones, es excelente para soltar los sentimientos de miedo, culpa o vergüenza arraigados en lo profundo.

La Shungita resuena a profundidad con la Healerita, Luz de Litio, Lepidolita cristalizada y todas las formas de Azeztulita, incluyendo las piedras superactivadas de azozeo. Todas ellas añaden corrientes beneficiosas a su propia infusión de luz espiritual.

SÍLEX

PALABRAS CLAVE enraizar lo espiritual en lo
físico, crear estructura y autodisciplina, aumentar
honestidad y practicidad **CHAKRAS** todos
ELEMENTOS tierra **CORPORAL** ayuda a la
reposición, enraizando el plano divino en las células **EMOCIONAL** calma el
cuerpo emocional, ayuda a liberar las heridas del pasado **ESPIRITUAL** estimula
habilidades psíquicas, intuición, trayendo la luz espiritual al cuerpo

E L SÍLEX es una roca sedimentaria compuesta solo de sílice. Se presenta en forma
de concreciones, en bandas o nódulos, en las calizas, especialmente en la tiza.
Su color suele ser negro, marrón o color cuero. Los pueblos primitivos utilizaban sus
escamas para fabricar puntas de flecha, raspadores y otras herramientas.

El Sílex hace que el cuerpo etérico se integre en el cuerpo físico de forma más
completa. Esto afecta tanto a la conciencia como a la fuerza vital. Ayuda a las personas de temperamento voluble o desorganizado a entrar en su cuerpo y centrarse
en el mundo físico. Proporciona más fuerza vital al alinear el cuerpo etérico con el
físico. Puede además influir en las capacidades intuitivas y psíquicas, y aumentar
la especificidad y la claridad de la información recibida. Es una piedra muy recomendable para aquellos que realizan lecturas, canalizaciones, mediumnidad u otros
trabajos relacionados.

En el trabajo de curación, el Sílex es un reponedor, ya que hace que una gran
cantidad de luz espiritual entre en la forma física de la persona. Refuerza los vínculos
entre el chakra raíz y todos los demás chakras y el sistema de meridianos, lo que permite que el *prana* se mueva con libertad por todos estos canales. Mejora la conexión
con el chakra estrella de la Tierra, situado bajo los pies.

Las energías del Sílex se pueden ver ampliadas por el Zafiro Azul, Iolita, Citrino,
Hematita, Turmalina Negra y Egirina. La Piedra de la Profecía puede utilizarse para
potenciar sus habilidades psíquicas.

SILLIMANITA

PALABRAS CLAVE unificación y armonización de los chakras, concentración y autodisciplina, autodominio y magia, traer orden al caos   **CHAKRAS** todos **ELEMENTOS** tierra   **CORPORAL** favorece orden y armonía corporal, puede utilizarse para combatir enfermedades en las que una parte del cuerpo se ataca a sí misma   **EMOCIONAL** estimula el optimismo y la felicidad al aportar coherencia a nuestros pensamientos, energías y acciones   **ESPIRITUAL** ayuda a unificar las energías y acciones, ayuda a crear orden y alimenta el entusiasmo por la vida

L A SILLIMANITA es un mineral de silicato de aluminio con una dureza de 6,5 a 7,5. Su nombre se debe al geólogo estadounidense Benjamin Silliman.

Esta piedra estimula y unifica los chakras, por lo que fluyen con más fuerza. La colocación de una Sillimanita en una zona debilitada puede fortalecerla al unirla con los demás chakras y meridianos. La Sillimanita nos lleva a una unidad interior desde la que la expresión de la autodisciplina es natural e incluso placentera. Nos ayuda a mantener nuestras intenciones y acciones alineadas; es una piedra de autodominio y, por tanto, de magia que ayuda a la manifestación.

Favorece el surgimiento del orden a partir del caos y ayuda a lograr claridad mental y emocional. Promueve una actitud tranquila y positiva, puesto que estimula la liberación de endorfinas y, en ese sentido, es una piedra para sentirse bien. Fomenta el optimismo y entusiasmo. Su energía apoya y unifica todos los órganos y sistemas. Sus energías curativas pueden ayudar en situaciones en las que una parte del cuerpo se ha alejado de su unidad con el todo, como en el caso del cáncer y las enfermedades autoinmunes.

La Sillimanita funciona bien con la Cianita, Andalucita y Anandalita. Forma una alianza con el zafiro para la fuerza interior y con el Rubí para potenciar la valentía. Hace sinergia con la Anandalita y con todas las Azeztulitas para la activación del cuerpo de luz.

SMITHSONITA

PALABRAS CLAVE calmar emociones, liberar estrés, profundizar en el amor y compasión, relajarse en una percepción más profunda **CHAKRAS** todos **ELEMENTOS** agua **CORPORAL** ayuda a bajar de peso, aumenta la vitalidad, favorece el sistema endocrino y órganos reproductores **EMOCIONAL** ayuda a eliminar el miedo, ansiedad y tensión, fomenta la confianza y relajación **ESPIRITUAL** abre los canales psíquicos, inculca la conciencia de unidad cósmica

L A SMITHSONITA es un mineral de carbonato de zinc con un sistema cristalino romboédrico o hexagonal y una dureza de 5. Su color puede ser azul, rosa, morado, verde, amarillo, blanco, gris o marrón. Se han encontrado yacimientos de Smithsonita en Grecia, México, África, España y Estados Unidos.

Es una de las principales piedras para calmar el cuerpo emocional y aliviar el estrés. Enfría la ira y resentimiento, y permite establecer la conciencia de unidad; libera la tensión y disipa la ansiedad. Emana una sensación oceánica de calma y claridad que anima a ver las situaciones difíciles con ojos frescos y compasivos, permitiendo ver la luz incluso en los momentos oscuros de depresión. Portar la Smithsonita es como tener un amigo cariñoso a nuestro lado.

La Smithsonita ayuda a entrar en el estado de meditación, y a calmar y relajar la mente. Propicia la amistad y buenos sentimientos en las relaciones. Favorece la relajación durante la sanación y sus disposiciones en el cuerpo. Es una piedra para estimular las capacidades psíquicas como la visión remota, psicometría y comunicación telepática. Ayuda a conectar con los espíritus guía para obtener información y sanación.

Para la relajación y alivio del estrés, la Smithsonita armoniza con la Lepidolita, Aguamarina, Kunzita, Crisoprasa y Rosophia. La Iolita y Fenacita apoyan el aumento de las capacidades psíquicas.

SODALITA

PALABRAS CLAVE acceso a capacidades subconscientes e intuitivas, potenciación de la introspección y rendimiento mental, profundización de la intuición **CHAKRAS** tercer ojo (6to) **ELEMENTOS** viento **CORPORAL** favorece el mantenimiento de una presión arterial saludable e hidratación **EMOCIONAL** ayuda a la introspección, permitiendo la comprensión de problemas emocionales **ESPIRITUAL** combina la agudeza mental y capacidad psíquica para una conciencia más amplia

L
A SODALITA es un silicato de aluminio y sodio clórico con un sistema cristalino isométrico y una dureza de 5,5 a 6. El nombre hace referencia a su contenido en sodio. El mayor yacimiento de Sodalita se ubica en Bahía, Brasil.

Es una piedra de introspección que ayuda a penetrar la paradoja y contradicción para formar una nueva síntesis de pensamiento. Potencia las facultades mentales de análisis, intuición, observación y creatividad y estimula nuestro genio latente. Facilita la autodisciplina, eficacia, organización y estructura en la investigación y otras actividades mentales. La Sodalita ofrece comprensión sobre nuestro ser y una evaluación desapasionada de las motivaciones, los puntos fuertes, las debilidades, los deseos, los dones y los patrones del destino personal. Puede reforzar nuestra conciencia "testigo" y nos trae una especie de coraje obstinado hacia nosotros, que nos ayuda a mantenernos en el camino en momentos difíciles. Estimula la visión psíquica y una comprensión en distintos niveles, ya que propicia momentos reveladores en los que vemos el patrón que conecta los mundos interior y exterior. La Sodalita puede ayudar a los astrólogos, numerólogos, lectores de tarot y a todos aquellos que traducen los patrones arquetípicos revelados en los oráculos.

Para la visión y capacidad mental, la Sodalita armoniza con Iolita, Lapislázuli, Cuarzo Azul Siberiano, Zafiro Azul y Lazulita; la Moldavita estimula a todas las anteriores. La Fenacita, Natrolita, Herderita, Escolecita y Danburita amplían las aperturas de la Sodalita hacia dimensiones superiores.

STICHTITA

PALABRAS CLAVE activación de kundalini, amor y perdón, compasión, protección espiritual, resiliencia emocional y física

CHAKRAS raíz (1ro), corazón (4to), coronilla (7mo)   **ELEMENTOS** viento

CORPORAL promueve la salud neurológica, regeneración de las vías neuronales

EMOCIONAL inspira amor y compasión, ayuda a superar la timidez

ESPIRITUAL fomenta el servicio espiritual, valoración de la alegría de vivir

L A STICHTITA es un mineral de carbonato de cromo y magnesio hidratado con un cristal trigonal y una dureza de 1,5 a 2. El color de la Stichtita es un violeta rosáceo. Se halla en la isla de Tasmania, Australia.

Es un mineral que combina las vibraciones del amor, perdón y la iluminación espiritual, y vincula los chakras del corazón y de la corona. La Stichtita emana energías de protección contra la negatividad y pone a quien la lleva dentro de un "huevo de luz" que protege el cuerpo emocional. Es una piedra para el perdón y puede suavizar las actitudes duras, nos permite liberarnos de la terquedad irracional y ver las cosas desde el punto de vista del otro. Favorece la demostración espontánea de afecto, disipando la timidez o vacilación. Ayuda a limpiar el karma y a comprometerse con una vida de servicio espiritual. Estimula la kundalini, energía de la iluminación y evolución. La Stichtita es una piedra de resistencia emocional y física que permite recuperarse con rapidez de enfermedad, trauma, desamor, ira o depresión. Reaviva la alegría de vivir. Ayuda a recordar que hay que ver con los ojos de un niño, alegre y libre de expectativas. La Stichtita favorece la regeneración de las vías neuronales y ayuda a la recuperación de las lesiones medulares, demencia, párkinson y alzhéimer.

La Stichtita armoniza con Moldavita, Amatista, Sugilita, Serpentina, Escolecita, Gema de Sílice, Fenacita, Serafinita y Morganita. La Tectita Negra Tibetana intensifica sus energías kundalini.

SUGILITA

PALABRAS CLAVE sueños, protección y purificación espiritual, convertirse en "faro de luz" **CHAKRAS** tercer ojo, (6to), coronilla (7mo), etérico (8vo-14to) **ELEMENTOS** viento **CORPORAL** proporciona una influencia purificadora y protectora, favorece la sanación del cáncer **EMOCIONAL** infunde una actitud positiva y esperanzadora, despeja el cuerpo emocional **ESPIRITUAL** disuelve la negatividad, ayuda a recibir y difundir la luz divina

L A SUGILITA es un raro mineral de silicato de potasio, sodio, hierro, manganeso y aluminio con un sistema cristalino hexagonal y una dureza de 6 a 6,5. Su color oscila entre lila pálido y violeta intenso. Casi toda la Sugilita del mercado proviene de las minas de manganeso de Sudáfrica.

Este mineral ofrece una multitud de propiedades beneficiosas; protección contra las influencias negativas, mejora de la capacidad de enraizar las energías espirituales, el despertar del chakra de coronilla, la emanación del rayo violeta de purificación y una fuerte influencia para la sanación. Llevar o usar una pieza de Sugilita hace que se forme un "escudo de luz" alrededor de quien la porta. Es la mejor piedra para convocar la llama violeta de la purificación, la cual puede quemar las "manchas grises" en el campo áurico, lo que elimina los apegos negativos e influencias kármicas. Inicia un proceso de limpieza energética, que elimina las influencias tóxicas del entorno interior y exterior. La Sugilita estimula y abre el chakra de la coronilla para anclar la luz espiritual en la Tierra, convirtiéndonos en un "faro de luz". Además, puede aumentar la profundidad y el significado de los sueños.

La Sugilita funciona de maravilla con las energías de transformación de la Moldavita. La Fenacita, Natrolita, Herderita, Brookita y Escolecita ayudan a intensificar el componente visionario de sus propias energías. Todas las Azeztulitas mejoran en gran medida a la Sugilita en cuanto a la apertura del chakra coronilla y en la canalización y anclaje a tierra de la luz divina.

TANZANITA

PALABRAS CLAVE conexión entre mente y corazón, aumento de la percepción espiritual, autoexpresión compasiva, adhesión a la verdad
CHAKRAS corazón (4to), garganta (5to), tercer ojo (6to), coronilla (7mo), estrella del alma (8vo) **ELEMENTOS** viento
CORPORAL ayuda a la tiroides y glándulas suprarrenales, mejora las conexiones neuronales entre el cerebro y corazón
EMOCIONAL fomenta la compasión, calma la mente, inspira alegría
ESPIRITUAL ayuda a conocer y expresar la sabiduría del corazón

L A TANZANITA es un silicato de aluminio y calcio con un sistema cristalino ortorrómbico y una dureza de 6,5 a 7. Su color es más que todo azul o azul-violeta, aunque algunos cristales son amarillos. Procede de Tanzania, África.

Esta piedra integra las energías de la mente y el corazón. Abre una cascada de pensamientos y percepciones, pero nos mantiene anclados y tranquilos en la sabiduría del corazón. La integración de la mente y corazón que ofrece la Tanzanita tiene lugar a través de la conexión y sintonización de los chakras del corazón y tercer ojo. Llevar al corazón hacia la comunión con la mente es esencial para lograr la plenitud. La Tanzanita ayuda a hacer que los impulsos del corazón sean más perceptibles para la mente y a formar un circuito entre el corazón y el tercer ojo, que se siente como una vibración de alegría y placer. Otro efecto de la unión entre mente y corazón que genera la Tanzanita se produce en el chakra de la garganta. La energía de la Tanzanita nos facilita decir la verdad del corazón con elocuencia y hace difícil ocultar o negar lo que uno sabe en su corazón.

La Tanzanita es una de las doce piedras de la sinergia junto a la Moldavita, Fenacita, Danburita, Azeztulita, Herderita, Tectita Tibetana, Petalita, Natrolita y Escolecita. Armoniza con el Larimar, Charoíta, Rubí-Zoisita y la mayoría de los cuarzos. Tiene una poderosa afinidad con la Rosa Satyaloka y la Azeztulita Amarilla Satyaloka, que conectan la mente con el corazón.

TARALITA VERDE

PALABRAS CLAVE energías fluidas y amistosas, conexión con la Tara verde, sintonización espiritual de la propia conciencia, viajes fuera del cuerpo, sanación y visión **CHAKRAS** corazón (4to), tercer ojo (6to) **ELEMENTOS** tierra, agua **CORPORAL** apoya todo tipo de circulación y flujo dentro del cuerpo, puede estimular las células a un estado de luminiscencia espiritual **EMOCIONAL** engendra alegría, compasión y amabilidad **ESPIRITUAL** inspira la unión interior con las cualidades de la divina Tara verde: paz, cooperación, energía, destino, espiritualidad y unidad universal, ofrece protección espiritual y eliminación de obstáculos

"TARALITA VERDE" es el nombre que recibe una variedad de andesita de color verde descubierta en Nueva Zelanda. Es una piedra volcánica, una roca extrusiva con una composición intermedia entre la riolita y el basalto.

Es una piedra de bienestar, felicidad y luz espiritual. Conecta la conciencia de uno con el cosmos y ayuda a reconocernos como miembros de todo el universo. Puede permitirnos entrar en resonancia vibratoria con los seres divinos, incluida la propia Tara verde, una diosa estelar que abarca todo el tiempo y la chispa de la vida.

La Tara verde es la "Madre Tierra", una diosa feroz que supera los obstáculos y nos salva de los peligros. La Taralita Verde encarna estas cualidades. Apoya todos los sistemas corporales que dependen del flujo, incluyendo el corazón y el sistema circulatorio, los pulmones, el sistema linfático, el hígado y el sistema digestivo. Es una piedra muy femenina: invoca en hombres una mayor conciencia y apreciación de lo divino femenino, mientras que en mujeres puede ampliar la conciencia de sí mismas hasta el nivel en que se reconocen como individuos y como una emanación de la diosa.

La Taralita Verde trabaja en armonía con casi todas las piedras. Tiene una fuerte resonancia con Moldavita y todas las Azeztulitas. Funciona bien con la energía del azozeo.

TECTITA COMÚN

PALABRAS CLAVE conexión con extraterrestres, comunicación telepática, elevación del nivel vibratorio **CHAKRAS** todos **ELEMENTO** tormenta **CORPORAL** ayuda al cuerpo a integrar las energías de alta frecuencia **EMOCIONAL** ayuda a los "nacidos de las estrellas" a superar la nostalgia y soledad **ESPIRITUAL** aumenta la sensibilidad psíquica, mejora la conexión telepática con extraterrestres

LAS TECTITAS son objetos vítreos asociados con impactos de meteoritos. Su dureza es de 5,5 a 6,5 y su sistema cristalino es amorfo. El nombre proviene de la palabra griega *tektos,* que significa "fundido". Las Tectitas comunes de las que hablamos aquí provienen de Indochina y China.

Estas piedras son portadoras de flujos de comunicación e información extraterrestre. Vibran con pulsaciones de alta frecuencia que nos pueden poner en contacto con extraterrestres. Se cree que un ser conocido como Ashtar, que ha sido nombrado un guardián benévolo, utiliza las Tectitas para facilitar la comunicación telepática con los humanos. Para los interesados, se recomienda dormir o meditar con una Tectita pegada al tercer ojo o colocada cerca de la cabeza. Experimentar esta conexión puede ser como una vuelta a casa para los "nacidos de las estrellas" y otros que se sientan afines a los seres extraterrestres. Las Tectitas pueden aumentar la sensibilidad psíquica, experiencias de clariaudiencia, frecuencia de las sincronías y "ver a través del velo" del mundo físico. El aumento de la luz interior de la Tectita puede atraer a personas que buscan amistad, consejo y bondad. Estas experiencias pueden explicar la fama de la Tectita como piedra de la buena suerte.

Las Tectitas se armonizan y magnifican entre sí. Las Tectitas comunes se intensifican con la Moldavita, Tectita Dorada de Libia y Tectita Tibetana. El Lapislázuli, Jaspe, Calcedonia, Ópalo, Madera Petrificada y casi todas las formas de cristales de cuarzo se combinan en armonía con la Tectita.

TECTITA DORADA DE LIBIA

PALABRAS CLAVE confianza, agudeza mental, protección psíquica, acceso a los registros akásicos, manifestación, logro del potencial personal **CHAKRAS** todos, en especial el del plexo solar (3ro) y el sacro (2do) **ELEMENTOS** fuego, tormenta **CORPORAL** ayuda a la sanación espiritual del estómago y problemas digestivos **EMOCIONAL** ayuda a superar la timidez y a abordar la vida con alegría **ESPIRITUAL** nos ayuda a tener acceso a los registros akásicos, ayuda a la manifestación creativa voluntaria

L A TECTITA DORADA DE LIBIA es un material amarillo vidrioso con un sistema cristalino amorfo y una dureza de 5 a 6, que se halla en Libia y Egipto. En el antiguo Egipto, el collar funerario del rey Tutankamón contenía un escarabajo tallado en una Tectita Dorada de Libia.

Estas piedras tienen una energía notable para aumentar la fuerza de voluntad, capacidad de crear y poder de manifestación. Pueden ser una poderosa llave de acceso a los registros akásicos y ayudar a recuperar los vínculos de las primeras civilizaciones egipcias con la influencia de entidades extraterrestres. Son capaces de vincularnos con las energías de Isis y Osiris, las figuras míticas que se dice dieron origen a la civilización. La meditación y los rituales realizados con Tectitas Doradas Libias se verán muy potenciados, sobre todo para conseguir los resultados deseados en el mundo material. Si sentimos que aún no hemos desarrollado todo nuestro potencial, se recomienda trabajar con ellas. Combinar la Tectita Dorada de Libia con Moldavita resulta ideal para lograr la autotransformación hacia la vocación más elevada. La adición de Tectita Negra Tibetana acelerará en gran medida el proceso de manifestación de los objetivos propios, mientras que el uso de las tres juntas puede facilitar una rápida transformación, bajo la guía de la propia voluntad superior. La Tectita Dorada de Libia se une al Zafiro Amarillo para crear abundancia financiera. La Fenacita ayuda a manifestar visiones espirituales.

TECTITA TIBETANA

PALABRAS CLAVE apertura de la columna de chakras, sintonización con la fuerza supramental, evolución acelerada, despertar del cuerpo de luz **CHAKRAS** todos **ELEMENTOS** tormenta **CORPORAL** facilita la alineación de la columna vertebral, lleva luz a las células **EMOCIONAL** inspira la alegría y la maravilla del despertar espiritual **ESPIRITUAL** despierta sutilmente la kundalini, permite "descargar" la luz espiritual

LAS TECTITAS TIBETANAS son objetos vítreos con un sistema cristalino amorfo y una dureza de 5,5 a 6,5. Se encuentran en el Tíbet y en el sur de China, y se cree que se formaron mediante impactos meteóricos. Hace más de dos mil años, el escritor chino Liu Sun les asignó el nombre de *Lei-gong-mo,* que significa "piedra de tinta del dios del trueno". Los aborígenes australianos se referían a ellas como *Maban,* que significa "magia", y creen que encontrar un ejemplar trae buena suerte. En la India, estas piedras se conocen como *Saimantaki Mani,* la "gema sagrada de Krishna".

Estas piedras se encuentran entre las más poderosas para abrir el canal de los chakras a lo largo de la columna vertebral. Para ello, se puede pedir a un compañero que gire un ejemplar en el sentido de las agujas del reloj por encima de la cabeza mientras se lleva una segunda piedra despacio hacia arriba a lo largo de la columna vertebral. Los resultados son muy poderosos y casi todos los sienten. Este es el comienzo ideal de una sesión en la que se trabajará con otras piedras, ya que abren el campo energético. Al abrir el chakra de la coronilla y la columna, las Tectitas Tibetanas facilitan el descenso de la fuerza supramental, la energía divina de la evolución. Debido a que esta energía penetra a profundidad con el uso repetido de esta piedra, es capaz de generar la activación del cuerpo de luz.

Las Tectitas Tibetanas armonizan con las piedras del cuerpo de luz como la Fenacita, Herderita, Aragonito español y todas las formas de Azeztulita. La Astaralina y Guardianita protegen al cuerpo de luz en desarrollo.

THULITA

PALABRAS CLAVE alegría, placer, afecto, sanación de patrones negativos, generosidad, bondad, centrarse en el corazón, conexión entre el corazón y mente   **CHAKRAS** sacro (2do), plexo solar (3ro), corazón (4to), garganta (5to)
ELEMENTOS agua, viento   **CORPORAL** apoya e integra el corazón y sistema digestivo   **EMOCIONAL** disipa los juicios sobre uno mismo y sobre los demás, inspira la bondad   **ESPIRITUAL** promueve la empatía, fomenta nuestro compromiso pleno con el amor

L A THULITA es un silicato de aluminio y calcio con un sistema cristalino ortorrómbico y una dureza de 6,5 a 7. El color es de rosa a rosa rojizo. Se encuentra en Thule, Noruega, así como en Australia y Sudáfrica.

Esta piedra estimula los chakras segundo, tercero, cuarto y quinto, sedes de la sexualidad y creatividad, la voluntad y acción, la relación amorosa y comunicación. Fomenta la felicidad, satisfacción, entusiasmo, afecto, placer y alegría. Ayuda a ver la bondad fundamental del mundo y de uno mismo. Inicia la compenetración entre personas; es excelente para hacer nuevos amigos o iniciar una relación romántica. Fomenta la empatía, difumina las tensiones y facilita la búsqueda de un lugar común. La Thulita es ideal para los niños, ya que les ayuda a sentirse seguros, felices y a gusto en el mundo. Fomenta el amor propio en personas de todas las edades. Apoya los hábitos saludables y ayuda a romper los patrones autodestructivos, lo que puede aplicarse a las adicciones, como tabaquismo, y a los desequilibrios emocionales, como la vergüenza y juicio hacia uno mismo. Ayuda a hablar con sinceridad y actuar con generosidad. Permite atravesar los muros emocionales malsanos. Enseña a amar primero y preguntar después.

La Thulita trabaja en armonía con todas las piedras del chakra del corazón, sobre todo con el Cuarzo Rosa, Rosophia, Morganita y Dioptasa. La Moldavita puede acelerar todos sus efectos. La Iolita magnifica la capacidad de introspección proporcionada por la Thulita.

TOPACIO AZUL

PALABRAS CLAVE mejora de la mente y comunicación
CHAKRAS garganta (5to), tercer ojo (6to) **ELEMENTO** fuego
CORPORAL ayuda a curar dolores de garganta, impedimentos del
habla, tiroides hiperactiva **EMOCIONAL** ayuda a comunicar con
claridad los sentimientos más profundos **ESPIRITUAL** mejora
la meditación, capacidades psíquicas y comunicación de
introspecciones profundas

E L TOPACIO AZUL es un aluminio silicato de hidróxido de fluoruro con un
sistema cristalino ortorrómbico y una dureza de 8. A menudo forma cristales
prismáticos, casi siempre de ocho caras, con estrías longitudinales. Se halla en
Brasil, Sri Lanka, Rusia, Madagascar, África y Estados Unidos. A veces los cristales
son tratados con radiación para intensificar el color.

Claramente, el Topacio Azul puede mejorar el proceso mental y habilidades
verbales, así como la capacidad de atención y concentración en las tareas mentales.
Puede ayudar a concebir y alcanzar la perfección en diversos proyectos y aspiraciones, así como a discriminar claramente entre lo que se quiere y lo que no se quiere
en la vida. Es capaz de despejar y activar el chakra de la garganta, lo que mejora la
capacidad de articular nuestras propias ideas e introspecciones. También es un amplificador natural de las capacidades psíquicas y puede ayudar a quienes desean sintonizar con la guía interior, así como a quienes esperan servir a los demás mediante
lecturas o trabajos de sanación espiritual. De hecho, estas piedras son de gran utili-
dad en sesiones de gemoterapia de sanación, ya que tienen resonancia con el patrón
perfeccionado del cuerpo humano y sistema energético. Aunque es difícil conseguir
piedras de Topacio Azul en la naturaleza, sus energías las hacen objeto de deseo para
cualquiera que pueda encontrarlas. Para el trabajo espiritual y la sanación, es mucho
mejor utilizar cristales naturales que irradiados.

El Topacio Azul trabaja en armonía con Aguamarina, Ópalo Azul de Owyhee,
Moldavita, Danburita, Lapislázuli, Sodalita y Cuarzo Satya Mani.

TOPACIO BLANCO

PALABRAS CLAVE espiritualidad, dones psíquicos, claridad mental   **CHAKRAS** coronilla (7mo), etérico (8vo-14to)   **ELEMENTOS** fuego   **CORPORAL** favorece la manifestación de nuestra visión sobre nuestra propia salud o enfermedad   **EMOCIONAL** ayuda a tener fe con más facilidad, enseña gratitud   **ESPIRITUAL** ayuda a visualizar y a comprender cuál es nuestro camino espiritual más elevado

EL TOPACIO BLANCO es un aluminio silicato de hidróxido de fluoruro con un sistema cristalino ortorrómbico y una dureza de 8. A menudo forma cristales prismáticos casi siempre de ocho caras, con estrías longitudinales. Se halla en Brasil, Sri Lanka, Rusia, Birmania, Australia, Japón, Madagascar, México, África y Estados Unidos.

Se trata de una piedra que ayuda a aclarar intenciones, a alinearlas con la voluntad divina y manifestarlas en el mundo físico. Es neutro en su amplificación de cualquier energía que se desee enfocar a través de él, por lo tanto, es importante mantener intenciones positivas. La manifestación funciona en gran medida a través del enfoque: aquello en lo cual se pone la atención determina lo que se recibe. En nuestro mundo, las vibraciones se mueven más despacio que en los planos superiores, por lo que suele haber un periodo de tiempo entre nuestra visión y su manifestación. Por lo general la gente no mantiene un enfoque claro durante un tiempo suficiente para manifestar algo, excepto sus miedos y preocupaciones. La fe se trata tan solo de mantener el enfoque mientras se permanece en un estado de expectativa y gratitud. A medida que aprendemos este proceso y confiamos cada vez más en él, las cosas encajan, nuestras sincronías aumentan y aprendemos que podemos ser co-creadores conscientes con la divinidad. La magia del Topacio Blanco es que se puede utilizar para acelerar la energía vibratoria de nuestra propia intención, acortando el período de tiempo entre el enfoque inicial y el cumplimiento de nuestra visión.

El Topacio Blanco amplifica todas las demás piedras. Las piedras del tercer chakra como la Tectita Dorada de Libia y la Labradorita Dorada ayudan al proceso de manifestación.

TOPACIO DORADO

PALABRAS CLAVE manifestación de intención, voluntad y deseos personales **CHAKRAS** plexo solar (3ro), corazón (4to) **ELEMENTOS** fuego **CORPORAL** ayuda al intestino delgado, los riñones, la vejiga y el colon **EMOCIONAL** ayuda a alinear nuestros deseos con la voluntad divina para una verdadera satisfacción emocional **ESPIRITUAL** abre la puerta a la conciencia de Cristo y a la ascensión del corazón

E L TOPACIO DORADO es un aluminio silicato de hidróxido de fluoruro con un sistema cristalino ortorrómbico y una dureza de 8. A menudo forma cristales prismáticos casi siempre de ocho caras, con estrías longitudinales. El nombre de la piedra preciosa viene de la palabra sánscrita *tapas*, que significa "fuego". Se halla en Brasil, Sri Lanka, Rusia, Pakistán y Estados Unidos.

Es una piedra de gran valor para potenciar la creatividad, voluntad personal y capacidad de manifestar los deseos. Se diferencia del Topacio Blanco en que sus energías se mueven más despacio y están más ancladas a tierra. Es una piedra excelente para crear abundancia dentro del contexto de lo que sea más apropiado para nuestro camino más elevado. Ayuda a guiar nuestros deseos hacia la alineación con la voluntad divina y a aceptar y comprender con gusto el funcionamiento de la voluntad divina en nuestras vidas. El Topacio Dorado es un portador del rayo dorado-rosa de la conciencia de Cristo y puede utilizarse para ayudar a conectar con esa frecuencia durante la meditación. Nos puede ayudar a abrir el corazón en combinación con la voluntad, uniendo los chakras tercero y cuarto. Esta unidad fue un aspecto clave de la misión de Cristo, cuando estos centros funcionan como uno solo, se despeja el camino para la ascensión del corazón, en donde la voluntad, el corazón y la mente están de acuerdo, lo que inicia un estado de iluminación permanente.

El Topacio Dorado armoniza con el Citrino y Labradorita Dorada. Para la conciencia de Cristo, se combina mejor con la Azeztulita Dorada, Azeztulita Dorada del Himalaya y Azeztulita Amarilla Satyaloka.

TREMOLITA

PALABRAS CLAVE acceso al conocimiento superior, calma y claridad, activación de la mente superior, éxtasis místico **CHAKRAS** coronilla (7mo), estrella del alma (8vo), etérico (9no-14to) **ELEMENTOS** viento **CORPORAL** aumenta el *prana*, ayuda a diagnosticar dolencias de forma intuitiva **EMOCIONAL** ayuda a liberar el estrés y la ansiedad, fomenta la calma y claridad **ESPIRITUAL** facilita el acceso a los campos morfogenéticos de la mente divina

LA TREMOLITA es un silicato de hierro, calcio y magnesio con un sistema cristalino monoclínico y una dureza de 5 a 6. Su color es blanco, gris, rosa, verde o marrón. Las mejores piezas se encuentran en Pakistán y Afganistán.

Esta piedra puede utilizarse para activar la glándula pineal y conectarla con los circuitos neuronales circundantes, lo que conduce a la apertura de los chakras tercer ojo y coronilla, así como al acceso consciente a los campos mórficos del conocimiento. Cuando esto ocurre, solo debemos formularnos alguna pregunta y la respuesta aparecerá en nuestra mente; esta es la conciencia del "reino de los cielos", el estado en el que uno solo tiene que "pedir y se le dará". La Tremolita facilita una sensación de calma y claridad, permitiendo liberar estrés y ansiedad, afrontar incluso los momentos difíciles con ecuanimidad y ayuda a aliviar la depresión y preocupación. Esta piedra incide sobre los circuitos neuronales no utilizados del neocórtex. Si se coloca en el tercer ojo se pueden activar los centros mentales latentes destinados a la siguiente fase de la evolución humana. Cuando se realiza este cambio, muchos de los problemas aparentemente complicados de la vida se disuelven porque simplemente no existen en este nivel superior; es como despertar de un sueño.

La Tremolita trabaja en armonía con la Fenacita, Brookita, Danburita, Petalita, Herderita y Berilonita. Su estimulación del despertar espiritual es poderosa y se ve aumentada por todas las Azeztulitas. La Rosophia ayuda a mantener la conciencia expandida en sintonía con el corazón.

TUGTUPITA

PALABRAS CLAVE amor intenso y apasionado, activación profunda del corazón, éxtasis místico, aflicción, transformación emocional **CHAKRAS** corazón (4to), garganta (5to), tercer ojo (6to), coronilla (7mo) **ELEMENTOS** tormenta **CORPORAL** fortalece el sistema nervioso, campo áurico y corazón **EMOCIONAL** despierta el fuego interior del amor, activación extática del cuerpo emocional **ESPIRITUAL** nos abre al amor cósmico y el amor apasionado por la Tierra

L A TUGTUPITA es un silicato de sodio, aluminio y berilio con un sistema cristalino tetragonal y una dureza de 4. Fue descubierto en Tugtup Agtakorfia, Groenlandia, en 1962.

Es una piedra para las energías más profundas del corazón: sus vibraciones pueden despertar la pasión perdida y el amor olvidado. También nos puede poner en contacto con la pena y el dolor reprimidos, y permitir la expresión y liberación de dichas emociones; para bien o para mal, la Tugtupita libera la emoción pura del amor en toda su intensidad. Aquellos que la llevan o usan pueden experimentar muchas cosas, pero el adormecimiento no es una de ellas. Ella simplemente abre el corazón en su totalidad. La activación completa del chakra corazón, para algunas personas, se expresa en una experiencia extática de la naturaleza y un afloramiento del amor por la Tierra; en otras, puede manifestarse como una alegría inefable sin objeto alguno. A medida que esta piedra abre las compuertas del corazón, los chakras superiores reciben una marea creciente de energía y se abren y energizan. Esto puede conducir al funcionamiento armonioso e integrado de los chakras corazón, tercer ojo, garganta y coronilla, en el que todos se avivan.

La Tugtupita armoniza con el Cuarzo Rosa, Kunzita, Morganita, Esmeralda, Dioptasa y Rosophia. La Moldavita ayuda a convertir la pasión en transformación. La Azeztulita Rosa Satyaloka eleva la vibración del amor humano al cósmico.

TURMALINA AZUL (Indicolita)

PALABRAS CLAVE conciencia superior, comunicación, sanación **CHAKRAS** garganta (5to), tercer ojo (6to) **ELEMENTOS** agua, viento **CORPORAL** favorece la sintonía con espíritus sanadores, ayuda con los dolores de cabeza **EMOCIONAL** ayuda a la expresión clara de sentimientos profundos, limpieza emocional **ESPIRITUAL** facilita la comunicación con espíritus, abre la mente a la conciencia superior

L A TURMALINA AZUL es un borosilicato de aluminio complejo con un sistema cristalino hexagonal y una dureza de 7 a 7,5. Su color es de un azul intenso. Se halla en Brasil, África, Pakistán, Afganistán y Estados Unidos.

La Turmalina Azul o indicolita ayuda a desarrollar los dones psíquicos: clarividencia, clariaudiencia, clarisentencia (don de percibir a través de vibraciones energéticas y de manera extrasensorial), profecía y comunicación espiritual. Es útil sobre todo para aquellos que desean convertirse en canales y médiums, ya que aumenta la capacidad de ver y oír a través del velo que nos separa de los difuntos y de nuestros guías espirituales. Colocar una Turmalina Azul en el sexto chakra permite abrir el tercer ojo y "sintonizar" con el otro mundo. La Turmalina Azul energiza el chakra de la garganta, lo que ayuda a traducir las impresiones psíquicas en comunicación verbal. En la comunicación diaria, la Turmalina Azul ayuda a expresar con gracia los sentimientos profundos y percepciones, así como a sintonizar y cambiar las energías sanadoras ofrecidas por las dimensiones superiores. Facilita el contacto con seres espirituales benévolos y la recepción de sus bendiciones. La meditación con Turmalina Azul puede abrir las puertas a los reinos espirituales superiores, ofreciendo experiencias de éxtasis. Si tenemos dificultades para volver al estado de conexión a tierra, se recomienda el uso de esta piedra.

Las energías de la Turmalina Azul se incrementan y benefician al combinarla con la Cianita Azul o índigo, Lapislázuli, Calcedonia Azul, Lazulita, Cuarzo de Aura Acuática, Cuarzo Azul Siberiano y Sodalita.

TURMALINA DORADA

PALABRAS CLAVE voluntad, confianza, fortaleza interior
CHAKRAS plexo solar (3ro) **ELEMENTOS** agua
CORPORAL favorece la sanación de problemas digestivos,
úlceras, náuseas, problemas intestinales **EMOCIONAL** fomenta
el reconocimiento de nuestro propio poder personal, disipa el
miedo **ESPIRITUAL** promueve el uso benévolo del poder y
ayuda a crear prosperidad

L A TURMALINA DORADA es un borosilicato de aluminio complejo con un sistema cristalino hexagonal y una dureza de 7 a 7,5. Su color es un amarillo intenso.
Se halla en Brasil y África.

Esta piedra constituye una poderosa ayuda para quienes desean reparar los
daños del tercer chakra. Puede ayudar a reducir y, con el tiempo, a eliminar la sensación de miedo visceral que despiertan los enfrentamientos con los demás. Nos permite poder "aguantar" en todas las situaciones y ayuda a las personas tímidas a encontrar la valentía necesaria para enfrentarse a experiencias que antes consideraba
amenazantes. En la terapia de vidas pasadas, ayuda a revivir y liberar traumas que se
han convertido en patrones negativos repetitivos. Si se lleva encima, crea una "rueda
de fuego" en el plexo solar que actúa como escudo contra las "ínfulas de poder" de
otros y mejora la capacidad de concentración y logro de objetivos.

La Turmalina Dorada favorece el pensamiento claro, la fijación de objetivos, la
confianza, la resolución creativa de problemas, la perseverancia, la autoestima y la
actitud positiva. Dado que nos ayuda a sentirnos dignos y fuertes, también favorece la tolerancia, benevolencia y empoderamiento de los demás. Desde este lugar de
confianza y benevolencia es posible crear abundancia y prosperidad.

Las energías del tercer chakra de la Turmalina Dorada se incrementan al combinarla con la Azeztulita Dorada, Azeztulita Amarilla Satyaloka, Heliodoro, Labradorita Dorada y Tectita Dorada de Libia. Se puede usar con el Zafiro Amarillo y Fenacita para manifestar prosperidad.

TURMALINA DRAVITA
(Turmalina Marrón)

PALABRAS CLAVE autoaceptación, autosanación, hacerse consciente del "yo sombra", amor propio **CHAKRAS** raíz (1ro), corazón (4to) **ELEMENTOS** tierra **CORPORAL** ayuda a superar la adicción y el juicio hacia uno mismo, apoya los sistemas de purificación del cuerpo, ayuda a superar trastornos digestivos **EMOCIONAL** fomenta la autoaceptación y amor propio **ESPIRITUAL** poderoso aliado para sanar e integrar nuestro lado oscuro

La Dravita (Turmalina Marrón) es un borosilicato de aluminio complejo con un sistema cristalino hexagonal y una dureza de 7 a 7,5. Su color es marrón oscuro. Se halla en Brasil, Pakistán, India y Afganistán.

Es la gema aliada e ideal para iniciar y acompañar el viaje esencial de comprensión e integración de nuestra sombra. En meditación puede ayudar a traer el material de la sombra a la conciencia sin rechazar o juzgar lo que se encuentre. La Dravita está bien conectada a tierra y contrarresta los intentos de "ascender" antes de que estemos preparados. Nutre las energías de la fuerza vital y ofrece aguante a quienes realicen un trabajo interior profundo. Inspira coraje y persistencia e incluso ayuda a ver con humor algunas de las situaciones más oscuras de la vida. La Dravita también sirve de ayuda a quienes se sienten insensibilizados; es decir, a quienes tienen dificultades para acoger el duelo u otras emociones sinceras: sus vibraciones pueden ayudar a eliminar el blindaje energético alrededor del corazón. La Dravita, como el obrero que desatasca la alcantarilla, no es apreciada hasta que uno se da cuenta de que en verdad necesita ayuda. Entonces se aprecia como la gran bendición que en realidad es.

La Dravita funciona bien con la Turmalina Negra, Azabache, Obsidiana Negra, Egirina y Cuarzo Ahumado, todos los cuales brindan conexión a tierra y protección psíquica. La Merlinita Mística es otro aliado para sacar a "la sombra" del exilio. La Moldavita puede ayudar a acelerar el proceso de transformación interior que la Dravita inicia y apoya.

TURMALINA NEGRA

PALABRAS CLAVE purificación, perfección
CHAKRAS raíz (1ro) **ELEMENTOS** tierra
CORPORAL favorece la depuración del organismo y
elimina las sustancias tóxicas **EMOCIONAL** ayuda a
disipar la preocupación, juicio, miedo, ira, vergüenza
y otras emociones tóxicas **ESPIRITUAL** ayuda a la
conexión a tierra y limpieza del campo energético

L A TURMALINA NEGRA es un borosilicato de aluminio complejo con un sistema
cristalino hexagonal y una dureza de 7 a 7,5. Su color es negro opaco. Se halla en
Brasil, China, Pakistán, África y Estados Unidos.

Sus cristales ofrecen protección psíquica a quienes deben trabajar o vivir en
lugares o circunstancias difíciles. Puede mantener el campo áurico libre de desequilibrios incluso en presencia de energías destructivas. Estos cristales actúan
como aspiradoras etéricas, ya que limpian la negatividad y desarmonía con nuestro entorno. Otra aplicación de las Turmalinas Negras es la purificación etérica.
Llevar una de estas piedras en el bolsillo, sostener una en meditación o colocarla
en la funda de la almohada al dormir proporcionará una dosis refrescante de limpieza para el campo áurico y cuerpo etérico que puede incluso repercutir en la
forma física. Las Turmalinas Negras también se recomiendan para liberarse de los
pensamientos negativos, la ansiedad, ira, juicio hacia uno mismo y la baja autoestima. Un reducido número de Turmalinas Negras presenta doble punta, ejemplares ideales para colocarlos sobre el cuerpo en la gemoterapia porque el flujo lineal
de las energías se potencia por igual en ambas direcciones a lo largo de la forma
cristalina. Se aconseja sobre todo a los profesionales de la sanación que utilicen
estos cristales con sus pacientes.

Las energías protectoras de la Turmalina Negra se potencian al combinarla con
el Azabache, Obsidiana, Granate Negro de Andradita, Cuarzo Ahumado, Sugilita,
Charoíta y Amatista. Su conexión a tierra puede ser aumentada por la Hematita.

TURMALINA ROSA

PALABRAS CLAVE amor, sanación emocional **CHAKRAS** corazón (4to) **ELEMENTOS** agua **CORPORAL** favorece el corazón, pulmones y sistema nervioso parasimpático **EMOCIONAL** ayuda a reparar los agujeros en el campo áurico causados por heridas emocionales **ESPIRITUAL** nos anima a convertirnos en faros vivientes de energías de amor

La TURMALINA ROSA es un borosilicato de aluminio complejo con un sistema cristalino hexagonal y una dureza de 7 a 7,5. Su color va del rosa pálido al rosa intenso. Se halla en Brasil, África, Afganistán y en los estados de California y Maine, Estados Unidos.

Es la piedra por excelencia del chakra del corazón. Representa las energías femeninas o yin. Es insuperable para curar viejas heridas emocionales, en especial las de la infancia. Emana una energía suave y tranquilizadora que genera sentimientos de confort, seguridad y cuidado. Durante la meditación se debe sostener o colocar una Turmalina Rosa sobre el chakra del corazón visualizando una luz rosa que irradia de la piedra y que nos envuelve en una nube o burbuja rosa. Esto infundirá todo el cuerpo emocional con amor y puede restaurar una sensación de plenitud.

La Turmalina Rosa puede utilizarse para reparar los "agujeros" del campo áurico creados por apegos negativos o abusos del pasado. Puede ayudar a liberar estrés, preocupaciones, depresión y ansiedad. Ayuda a los dormidos en lo emocional a recuperar su pasión y entusiasmo por la vida. Refuerza el vínculo entre los chakras del corazón y la coronilla. Puede ayudar a los tímidos a encontrar el valor para amar y puede aumentar la dulzura. Llevar Turmalina Rosa nos convierte en un faro de sus energías amorosas y curativas influyendo en los demás hacia una mayor bondad y tolerancia.

La Turmalina Rosa trabaja con Cuarzo Rosa, Morganita, Kunzita, Thulita, Rosophia, Rodocrosita, Malaquita, Calcita Rosa Dioptasa y Azeztulita Rosa Satyaloka para sanar el corazón y restaurar el amor.

TURMALINA RUBELITA
(Turmalina Roja)

PALABRAS CLAVE alineación del corazón individual y universal, sanación del corazón y emociones, reavivar la pasión por la vida **CHAKRAS** raíz (1ro), corazón (4to) **ELEMENTOS** agua, tierra **CORPORAL** apoya la salud del corazón y la recuperación de un infarto de forma espiritual **EMOCIONAL** reaviva la sensibilidad emocional, pasión y disfrute de la vida **ESPIRITUAL** ayuda a sintonizar con el amor cósmico a través del corazón universal

L A RUBELITA (también conocida como turmalina roja) es un silicato de berilio y aluminio con un sistema cristalino hexagonal y una dureza de 7 a 8. Su color va del rosa intenso a rojo. Se halla en Brasil, África y Estados Unidos.

Esta piedra fortalece el corazón y lo conecta con el corazón de la Tierra. Puede abrirnos al amor que impregna el universo y se recomienda a los que padecen enfermedades en este órgano, ya que lleva y emana su patrón vibratorio perfeccionado. Debido a que es capaz de conectar el corazón individual con el corazón universal, ayuda a aprovechar esa energía para la sanación. Esta piedra también beneficia al corazón emocional: facilita la sanación de las heridas emocionales y ayuda a superar el entumecimiento y a redescubrir las ganas de vivir. Es un excelente regalo para la pareja sentimental por su capacidad de avivar las llamas de la pasión. Estimula el chakra raíz y chakra del corazón. Aporta un mayor flujo de *prana*. Al igual que el Rubí, estimula el coraje e inspira a proteger lo que se ama. Aumenta la capacidad de hacer y cumplir compromisos si están inspirados en el amor.

La Turmalina Rubelita armoniza con todas las demás turmalinas, así como con el Cuarzo Rosa, Morganita, Kunzita, Rosophia, Azeztulita Rosa Satyaloka, Rodonita, Rodocrosita, Piedra Gaia, Danburita, Petalita y Azeztulita Rosa Satyaloka.

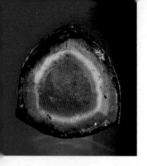

TURMALINA SANDÍA

PALABRAS CLAVE calma, alegría **CHAKRAS** corazón
(4to) **ELEMENTO** agua **CORPORAL** brinda apoyo
al corazón físico, alivia el estrés, estimula la liberación
de endorfinas **EMOCIONAL** llena el cuerpo emocional
con una irradiación de alegría, calma la preocupación y
miedo **ESPIRITUAL** estimula el despertar del
verdadero ser en el "corazón superior"

L A TURMALINA SANDÍA es un silicato de aluminio y berilio con un sistema cristalino hexagonal y una dureza de 7 a 8. Sus cristales tienen el centro de color rosa con bordes verdes. Se halla en Brasil, África y Estados Unidos.

Es adecuada sobre todo para trabajar en simultáneo con los componentes físicos, emocionales y espirituales del corazón. Puede despertar el "corazón superior", el centro de energía que se encuentra justo encima del chakra del corazón, también conocido como la "sede del alma". La Turmalina Sandía nos enseña el significado de la alegría, esa felicidad ilimitada que no está causada por ninguna circunstancia externa, sino que es la condición natural del ser y es también la fuente de la capacidad de sanación de esta turmalina. Cuando uno se sintoniza con la frecuencia natural de la alegría se produce una armonización de todos los aspectos de uno mismo, desde el campo áurico hasta el cuerpo físico. La vida puede seguir trayéndonos sus momentos de dolor, pero incluso estos pueden ser experimentados con alegría. La percepción de belleza que casi todos aquellos que ven o tocan una Turmalina Sandía experimentan es en parte una conexión con nuestro propio corazón superior y la frecuencia de la alegría.

La Turmalina Sandía trabaja en armonía con Tulita, Ópalo de Oregón, Ópalo Rosa Andino y Calcita Rosa. La Azeztulita Rosa Satyaloka y Rosophia contribuyen en gran medida a la activación del corazón superior. El Rubí puede aportar una mayor intensidad de pasión a la alegría de la Turmalina Sandía.

TURMALINA VERDE

PALABRAS CLAVE sanación, fuerza, vitalidad, integridad
CHAKRAS corazón (4to) **ELEMENTO** agua
CORPORAL favorece el funcionamiento saludable del corazón,
emana *prana* para todos los seres vivos **EMOCIONAL** ayuda a
conseguir la paz interior centrándose en el corazón
ESPIRITUAL nos anima a acoger la espiritualidad en la vida física

L A TURMALINA VERDE es un borosilicato de aluminio complejo
con un sistema cristalino hexagonal y una dureza de 7 a 7,5.
Va desde el color verde pálido al verde intenso. Se halla en Brasil,
Afganistán, Pakistán, África y Estados Unidos.

Es una de las principales piedras para la autosanación. Centra las energías en el
chakra del corazón y está más conectada con las vibraciones densas de la vida física
que su prima, la Turmalina Rosa, orientada al corazón. El corazón físico de los seres
humanos es un poderoso generador de bioelectricidad y crea un campo energético
medible que se extiende de tres a cinco metros alrededor del cuerpo. La Turmalina
Verde emana un campo energético sutil que puede armonizar con el del corazón,
y generar integridad, equilibrio dinámico y estabilidad. Dado que el corazón es el
centro del ser, al armonizar ese chakra se crea un flujo de energía saludable hacia
todas las partes del ser. La Turmalina Verde es beneficiosa para todos los seres vivos.
Puede utilizarse para dar fortaleza a jardines y plantas de interior, para conectar con
los espíritus de plantas y animales, emplearse en la meditación para entrar en comunión con los espíritus de la naturaleza. Puede aumentar la vitalidad y resistencia y
puede evocar coraje y fuerza. Ayuda a las personas espirituales a acoger y disfrutar
de la vida en el mundo físico.

Las energías de la Turmalina Verde se ven reforzadas por la Aventurina, Esmeralda, Hiddenita, Peridoto, Granate Tsavorita y Granate Uvarovita. El Hierro
de Tigre le ayuda a restablecer la salud y vitalidad y conecta el corazón con los
chakras inferiores.

TURQUESA

PALABRAS CLAVE plenitud, comunicación y expansión espiritual **CHAKRAS** garganta (5to) **ELEMENTOS** tormenta **CORPORAL** aumenta la fuerza vital en el cuerpo, favorece la oxigenación de la sangre **EMOCIONAL** fomenta el autoperdón y liberación de remordimientos inútiles **ESPIRITUAL** impulsa a actuar desde la verdad, compasión y perdón

L A TURQUESA es un mineral de fosfato de cobre y aluminio con una estructura cristalina triclínica y una dureza de 5 a 6. Su llamativo color azul se debe al cobre. Su nombre significa "piedra turca".

Es una piedra para la integridad y verdad y ayuda a la comunicación y manifestación de esas cualidades: estimula y armoniza el chakra de la garganta facilitando la articulación de la sabiduría más profunda. Al ser una piedra de la totalidad, la Turquesa también es beneficiosa para el bienestar general, equilibra e induce una sensación de serenidad y paz. Sostener o llevar una Turquesa puede ayudar a restaurar la vitalidad agotada y a levantar el ánimo decaído; esta piedra tiene la capacidad de sanar el cuerpo emocional, aliviar el estrés y llevar el punto focal de la conciencia a su propio centro en el corazón. La Turquesa enseña la sabiduría de la compasión y el perdón: al incrementarse la inteligencia emocional, la Turquesa demuestra que cuando nos liberamos de insistir en la "justicia" y vemos a los demás a través del lente de la compasión y perdón de inmediato recibimos esos regalos a través de nuestro propio corazón.

La Turquesa trabaja en armonía con la gema Sílice, Shattuckita, Crisocola, Ajoíta, Malaquita, Zurita y la mayoría de los minerales a base de cobre. También se lleva bien con todos los tipos de Calcita, Smithsonita y Hemimorfita. El Larimar y la Rosophia funcionan bien con la Turquesa para calmar y sanar el cuerpo emocional.

ULEXITA

PALABRAS CLAVE intuición, visión interior, telepatía, clarividencia, imaginación, creatividad, agilidad mental
CHAKRAS tercer ojo (6to) **ELEMENTOS** viento
CORPORAL da apoyo a los ojos y visión, ayuda a superar la fatiga ocular **EMOCIONAL** provoca sentimientos de euforia sobre nuestras propias visiones e introspecciones
ESPIRITUAL levanta el velo de nuestro ojo interior para obtener múltiples experiencias psíquicas y espirituales

L A ULEXITA es un mineral de borato cálcico sódico con estructura cristalina triclínica y una dureza de 2,5. Gran parte de este mineral se encuentra en el desierto del suroeste estadounidense.

Este mineral potencia la clarividencia: es una piedra para "ver hacia lo lejos", lo que puede manifestarse como una visión de eventos probables en el futuro, de sucesos del presente en lugares distantes o de episodios del pasado que afectan asuntos actuales. Actúa sobre el tercer ojo para abrir las puertas interdimensionales, de modo que uno puede ver e interactuar con seres de los planos superiores. También se puede programar para permitir la conexión con extraterrestres, guías y otras entidades.

La Ulexita activa las capacidades intuitivas latentes: sensibiliza al ser para poder "leer" las energías e intenciones de los demás. Es un estimulante de la imaginación y creatividad; al activar el tercer ojo aparecerán numerosas imágenes y visiones llenas de significado. La telepatía es uno de los potenciales internos que pueden despertarse meditando o durmiendo con Ulexita; también es una ayuda para otros poderes intuitivos. Puede acelerar los procesos mentales y permite ver las respuestas a problemas complejos al instante, así como mejorar la memoria y aportar una comprensión más clara de las ideas o conceptos.

La Ulexita trabaja en sinergia con la Selenita, Celestita, Angelita y Merlinita Mística para enlazar con dimensiones superiores. La Moldavita y Azeztulita Satyaloka potencian la capacidad que tiene la Ulexita para despertar capacidades intuitivas.

VANADINITA

PALABRAS CLAVE cumplimiento del trabajo, vigor, anclaje a tierra, creatividad, disciplina, conexión con las energías de la Tierra **CHAKRAS** raíz (1ro), sacro (2do), plexo solar (3ro), tercer ojo (6to) **ELEMENTOS** fuego **CORPORAL** brinda protección espiritual contra la radiación, estimula la adecuada producción de hormonas **EMOCIONAL** fomenta el espíritu aventurero, el carácter juguetón, la alegría de vivir **ESPIRITUAL** aumenta la determinación y disciplina, expande la conciencia intuitiva

L A VANADINITA es un mineral que combina plomo, vanadio, oxígeno y cloro. Su dureza es de 3 y su sistema cristalino es hexagonal. La Vanadinita se halla en Marruecos, así como en Nuevo México y Arizona en los Estados Unidos.

Cuando uno tiene una carga de trabajo pendiente y no hay manera de dejarlo a un lado, se aconseja adquirir Vanadinita: esta piedra activa los tres chakras inferiores, aportándonos el vigor, la persistencia, el poder y la voluntad necesaria para llevar los grandes proyectos a término. Estimula los centros de la mente y los conecta con los chakras inferiores, potenciando claridad de pensamiento, organización, determinación y vitalidad. Para aquellos cuyo trabajo implique lecturas intuitivas, canalización o actuar como médium, la Vanadinita puede proporcionar vigor y conexión a tierra; lo mismo ocurre con los sanadores. La Vanadinita ayuda a mantenerse conectado con el cuerpo y la Tierra sin disminuir la conexión con reinos vibratorios superiores. Ofrece un vínculo directo con las energías de la Tierra y puede aumentar la sensibilidad a las fuerzas elementales. Estimula las energías creativas y sexuales; puede ayudar a encontrar la inspiración necesaria y el estímulo para la acción y ayuda a conectar con el ser animal y a disfrutar de la experiencia de la vida física.

La Vanadinita armoniza con la Zincita, Cerusita, Cornalina, Calcita Naranja, Labradorita Dorada, Iolita, Hierro de Tigre y Lapislázuli.

VARISCITA

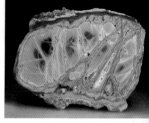

PALABRAS CLAVE paz interior, amor y compasión,
alineación de los cuerpos físico y de luz, simplicidad,
claridad, sanación emocional **CHAKRAS** corazón
(4to) **ELEMENTOS** agua **CORPORAL** fomenta
estados positivos en el cerebro, mejora el aprendizaje,
cognición, razonamiento y lógica **EMOCIONAL** abre el corazón y suscita un
bienestar emocional duradero **ESPIRITUAL** nos estimula a liberar patrones negativos hacia la luz, infunde armonía interior

L A VARISCITA es un mineral de fosfato de aluminio hidratado con un sistema
cristalino ortorrómbico y una dureza de 4 a 5. La Variscita se halla en Utah y
Nevada en los Estados Unidos, así como en Queensland, Australia.

Esta piedra tiene la capacidad de calmarnos de inmediato, de aportar paz al
corazón y tranquilidad a la mente, por lo que es una piedra excelente para aliviar el
estrés. Alinea el cuerpo de luz y abre los canales para liberar todas las desarmonías
internas en la luz. La Variscita limpia el campo áurico y cuerpo físico; su vibración es
armoniosa con el campo energético humano y coincide estrechamente con el patrón
del campo energético de la Tierra, por lo cual puede proveer un vínculo con resonancia entre el ser humano y la Tierra. La Variscita provoca una fuerte activación
y estabilización del chakra corazón, lo que genera estados emocionales positivos y
ayuda a establecerlos como norma en nuestras vidas. En lugar de ver la alegría como
una experiencia cumbre, puede convertirse en una forma de vida. En la sanación
emocional, aporta valentía al corazón de modo que uno puede enfrentarse al pasado
sin miedo. Ayuda a apreciar la simplicidad y a dejar de lado las complicaciones innecesarias. Permite descargar las obsesiones emocionales malsanas y hábitos autodestructivos; animando a dar los pasos necesarios para cambiar los patrones malsanos.

La Variscita trabaja en armonía con Tsavorita, Uvarovita, Moldavita, Crisoprasa, Danburita, Cuarzo Rosa, Rosophia y Calcita Rosa.

VESUVIANITA

PALABRAS CLAVE unir el corazón y la voluntad, entusiasmo por la vida, liberación de apegos negativos, valentía para cambiar **CHAKRAS** todos **ELEMENTOS** tierra **CORPORAL** fomenta la fuerza muscular, sobre todo en las piernas y los pies **EMOCIONAL** nos anima a seguir con alegría nuestra verdadera vocación **ESPIRITUAL** ayuda a reconocer, seguir y persistir en los deseos del corazón

L A VESUVIANITA, también conocida como idocrasa, es un mineral de silicato de calcio, aluminio y magnesio con un sistema cristalino tetragonal y una dureza de 6 a 7. Se ha encontrado en Canadá y en los Estados Unidos.

Es una piedra muy energética, capaz de afectar a cualquiera de los chakras, aunque la predisposición de un espécimen determinado varía según el color. Las Vesuvianitas verde-amarillas pueden ayudar a estimular e integrar los chakras plexo solar y corazón, lo que facilita la alineación de la voluntad personal con los impulsos del corazón. Esta Vesuvianita también es útil para la manifestación de los deseos del corazón aquí en la Tierra; es un apoyo para que tomemos nuestro verdadero camino o vocación en la vida. Si uno se siente inseguro del deseo de su corazón, la variedad rosa-violeta de Vesuvianita puede hacernos más conscientes: es útil para combatir los pensamientos negativos y devolver el entusiasmo a la vida. Nos ayuda a tener las introspecciones que nos inspiran a avanzar en el desarrollo espiritual. También ayuda a los que pasan por un trabajo de transformación como psicoterapia, trabajo respiratorio y regresión a vidas pasadas: su capacidad para traer material oculto a la conciencia y aumentar el coraje la convierten en una aliada muy útil.

La Vesuvianita trabaja en armonía con la Moldavita, Tectita Dorada de Libia, Labradorita Dorada, Heliodoro, Esmeralda, Morganita, Dioptasa, Tsavorita, Nuumita, Labradorita, Azabache, Kunzita y Tugtupita.

VITALITA

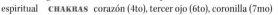

PALABRAS CLAVE fuerza vital, reconstitución, alegría, bienestar, amor, valentía, limpieza emocional, generosidad, creatividad, despertar espiritual **CHAKRAS** corazón (4to), tercer ojo (6to), coronilla (7mo) **ELEMENTOS** agua, tierra **CORPORAL** refuerza el corazón, pulmones, sistema circulatorio, hígado, sistema digestivo, aumenta la fuerza vital en todos los niveles **EMOCIONAL** ayuda a liberar emociones negativas y cultivar la alegría **ESPIRITUAL** levanta nuestra alegría y el recuerdo de nuestra naturaleza divina

L A VITALITA se compone de cuarzo, moscovita y piemontita, y fue descubierta en Nueva Zelanda. Tiene capas de color rosa rojizo que aparecen como patrones de remolino en un fondo de blanco brillante. Su dureza es de cerca de 6.

Esta piedra repone la fuerza vital a través de la infusión de *prana*. Cuando uno sostiene esta piedra en el corazón, es fácil sentir su flujo de corrientes refrescantes y revitalizantes. La Vitalita estimula la sensación general de bienestar, ayudando a aliviar estrés, ansiedad, irritabilidad y depresión. A medida que sentimos que nuestro cuerpo y campo energético se avivan, nuestro estado de ánimo se aligera y nos sentimos preparados para enfrentar al mundo de nuevo. Estimula la valentía y el amor y puede activar la experiencia espiritual conocida como la ascensión del corazón. En la autosanación espiritual, la Vitalita brinda apoyo al corazón, sistema circulatorio, pulmones, hígado y sistema digestivo. El chi de esta piedra es tan fuerte que afecta a todo el cuerpo hasta las células, fomentando el flujo saludable de la fuerza vital en cada célula, órgano y sistema. Ejerce una influencia limpiadora en el aspecto emocional. Es una piedra de generosidad. Estimula la imaginación y voluntad para ayudar a recibir inspiración y llevar nuestras visiones propias a la manifestación. Resulta ideal para el despertar espiritual que nos recuerda que somos tan divinos como el universo mismo.

La Vitalita armoniza con Vortexita, Resina Kauri, Lepidolita Lila, Piemontita, Cuprita Carmesí, Petalita, Luz de Litio, Aragonita, Rosophia, Azumar, Sanadora, Piedra de la Revelación, Piedra de Empoderamiento y todas las Azeztulitas.

VIVIANITA

PALABRAS CLAVE compasión, amor, paz interior, amabilidad, refrescamiento, inspiración, despertar místico
CHAKRAS corazón (4to)   **ELEMENTOS** agua, tierra
CORPORAL favorece la regeneración celular y sanación de heridas   **EMOCIONAL** disipa la negatividad, apertura al océano de amor del corazón   **ESPIRITUAL** nos anima a vivir desde el corazón, compasión iluminada

L A VIVIANITA es un mineral de fosfato de hierro hidratado con un sistema cristalino monoclínico y una dureza de 1,5 a 2. Las piedras pueden ser incoloras o de un color verde azulado o azul intenso. La Vivianita fina se encuentra en las minas de estaño de Bolivia.

Esta piedra nos ayuda a sumergirnos en lo profundo del estanque del corazón, y nos lleva a lograr el silencio interior durante la meditación y a escuchar la voz de los llamados del corazón. Permite entrar en un estado de compasión iluminada. Ayuda a eliminar la negatividad de los pensamientos y a limpiar el campo áurico. Trabaja por debajo de nuestro nivel de conciencia para disipar las heridas autoinfligidas y baja autoestima. Favorece los sentimientos de altruismo y bondad e inspira la generosidad. Es capaz de reanimar a los cuidadores profesionales que sufren de agotamiento y desgaste. Los cuidadores pueden recibir un estímulo refrescante con solo sentarse y sostener una de estas piedras. Al encender el corazón, la Vivianita puede recordar el amor que hay detrás de todas las cosas. Ofrece al corazón un hilo conductor hacia su propia esencia: si se llega hasta el final, descubriremos un océano de amor.

La energía de la Vivianita combina bien con Morganita, Cuarzo Rosa, Rodocrosita, Moldavita, Esmeralda, Kunzita y Calcita Rosa. La Natrolita, Escolecita, Herderita y Fenacita ponen la mente en resonancia con la energía de corazón iluminado que aporta la Vivianita. La Tugtupita aporta pasión e intensidad a la apertura del corazón provocada por la Vivianita.

VORTEXITA

PALABRAS CLAVE equilibrio dinámico, balance, refrescamiento, potenciación, fortalecimiento de los vórtices energéticos internos, conexión con energías de la Tierra **CHAKRAS** todos, en especial corazón (4to) y tercer ojo (6to) **ELEMENTOS** agua, tierra, fuego **CORPORAL** favorece el sistema nervioso, el ADN y la autorreparación celular **EMOCIONAL** promueve el flujo de sentimientos, alivio del estrés **ESPIRITUAL** ayuda a sintonizar con vórtices energéticos terrestres, galácticos y universales, puede propiciar la ascensión del corazón

L A VORTEXITA es una combinación de riolita esferulítica y cuarzo de color rojo intenso descubierta en Nueva Zelanda por Peter Marden. Es de origen volcánico y se produjo hace millones de años durante las erupciones de la isla Norte de Nueva Zelanda.

Las fuertes y reconfortantes vibraciones de la Vortexita alinean todos los chakras y energías corporales. Esta piedra está vinculada a la fuerza vital de la Tierra y aporta una nueva carga de esa energía al cuerpo, mente y espíritu. Sostener, llevar o usar Vortexita nos ayuda a cargar, equilibrar y a sintonizarnos con nuestro más alto potencial, y nos permite funcionar como seres humanos espirituales alegres y poderosos. Además, si visitamos un vórtice de energía, es bueno llevar un ejemplar para asegurar una experiencia más intensa, al tiempo que nos ayuda a permanecer equilibrados y anclados a tierra. Es una piedra ideal para construir herramientas energéticas y patrones de meditación. Su efecto de carga y equilibrio se extiende a otras piedras, así como al propio entorno. En la autosanación espiritual, la Vortexita favorece la autorreparación del ADN y fortalecimiento de las membranas celulares. Sus corrientes estimulan el sistema nervioso y favorecen la salud y regeneración neuronal. Actúa como un tónico para el cuerpo emocional y nos ayuda a recuperarnos del estrés.

La Vortexita trabaja en sinergia con Vitalita, Azeztulita de Fuego Rojo, Pakulita, Piedra de la Profecía, Sedonalita, Piedra Z, Piedra de la Revelación, Fenacita, Danburita, Vivianita y todas las Azeztulitas.

WILLEMITA

PALABRAS CLAVE viajes interdimensionales, aventuras en el cuerpo astral, conexión con seres astrales superiores **CHAKRAS** tercer ojo (6to) **ELEMENTOS** tierra, fuego **CORPORAL** ofrece protección energética contra la radiación y mutación celular, mejora la función sexual **EMOCIONAL** fomenta el optimismo y deseo de mejorar nuestras vidas **ESPIRITUAL** estimula la conciencia para viajes que trascienden al cuerpo

L A WILLEMITA es un mineral de silicato de zinc con un sistema cristalino hexagonal y una dureza de 5,5. Es un mineral raro y se presenta en combinación con la franklinita y la zincita de Nueva Jersey, Estados Unidos.

Se trata de una piedra de iniciación espiritual: abre las puertas de muchos de los reinos superiores más cercanos, y nos permite comenzar a aprender cómo movernos en la conciencia más allá del plano de la Tierra. Proporciona una puerta dimensional al reino astral superior donde residen espíritus benévolos relacionados con la Tierra. Estos seres ofrecerán saludos entusiastas a todos los humanos que lleguen a su mundo porque es un gran paso para un ser humano moverse a conciencia más allá del cuerpo, y estos seres son cuidadores de la humanidad que están alentando nuestra evolución. Activa el chakra del tercer ojo y estimula visiones interiores, así como viajes interdimensionales. Ayuda al viaje astral estabilizando tanto la conciencia enfocada como su manifestación en forma de cuerpo astral, ya que ambos van de la mano: cuanto más coherente sea la conciencia, más estable será la forma. A medida que aprendemos a movernos y a funcionar en reinos superiores, solo estaremos limitados en cuanto a la "altura" que podemos alcanzar por el éxito que tengamos manteniendo un sentido del yo fuerte y despierto.

La Willemita de Nueva Jersey surge de forma natural en combinación con la Zincita, Franklinita y Calcita Blanca. Esta combinación natural de piedras es ideal para aquellos que desean comenzar a explorar los mundos interiores.

WULFENITA

PALABRAS CLAVE creatividad, manifestación, determinación, sexualidad, alquimia, conexión con la Tierra **CHAKRAS** sacro (2do), plexo solar (3ro) **ELEMENTO** fuego **CORPORAL** estimula el metabolismo, mejora la función y el disfrute sexual **EMOCIONAL** nos inspira a crear y a amar la Tierra y las aventuras de la vida **ESPIRITUAL** fomenta la autotransformación, creatividad artística y poder personal

L A WULFENITA es un mineral de óxido de plomo y molibdeno con un sistema cristalino tetragonal y una dureza de 2,5 a 3. El color suele ser naranja o amarillo. Existen yacimientos en Marruecos y en Arizona, Estados Unidos.

Tiene una fuerte sintonía con la Tierra. Al trabajar con esta piedra podemos entrar con facilidad en resonancia con la vibración central del planeta o el latido energético del corazón. Aquellos que reciban todo lo que la Wulfenita tiene para ofrecer de seguro se sentirán movidos gracias a esta experiencia y muchos se convertirán en activistas en nombre de la Tierra viviente. La Wulfenita puede ayudar en la alquimia del desarrollo personal: la transmutación que va del yo "plomizo" al "oro" espiritual. También puede ayudar en la creación artística; estimula tanto la inspiración como la persistencia, y lleva los proyectos hasta su finalización. La Wulfenita es una piedra de originalidad que aporta nuevas ideas y visiones para la pintura, música, poesía y otras formas de arte. Dado que también activa las energías sexuales, su inclinación por la originalidad puede conducir a nuevas aventuras en el amor, así como en el arte. La Wulfenita estimula el tercer chakra, activando el poder personal y la voluntad, reforzando la capacidad de saber lo que se quiere y de actuar para conseguirlo. Ayuda a deshacerse de la indecisión y el miedo.

La Wulfenita armoniza mejor con la Zincita, Zafiro Padparadscha, Tectita Dorada de Libia, Cerusita, Vanadinita y Zafiro Amarillo.

ZAFIRO AMARILLO

PALABRAS CLAVE abundancia, fuerza de voluntad
CHAKRAS plexo solar (3ro) **ELEMENTOS** fuego
CORPORAL ayuda a la vitalidad y digestión del cuerpo,
apoya al bazo **EMOCIONAL** permite disfrutar con
alegría del trabajo y actividad creativa
ESPIRITUAL fuerte aliado para la manifestación de la
riqueza y visiones más elevadas

E L ZAFIRO AMARILLO es una variedad de corindón, un óxido de aluminio con un sistema cristalino hexagonal y una dureza de 9. Se halla más que todo en Sri Lanka e India.

Desde hace mucho tiempo se le conoce como piedra de la prosperidad: en la India, los mercaderes llevan finas gemas de este ejemplar para aumentar su éxito, y en Occidente los practicantes de la metafísica utilizan el Zafiro Amarillo para ayudar a conseguir no solo abundancia financiera, sino también a manifestar las propias visiones. Estas piedras proporcionan la vibración ideal del tercer chakra, sede de la voluntad; con ellas se puede concentrar la intención para lograr casi cualquier objetivo. La mayoría de las personas no reconocen por completo el poder de su propósito indoblegable, a menudo debido a falta de foco en la voluntad propia y, por tanto, se manifiesta poco a través de estas personas. Muchas personas tienen un tercer chakra débil, causado en parte porque no se les ha enseñado cómo y por qué enfocar la intención. Con la ayuda del Zafiro Amarillo, aquellos que sostienen con claridad sus visiones durante el tiempo suficiente descubrirán que sus propios pensamientos pueden hacerse realidad. Este mantenimiento de la visión se denomina a veces fe, pero también se podría describir como voluntad: el tercer chakra despierto.

El Zafiro Amarillo trabaja en armonía con el Rubí, "Diamante" Herkimer y todos los demás zafiros. Trabaja en sinergia con la Tectita Dorada de Libia, Moldavita y Tectita Tibetana. Tiene una fuerte afinidad con la piedra visionaria Fenacita, que trabaja junto con ella para lograr la manifestación.

ZAFIRO AZUL

PALABRAS CLAVE conciencia, disciplina **CHAKRAS** tercer ojo (6to), garganta (5to) **ELEMENTOS** viento, tierra **CORPORAL** ayuda a curar dolores de cabeza, vértigo, dolores de oído, problemas de visión **EMOCIONAL** fomenta la fuerza interior y confianza **ESPIRITUAL** mejora capacidades psíquicas, claridad mental y perspicacia

EL **ZAFIRO AZUL** es una variedad de corindón, un óxido de aluminio con un sistema cristalino hexagonal y una dureza de 9. Se halla en Tailandia, Madagascar, India y Estados Unidos.

Se trata de una piedra de activación mental y psíquica, un potenciador de la perspicacia, percepción extrasensorial y agilidad mental. Se cree que ayuda a ver la realidad debajo de las apariencias superficiales y a hablar claramente con la voz de la sabiduría interior. En el ámbito astrológico está asociada al planeta Saturno, el arquetipo del orden, estructura, limitación y disciplina. Resulta un aliado ideal para organizar las ideas y percepciones propias y darles forma. El fuerte rayo azul de estos zafiros es ideal para facilitar el despertar integrado y hacer uso de los chakras de la garganta y tercer ojo. Con estos dos chakras trabajando al unísono, conseguimos la capacidad de visión interior, el enfoque para utilizarla como un rayo láser y la lucidez para comunicarla a los demás. El Zafiro Azul puede estimular capacidades psíquicas y activar la inteligencia superior, al abrir los canales de comunicación de la sabiduría más elevada y permitiendo actuar como un conducto de información de los planos superiores.

El Zafiro Azul puede combinarse con el Lapislázuli, Azurita, Lazulita, Iolita y Escapolita azul para aumentar las capacidades psíquicas y agudeza mental. Por su parte, junto al Cuarzo Rosa y otras piedras del corazón puede aportar lealtad y fidelidad en las relaciones amorosas.

ZAFIRO BLANCO

PALABRAS CLAVE conciencia, claridad, discernimiento **CHAKRAS** tercer ojo (6to), coronilla (7mo) **ELEMENTOS** viento **CORPORAL** estimula la glándula pineal y pituitaria, ayuda a la función cerebral en el aspecto energético **EMOCIONAL** ayuda a superar el miedo a cumplir nuestro propósito **ESPIRITUAL** apoya la claridad mental y espiritual, el vínculo con el ser superior

E L **ZAFIRO BLANCO** es una variedad del corindón, un óxido de aluminio con un sistema cristalino hexagonal y una dureza de 9. Se halla en Sri Lanka, Tailandia, Birmania, India y otras localidades.

Se trata de un zafiro incoloro que es fácil de confundir con el Diamante. Sus energías son puras y refrescantes y ayudan a aclarar los pensamientos y a emprender nuevas tareas con una pizarra limpia. Sus energías equilibradas pueden mejorar nuestra objetividad, y facilitar un discernimiento exitoso entre caminos alternativos. Esta piedra abre los poderes de la mente y fortalece el canal de comunicación con el espíritu. Ayuda a combinar la visión espiritual con las tareas o dilemas terrenales, y asiste en logro de una perspectiva más elevada cuando nos enfrentamos a decisiones difíciles. Estimula los chakras del tercer ojo y coronilla y activa los meridianos de energía menores del cerebro, ayudando a sintonizar con guías espirituales, ángeles e incluso humanos que han "cruzado". Ayuda a desarrollar cualidades de equidad, discernimiento y objetividad, así como a mantener una perspectiva espiritual en todas las situaciones.

El Zafiro Blanco se combina en sinergia con la Fenacita para profundizar la percepción de uno mismo y mejora la claridad de las visiones interiores. La Petalita, Danburita, Azeztulita Satyaloka y Azeztulita Blanca ayudan al Zafiro Blanco a abrir las puertas del reino angélico. Por su parte, la Moldavita y Zafiro Blanco pueden combinarse para aportar claridad a la experiencia de la transformación.

ZAFIRO PADPARADSCHA

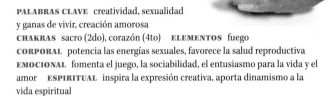

PALABRAS CLAVE creatividad, sexualidad
y ganas de vivir, creación amorosa
CHAKRAS sacro (2do), corazón (4to)   **ELEMENTOS** fuego
CORPORAL potencia las energías sexuales, favorece la salud reproductiva
EMOCIONAL fomenta el juego, la sociabilidad, el entusiasmo para la vida y el
amor   **ESPIRITUAL** inspira la expresión creativa, aporta dinamismo a la
vida espiritual

EL ZAFIRO PADPARADSCHA es una variedad de corindón, un óxido de aluminio
con un sistema cristalino hexagonal y una dureza de 9. Fue descubierto en Sri
Lanka y su nombre significa "flor de loto" en cingalés.

Estos zafiros arden con el fuego de la fuerza vital y energías creativas. Son ac-
tivadores y purificadores del segundo chakra, sede de las energías sexuales y fuente
de creatividad en todos los ámbitos de la vida. Pueden ayudar a que uno se sienta
en casa en el mundo físico, el permitirnos disfrutar y deleitarnos con las exquisitas
experiencias sensoriales de la vida. Además, puede ayudar a encontrar mayor entusiasmo en la vida sexual, así como a abrir las compuertas de la naturaleza creativa.
El Zafiro Padparadscha es una piedra solar que aporta calor y confort físico. También está relacionada con Marte, el planeta de la acción, y su energía puede mejorar
nuestra capacidad de avanzar en los proyectos o bien a mantenernos firme frente
a oposiciones. Puede ayudar a las personas con constituciones débiles a desarrollar una mayor vitalidad, y asiste a superar la distracción, confusión y volatilidad. El
nombre "padparadscha" deriva de palabras que significan "flor de loto", ya que esta
gema puede ayudar a descubrir "la joya en el loto" cuando se utiliza en meditación.

Este zafiro trabaja en armonía con la Zincita, Cornalina, Calcita Naranja, Azeztulita Rosa de Satyaloka, Azeztulita Roja-Dorada del Himalaya, Cuarzo Rojo Ruso,
Rosophia y Proustita.

ZAFIRO ROSA

PALABRAS CLAVE amor, perdón
CHAKRAS corazón (4to) **ELEMENTOS** agua,
fuego **CORPORAL** apoya el buen funciona-
miento del corazón y del torrente sanguíneo, ayuda a equilibrar el metabolismo del
azúcar y la glucosa en sangre por medio de vibraciones **EMOCIONAL** fomenta la
dulzura y la compasión en las relaciones **ESPIRITUAL** proporciona valor para
amar sin miedo y actuar con generosidad

EL **ZAFIRO ROSA** es una variedad de corindón, un óxido de aluminio con un sistema cristalino hexagonal y una dureza de 9. Se encuentra en Sri Lanka, Tailandia,
Birmania e India.

El Zafiro Rosa también podría llamarse, con toda razón, "rubí pálido", y en el
aspecto energético se muestra como una versión más suave y ligera de la apasionada
intensidad emocional del rubí. Esta piedra estimula las emociones suaves del amor,
perdón, aceptación y liberación, y contiene el poder de la vulnerabilidad. Anima a
ceder y a ser flexible. La fuerza que engendra es la fuerza de la resiliencia. Es una piedra de protección emocional y psíquica ideal para situaciones en las que no se tiene
autoridad para dirigir los acontecimientos, pero de las que no se puede salir sin más.
Es una piedra que permite soportar las tormentas de la vida sin sufrir daños. También ayuda a curar heridas de los traumas emocionales del pasado y facilita la compasión por los demás, incluso por aquellos que nos han hecho daño. Evoca la energía
del corazón y la une al poder de la mente disciplinada. Es excelente para equilibrar
el corazón y la mente. Enseña las lecciones del aprecio y gratitud recordándonos
que el amor es su propia recompensa y que el anhelo de nuestros corazones por la
divinidad es idéntico al que la divinidad siente, a su vez, por nosotros.

Los Zafiros Rosas funcionan bien con el Cuarzo Rosa, Rosophia, Morganita,
Kunzita, Rodocrosita, Azeztulita Rosa y Rodonita.

ZINCITA

PALABRAS CLAVE fuerza vital, creatividad, sexualidad, poder personal, manifestación **CHAKRAS** raíz (1ro), sacro (2do), plexo solar (3ro) **ELEMENTOS** fuego **CORPORAL** estimula los órganos sexuales y sistema endocrino, mejora el deseo y desempeño sexual **EMOCIONAL** inculca conciencia sobre nuestro poder, desata el entusiasmo y el sentido de diversión **ESPIRITUAL** inspira el coraje, pasión, creatividad, fuerza de voluntad, disfrute

L A ZINCITA es un cristal de óxido de zinc con un sistema cristalino hexagonal y una dureza de 4. El color va desde el rojo al amarillo naranja. La Zincita originaria de Nueva Jersey, Estados Unidos, se da con la calcita, willemita y franklinita. Algunos de sus cristales se formaron por accidente en hornos de fundición en Polonia.

Es una piedra ideal para aquellos que necesitan el fuego de las energías del chakra inferior para hacer realidad sus aspiraciones. La Zincita estimula con fuerza el primer, segundo y tercer chakra y mueve esas energías hacia arriba para conectarlas con los chakras superiores. La Zincita aumenta la fuerza vital, el valor, la pasión, la creatividad, la voluntad y el poder personal. Es una de esas piedras muy fuertes que incluso aquellas personas que no suelen ser sensibles a las energías de los cristales son capaces de sentir. Su estimulación del chakra de la raíz hace que nuestra conciencia entre con firmeza en el cuerpo, a la vez que proporciona una abundancia de energía nueva para logros de metas físicas. Su energía actúa sobre el segundo chakra de forma que enciende el fuego de la creatividad y sexualidad. La Zincita carga el tercer chakra, y aumenta nuestro reservorio de determinación, perseverancia, enfoque de la intención y capacidad de manifestación. El aumento de las energías emocionales, mentales y espirituales como resultado de su activación de chakras y meridianos puede utilizarse de tal forma que revitalice en verdad la vida de la persona.

La Zincita armoniza con la Cornalina, Heliodoro, Labradorita Dorada, Tectita Dorada de Libia, Moldavita y Azeztulita Roja del Himalaya.

ZIRCÓN

PALABRAS CLAVE estimulación de todos los chakras, aumento de la fuerza vital, anclaje a tierra de los ideales en el mundo físico **CHAKRAS** todos **ELEMENTOS** tormenta **CORPORAL** ayuda a limpiar el cuerpo de toxinas comunes y estrés, apoya el buen funcionamiento de las glándulas suprarrenales **EMOCIONAL** ayuda a superar la desilusión y a trabajar por los ideales propios **ESPIRITUAL** ayuda a la transmutación de energías espirituales en la realidad física

EL ZIRCÓN es un mineral de silicato de zirconio con un sistema cristalino tetragonal y una dureza de 6,5 a 7,5. Su color va desde el rojo pardo al amarillo pardo. Se han encontrado cristales grandes en Madagascar y Canadá.

Es una piedra de mucha intensidad y precisión de enfoque: se puede utilizar para estimular las energías aletargadas en cualquiera de los chakras o meridianos. Una de sus capacidades especiales es la de transmutar energías espirituales en el plano físico, y también ayuda a los que tienden a no estar conectados a tierra a despertar y atender sus necesidades de la vida terrenal. El Zircón es excelente para aquellos que no desean renunciar a sus ideales, pero que necesitan centrarse en cómo sacarlos de la cabeza y plasmarlos en el mundo físico. Aporta energía y fuerza de propósito a quienes, de otro modo, podrían verse abrumados por el conflicto entre su deseo de cambiar el mundo y el miedo a que sus sueños sean imposibles.

En el trabajo energético, los cristales de Zircón bruto pueden utilizarse para activar cualquiera de los puntos de enlace entre los cuerpos físico y etérico y ayudan a unir el ser físico y espiritual. El Zircón puede funcionar como talismán de protección espiritual: su vibración actúa como un "escudo de luz" alrededor de quien lo porta, manteniendo alejadas las energías intrusas o peligrosas.

El Zircón trabaja en armonía con la Piedra de la Profecía para las energías espirituales en el cuerpo; acelera la transformación positiva con la Moldavita y por medio de sus intensas energías, inicia la experiencia visionaria junto con la Fenacita.

ZOISITA (con Rubí)

PALABRAS CLAVE aumento del desarrollo interior y exterior, despertar del verdadero yo, participación alegre en la vida, sanación, aumento de la fuerza vital **CHAKRAS** raíz (1ro), corazón (4to), tercer ojo (6to) **ELEMENTO** tormenta **CORPORAL** inyecta chi en el cuerpo y favorece una óptima salud y vitalidad **EMOCIONAL** ayuda a superar los estados negativos, promueve el entusiasmo por la vida **ESPIRITUAL** facilita una apertura poderosa y espectacular del corazón

L A ZOISITA es un mineral de silicato de aluminio y calcio con un sistema cristalino ortorrómbico y una dureza de 6,5 a 7. Sus colores son variados. Sin embargo, la variedad de esta piedra proveniente de la India es verde y viene mezclada con el rubí.

La Zoisita con Rubí es una de esas combinaciones minerales naturales en verdad afortunadas. La Zoisita verde emana una energía de crecimiento y fertilidad y refuerza las conexiones neuronales y energéticas entre el cerebro y corazón. El Rubí, por su parte, es una piedra de fuerza vital, coraje y pasión. Estimula el chakra raíz, y ofrece una infusión de vitalidad que puede hacernos sentir rejuvenecidos y entusiasmados por la vida. Cuando el Rubí y la Zoisita se combinan, se estimulan con fuerza y armonizan los chakras raíz, corazón y tercer ojo. La Zoisita con Rubí energiza el cuerpo y crea una sensación de bienestar. Facilita una apertura espectacular del chakra corazón. Favorece un estado óptimo de salud y ayuda en el tratamiento vibracional contra la depresión, síndrome de fatiga crónica, desvanecimientos, hipotiroidismo y agotamiento de las glándulas suprarrenales. Puede ayudar a tomar conciencia del dolor reprimido y a liberarlo. Aumenta la potencia del campo energético, fortalece el cuerpo etérico y limpia el cuerpo astral de apegos negativos.

La Zoisita con Rubí trabaja en armonía con la Tanzanita, Apofilita, Tugtupita, Azeztulita Rosa Satyaloka y todas las formas de zafiro.

APÉNDICE I

Cómo meditar con las piedras: circulación desde el corazón

Esta es la práctica de meditación que uso con todas las piedras sobre las que escribo, y es la forma en la que comienzo siempre la nueva relación con una piedra o grupo de piedras. Me gusta porque es sencilla, directa y se centra en el corazón. Luego de llevarla a cabo pueden intentarse muchos otros procesos, con una gran variedad de resultados, pero, para mí, todo comienza con la siguiente práctica:

1. Nos sentamos en una habitación tranquila en una silla cómoda. Sostenemos la piedra con la mano, la miramos detenidamente, sentimos su textura, su olor, observamos su color y su forma. Centramos todos nuestros sentidos en la piedra en cuestión.

2. Sostenemos la piedra frente a nuestro rostro y soplamos nuestro aliento sobre ella. Al mismo tiempo, imaginamos que nuestra respiración es una ofrenda de nuestro ser para poder relacionarnos con el ser de piedra. A continuación, inhalamos, llevando el aliento a través de la piedra y hacia nuestros pulmones. Imaginamos que estamos aceptando la ofrenda que nos hace la piedra para relacionarse con nosotros.

3. Colocamos y mantenemos la piedra sobre el corazón. Seguimos el gesto interior de autoofrenda con cada exhalación, e invitación o apertura a la piedra con cada inhalación. Sentimos las corrientes de la piedra entrando en nuestro pecho y corazón al inhalar. Permitimos que nuestras energías salgan en dirección a la piedra (y a través de la piedra hacia su propio ser del alma) a medida que exhalamos.

4. Continuamos con los gestos de inhalación y exhalación mientras respiramos. Mantenemos la conciencia centrada en nuestro corazón. Permanecemos atentos a lo que ocurre y si se produce un aumento de la intensidad de las corrientes entre la piedra y nuestro corazón. Observamos por dónde van las corrientes de la piedra en nuestro cuerpo.

5. Mantenemos el intercambio fluido a medida que respiramos. Permanecemos atentos a cualquier cambio en nuestra conciencia. Invitamos a la piedra a que nos diga o muestre su naturaleza y propósito. Tenemos en cuenta las imágenes, sonidos, palabras, ideas, olores y sabores internos; incluso elementos como la letra de una canción pueden ser mensajes.

6. Permanecemos con nuestro corazón a medida que continuamos respirando, ofreciendo y recibiendo, permitiendo el libre intercambio de energías entre la piedra y nosotros. Formulamos preguntas si lo deseamos, "pensándolas" desde nuestros corazones. Prestamos atención a las siguientes palabras que escuchemos o a las imágenes que nos den.

7. Seguimos durante todo el tiempo que deseemos o hasta que la experiencia se sienta completa. Algunas de estas meditaciones pueden resultar muy gratificantes. Piedras como la Rosophia y Morganita pueden llevarnos a experimentar una dulzura casi insoportable. Otras pueden ser nutritivas (Astaralina), expansivas (Herderita), transformadoras (Moldavita), despertadoras (Azeztulita) o cualquiera de una amplia gama de estados interiores.

8. Cuando la meditación haya terminado, mantenemos la piedra frente a nosotros otra vez, damos las gracias con una exhalación que fluya a través de ella e inhalamos con un sentido de estar abiertos a recibir cualquier cosa que la piedra quiera ofrecernos.

Espero que algunos lectores que prueben esta meditación me escriban y me hagan saber su experiencia y cómo se sintieron al respecto. Pueden escribirme a través de **heavenandearth@earthlink.net.**

APÉNDICE II

Piedras Azeztulitas superactivadas azozeo:
el inicio de una nueva era de cristal

Los lectores de este libro notarán que se menciona que algunas piedras han sido sometidas al "proceso de superactivación azozeo", o su compatibilidad con otras piedras que hayan pasado por el mismo proceso. A continuación, la historia del azozeo y cómo llegó a mi mundo y al de otras personas que trabajan con las energías de las piedras.

En agosto de 2012 tuve una visión: estaba en mi casa en Vermont, donde tengo un laberinto hecho de Azeztulitas y algunas Rosophias. Mientras veía el laberinto, pensé en la historia de la Azeztulita: me pareció milagrosa la forma en que la aparición de estas piedras había sido preanunciada por unos seres angélicos llamados los Azez, quienes le habían hablado a Naisha, la coautora de mi libro *The Book of Stones* (pero en ese momento, alguien a quien solo conocía como amiga), de la inminente llegada de la Azeztulita, y le dijeron que este era el nombre que debíamos asignar a dichas piedras cuando aparecieran.

Desde entonces, durante más de veinte años, nuestra compañía, Heaven and Earth, ha estado diseminando y descubriendo más tipos de Azeztulita, y todo de acuerdo con los planes y direcciones que recibimos de los Azez hace tantos años. Hace poco, nos enteramos de que los Azez tienen la intención de que todo el cuarzo de la Tierra reciba al fin la vibración de la luz sin nombre del gran sol central, que convertirá todo el cuarzo en Azeztulita. Siento que el cumplimiento de esa visión profética coincidirá con el despertar global de la Tierra como un planeta de luz y con la iluminación masiva de la humanidad.

Hubo muchas afirmaciones sincrónicas a lo largo del camino: una de las más sorprendentes y emocionantes para mí fue descubrir, cuando estaba investigando para mi libro *Stones of the New Consciousness,* el antiguo "Libro de Ieou". Se trata de uno de los evangelios gnósticos apócrifos, y se supone que fue una guía en el proceso de la Ascensión, dictada por Jesús a los discípulos después de su propia Ascensión. En un momento de la narración, aparece la siguiente descripción de una de las etapas de la Ascensión:

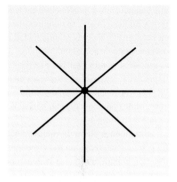

Cuando llegues al cuarto eón, Samaelo y Chochochoucha (un par de arcontes obstructores) se presentarán ante ti. Séllate con este sello; este es su nombre: Azozeo. Dilo una sola vez y sostén esta cifra, "4555", en tus manos. Cuando hayas terminado de sellarte con este sello y hayas dicho su nombre una sola vez, di también estas defensas: "Retiraos, Samaelo y Chochochoucha, arcontes del cuarto eón, porque invoco a Zozeza, Chozozazza, Zazezo". Cuando hayas terminado de decir estas defensas, los arcontes del cuarto eón se retirarán por la izquierda, pero tú procederás hacia arriba.

Me impresionó (y me sigue impresionando) el pasaje anterior de este antiguo libro. Se trata de un verdadero manual de ascensión de hace dos mil años, en el que se describen las etapas y los seres implicados. Y, lo que es más, la palabra utilizada para invocar la protección y los nombres de los seres protectores contienen similitudes con la palabra Azez: raíz del nombre Azeztulita. Y, por supuesto, nos hicieron saber al comienzo de nuestra aventura con la Azeztulita que el nombre Azez significa "la luz sin nombre del gran sol central", lo cual es muy parecido al objetivo del proceso de ascensión descrito en el "Libro de Ieou".

En aquel libro, los discípulos recibían instrucciones sobre cómo ascender a los reinos de luz (es decir, al sol central). Y estoy seguro de que los nombres que se dan en el libro para los seres protectores que ayudan a la humanidad en este ascenso (*Zozeza, Chozozazza, Zazezo*) se refieren a los mismos seres protectores que han activado y guiado el surgimiento de la Azeztulita. Todos ellos suenan de forma similar a "Azez", su nombre colectivo. Además, están comprometidos ahora en la ascensión de toda la humanidad y de la Tierra. Me genera mucho asombro darme cuenta de que cuando sostengo una Azeztulita en mis manos estoy, en cierto sentido, tocando a esos seres y a las corrientes divinas del gran sol central. Me impresiona pensar que estos seres de luz han estado contribuyendo con la evolución espiritual de la humanidad y de nuestro mundo durante al menos dos mil años, y que podemos conectar con ellos y con nuestro propio gran destino a través de la Azeztulita.

Situémonos ahora de vuelta en agosto de 2012: mientras estaba sentado en mi porche contemplando todo esto, me pregunté si habría algo más que hacer. A pesar de lo poderosa que es la Azeztulita, sentí que podría haber otro nivel, otra octava de energía a la que podrían acceder aquellos que estuvieran preparados para ello. Podía imaginarme a todos los cuarzos de la Tierra vibrando como la Azeztulita, pero ¿y qué pasaba con la propia Azeztulita? ¿Estaba despierta por completo o podía haber algo más allá?

Todavía recuerdo con claridad el momento en que la visión llegó a mí: fue poderosa... y sencilla. Mientras contemplaba el laberinto de Azeztulita, vi de repente, con mis ojos interiores, una pirámide en todo el centro que brillaba con luz excelsa. En ese momento, supe lo que debía hacer: construir una cámara piramidal en el centro del laberinto, colocando piedras de Azeztulita en su interior. Los campos energéticos combinados de la pirámide junto con el laberinto de Azeztulita podrían estimular las piedras del interior hasta un nivel de activación superior.

Pero había algo más que hacer. Sentí un apremiante impulso interior, como si me dieran la orden de hacerlo, de colocar dos Fenacitas muy grandes en el campo energético que estaba por crearse. (Sucede que colecciono Fenacitas grandes, y tengo dos inmensas: una Fenacita africana de casi un kilogramo y un cristal de Fenacita brasileña de una sola terminación de ocho kilogramos, que creo es la más grande del mundo). Entonces, la de un kilogramo debía ir en el vértice de la pirámide y la de ocho kilogramos debía colocarse en el centro, en su base. Ambas formarían un circuito de luz, y se debía colocar las piedras de Azeztulita a ser activadas en una mesa equidistante.

Era evidente que las dos Fenacitas de gran tamaño eran cruciales para el proceso, y de repente comprendí por qué había considerado tan importante conseguir la Fenacita de ocho kilogramos el febrero del año anterior: ese cristal es el premio de mi colección, un ser de piedra muy tangible con una presencia alegre y luminosa, y ahora es que empezaba a conocer su propósito. La Fenacita tiene una estrecha relación con la Azeztulita, y de hecho fue utilizada en un principio por los Azez, según las canalizaciones originales de Naisha, para activar por medio de las vibraciones las primeras Azeztulitas.

Dos años antes, mientras construía el laberinto de Azeztulita, había sentido una poderosa intensidad interior al hacer esta tarea y, ahora, esa intensidad se apoderó de mí una vez más. Erguí una pirámide de cobre (con tubos llenos de Azeztulita y piedras de Rosophia) en el centro del laberinto, y luego coloqué las Fenacitas tal como me habían indicado, Después llevé una mesa de cristal al centro, donde debían colocarse las Azeztulitas que estaban por activarse, y luego hubo un último toque: mi guía interior me dijo que tenía que utilizar la antigua palabra de invocación de los Azez: "Azozeo".

Siguiendo mi voz interior, imprimí las palabras y las fijé en los cuatro lados de la mesa, en las cuatro direcciones. Luego caminé por el laberinto en conciencia ritual con las piedras de Azeztulita a tratar, sosteniéndolas contra mi corazón y concentrándome en la intención de que fueran activadas a su más alto potencial para el bien de todos. En el centro, después de colocar las piedras sobre la mesa, pronuncié palabras de invocación y dije "Azozeo" en las cuatro direcciones, y en silencio a la quinta dirección. El ritual estaba completo, ahora era momento de esperar.

Tras salir del laberinto, entré en la casa y me senté a contemplar el laberinto, preguntándome si toda esta orientación había sido tan real como parecía. En mis treinta años de trabajo con cristales y minerales, solo había sintonizado con las vibraciones que ya emanaban las piedras, nunca había intentado hacer nada para aumentar sus energías o su poder. Nunca había imaginado que algo así fuera posible.

Me pregunté cuánto tiempo debía dejar las piedras sobre la mesa de la pirámide-laberinto. Una voz interior me dijo: "Durante un ciclo de noche y día". Así que, veinticuatro horas después, volví a recorrer el laberinto para recuperar las Azeztulitas.

Cuando llevé las piedras tratadas con azozeo a la casa, me senté con una de ellas para comprobar si había ocurrido algo. De inmediato, recuperé el aliento: sí, había una diferencia, ¡una gran diferencia! Las ya poderosas Azeztulitas habían duplicado su intensidad y la frecuencia de sus pulsaciones era mucho más rápida. En segundos, las corrientes que sentía en mis manos se trasladaban al tercer ojo, al chakra de la coronilla y luego a todo mi cuerpo, y por último a mis pies, donde una fuerte carga parecía atravesarme y llegar a la Tierra.

Cuanto más tiempo sostenía la piedra, más fuertes eran las corrientes en mi cuerpo. Experimenté una visión de entrar en una espiral de luz y viajar al gran sol central. Sentí corrientes en espiral de fuego celestial que bajaban hacia mi cuerpo desde arriba, entrando en la coronilla y extendiéndose en una red que infundía cada célula con luz divina. De repente comprendí que la activación del cuerpo de luz se siente exactamente igual. Una ola de euforia se extendió a través de mí, y con esa ola llegó el reconocimiento de que toda la historia de los Azez y la iluminación del mundo contenía nuevos capítulos que se estaban escribiendo en ese mismo momento y que continuarían desarrollándose a lo largo de los meses y años venideros.

Me sentí un poco turbado por lo que estaba sucediendo. Me pareció que había hecho un gran descubrimiento y a la vez recibido un gran regalo. Por primera vez, comprendí que es posible trabajar con las piedras de una manera cocreativa con un efecto energético sobre ellas y que además ayuda los seres de piedra a cumplir su propósito espiritual. Ser capaz de hacerlo me sorprendió y me hizo sentir humilde. Me di cuenta, a un nivel más profundo, de que el trabajo con las piedras es beneficioso para nosotros y también para los seres del mundo del espíritu y para la Tierra, para el cumplimiento de nuestro destino colectivo con ellos.

Me pregunté qué hacer a continuación y decidí ver si alguien más podía sentir la increíble diferencia de estas Azeztulitas. Le llevé una a mi esposa, Kathy, y ella me dijo: "¡Sí, en definitiva!". La siguiente persona que experimentó la Azeztulita azozeo fue nuestro amigo Leo McFee, profesor de cristales y fabricante de esencias de piedras preciosas. Le afectó de la misma forma poderosa que a mí, y hablamos con fervor de nuestra emoción por este nuevo desarrollo y de los planes para sacar estas piedras superactivadas y difundirlas por nuestra red.

Empecé a traer a casa más piezas para tratar en el campo del azozeo/pirámide/laberinto/fenacita. Al principio, solo había traído la Azeztulita Blanca original, pero luego empecé a probar con otras variedades. Aprendí que todos los tipos de Azeztulita, así como algunos otros tipos de cristales, podían ser mejorados a través del tratamiento azozeo. Es un proceso minucioso, ya que solo se puede activar una pequeña cantidad de piedras a la vez, pero hemos trabajado duro para cargar una amplia variedad de Azeztulitas y otros cristales receptivos en tantas formas y figuras como sea posible.

Quisiera ofrecer a continuación algo de la información que he recibido en visiones internas con respecto a las propiedades de las Azeztulitas azozeo:

Las Azeztulitas superactivadas de azozeo funcionan como poderosos conductos para hacer pasar un torrente de fuego celestial, la luz innominada del gran sol central que ha comenzado a bañar la Tierra. Aunque esta energía divina se derrama sobre nosotros en todo momento (ya que es la energía espiritual que anima y sostiene el universo), nos encontramos en el amanecer de una nueva edad de oro en la que una gran oleada de fuego celestial está afluyendo. Como una especie de marea entrante, esta energía está destinada a elevar a toda la humanidad y a la Tierra a un nuevo nivel de ser.

Mientras nos encontramos aquí en el comienzo de esta nueva era, las Azeztulitas azozeo funcionan como cables a tierra a través de los cuales pueden pasar las oleadas iniciales de corrientes divinas. Para que este proceso se cumpla, es necesaria la participación humana: somos invitados a trabajar con estas piedras y permitirnos ser pilares de luz, actuando para conducir el fuego celestial hacia el mundo a través de nuestro propio ser. Podemos hacer esto a través de la meditación con estas piedras, utilizándolas en redes de energía y disposiciones curativas, llevándolas o plantándolas en la Tierra con rituales.

Con respecto a esta "instalación" del ritual de las Azeztulitas azozeo, quiero mencionar que cuando presenté algunas de las piedras azozeo a mi amigo Robert Sardello, quien escribió las introducciones de mis dos libros, su intuición inmediata fue que estas piedras "van a ser el medio por el cual todo el cuarzo de la Tierra se convierta en Azeztulita". Su sensación fue que el nivel superior de activación presente en estas piedras era lo que se necesitaba para crear las "corrientes contagiosas" por las que las piedras de cuarzo no despiertas comenzarían a sintonizar con las corrientes de Azeztulita. Esa idea también tuvo su resonancia en mí, así que me he comprometido a plantar estas piedras en lugares estratégicos de todo el mundo. Ya hemos reclutado ayudantes para que lo hagan con nosotros.

Muchas otras cualidades de las Azeztulitas azozeo se han dado a conocer a través de mi visión intuitiva; he podido notar que estas piedras traen no solo energías sutiles sino también materia sutil de los reinos espirituales. Cuando pasamos tiempo en sintonía con las Azeztulitas azozeo, las corrientes que sentimos entrar al cuerpo no son mera energía efímera, se trata de corrientes de materia sutil que se unen a la materia bruta en cada célula y molécula del cuerpo, de forma tal que las espiritualiza y alinea, enseñándoles a abrirse a la luz. Esto puede aumentar con rapidez el desarrollo de la mente del cuerpo. Tal inteligencia reside en toda la matriz corporal de cristal líquido y es un aspecto de la iluminación.

Tenemos tres inteligencias dentro de nosotros: la inteligencia mental basada en el cerebro, la inteligencia del alma basada en el corazón y la inteligencia universal basada en todas las células del cuerpo. La primera de ellas es la que, según se nos enseñó a creer, constituye todo lo que tenemos. Durante los tiempos oscuros en lo espiritual de la historia registrada, predominó este tipo de inteligencia, y entonces perdimos el contacto con nuestra totalidad.

La inteligencia del alma del corazón nunca se perdió del todo y ha estado en proceso de despertar en algunas personas durante las últimas décadas. El corazón es la sede de nuestra imaginación divina, el centro desde el que podemos conocer la verdad y actuar con generosidad y certeza.

Si bien es cierto que los cristales (y en especial las Azeztulitas) tienen la capacidad de mejorar nuestra inteligencia mental, del corazón y/o alma, su mayor ayuda va dirigida a la inteligencia universal del cuerpo. Cuando esta se active por completo, a medida que el fuego celestial o la luz sin nombre envuelva por completo nuestro mundo, comenzaremos a conocer cosas con nuestro cuerpo sin necesidad de aprenderlas. Lo que ahora llamamos inspiración e intuición se convertirá en visión pura y seremos capaces de ver y conocer cualquier cosa que deseemos comprender solo atendiendo a ella y sintiendo ese conocimiento en las células. Esta capacidad se producirá por la afluencia de materia sutil que se unirá a la materia bruta del cuerpo, transformando cada célula en una antena para recibir el conocimiento puro.

La Azeztulita azozeo facilita muchas ampliaciones de la mente, corazón y cuerpo. Aumenta la visión psíquica, sana y sella el cuerpo etérico, trae una gran infusión de fuerza vital a las células, abre las puertas a la comunicación angélica, estimula la inspiración, facilita el viaje interdimensional, abre las puertas para el recuerdo de vidas pasadas y la resolución del karma, disipa hábitos y patrones disfuncionales en el cuerpo emocional, órganos y sistemas corporales, libera el corazón de la supresión por parte de lo mental y muestra la luz divina al ojo interior. Aumenta la cantidad de chi que circula por los meridianos y potencia el poder de la voluntad para manifestar los objetivos espirituales. Si dos personas se toman de la mano, tomando al mismo tiempo una piedra azozeo, podrán experimentar una empatía tan profunda que llega a ser casi telepatía. Estas piedras presagian una gran esperanza para la humanidad y el mundo.

A continuación, dos citas referente a las Azeztulitas azozeo:

"Recibí la (Azeztulita azozeo) que me enviaste. Gracias. Y sí, en definitiva, muy diferente, muy potente. En la contemplación todo fue intenso, una luz blanca intensa que irradiaba desde un centro hacia fuera. Luego la imagen cambió, y empezaron a surgir una serie de formas de luz estructuradas, como varios tipos de formas de cuarzo, solas, de doble terminación, agrupadas, pero en forma de luz, no como representación de una imagen. Estas luces vinieron acompañadas de la sensación de que esta Azeztulita es la 'portadora y transformadora' de todo el cuarzo en azez-hacia-la-luz". – Robert Sardello

"Hoy me he sentado a meditar con el azozeo bombeando ondas por mis brazos hasta el cráneo: ¡esta cosa es poderosa!" – Birch Gerke

OTRAS PIEDRAS DE AZOZEO

Mientras trabajábamos en activar algunos de los tipos de Azeztulitas en el campo energético del azozeo, nos preguntamos si sería posible que otras piedras tomaran las energías del azozeo si las colocábamos en el mismo campo. Descubrimos que, en efecto, había varios cristales que también se superactivan con la exposición al campo. Entre ellos estaban la Auralita 23, el Cuarzo Nirvana y los Cristales de Luz Lemurianos. Todos ellos saltaron a un ritmo de pulsación mucho más rápido y a una mayor intensidad de energía general cuando se dejaron durante veinticuatro horas en el campo azozeo/pirámide/laberinto/fenacita. Seguimos experimentando para encontrar otros cristales y piedras que puedan potenciarse mediante este mismo proceso.

A los lectores interesados en seguir el progreso de este trabajo los invitamos a consultar periódicamente el sitio web de Heaven and Earth:

www.heavenandearthjewelry.com.

También invitamos a quienes trabajen con piedras azozeo a que compartan sus experiencias y conocimientos escribiéndonos a **heavenandearth@earthlink.net**.

ÍNDICE REFERENCIAL DE LAS PROPIEDADES DE LAS PIEDRAS

El siguiente índice se divide en dos secciones: correspondencias físicas y correspondencias emocionales/espirituales. Recomendamos a los interesados en trabajar con piedras para facilitar la autocuración física, emocional o espiritual que utilicen su intuición y habilidades de discernimiento en dichas exploraciones. El trabajo con piedras para cualquier tipo de autocuración es experimental y especulativo, y los autores de este libro no pretenden sugerir que tales prácticas vayan a conducir a ningún resultado específico. Tanto el autor como los editores recomiendan que los lectores no utilicen las piedras como alternativa o sustitución de la atención médica o la psicológica tradicionales.

CORRESPONDENCIAS FÍSICAS

absorción de nutrientes Tectita Dorada de Libia

abuso de sustancias Cuarzo Turmalinado; *véase también* alcohol, drogas, tabaco

abuso sexual, *véase* problemas sexuales

acidez Ambligonita; *véase también* estómago

ácido Shattuckita; Turmalina Dorada

acné, *véase* problemas de la piel

actividad neuronal Ágata Musgosa

acupuntura Magnetita

adicción Ágata Dendrítica; Astrofilita; Galena; Rubí; Dravita; Zircón

adicción a los inhalantes Peridoto

ADN Piedra de Madera de Coromandel; Cianita Naranja; Madera Petrificada; Conchas Espiralita; Vortexita

afecciones bronquiales Gema de Silicato; Jade Azul; Tremolita Azul; Tremolita

agorafobia Cerusita

agotamiento nervioso Luz de Litio; Healerita

alergia Aguamarina

alivio del dolor Cúmulos Estelares de Aragonita

alzhéimer Diáspora; Eudialita; Natrolita; Stichtita

andropausia Vanadinita

anemia Ajoíta; Piedra de Sangre; Magnetita; Meteorito Pallasita; Peridoto; Hierro Tigre

angina de pecho, *véase* problemas del corazón

ansiedad Cerusita; Piedra Gaia; Calcita Lemuriana Acuatina; Cuarzo Litio; Cuarzo Molibdenita; Petalita; Rodocrosita; Shantilita; Vitalita

apetito Celestita; Dolomita; Gaspeita

aptitud física Adamita

articulaciones Ala de Ángel; Lepidolita Lila; Merlinita Mística; *véase también* sistema óseo

artritis Angelita; Jade Azul; Lepidolita Lila; Malaquita

asimilación Oro de los Curanderos; Piromorfita; Rutilo; Escapolita Amarilla

asimilación de alimentos, *véase* digestión

asimilación de nutrientes Brookita; Cacoxenita; Calcita Rosa Opaca; Dravita; Prasiolita

asimilación de vitaminas Brookita; Cuarzo Amplificador

asma Diópsido; Gema Sílice; Jade Azul; Ópalo Común (Azul); Tremolita

atracción entre compañeros Ágata de Fuego; Tugtupita

audición Esfeno; Selenita Dorada

autoabuso Dravita

autodescubrimiento Astrofilita

bazo Egirina; Apatita Dorada; Azeztulita Roja del Himalaya; Brasilianita; Cuarzo Hematoideo; Labradorita Dorada; Piromorfita; Jaspe Real del Sahara; Zafiro Amarillo; Shattuckita

"bebés azules" Aventurina Azul

bilis Shattuckita

bloqueo Epidota; Fulgurita

bloqueo de energía Calcita Transparente; Calcita Elestial; Glendonita; Tectita Tibetana

cabello Amazonita; Lágrima de Apache; Ópalo Precioso (Blanco); Cuarzo Rutilado; Topacio Blanco

calcificación de las articulaciones Angelita; *véase también* sistema óseo

cambio hormonal Hemimorfita; Lepidocrocita; Piedra Lunar

campo áurico Amazez Azeztulita; Celestita; Tugtupita

campo electromagnético Infinita; Metal Titanio; Hematita Arcoíris; Cuarzo Ahumado

campos de frecuencias extremadamente bajas (ELF) Vanadinita

cáncer Bixbita; Clinocloro; Cuarzo Elestial; Epidota; Galena; Jaspe, Unakita; Obsidiana Copo de Nieve; Piedra de la Profecía; Piromorfita; Serafinita; Sillimanita; Turmalina Verde

capa de mielina Cuarzo Fantasma Negro; Rodocrosita; Cuarzo Negro Tibetano

cataratas Calcita Azul

cerebro Alejandrita; Azeztulita de Fuego Roja; Azurita; Cinnazez (Azeztulita con Cinabrio); Diáspora; Rubí Cianita; Sedonalita; Cuarzo Negro Tibetano; Piedra Z

chi Clinocloro; Rodonita

circulación Ágata Musgosa; Calcita Rosa Opaca; Cuprita; Taralita Verde; Rubí Estrella

cirugía del corazón Apatita Verde

cirugía psíquica Amazez Azeztulita; Cristales de Clorita Fantasma; Novaculita; Cuarzo Verde Serifos

cistitis Crisantemo; Epidota; Metal Cobre; Piedra Nebulosa

columna vertebral Merlinita Mística; Madera Petrificada; Stichtita; Tectita Tibetana

comer en exceso, *véase* problemas de peso

consumo de alcohol Dolomita; Jaspe; Unakita; Piedra Nebulosa

consumo de drogas Dolomita; *véase también* adicción

consumo de tabaco Dolomita; Jaspe Selva Tropical; Peridoto; Rutilo; Zircón

contaminación del medio ambiente Turmalina Negra

control de peso Adamita; Angelita; Apatita, Dorada; Astrofilita; Calcita Transparente; Calcita Roja; Celestita; Cerusita; Citrino; Dolomita; Cuarzo de Ensueño; Granate Espesartina; Gaspeita; Cuarzo Hollandita; Piedra Solar de Iolita; Jaspe Rojo; Jaspe Selva Tropical; Jaspe Unakita; Magnetita; Marcasita; Ónix; Rodonita; Rubí Estrella; Smithsonita

convulsiones Cianita

corazón físico Amegreen; Apatita Verde; Aventurina Verde; Azeztulita de Fuego Rojo; Cuarzo Fantasma Negro; Calcita Rosa Transparente;

Crisoberilo; Esmeralda; Piedra Gaia; Granate Uvarovita; Hiddenita; Jaspe Unakita; Lepidocrocita; Merlinita; Morganita; Obsidiana, Arcoíris; Piemontita; Prasiolita; Granate Arcoíris; Serafinita; Turmalina Verde; Turmalina Sandía; Tugtupita

crecimiento celular Granate; Grosularia; Prasiolita; Turmalina Verde; Willemita

crecimiento de las uñas Lágrima de Apache; Ópalo Precioso (Blanco); Topacio Blanco

crecimiento del cabello, *véase* cabello

crecimiento fetal Jaspe Rojo

crecimiento óseo Jaspe Escénico

crisis nerviosa Lepidolita Lila; Cuarzo de Litio

cuello Topacio Azul

cuerdas vocales Gema de Silicato; Calcedonia Azul

daño cerebral Natrolita; Fenacita; Purpurita

debilidad Jaspe Rojo

debilidad del corazón Heulandita Verde; Cuarzo Rosa

demencia Cuarzo Azul Siberiano; Stichtita

densidad ósea, *véase* osteoporosis

derrame cerebral Herderita; Cianita

desarrollo del bebé y del niño Aventurina Verde

desequilibrio del oído interno Zafiro Azul

desintoxicación Agnitita; Apatita Verde; Astrofilita; Calcita Roja; Cornalina; Dolomita; Galena; Labradorita Dorada; Hematita; Jade Verde; Jaspe Selva Tropical; Malaquita; Cuarzo Molibdenita; Obsidiana Caoba; Rodonita; Espinela Negra; Zircón

desmayos Zoisita

diabetes Gaspeita; Zafiro Rosa

dientes Fluorita

dolor de cabeza Apatita Azul; Calcita Azul; Cavansita; Calcita Elestial; Cuarzo de Hada; Piedra Gaia; Glendonita; Goshenita; Herderita; Lazulita; Merlinita; Moscovita; Ónix; Rodizita; Zafiro Azul; Estibita; Stichtita; Turmalina Azul

dolor de espalda Ágata; Dendrítica

dolor de garganta Ágata; Calcedonia Azul; Crisocola; Gema de Silicato; Larimar; Topacio Azul

dolores de cabeza relacionados con las hormonas Hemimorfita; Herderita

dolor fantasma Cuarzo Rutilado

eczema, *véase* problemas de la piel

ejercicio Marcasita; Esfalerita

ELA Eudialita; Natrolita

eliminación de entidades Piedra Chamán

eliminación de metales pesados Dolomita; Halita Azul; Halita Rosa; Turmalina Negra

eliminación de residuos Merlinita Negra; Oro de los Curanderos; Ónix; Ópalo Común (Marrón o Negro); Escapolita Amarilla; Espinela; Selenita Dorada

eliminación de toxinas Egirina; Halita Azul; Halita Rosa; Piemontita; Prehnita; Piedra de la Profecía; Piromorfita; Turmalina Negra; Espinela

EM Eudialita; Natrolita

embarazo Calcita Roja; Jaspe Rojo; Jaspe Mookaita; Larimar

emoción tóxica Ágata Dendrítica

energía Cuprita; Diamante; Infinita; Piedra Solar de Iolita; Serpentina; Smithsonita; Tectita; Metal Oro

energía física Ágata Fuego

energía sexual Ágata de Fuego; Zafiro Padparadscha

energía tóxica y contaminación por sistemas eléctricos Jaspe Unakita; Piromorfita

enfermedad cerebral Barita; Diáspora; Cianita; Obsidiana de Pavo Real; Variscita

enfermedad de Crohn Dravita

enfermedades de la sangre
Piedra de Sangre; Meteorito
Condrita

enfermedades degenerativas
Apofilita Verde; Crisoprasa

enfermedades del corazón
Apatita Verde; Calcita Rosa
Opaca; Crisoberilo; Diópsido;
Dioptasa; Jade Verde;
Lepidolita Lila; Meteorito
Pallasita; Peridoto; Cuarzo
Rosa; Turmalina, Rosa;
Rubelita

enfermedad respiratoria
Aragonita Azul; Ópalo Azul

enfermedad sistémica
Serafinita

enfisema Calcita Azul;
Diópsido; Tremolita

enfoque mental Aventurina
Azul; Sillimanita; Turmalina
Rosa

envejecimiento Calcita Azul;
Jaspe; Mookaita; Estaurolita;
Vanadinita

**envenenamiento por
radiación,** *véase* radiación

**equilibrio y desequilibrio
cerebral** Amatista;
Goshenita; Herderita;
Cianita Índigo; Moscovita;
Fenacita

**equilibrio y desequilibrio
hormonal** Ajoíta; Aventurina
Azul; Piedra de Sangre;
Brasilianita; Calcita
Naranja; Calcita Roja;
Cuprita; Metal Plata; Ópalo
Precioso (Fuego); Cuarzo;
Piedra Solar; Ojo de Tigre;
Vanadinita

esclerosis múltiple, *véase* EM

**espasmos y contracciones
musculares** Aventurina
Azul; Magnesita

estancamiento Magnesita

estrés Ágata Dendrítica;
Amazonita; Ambligonita;
Cuarzo Aura Ángel; Cuarzo
Aura Aqua; Calcita Rosa
Transparente; Cavansita;
Crisoberilo; Crisocola;
Dolomita; Piedra Gaia;
Glendonita; Jade Violeta;
Kunzita; Calcita Aquatina
Lemuriana; Ópalo Dorado
Lemuriano; Lepidolita Lila;
Cuarzo de Litio; Petalita;
Rodocrosita; Shantilita;
Vortexita

**estrés y abstinencia de
cafeína** Rodocrosita; Rutilo;
Zircón; *véase también*
adicción

evolución cerebral Benitoita;
Heulandita Blanca

evolución física Cianita
Naranja; Piromorfita

**experiencia de muerte
consciente** Fulgurita

fascia Magnesita

fatiga crónica Ópalo Precioso
(Fuego)

fertilidad Ágata de Fuego;
Crisantemo; Cinabrio;
Crocoíta; Cuprita; Granate
Espesartina; Lepidocrocita;
Rubí; Willemita; Zincita

fiebre Ágata Azul de
Ellensburg; Larimar

fisiología basada en el amor
Cuarzo Rosa

flujo sanguíneo capilar
Fulgurita

**flujo sanguíneo hacia las
extremidades** Fulgurita

formación de la sangre
Estaurolita

fortalecimiento de la sangre
Fulgurita; Goethita;
Hematita; Lepidocrocita;
Madera Petrificada;
Serafinita; Ojo de Tigre

fortalecimiento de los nervios
Pietersita

fuerza Cuarzo Hollandita;
Jaspe Rojo; Malaquita;
Meteorito de Níquel-Hierro;
Ónix

fuerza física Cuarzo
Hollandita; Jaspe Rojo; Rubí
Cianita

función celular Turmalina
Verde

función cerebral Amatista;
Astrofilita; Criolita; Euclasa;
Herderita; Fenacita;
Pietersita; Purpurita

función del colon Azeztulita
Roja del Himalaya;
Malaquita

función glandular Ámbar;
Calcita Miel; Jaspe Océano;
Prehnita; Rodonita; Cuarzo
Mandarina

furúnculo Cinabrio;
Marcasita; Estibina

ganglios nerviosos Cuarzo
Negro Tibetano

glándula pineal Adamita;
Alejandrita; Cavansita;
Hemimorfita; Zafiro Blanco;
Esfeno; Magnesita

glándula pituitaria Adamita;
Alejandrita; Cavansita;

Hemimorfita; Zafiro Blanco; Esfeno; Magnesita

glándulas suprarrenales Adamita; Amazonita; Azeztulita Color Miel y Crema; Cacoxenita; Crisocola; Jaspe Oceánico; Cuarzo Mandarina; Tanzanita; Topacio Dorado; Circón; Zoisita

glóbulos rojos Magnetita; Malaquita; Metal Cobre; Hierro de Tigre; *véase también* sangre

gota Amazonita

hábitos autodestructivos Astaralina; Shungita; Estaurolita

hemisferios cerebrales Calcita; Merkabita; Darwinita

hemoglobina Azeztulita Roja Del Himalaya; Hematita Especular; Malaquita; Metal Cobre; *véase también* sangre

heridas Cinabrio; *véase* traumatismo

herpes Aguamarina; Cinabrio; Estibina

hidratación Sodalita

hígado Egirina; Aventurina Roja; Bixbita; Piedra de Sangre; "Jaspe" Abejorro; Crisoberilo; Jaspe Selva Tropical; Azabache; Magnetita; Marcasita; Obsidiana Caoba; Pakulita; Madera Petrificada; Piromorfita; Rodonita; Jaspe Real del Sahara; Vitalita

hinchazón Jade Azul

hiperactividad Aventurina Azul; Cerusita; Lepidolita; Escapolita Amarilla; Turmalina Rosa; Turmalina Sandía

hiperglucemia Zafiro Rosa

hipoglucemia Zafiro Rosa

huesos rotos Cuarzo Celeste; Cuarzo Faden; Cianita; Obsidiana Arcoíris; Cuarzo Transparente

impotencia Jaspe Rojo; Obsidiana Dorada; Pakulita; Pirita; Shiva Lingham

indigestión, *véase* trastornos gástricos

infecciones Ámbar; Celestita; Cinabrio; Covelita; Galena; Jade Negro; Larimar; Marcasita; Meteorito Pallasita; Ópalo Precioso (Azul de Owyhee); Pirita; Estibina

infecciones microbianas, *véase* infecciones

infecciones por levaduras Covelita

infección por hongos Marcasita; Pirita

infección renal Ópalo de Oregón

infertilidad masculina y femenina Bixbita; Oro de los Curanderos; Metal Cobre; Pirita; Shiva Lingham; Cuarzo Mandarina; *véase también* problemas de reproducción

inflamación Calcedonia Azul; Jade Azul; Larimar; Lepidolita Lila; Malaquita;

Ópalo Común (Azul); Ópalo Precioso (Azul de Owyhee)

influenza Larimar

insomnio Glendonita; Goshenita; Jaspe Mookaita; Lepidolita; Sugilita

intestinos Jaspe Abejorro; Cuprita; Oro de los Curanderos; Rubí Cianita; Espinela Negra; *véase también* trastorno intestinal

intimidad sexual Azeztulita Roja-Oro del Himalaya; Calcita Roja; Pakulita; Rubí Cianita

irregularidades menstruales Covelita; Cuprita; Piedra Lunar; Papagoíta

jardinería Apofilita Verde; Cuarzo Verde de Serifos

"jet lag" Azeztulita de Fuego Rojo; Cornalina Neozelandesa; Vortexita

laringitis Ágata; Aguamarina; Crisocola; Gema de Silicato; *véase también* garganta

latidos del corazón Meteorito Pallasita; Ópalo Común (Rosa); Cuarzo Rosa; Turmalina Rosa

lesión Jaspe Unakita

lesión deportiva Hematita

lesiones musculares Cuarzo Faden; Jaspe Rojo

letargo Cornalina Neozelandesa, Cuprita Carmesí

leucemia Bixbita

levantamiento de pesas y fisicoculturismo Jaspe Rojo; Metal Cobre; Ónix

limpieza "Diamante" Cuarzo Herkimer

lóbulos prefrontales Cristales Dorados de Azeztulita; Criolita; Diamante; Cuarzo Azul Siberiano; *véase también* cerebro

mal carácter Ágata Azul de Ellensburg

mareo, *véase* vértigo

masas fibrosas Crisantemo; Magnesita; Ópalo Común

médula ósea Azeztulita Roja del Himalaya; Bixbita; Piedra de Sangre; Goethita; Hematita; Magnetita; Madera Petrificada

memoria Barita; Iolita; Cuarzo Azul Siberiano

menopausia Piedra de Sangre; Cuprita; Diópsido; Vanadinita

metabolismo Apatita Verde; Calcita Naranja; Celestita; Citrino; Dolomita; Gaspeíta; Labradorita Dorada; Halita Rosa; Rodonita; Rutilo; Piedra Solar; Wulfenita

metabolismo de la glucosa Zafiro Rosa; *véase también* azúcar en la sangre

migrañas Azurita; Cavansita; Piedra Gaia; Herderita; Lazulita; Moscovita; Papagoíta; Rodizita; Topacio, Azul; Turmalina Azul

mojar la cama Celestita, Labradorita Dorada; Ópalo Precioso, Ópalo de Oregón

moretones Obsidiana Arcoíris

muerte Zoisita

nacimiento Calcita Roja

narcolepsia Calcedonia Violeta

náuseas Tectita Dorada Libia; Turmalina Dorada

nervio óptico Ónix; Rodizita; Escapolita Azul

nervios cortados Cuarzo Faden; Cianita Azul

nivel de azúcar en sangre Calcita Miel

niveles de insulina, *véase* diabetes

niveles de serotonina Escolecita

obstrucción arterial Calcita Verde

órganos sexuales Bixbita; Brasilianita; Bustamita; Calcita Naranja; Cuprita; Cuarzo Hematoideo; Cianita Naranja; Cornalina Neozelandesa (azozeo superactivado); Pakulita; Rubí Cianita; Estroncianita

osteoporosis Angelita; Cuarzo Negro Fantasma; Calcita Roja; Criolita; Dolomita; Meteorito de Condrita; Esfena

ovarios Cornalina; Granate Almandino; Pakulita; *véase también* sistema reproductor

oxigenación Amatista; Goethita; Oro de Sanador; Lepidocrocita; Magnetita; Malaquita; Papagoíta; Esfalerita; Tremolita; Turquesa

oxigenación de la sangre Azeztulita Roja; Oro de los

Curanderos; *véase también* oxigenación

palpitaciones Cuarzo Rosa; Estibina; *véase también* corazón

páncreas Calcita Miel; Piromorfita; Hierro de Tigre

parásitos Jade Negro

paredes venosas y arteriales Aventurina Azul; *véase también* sistema circulatorio

párkinson Diáspora; Eudialita; Natrolita; Stichtita

pelvis Cornalina Neozelandesa

pérdida de cabello *véase* cabello

pérdida de peso *véase* control de peso

pérdida y degeneración ósea *véase* osteoporosis

pesadillas Lepidolita; Lepidolita Lila; Moscovita; Sugilita

Piedra de Activación Moldavita

"Piedra de la Juventud" Crisoprasa

piedra tónica Jade Rojo

piernas Ónix; Vesuvianita; *véase también* sistema óseo

pies Vesuvianita; *véase también* sistema óseo

pólipos Clorita Fantasma

prana Cuprita

presión arterial Petalita; Sodalita; Stichtita

primera piedra sanadora Serafinita

problemas de alimentación
Rutilo; Stichtita; *véase también* trastornos de la alimentación

problemas de concentración Estibina

problemas de estómago, *véase* trastorno gástrico

problemas de garganta
Aguamarina; Calcedonia Azul; Ópalo Precioso (Azul de Owyhee); Topacio Azul

problemas de la piel
Aguamarina; Jade Violeta; Marcasita; Ópalo Común (Azul); Ópalo Precioso (Blanco); Pirita

problemas de visión Cuarzo de Hadas; Lazulita; Escapolita Azul; Esfeno; Ulexita; Selenita Dorada

problemas digestivos Ágata de Fuego; Ágata Musgosa; Ámbar; Ametrino; Apatita Dorada; Azeztulita Sanda Rosa; Bustamita; Cacoxenita; Calcita Naranja; Celestita; Citrino; Cuarzo Hematoideo; Piedra de Empoderamiento; Labradorita Dorada; Heliodoro; Tectita Dorada Libia; Luz de Litio; Cornalina Neozelandesa (azoozeo superactivado); Obsidiana Negra; Ópalo Común (Marrón o Negro); Prasiolita; Piromorfita; Jaspe Real del Sahara; Rutilo; Zafiro Amarillo; Escapolita Amarilla; Escapolita Rosa; Piedra Chamán; Espinela Negra; Stichtita; Selenita

Dorada; Piedra Solar; Turmalina Dorada; Vitalita

problemas físicos crónicos
Auralita-23; Piedra de Madera de Coromandel

problemas musculares Ópalo Común (Marrón o Negro); Selenita Dorada; Hierro de Tigre

problemas oculares
Apatita Azul; Celestita; Piedra Gaia; "Diamante" Cuarzo Herkimer; Cuarzo Hollandita; Iolita; Ónix; Rodizita; Zafiro Azul; Escapolita Azul; Ulexita

problemas óseos Cúmulos Estelares de Aragonita; Azeztulita Roja del Himalaya; Cuarzo Elestial; Fluorita; Cianita; Ópalo Común (Marrón o Negro); Cuarzo Verde de Serifos; Esfeno

problemas reproductivos
Calcita Roja; Covelita; Cuprita; Dioptasa; Granate Espesartina; Lepidocrocita; Obsidiana Negra; Shiva Lingam; Smithsonita; Piedra Solar; Vanadinita; Zincita

problemas sexuales Cinabrio; Dioptasa; Fulgurita; Jaspe Rojo; Cuarzo; Rubí; Zafiro; Cuarzo; Padparadscha (Zafiro Naranja); Cuarzo Mandarina; Willemita; Wulfenita; Zincita

problemas sociales Cerusita

problemas urinarios
Celestita; Ópalo Precioso de Oregón; Prehnita; Topacio Dorado

problemas venosos
Vesuvianita

producción de células sanguíneas Aventurina Roja; Meteorito de Níquel-Hierro; Hierro de Tigre

pronóstico terminal Casiterita

prosperidad Ámbar; Apatita Dorada; Aventurina Verde

próstata Cuprita Carmesí; Oro de los Curanderos

psoriasis, *véase* problemas de la piel

pulmones Aragonita Azul; Azeztulita de Fuego Rojo; Cuarzo Fantasma Negro; Calcita Azul; Cuprita; Cuprita Carmesí; Diópsido; Piedra Gaia; Jaspe Unakita; Lepidocrocita; Ópalo Común (Rosa); Ópalo Común (Azul); Serafinita; Hierro de Tigre

purga natural espontánea Estaurolita

purificación Merlinita Negra; "Diamante" Cuarzo Herkimer; Azabache; Rodonita; Turmalina Negra

purificación celular
Auralita-23; Piemontita; Ópalo de la Llama Violeta

purificación de la sangre
Cinabrio; Dravita; Meteorito Pallasita; Piemontita

quemaduras Ágata Azul de Ellensburg

quemaduras por el sol
Crisoberilo; Purpurita

química del cerebro Barita;

Fluorita; Escapolita Blanca
y Gris

quimioterapia Galena, Piedra
de la Profecía; *véase también*
cáncer

quistes Cuarzo de Ensueño;
Ópalo Común (Blanco);
Ópalo Precioso Negro;
Cuarzo Verde de Serifos

radiación Clorita Fantasma;
Crisoberilo; Galena;
"Diamante" Cuarzo
Herkimer; Cuarzo
Hollandita; Piedra de
la Profecía; Purpurita;
Piromorfita; Cuarzo
Ahumado; Vanadinita;
Willemita

**raíces kármicas de la
enfermedad** Lapislázuli;
Novaculita

**recuperación de la
enfermedad** Piedra
Amuleto; Azeztulita Color
Crema y Miel; Crisoberilo;
Piedra de Empoderamiento;
Hematita Arcoíris;
Shantilita; Conchas de
Espiralita

**recuperación de una
cirugía** Calcita Rosa Opaca;
Cuarzo Faden; Cuarzo
(Transparente)

reflujo gástrico
Obsidiana Dorada;
Turmalina Dorada; *véase
también* ácido, problemas
digestivos

regeneración Crisoprasa;
Diópsido; Jaspe Mookaita;
Vortexita

regeneración celular
Amazonita; Aragonita

Española; Azeztulita de
Fuego Rosa; Azeztulita
Blanca; Azumar; Serafinita;
Serpentina; Vivianita

**regeneración de las vías
neurales** Stichtita; Vortexita

regeneración ósea Jaspe
Escénico

**regeneración y reparación de
tejidos** Calcita Rosa Opaca;
Jade Verde; Jaspe Unakita;
Malaquita; Metal Cobre;
Jaspe Oceánico; Cuarzo
Verde de Serifos

regímenes de limpieza
Estaurolita

rendimiento deportivo Jade
Rojo; Esfalerita

reparación celular
Aventurina Verde; Vortexita

reposición de energía
Crisoberilo; Heliodoro;
Vitalita

repulsión sexual Cuarzo
Hematoideo

resistencia Egirina; Ágata
de Fuego; Citrino; Cuarzo
Hollandita; Meteorito
de Níquel-Hierro; Rutilo;
Conchas de Espiralita

respiración celular Serafinita

retención de líquido
Hanksita; Piedra Lunar;
Sodalita

riñones Azeztulita Roja-Oro
del Himalaya; Brasilianita;
"Jaspe" Abejorro; Celestita;
Crisoberilo; Labradorita
Dorada; Azabache;
Marcasita; Obsidiana,
Caoba; Ópalo de Oregón;
Pakulita; Rodonita;

Escapolita Amarilla; Hierro
de Tigre; Topacio Dorado

rosácea, *véase* problemas
de la piel

salud en general Ágata
Musgosa; Axinita; Berilonita;
Crocoíta; Jade Rojo; Granate
Arcoíris

sanación Piedra Amuleto;
Apatita Verde; Azeztulita
Verde; Azeztulita de Fuego
Rojo; Diópsido; Taralita
Verde; "Diamante" Cuarzo
Herkimer; Sugilita

sanación vibracional Piedra
Chamán

sangre Ajoíta, Lágrima de
Apache; Azeztulita Roja Del
Himalaya; Azeztulita de
Fuego Roja; Resina Kauri;
Cornalina Neozelandesa
(azozeo superactivado);
Novaculita

sarpullido *véase* problemas
de la piel

síndrome de fatiga crónica
Adamita; Zoisita

**síndrome del intestino
irritable** Ambligonita;
Dravita; Tectita Dorada
Libia; Turmalina Dorada

síndrome premenstrual
Adamita; Ajoíta;
Hemimorfita

sinusitis Goshenita

sistema cardiovascular, *véase*
corazón

sistema circulatorio
Aventurina Verde;
Clinocloro; Cuarzo Sanador
Dorado; Pounamu; Halita
Magnetita; Meteorito

Condrita; Piemontita;
Prehnita; Vitalita

sistema de meridianos Calcita
Naranja; Obsidiana Negra;
Rodonita; Sedonalita

sistema endocrino Ametrino;
Apatita Dorada; Piedra
de Sangre; Brasilianita;
Bustamita; Calcita Naranja;
Calcita Roja; Cavansita;
Citrino; Crocoíta; Granate
Espesartina; Piedra Solar de
Iolita; Lepidocrocita; Jaspe
Oceánico; Ópalo Precioso
(Fuego); Pirita; Rutilo; Piedra
Solar; Ojo de Tigre; Cuarzo
Titanio; Zincita

sistema inmunológico
Lágrima de Apache;
Aventurina Roja; Azeztulita
Roja Del Himalaya; Calcita
Miel; Cinabrio; Crocoíta;
Cuarzo Hematoideo;
Granate Negro de Andradita;
Healerita; Resina Kauri;
Sombra; Metal Plata; Titanio;
Cornalina Neozelandesa
(azozeo superactivado);
Cuarzo; Vivianita

sistema linfático Calcita
Roja; Halita Azul; Resina
Kauri; Novaculita; Prehnita;
Dravita

sistema muscular Cuarzo
Fantasma Negro; Piedra
de Empoderamiento;
Estaurolita

sistema nervioso Cuarzo Aura
Ángel; Astrofilita; Cristales
Dorados de Azeztulita;
Benitoita; Cuarzo Fantasma
Negro; Calcita Merkabita;
Cinnazez (Azeztulita

con Cinabrio); Dolomita;
Calcita Elestial; Eudialita;
Cuarzo Faden; Jade Verde;
Jade Violeta; Cristal de
Luz Lemuriano; Luz de
Litio; Merlinita; Cornalina
Neozelandesa (azozeo
superactivado); Novaculita;
Rodocrosita; Rubí Cianita;
Sedonalita; Cuarzo Negro
Tibetano; Tugtupita;
Variscita; Vortexita; Piedra Z

**sistema nervioso
parasimpático** Azeztulita
Color Crema y Miel; Kunzita

sistema óseo Ala de
Ángel; Angelita; Cuarzo
Fantasma Negro; Piedra de
Empoderamiento; Madera
Petrificada; Hierro de Tigre

**sistema reproductivo
femenino** Crocoíta; Jaspe
Mookaita; Metal Cobre;
Smithsonita

sistema respiratorio Calcita
Azul; Clinocloro; Gema de
Silicato

TAE Adamita; Ámbar

tartamudez Euclasa

TDA/TDAH Ambligonita;
Cerusita; Lepidolita; Petalita;
Estilbita

tejido cicatricial del corazón
Cuarzo Verde de Serifos

tejido conectivo Azeztulita
Roja Del Himalaya; Benitoita

tensión Magnesita

tensión muscular Glendonita;
Magnesita; Stichtita

testículos Cornalina; Granate
Almandino; Oro de los
Curanderos

timo Ágata

tinnitus Amatista; Azurita

tiroides Adamita; Ágata;
Amazonita; Cacoxenita;
Crisocola; Jaspe Oceánico;
Piedra Chamán; Tanzanita;
Topacio Azul; Zoisita

tos Ópalo Común (Azul)

trastorno afectivo estacional,
véase TAE

trastornos alimenticios
Prasiolita; Stichtita

trastornos autoinmunes
Aventurina Roja; Azeztulita
Negra; Azeztulita Rosa
Fuego; Hematita Arcoíris;
Sillimanita

trastornos del habla Euclasa;
Topacio Azul

trastornos del sueño Piedra
Amuleto; Iolita; Lepidolita;
Moscovita

trastornos gástricos
Cacoxenita; Piedra Gaia;
Heliodoro; Tectita Dorada
Libia; Malaquita; Obsidiana
Dorada; Espinela Verde
y/o Azul

trastornos genéticos Fenacita

trastornos intestinales Hierro
de Tigre; *véase también*
intestinos

trastornos nerviosos
Amatista; Cianita Azul;
Natrolita; Fenacita

traumatismo físico
Amazonita; Amegreen;
Dioptasa; Goethita;
Kunzita; Cianita; Cuarzo
(Transparente); Vivianita

374

tumores Cuarzo de Ensueño; Epidota; Ópalo Negro; Cuarzo Verde de Serifos

úlceras Ambligonita; Tectita Dorada Libia; Escapolita Rosa; Turmalina Dorada

uñas de los dedos de las manos *véase* uñas

urticaria *véase* problemas de la piel

vejiga Azeztulita Dorada-Roja del Himalaya; Pakulita

veneno Espinela

verrugas Cinabrio

vértigo (mareo) Apatita Azul; Azurita; Cuarzo Varita de Hada; Fluorita; Moscovita; Zafiro Azul; Estibina

vesícula biliar Egirina; Apatita Dorada; Crisoberilo; Labradorita Dorada; Madera Petrificada; Piromorfita; Rodonita; Escapolita Amarilla

VIH Cinabrio

vínculo entre la madre y el bebé Calcita Rosa Transparente

virus *véase* infección

vitalidad Adamita; Ágata de Fuego; Axinita; Azeztulita Roja-Oro del Himalaya; Azeztulita Color Crema y Miel; Clinocloro; Crocoíta; Cuprita; Oro de Los Curanderos; Jaspe Rojo; Resina Kauri; Cianita Verde; Malaquita; Rubí; Zafiro Amarillo; Conchas de Espiralita; Piedra Azul de Stonehenge; Piedra Solar

CORRESPONDENCIAS ESPIRITUALES Y/O EMOCIONALES

abrir el corazón Halita

abundancia Ágata Musgosa; Apatita Verde; Azeztulita Roja-Oro del Himalaya; Casiterita; Crisoberilo; Clinocloro; Esmeralda; Granate Uvarovita; Jade Verde; Azabache; Obsidiana Caoba; Zafiro Amarillo; Topacio Dorado; Turmalina Dorada

abuso de poder Obsidiana Dorada

abuso emocional Azeztulita Roja-Oro del Himalaya; Calcita Miel; Dioptasa

abuso sexual Azeztulita Roja-Oro del Himalaya; Calcita Naranja; Calcita Miel; Cianita Naranja

acceso al conocimiento Apatita Azul; Cavansita; Granate Negro de Andradita; Piedra Solar

acción elegante Cuarzo Rutilado

acción productiva Piedra Solar de Iolita; Jade Rojo; Pirita; Cuarzo (Transparente)

aceleración Cuarzo Rutilado; Rutilo; Tectita Tibetana

aceptación Calcita Rosa Transparente; Cuarzo Verde de Serifos

activación de capacidades latentes Anandalita; Herderita

activación de chakras Amazez Azeztulita;

Moldavita; Cornalina Neozelandesa (Azoeeo Superactivado); Sedonalita; Sillimanita; Tectita Tibetana; Piedra Z

activación de la luz Hemimorfita

activación del corazón Gaspeita; Vivianita

activación espiritual Selenita

activación psíquica Apatita

actividad paranormal Ágata Azul de Holly

adaptabilidad Diáspora

adivinación Merlinita Negra

ADN Cuarzo Transparente

afrodisíaco Calcita Naranja; Rubelita

Agni Mani (Perla de Fuego)
Moldavita; Tectita

agorafobia Meteorito de
Pallasita

agotamiento emocional
Cuarzo Verde de Serifos

aguante Bixbita; Pirita; Hierro
de Tigre; Turmalina Verde;
Vanadinita

agujeros en el aura
Calcedonia Azul; Turmalina
Rosa

aislamiento Andalucita

alegría Adamita; Alejandrita;
Anandalita; Apatita Verde;
Astaralina; Auralita 23;
Azeztulita Negra; Azumar;
Berilonita; Bustamita;
Calcita Rosa Transparente;
Criolita; Dioptasa; Calcita
Elestial; Gema de Silicato;
Cuarzo Sanador Dorado;
Taralita Verde; Hemimorfita;
Jaspe Selva Tropical; Cianita
Verde; Cuarzo Nirvana;
Jaspe Oceánico; Ópalo de
Oregón; Piemontita; Granate
Arcoíris; Rathbunita; Cuarzo
Rosa; Sauralita Azeztulita;
Smithsonita; Estilbita;
Thulita; Tectita Tibetana;
Turmalina Rosa; Turmalina
Sandía; Tugtupita; Vitalita

alineación con el plan divino
Cacoxenita

alineación de las energías
Magnetita

**alineación de la voluntad con
corazón** Crisoberilo

alineación del corazón
Heulandita Verde

alineación energética Barita

alineación física y lumínica
Variscita

alivio Ágata Azul de Ellensburg

alma de la tierra Piedra
Gaia

alma gemela Calcedonia
Violeta; Morganita

alquimia Azeztulita
Negra; Cinabrio;
Cinnazez (Azeztulita con
Cinabrio); Cuprita;
Wulfenita

alta sacerdotisa Crisocola;
Piedra Gaia; Gema de
Silicato; Jaspe Escénico;
Larimar, *véase también*
femenino, energía de la gran
diosa madre

altruismo Calcita Verde;
Crisoprasa; Kunzita;
Rodonita; Vivianita

amabilidad Taralita Verde

ambición Pirita

amor Adamita; Azeztulita,
Color Crema y Miel;
Azeztulita de Fuego Rosa;
Azumar; Bixbita; Clinocloro;
Crocoíta; Darwinita;
Esmeralda; Piedra Gaia;
Resina Kauri; Lepidocrocita;
Lepidolita Lila; Rathbunita;
Rodonita; Cuarzo Rosa;
Rosophia; Zafiro Rosa;
Smithsonita; Estibina;
Turmalina Rosa; Tugtupita;
Vitalita

amor de la Tierra Jaspe de
Selva Tropical

amor divino Alejandrita;
Azeztulita, Fuego Rosa;
Calcita Verde; Clinocloro;
Cuarzo Elestial; Kunzita;

Lepidocrocita; Morganita;
Smithsonita; Tugtupita

amor físico Granate
Almandino

amor incondicional
Azeztulita de Fuego Rosa;
Calcita Rosa Transparente;
Charoíta; Jade de Sombra
Lemuriano; Escapolita; Ojo
de Tigre

amor interpersonal Hiddenita

amor por la tierra Tugtupita

amor propio Eudialita
Autónoma; Pounamu; Halita
Rosa; Rodocrosita; Thulita;
Dravita

amor universal Smithsonita

amplificación Cuarzo
Amplificador; Cuarzo
(Transparente); Cuarzo
Rutilado; Rutilo

amplificador emocional
Cuarzo Amplificador; Ópalo
Precioso Blanco

ananda Azeztulita Satyaloka
Transparente; Celestita

ángeles Ágata Azul de
Ellensburg; Amatista:
Crisoberilo; Covelita; Gema
de Silicato; "Diamante"
Herkimer; Metal Platino;
Fenacita; Selenita; Serafinita

ángeles con forma humana
Ala de Ángel

ángeles de la guarda Angelita

angustia emocional Cuarzo
Rosa

ansiedad Andalucita; Piedra
Amuleto; Calcedonia Azul;
Cuprita; Cuprita Carmesí;
Danburita; Azeztulita

Sauralita; Smithsonita; Turmalina Rosa; Tremolita

ansiedad financiera Grosularia

apego a las entidades Moscovita; Ópalo Común

apegos etéricos Ala de Ángel

apegos negativos Amazez Azeztulita; Cuarzo de Litio; Novaculita; Vesuvianita

apertura del corazón Diópsido; Eudialita; Cristales de Semillas Lemurianas; Tugtupita; Vortexita

apreciación Zafiro Rosa

aprendizaje Apatita Dorada; Diópsido; Dumortierita; Fluorita; Herderita; Rutilo; Esfeno; Ulexita

aprendizaje de vidas pasadas Granate Almandino; Healerita

armonía Amazonita; Piedra Amuleto; Aragonita Azul; Azeztulita Sanda Rosa; Oro de los Curanderos; Guardianita; Jade de Sombra Lemuriano; Piedra Lunar Arcoíris; Sedonalita; Sillimanita; Cuarzo Espíritu; Ópalo de la Llama Violeta

arquetipo mago Cinabrio

arquetipo masculino y femenino Azeztulita y Rosophia (juntas)

arrebatamiento Clinocloro; Purpurina; Zafiro Padparadscha; Turmalina Azul; Tremolita; Tugtupita; Zoisita

artes marciales Jade Rojo

artistas, *véase* gente creativa

ascensión Azeztulita Rosa; Azeztulita Blanca; Azeztulita Rosa Satyaloka; Azeztulita Amarilla Satyaloka; Barita; Brookita; Calcita de Rayo Estelar; Calcita de Rayo Estelar; Heliodoro; "Diamante" Cuarzo Herkimer; Hematita Arcoíris; Shantilita; Vortexita

asertividad Heliodoro; Jade Rojo; Vesuvianita

asesoramiento Calcedonia Azul

"asiento del alma" Turmalina Sandía

asistencia espiritual Goshenita; Pounamu

astrología Herderita; Iolita

ataque psíquico Andalucita; Cuarzo Aqua Aura; Cuarzo de Ensueño; Moscovita; Obsidiana Caoba; Ópalo Común; Ópalo Azul de Owyhee; Escapolita

atención y enfoque Ónix

Atlantis Calcita de Rayo Estelar; Cuarzo Catedral; Cuarzo Blanco Fantasma

atracción Epidota; Espesartina

atractor de amor Crisoprasa; Rubí Cianita

aumento Peridoto; Indicolita; Turmalina Azul; Turmalina Rosa

autoaceptación Ala de Ángel; Astrofilita; Hiperstena; Cuarzo Nirvana; Dravita

autoconfianza Azeztulita Roja-Oro del Himalaya; Cuarzo Hematoideo; Heliodoro; Pakulita; Rubí

autoconocimiento Amazonita; Astrofilita; Piedra de Empoderamiento; Hiperstena; Estilbita; Turquesa

autodescubrimiento Astrofilita

autodisciplina Aventurina Azul; Sílex; Piedra Solar de Iolita; Lazulita; Jaspe Real del Sahara; Escapolita; Sillimanita; Sodalita

autodominio Nuumita; Ónix; Sillimanita; Estroncianita

autoestima Azeztulita Roja-Oro del Himalaya; Bixbita; Labradorita Dorada; Ópalo de Oregón; Tanzanita

autojuicio Cuarzo Negro Fantasma; Piedra Mani

autosabotaje Apatita Dorada

autosanación Azeztulita Sauralita; Azeztulita de Fuego Rosa; Azeztulita de Fuego Rojo; "Jaspe" Abejorro; Cristales de Clorita Fantasma; Dravita; Oro de los Curanderos; Hiperstena; Resina Kauri; Lepidocrocita; Moldavita; Rubí Cianita; Serafinita; Hierro de Tigre

autotransformación Pietersita; Escapolita

aventura "Jaspe" Abejorro; Pakulita; Rubí; Piedra Solaro

balance del aura Hemimorfita

bendiciones Azeztulita Color Crema y Miel; Piedra Solar

benevolencia Cuarzo Elestial; Heliodoro; Piedra Solar

benevolencia divina Taralita Verde

bienestar Apatita Verde; Calcita Rosa Opaca; Taralita Verde; Oro de los Curanderos; Resina Kauri; Peridoto; Estaurolita; Fenacita Blanca; Cuarzo Satyaloka; Vitalita

bloqueo Anandalita; Calcita de Rayo Elestial; Hanksita; Cuarzo Hollandita; Moldavita; Cuarzo (Transparente) de Doble Terminación; Piedra Azul de Stonehenge; Zincita

bondad Granate Arcoíris; Thulita; Turmalina Rosa

buena fortuna Crisantemo

buena suerte Aventurina Verde; Piedra Gaia; Tectita

burbuja de luz Amatista; Cuarzo Turmalinado

caballeros templarios Iolita

calidez Ámbar; Peridoto

calma Ágata Azul; Ágata Azul de Ellensburg; Ajoíta; Ambligonita; Cuarzo Aqua Aura; Calcedonia Azul; Dolomita; Gel de Sílice de Litio; Guardianita; Larimar; Ópalo Dorado Lemuriano; Ópalo Común Azul; Ópalo Azul de Owyhee; Smithsonita; Turmalina Sandía; Tremolita

calmante Aguamarina; Gel de Sílice de Litio; Larimar

calmar el cuerpo emocional Azeztulita Rosa; Calcita Azul; Darwinita; Lepidolita Lila; Smithsonita; Topacio Azul

cambiar de formas Cinabrio; Piedra Azul de Stonehenge

cambios de carrera Cerusita; Iolita de los Cátaros

cambios de humor Ágata Musgosa; Luz de Litio; Obsidiana Arcoíris; Rathbunita

cambios en la tierra Cuarzo Faden

camino del destino "Jaspe" Abejorro; Taralita Verde; Cuarzo Hollandita; Cornalina Neozelandesa (azozeo superactivado); Cuarzo Nirvana; Rodonita; Escapolita

camino del servicio Charoíta

camino espiritual Granate Arcoíris; Granate Rodolita

campo áurico Cúmulos Estelares de Aragonita; Cuarzo Faden; Infinita; Fenacita

campos de conocimiento Meteorito de Pallasita

campos de conocimiento mórficos Hiperstena; Tremolita; Cuarzo Fantasma Blanco

campos de energía Amatista; Cúmulos Estelares de Aragonita; Cuarzo Faden; Fluorita; Resina Kauri

campos morfogénicos Meteorito de Pallasita

canalización Angelita; Cuarzo Aqua Aura; Benitoíta;

Calcedonia Azul; Creedita; Danburita; Cuarzo de Ensueño; Gema de Silicato; Hemimorfita; Iolita; Piedra Solar de Iolita; Lazulita; Metal Cobre; Metal Niobio; Shattuckita; Zircón

capacidad visionaria Dumortierita; Iolita; Piedra Solar de Iolita; Jade Lavanda; Rodizita

capacidades psíquicas Ágata Azul de Ellensburg; Ágata Azul de Holly; Azeztulita; Amegreen; Amatista; Anandalita; Aragonita Azul; Auralita 23; Benitoíta; Calcita Azul; Calcedonia Violeta; Crisoberilo; Cinabrio; Covelita; Crocoíta; Cuarzo de Ensueño; Dumortierita; Sílex; Fluorita; Halita; Herderita; Jade Violeta; Jade Azul; Kunzita; Cianita; Lazulita; Metal Plata; Natrolita; Nuumita; Papagoíta; Fenacita; Hematita Arcoíris; Rathbunita; Rodizita; Rubí Cianita; Cuarzo Rutilado; Rutilo; Zafiro Azul; Escapolita; Sedonalita; Cuarzo Azul Siberiano; Cuarzo Aura Tanzano; Tectita; Topacio Azul; Tugtupita; Zircón

capullo de luz Astaralina; Celestita

carisma Espesartina

centros psíquicos del cerebro Ágata Azul de Holly

cerebro superior Herderita; Natrolita

ceremonias de la muerte
Casiterita

chakra del tercer ojo Fenacita

chakras etéricos Selenita

chamán Piedra Lunar; Cuarzo

chi Cinabrio; Pounamu; Jade
Verde; Jade Rojo; Jaspe
Rojo; Cristales de Luz de
la Manifestación; Ópalo
de Fuego; Prehnita; Rubí;
Espesartina; Zircón

círculos de cultivo Ámbar

cirugía psíquica Calcita de
Rayo Estelar

civilizaciones antiguas
Calcedonia Violeta; Granate
Almandino; Pounamu;
Heulandita; Jaspe Escénico;
Madera Petrificada; Cuarzo
Transparente

civilizaciones pasadas
Cuarzo Catedral;
Heulandita

clariaudiencia Cavansita;
Celestita; Calcedonia,
Violeta; Dumortierita;
Lazulita; Cuarzo Azul
Siberiano; Turmalina Azul

claridad Ágata Azul; Ámbar;
Ambligonita; Ametrino;
Apatita Dorada; Calcita
Transparente; Calcita
Roja; Euclasa; Fluorita;
Labradorita Dorada; Jade
Azul; Cianita Índigo; Jade
Lemuriano; Piedra Lunar;
Jade de Sombra Lemuriano;
Zafiro Blanco; Sillimanita;
Smithsonita; Estilbita;
Tremolita; Variscita

claridad mental Adamita;
Citrino; Cuarzo Azul

Siberiano; Esfeno; Topacio
Blanco

clarividencia y mediumnidad
Adamita; Ágata Azul;
Angelita; Berilonita; Calcita
Azul; Cavansita; Celestita;
Calcedonia Violeta;
Piedra de los Círculos;
Covelita; Diamante;
Dumortierita; Gema de
Silicato; Piedra Lunar
Gris; Halita; Heliodoro;
Hemimorfita; Herderita;
Iolita; Jade Azul; Azabache;
Labradorita; Lazulita;
Ópalo Dorado Lemuriano;
Merlinita; Metal Niobio;
Piedra Lunar; Moscovita;
Natrolita; Nuumita; Petalita;
Shattuckita; Cuarzo Azul
Siberiano; Topacio Blanco;
Turmalina Azul; Turmalina
Azul; Ulexita

clave para el futuro Cuarzo
(Transparente)

cocreación divina Cornalina
Neozelandesa (azozeo
superactivado)

codificación celular Cuarzo
Elestial

**colocación de piedras para
gemoterapia** Topacio Azul

comodidad emocional
Andalucita; Astaralina;
Azeztulita Color Crema y
Miel; Luz de Litio; Vortexita

compasión Ajoíta; Amazonita;
Amegreen; Cristales
Dorados de Azeztulita;
Azumar; Calcita Verde;
Calcita Rosa Transparente;
Celestita; Crisoprasa;
Dioptasa; Esmeralda;

Piedra Gaia; Taralita Verde;
Jade Lavanda; Morganita;
Prasiolita; Cuarzo
(Transparente); Rodocrosita;
Rodonita; Cuarzo
Rosa; Zafiro Amarillo;
Smithsonita; Stichtita;
Cuarzo Mandarina;
Variscita; Vivianita

compenetración Thulita

**comportamiento pasivo-
agresivo** Calcita Rosa Opaca

**comportamiento y
recuperación de la adicción**
Egirina; Ágata Musgosa;
Amatista; Granate Negro
de Andradita; Jade Rojo;
Lepidocrocita; Jaspe
Oceánico; Selenita Dorada

comprensión kármica
Egirina; Euclasa

compromiso Piedra
de Empoderamiento;
Piemontita; Pirita

compromiso espiritual
Euclasa; Rubí Cianita

comunicación Ágata Azul;
Ágata Azul de Ellensburg;
Amazonita; Angelita;
Cuarzo Aqua Aura;
Aguamarina; Aragonita
Azul; Cavansita; Calcedonia
Azul; Crisocola; Gema de
Silicato; Hemimorfita;
Lapislázuli; Lepidocrocita;
Cuarzo (Transparente);
Shattuckita; Smithsonita;
Topacio Azul; Turmalina
Azul; Turquesa

comunicación angélica
Ajoíta; Ala de Ángel;
Angelita; Celestina;
Cinnazez (Azeztulita

Con Cinabrio); Clinocloro;
Danburita; Calcita Elestial;
Cuarzo Elestial; Calcita
Aquatina Lemuriana; Ópalo
Azul de Owyhee; Prehnita;
Shantilita; Ópalo de la Llama
Violeta

**comunicación con animales
o plantas** Azumar; Diópsido;
Peridoto; Serpentina;
Concha de Espiralita

comunicación con el espíritu
Zafiro Blanco

**comunicación con los
animales** Jaspe Mokaíta;
Concha de Espiralita

**comunicación con los
seres superiores** Amazez
Azeztulita; Azumar; Calcita
Elestial; Cianita; Obsidiana
Negra; Prehnita

comunicación divina Ajoíta;
Calcedonia Azul; Covelita;
Crocoíta

comunicación espiritual
Merlinita Negra; Chamanita
Maestra; Merlinita;
Obsidiana Copo de
Nieve; Obsidiana de Pavo
Real; Hematita Arcoíris;
Shattuckita

comunicación extraterrestre
Meteorito de Condrita;
Calcita Elestial

**comunicación
interdimensional** Cuarzo
Aqua Aura; Astrofilita;
Brookita; Metal Platino;
Meteorito de Condrita;
Cinnazez (Azeztulita con
Cinabrio); Sedonalita;
Cuarzo Azul Siberiano

comunicación psíquica
Brookita

comunicación verbal
Shattuckita

comunión con la creación
Brookita

concentración Ágata
Musgosa; Ambligonita

conciencia de cristo Cuarzo
Sanador Dorado; Heliodoro;
Esfeno; Ojo de Tigre; Topacio
Dorado

**conciencia de la sombra del
yo** Dravita

conciencia de la Tierra Jaspe

**conciencia de la Tierra como
paraíso** Cuarzo Verde de
Serifos

conciencia espiritual Cuarzo
(Transparente); Hematita
Arcoíris; Estroncianita;
Tanzanita; Ópalo de la
Llama Violeta

conciencia interdimensional
Apofilita Clara

conciencia multidimensional
Papagoíta; Piedra Z

conciencia multinivel Ágata
Azul de Holly; Calcita
Transparente; Cuarzo
Catedral

conciencia planetaria
Azeztulita Satyaloka;
Azumar; Healerita

conciencia pura Azeztulita
Satyaloka

conciencia sensorial Calcita
Roja

conciencia sin palabras
Calcita Rojo

conciencia superior Jade
de Sombra Lemuriano;
Natrolita; Turmalina Azul

conciencia visionaria
Auralita 23; Diamante;
Hiperstena; Rubí Cianita

conexión a tierra Ágata
Musgosa; Andalucita;
Lágrima de Apache;
Obsidiana Negra;
Crisantemo; Crocoíta;
Dolomita; Granate Negro
de Andradita; Oro de los
Curanderos; Hematita;
Azabache; Magnetita;
Metal Cobre; Cuarzo
Molibdenita; Pakulita;
Rubí; Shungita; Cuarzo
Ahumado; Esfalerita;
Estaurolita; Hierro de
Tigre; Turmalina Negra;
Vanadinita; Zircón

conexión atlántica
Brasilianita

conexión con el corazón
Calcita Verde

conexión con la naturaleza
Jaspe Selva Tropical; Resina
Kauri; Cianita; Prasiolita;
Serpentina

conexión con la tierra
Diópsido; Pakulita;
Wulfenita

conexión cósmica Metal
Platino

conexión divina Alejandrita;
Amatista; Azeztulita Negra;
Lepidolita Lila; Vitalita

conexión espiritual
Amegreen; Calcita Elestial

conexiones angélicas
Serafinita

confianza Cuarzo Nirvana; Egirina; Ágata Azul; Ajóita; Apatita Dorada; Aventurina Verde; Azeztulita de Fuego Rojo; Calcita Naranja; Calcita Miel; Cornalina; Piedra de Empoderamiento; Labradorita Dorada; Oro de los Curanderos; Tectita Dorada Libia; Malaquita; Metal Oro; Morganita; Ópalo Azul de Owyhee; Pirita; Rodizita; Estroncianita; Turmalina Dorada

confusión emocional Calcita Rosa Opaca; Cianita Índigo; Malaquita

conocimiento antiguo Piedra de Madera de Coromandel; Cuprita; Papagóita; Concha de Espiralita

conocimiento del corazón Apatita Verde; Criolita; Sanadora; Kunzita; Lepidocrocita; Moldavita; Moscovita

conocimiento divino Cuarzo (Transparente); Zafiro, Estrella

conocimiento interno Azeztulita Sauralita; Cristales de Luz Lemurianos; Cuarzo Aura Tanzano

conocimiento superior Azeztulita Satyaloka Transparente; Calcita de Rayo Estelar; Calcita Merkabita; Conchas de Espiralita; Magnesita; Zafiro Azul; Tremolita

consuelo emocional Cavansita

contacto con los guías Cuarzo de Ensueño

control de coincidencias Labradorita

control de la energía Crocoíta

corazón amoroso Hiddenita

corazón de la naturaleza Serpentina

corazón de la tierra Turmalina Rubelita

corazón superior Azeztulita de Fuego Rosa; Datolita; Dioptasa; Esmeralda; Cuprita de la Alta Sacerdotisa; Metal Plata; Piedra Lunar

corazón universal Rubelita; Tugtupita

corazón valiente Rodocrosita; Stichtita

cordones Novaculita; Cuarzo (Transparente)

creación Apatita Dorada

creación divina Wulfenita

crear estructura Sílex; Sodalita

creatividad Adamita; Ágata de Fuego; Ambligonita; Amegreen; Ametrino; Anandalita; Azeztulita Dorada del Himalaya; Azeztulita, Oro Rojo del Himalaya; Granate Negro de Andradita; Brasilianita; Bustamita; Calcita, Naranja; Citrino; Crocoíta; Cuarzo Hematoideo; Cuarzo de Hadas; Espesartina; Goethita; Labradorita Dorada; Herderita; Jade Rojo; Cianita

Naranja; Lepidocrocita; Malaquita; Metal Oro; Cornalina Neozelandesa (azozeo superactivado); Pakulita; Pirita; Cuarzo (Transparente): Cuarzo Cetro; Rutilo; Zafiro Amarillo; Zafiro Padparadscha; Rathbunita; Sodalita; Cuarzo Mandarina; Hierro de Tigre; Topacio Dorado; Ulexita; Vanadinita; Vitalita; Willemita; Zincita

crecimiento Ágata Dendrítica; Aventurina Verde; Crisoprasa; Madera Petrificada

crecimiento espiritual Ametrino; Sedonalita; Turquesa

creencias fundamentales Amazonita

Cristo Cuarzo Rosa

cuerpo de luz Aragonita Española; Azeztulita Roja del Himalaya; Herderita; Luz de Litio; Cristales de Luz de la Manifestación; Piemontita; Fenacita; Shungita; Tectita Tibetana

cuerpo emocional Ajóita; Andalucita; Lágrima de Apache; Cuarzo Aqua Aura; Azeztulita Blanca; Cristales de Luz de la Manifestación; Smithsonita; Tectita Tibetana; Topacio Azul; Vortexita

cuerpo etérico Ágata Musgosa; Darwinita; Cuarzo Faden; Infinito; Ópalo de la Llama Violeta

cuerpos sutiles Egirina

curación emocional
Amegreen; Piedra Amuleto;
Lágrima de Apache;
Cúmulos Estelares de
Aragonia; Aragonita Azul;
Aventurina Verde; Azeztulita
Color Crema y Miel;
Azeztulita de Fuego Rosa;
Calcita Rosa Transparente;
Eudialita; Piedra Gaia;
Granate Rodolita; Gaspeita;
Hemimorfita; Heulandita;
Hiperstena; Kunzita;
Lepidocrocita; Lepidolita;
Piedra Mani; Jaspe
Oceánico; Ópalo Común
Rosa; Piemontita; Granate
Arcoíris; Rathbunita;
Rodocrosita; Cuarzo Rosa;
Shungita; Turmalina Rosa;
Rubelita; Dravita; Variscita

curiosidad Cuarzo Mandarina

dejar ir Zafiro Rosa

delicadeza Cuarzo Rosa;
Vivianita

densidad Epidota; Cuarzo
(Transparente)

depresión Piedra Amuleto;
Andalucita; Cuarzo Elestial;
Eudialita; Gel de Sílice de
Litio; Lepidocrocita; Metal
Oro; Cuarzo Molibdenita;
Obsidiana Caoba; Jaspe
Océano; Ópalo Común;
Rosophia; Turmalina Rosa;
Rubelita; Tremolita; Vitalita

desarrollo interior y exterior
Zoisita

**descarga de información
espiritual** Celestina; Tectita
Tibetana

deseo Topacio Dorado

desesperación Calcedonia Azul

desesperanza Datolita

desorientación Jaspe
Escénico; Magnetita

despejar Egirina; Cuarzo
(Transparente)

despejar espacios Calcita de
Rayo Estelar

despertar Agnitita; Azeztulita
Negra; Azeztulita Blanca;
Fulgurita; Glendonita;
Cianita Índigo; Cuarzo
Moldavo; Moldavita;
Moscovita; Cuarzo
Satyaloka; Azeztulita
Sauralita; Escolecita;
Sedonalita; Tectita
Tibetana; Vitalita;
Vivianita; Zoisita

despertar del corazón
Prasiolita; Escolecita

**despertar de los chakras
superiores** Brookita

despertar psíquico Benitoíta;
Rodizita; Cuarzo Azul
Siberiano

despreocupación Gema de
Silicato; Granate Arcoíris;
Rathbunita

destino espiritual Diamante

determinación Ágata
Musgosa; Rubí; Wulfenita;
Zincita

devas y seres dévicos Ágata
Musgosa; Ámbar; Cristales
de Clorita Fantasma;
Crisoprasa; Hemimorfita;
Infinito; Jade Violeta; Jaspe
Selva Tropical; Merlinita;
Peridoto; Prehnita;
Estaurolita

**dharma (camino del más
alto destino)** Petalita;
Escapolita

dicha divina, *véase* ananda

dimensiones causales
Obsidiana de Pavo Real

dimensiones superiores
Celestita; Papagoíta

dimensión vertical Ágata
Azul de Holly

diosa de la Tierra Cuprita

diosa oscura Azeztulita
Negra; Goethita

dirección Cuarzo
(Transparente)

discernimiento Jade, Violeta;
Novaculita; Zafiro Blanco;
Ojo de Tigre

disciplina Jaspe Elegante;
Lazulita; Ónix; Zafiro Azul;
Vanadinita

disciplina mental
Dumortierita

discriminación Heliodoro;
Jade Azul; Esfalerita

disfrute de la vida Cinnazez
(Azeztulita Con Cinabrio);
Jaspe Oceánico; Cuarzo
Verde de Serifos; Zoisita

**disminuir velocidad del
envejecimiento** Jaspe
Mookaita

divinidad femenina
Aguamarina; Cuprita;
Larimar; Jade Lemuriano;
Cristales de Semillas
Lemurianas; Pakulita;
Serafinita

divorcio Dioptasa

doce piedras de la sinergia
Azeztulita Blanca; Brookita;

Danburita; Herderita; Moldavita; Natrolita; Petalita; Fenacita; Cuarzo Satyaloka; Escolecita; Tanzanita; Tectita Tibetana

dominio angélico Celestita; Creedita; Cuarzo Elestial; Cuarzo de Hada; Ópalo Común; Cuarzo Verde de Serifos

dones psíquicos Iolita; Zafiro Blanco; Topacio Blanco; Turmalina Azul

drenaje de energía Andalucita

duda en sí mismo Piedra de Empoderamiento; Eudialita

duda Jade Negro; Zafiro Amarillo

duelo Alejandrita; Lágrima de Apache; Aguamarina; Cavansita; Danburita; Datolita; Gel de Sílice de Litio; Azeztulita de Sauralita; Lepidocrocita; Piedra Lunar Arcoíris; Morganita; Piemontita; Estilbita; Dravita; Tugtupita; Zoisita

eficiencia Sodalita

eliminación de entidades Astrofilita; Cuarzo (Transparente)

elocuencia Gema de Silicato

el yo multidimensional Astrofilita

embaucador Estibina

empatía Aragonita Española; Azeztulita Rosa; Cristales Dorados de Azeztulita; Calcita Rosa Opaca; Piedra de Madera de Coromandel;

Hemimorfita; Cianita; Ópalo Dorado Lemuriano; Lepidocrocita; Thulita

energía Egirina; Rubí; Hierro de Tigre

energía amorosa Rodocrosita

energía cósmica Azeztulita Satyaloka Transparente

energía creativa Hiperstena; Jaspe Rojo

energía del alma Crocoíta

energía del arquetipo femenino Metal Plata

energía del arquetipo masculino Metal Oro

energía electromagnética Astrofilita; Hematita

energía elemental Merlinita

energía espiritual Cuarzo (Transparente)

energía femenina Ajoíta

energía lunar Metal Plata

energía masculina Pirita

energía mental Jaspe Elegante

energía negativa Lágrima de Apache

energía regenerativa Cuarzo Verde de Serifos; Espinela

energía sanadora Piedra Nebulosa

energías astrales Ópalo Azul de Owyhee; Cuarzo Negro Tibetano Entidades Astrales Piromorfita; Willemita

energías de la piedra Metal Cobre

energías de la tierra Jaspe Mookaita; Azabache; Vanadinita; Vortexita

energías dévicas Lágrima de Apache; Aventurina Verde

energía sexual Cuarzo Hematoideo; Jade Rojo; Jaspe Rojo; Marcasita; Pakulita; Rubí; Zafiro Padparadscha; Vanadinita; Willemita

energía solar Ámbar; Heliodoro

energías negativas Ágata Azul de Holly; Cuarzo Aqua Aura; Azabache; Obsidiana Dorada; Granate Arcoíris; Piromorfita; Cuarzo Ahumado

energías sutiles Infinita; Novaculita; Hematita Arcoíris

enfoque mental Ametrino; "Jaspe" Abejorro; Lazulita; Tectita Dorada Libia; Sillimanita

"enfrentarse a la sombra del yo" Jade Negro

enfriamiento Aguamarina; Larimar

enraizar lo espiritual en lo físico Cuarzo Celestial; Pedernal

entidades angélicas Hemimorfita; Cristales de Semillas Lemurianas; Morganita; Smithsonita

entidades extraterrestres Calcita de Rayo Estelar; Covelita; Ulexita; Zircón

entidades psíquicas Marcasita

entidad etérica Metal Niobio

entrega Ajoíta; Criolita

entusiasmo Adamita; Rubí;
Azeztulita de Fuego Rojo;
Piemontita; Sedonalita;
Sillimanita; Estroncianita;
Cuarzo de Titanio;
Vesuvianita; Wulfenita

envidia Jade Negro

equilibrio Amatista;
Calcedonia Azul; Diópsido;
Dolomita; Oro de los
Curanderos; Jaspe Unakita;
Lepidolita; Cuarzo
Molibdenita; Sedonalita;
Shungita; Esfalerita; Ojo
de Tigre; Turmalina Rosa;
Vortexita

equilibrio de las polaridades
Ágata Dendrita; Cristales
de Luz de la Manifestación;
Piedra Chamánica;
Magnetita; Marcasita

equilibrio emocional
Calcita Verde; Jaspe Rojo;
Malaquita; Piedra Lunar
Arcoíris; Thulita

"escalera al cielo" Cristales de
Semillas Lemurianas

escritura automática
Shattuckita

escritura inspirada Piedra
Solar de Iolita

escudo de luz Sugilita

esperanza Alejandrita;
Berilonita; Espinela

espiritualidad Taralita Verde;
Marcasita; Topacio Blanco

**espiritualización de la vida
física** "Diamante" Cuarzo
Herkimer

espíritus de la naturaleza
Ágata Musgosa; Lágrima

de Apache; Apatita Verde;
Apofilita Verde; Brookita;
Cristales Fantasmas
de Clorita; Piedra Gaia;
Hemimorfita; Jaspe Selva
Tropical; Turmalina Verde;
Turmalina Sandía

estabilidad Ágata Musgosa;
Aragonita; Azul; Gel de Sílice
de Litio; Cuarzo Molibdenita

estabilidad emocional
Meteorito de Pallasita

**estabilización del campo
áurico** Guardianita,
Auralita 23

estado anterior al nacimiento
Calcita de Rayo Estelar

estado de gracia Papagoíta;
Estibina

estado de sueño Hemimorfita;
Moldavita

estados de trance Sodalita

estar centrado Ágata Azul;
Calcedonia Azul; Dolomita;
Cuarzo Molibdenita

estimulación del tercer ojo
Ala de Ángel; Fenacita

estimulante mental
Goshenita; Moscovita

estrés Ambligonita; Apatita
Verde; Cuarzo de Hada;
Ópalo Común; Tremolita

estudio Fluorita

euforia Luz de Litio; Cuarzo
de Litio

evolución de la tierra
Apofilita

evolución del cerebro
Herderita; Natrolita

evolución espiritual rápida
Azeztulita Satyaloka
Amarilla; "Jaspe" Abejorro;
Darwinita; Luz de Litio;
Cuarzo Amplificador;
Moldavita; Cornalina
Neozelandesa (azozeo
superactivado); Cuarzo
Espíritu; Tectita Tibetana

evolución personal Cerusita;
Fulgurita; Moldavita;
Cuarzo Nirvana

exorcismo Astrofilita

expansión de la conciencia
Adamita; Cuarzo Aura
Ángel; Angelita; Agnitita;
Azeztulita Sanda Rosa;
Creedita; Darwinita;
Moldavita; Petalita;
Rubí Cianita; Cuarzo
Rutilado; Rutilo; Zafiro
Azul; Zafiro Blanco; Ágata
Azul de Holly; Amegreen;
Astrofilita; Azeztulita
Satyaloka Transparente;
Benitoita; Berilonita; Calcita
Merkabita; Cavansita;
Cinnazez (Azeztulita con
Cinabrio); Darwinita;
Taralita Verde; Cristal de
Luz Lemuriano; Magnesita;
Obsidiana de Pavo Real;
Cuarzo (Transparente);
Hematita Arcoíris; Cuarzo
Rutilado; Estaurolita;
Piedra Solar; Cuarzo Negro
Tibetano; Tugtupita

**expansión del chakra del
corazón** Datolita

expansividad Ágata Azul de
Ellensburg; Healerita

experiencia extracorporal
Astrofilita; Calcita de

Rayo Estelar; Taralita Verde; Papagoíta; Rodizita; Escapolita; Esfeno

experiencia reveladora Calcita Azul; Sodalita

experiencia visionaria Azeztulita de Fuego Rojo; Berilonita; Danburita; Cuarzo de Ensueño; Calcita Elestial; "Diamante" Cuarzo Herkimer; Heulandita; Cristal de Luz Lemuriano; Natrolita; Sedonalita; Ópalo de la Llama Violeta

experimentación Piedra Solar

exploración interior Diáspora

expresiones artísticas Ágata de Fuego; Iolita

expresión espiritual Gaspeíta

expresión sagrada Crisocola

éxtasis Azeztulita Color Crema y Miel; Sauralita Azeztulita; Azumar; Piedra de Madera de Coromandel; Luz de Litio; Ópalo de Fuego

extraterrestres Astrofilita; Brookita; Crisoberilo; Tectita Dorada Libia; Metal Niobio; Meteorito de Condrita; Natrolita; Prehnita; Estibina; Tectita

fantasmas Cuarzo Ahumado; Diosa Aguamarina; Cristales de Semillas Lemurianas; Moldavita; Piedra Lunar; Cuarzo (Transparente)

faro de luz Sugilita

fatiga Espinela

fe Berilonita

felicidad Azumar; Taralita Verde; Guardianita;

Papagoíta; Granate Arcoíris; Sillimanita

femenino Piedra Lunar, *véase también* diosa, gran madre; alta sacerdotisa

flujo de tiempo del futuro Cuarzo Nirvana; Criolita; Moscovita

fobias Larimar

fobias sociales Calcita Verde

fortalecimiento de auras Heulandita Verde

frecuencia del corazón Cuarzo (Transparente)

frecuencias de luz Egirina

frecuencias y sintonía Estibina

frugalidad Estroncianita

"fuego sagrado" Ópalo Precioso Blanco

fuente divina Danburita

fuerza Cúmulos Estelares de Aragonita; Piedra de Sangre; "Jaspe" Abejorro; Granate Almandino; Piedra de Empoderamiento; Heliodoro; Hematita; Jade Rojo; Cuarzo Molibdenita; Madera Petrificada; Rubí; Esfalerita; Estroncianita; Piedra Solar; Ojo de Tigre; Hierro de Tigre

fuerza espiritual Zafiro Blanco; Sugilita

fuerza interior Aventurina Azul; Nuumita; Ónix; Turmalina Dorada; Vortexita

fuerzas elementales Merlinita; Nuumita

fuerza supramental Piedra de la Profecía; Tectita Tibetana

fuerza vital Ámbar; Andalucita; Aventurina Verde; Azeztulita de Fuego Rojo; Cuprita; Cuprita Carmesí; Eudialita; Pounamu; Guardianita; Jaspe Mookaita; Resina Kauri; Cianita Naranja; Marcasita; Pakulita; Rubí; Rubí Cianita; Esfalerita; Cuarzo Titanio; Vitalita; Zincita; Zircón; Zoisita; *véase también* prana, chi

fugas áuricas Cuarzo Verde de Serifos

función cerebral Amatista; Lazulita; Cristal de Luz Lemuriano; Tugtupita

futuros probables Cuarzo Elestial; Piedra de la Profecía

gemelo espiritual Ágata Musgosa; Calcedonia Violeta

generador de orgón Rodizita

generosidad Healerita; Granate Arcoíris; Rodonita; Thulita; Vitalita

gente creativa Ágata Azul de Ellensburg; Piedra Solar de Iolita; Larimar

geomancia Diópsido; Infinito; Vanadinita

geometría sagrada Piedra Z

gran sol central Azeztulita Dorada del Himalaya; Azeztulita, Color Crema y Miel; Cinnazez (Azeztulita con Cinabrio); Cuarzo Sanador Dorado; Labradorita Dorada; Meteorito de Pallasita;

Obsidiana Dorada; Azeztulita Satyaloka Transparente; Piedra Solar; Gran Madre Gema de Silicato; Jaspe Selva Tropical; Cristales de Semillas Lemurianas; Piedra Lunar; Prehnita; Cuarzo Rosa; Piedra Gaia

gratitud Apatita Verde; Hiddenita; Cuarzo Moldavo

gritos Merlinita; Obsidiana Negra; Ónix; Piedra Azul de Stonehenge

"guardaespaldas" etérico Jade Negro

guerrero espiritual Piedra de Sangre

guía divina Ajoíta; Ametrino

guía etérico Brookita

guía interior Cuarzo Catedral; Dumortierita

guías angélicas Benitoíta; Celestita; Metal Platino; Purpurita

guías espirituales Ágata Azul de Holly; Ala de Ángel; Apofilita Clara; Calcita de Rayo Estelar; Covelita; Lepidocrocita; Cuarzo de Ensueño; Hemimorfita; Calcita Aquatina Lemuriana; Chamanita Maestra; Metal Platino; Selenita; Cuarzo Ahumado; Cuarzo Fantasma Blanco

guía superior Gema de Silicato; Jade Lavanda; Labradorita; Ópalo Azul de Owyhee

habilidades empresariales Apatita Dorada

habilidades paranormales Benitoíta; Diamante

habilidad mental Cinabrio; Datolita; Zafiro Azul; Cuarzo Titanio; Ulexita

hábitos saludables Estaurolita; Thulita

hablar en lenguas desconocidas Calcedonia Azul; Hematita; Granate Espesartina

hada Cristales Fantasmas de Clorita; Cuarzo Faden; Meteorito de Pallasita; Peridoto; Prasiolita; Prehnita; Cuarzo Ahumado; Estaurolita; Ulexita

hado Lágrima de Apache; Diópsido; *véase también* hada

herramientas de diagnóstico Cúmulos Estelares de Aragonita

hierbas sanadoras Cuarzo Verde de Serifos

hiperactividad Gel de Sílice de Litio

hipnosis Zafiro Azul

histeria Aguamarina; Estaurolita; Rubelita

historia espiritual Serpentina

honestidad Sílex

humildad Dolomita

humillación Obsidiana Caoba

humor Cuarzo Hematoideo; Jade Violeta; Resina Kauri; Pakulita; Granate Arcoíris; Rathbunita; Cuarzo Titanio

iluminación Amazez Azeztulita; Cuarzo Aura Ángel; Crocoíta; Herderita; Cuarzo Nirvana; Metal Platino; Novaculita; Pietersita; Cuarzo (Transparente)

iluminación espiritual Apofilita; Azeztulita Satyaloka Transparente; Azeztulita Satyaloka Amarilla; Cavansita; Datolita; Healerita; Moldavita; Cuarzo Nirvana; Novaculita; Rathbunita; Vivianita

imaginación Citrino; Ópalo de Oregón; Ulexita

implantes Cuarzo (Transparente)

implantes psíquicos negativos Obsidiana Caoba

inconsciente Merlinita Negra; Metal Plata

indecisión Calcita Naranja; Datolita; Piedra de Empoderamiento

indignidad Granate Rodolita; Hiddenita

influencias demoníacas Piromorfita

influencias negativas Cuarzo Turmalinado

información espiritual Cuarzo Catedral

infusión con luz Astrofilita; Azeztulita Negra; Azeztulita Blanca; Cuarzo Sanador Dorado; Shungita

infusión de energía Aragonita Española; Cuarzo Elestial; Novaculita

iniciación Bustamita; Fenacita; Purpurita

iniciación espiritual Willemita

inocencia Cuarzo Mandarina

inspiración "Jaspe" Abejorro; Piedra Solar de Iolita; Moscovita; Rubí Cianita; Rutilo; Espinela; Cuarzo Mandarina; Cuarzo Aura Tanzano; Vitalita; Vivianita

inspiración divina Dumortierita; Lapislázuli

instinto Jaspe Mookaita

integración Hematita

integración mente-corazón Amegreen

integridad Amazonita; Euclasa; Azeztulita Color Crema y Miel; Calcita Rosa Opaca; Crocoíta; Metal Oro; Piedra Mani; Serafinita; Tanzanita; Turmalina Verde; Turquesa

intención Azeztulita Dorada del Himalaya; Piedra de Empoderamiento; Cristales de Luz de la Manifestación; Sillimanita; Topacio Dorado

intención divina Rutilo

intensidad "Jaspe" Abejorro; Diamante; Calcita Elestial

introversión Metal Oro

intuición Ágata Azul de Holly; Alejandrita; Amazez Azeztulita; Amegreen; Aragonita Azul; Benitoita; Piedra de Madera de Coromandel; Euclasa; Hiperstena; Piedra Solar de Iolita; Jade

Lavanda; Calcita Aquatina Lemuriana; Merlinita; Piedra Lunar; Moscovita; Nuumita; Papagoíta; Fenacita; Pietersita; Prehnita; Piromorfita; Rubí Cianita; Piedra Chamán; Shattuckita; Sodalita; Esfeno; Tectita; Ulexita; Zoisita

invencibilidad Cinabrio; Metal; Titanio

ira Ala de Ángel; Aguamarina; Danburita; Jade Negro; Larimar

jovialidad Calcita Naranja; Cuarzo Hematoideo; Ópalo de Fuego; Pakulita; Granate Arcoíris; Rathbunita; Zafiro Padparadscha; Cuarzo Mandarina; Vanadinita

kinesiología Infinita

kundalini Anandalita; Auralita 23; Brookita; Cinabrio; Crocoíta; Cuprita; Fulgurita; Granate Almandino; Granate Negro de Andradita; Infinita; Jaspe Rojo; Cristales de Luz de la Manifestación; Moldavita; Piedra Lunar; Meteorito de Níquel-Hierro; Ópalo de Fuego; Rubí; Serafinita; Serpentina; Shiva Lingham; Stichtita; Estroncianita; Cuarzo Mandarina; Tectita Tibetana; Calcita Rosa Transparente; Jade Lavanda; Cuarzo (Transparente); Smithsonita

latidos de la tierra Cristales de Clorita Fantasma; Piedra de Madera de Coromandel; Piedra Gaia

lealtad Goshenita; Pounamu; Cuarzo Molibdenita

lectura psíquica Labradorita; Prehnita

Lemuria Piedra de Madera de Coromandel; Resina Kauri; Cristal de Luz Lemuriano

lenguaje de la luz Calcedonia Azul

leyendas artúricas Iolita

liberación Criolita; Escapolita

liberación de apegos emocionales Ágata Azul de Holly; Novaculita

liberación de carga emocional Aguamarina

liberación de la ira Calcita Rosa Opaca

liberación de la negatividad Epidota

liberación de la pena Alejandrita

liberación del dolor Cúmulos de Estrellas de Aragonita; Sauralita Azeztulita

liberación del estancamiento Calcita, Transparente

liberación del estrés Azeztulita Rosa; Calcita Verde; Cuarzo de Ensueño; Cuarzo de Litio; Cuarzo Rosa; Danburita; Lepidolita; Lepidolita Lila; Luz de Litio; Jaspe Océano; Ópalo de la Llama Violeta; Smithsonita; Estaurolita; Turmalina Rosa; Vitalita

liberación interna Obsidiana Caoba

libertad Cuarzo Hematoideo; Pounamu; Novaculita; Purpurita; Piedra Solar

librarse del apego negativo Azeztulita Negra; Barita; Lepidocrocita; Chamanita Maestra; Cuarzo (Transparente); Vitalita

liderazgo Heliodoro; Piedra Solar de Iolita; Malaquita; Piedra Solar

límites Amazonita

limpieza Andalucita; Azeztulita Negra; Brasilianita; "Jaspe" Abejorro; Halita; Moldavita; Cuarzo (Transparente); Shungita; Sugilita; Vitalita; Cuarzo Fantasma Blanco

limpieza de chakras Cuarzo Aura Ángel; Healerita; Cianita Naranja; Cuarzo (Transparente)

limpieza del aura Calcedonia, Violeta; Cuarzo Ahumado

limpieza del campo áurico Selenita

limpieza de toxinas Hanksita

limpieza psíquica Halita

líneas de ley Diópsido; Infinita; Jaspe Escénico; Piedra Azul de Stonehenge

lóbulos prefrontales Lazulita; Fenacita

longevidad Ámbar; Azeztulita de Fuego Rojo; Piedra de Madera de Coromandel; Pounamu; Healerita; Resina Kauri; Cristales de Luz de la Manifestación; Cuarzo Rosa; Conchas de Espiralita

"loto de mil pétalos" Magnesita

luz Ámbar; Amatista; Apofilita Clara; Cuarzo Hollandita; Cuarzo Satyaloka

luz en la oscuridad Berilonita; Azeztulita Negra

luz espiritual Cuarzo Sanador Dorado; Taralita Verde; Piedra Nebulosa; Shungita

luz interior Azeztulita Color Crema y Miel; Cristal de Luz Lemuriano; Cristales de Luz de la Manifestación

luz sin nombre Azeztulita de Satyaloka Transparente

Madre Tierra Ajoíta; Crisoprasa; Piedra Lunar; *véase también* femenino, diosa, alta sacerdotisa

maestros ascendidos Prehnita

magia Cerusita; Cinabrio; Pounamu; Azabache; Labradorita; Merlinita; Merlinita Mística; Nuumita; Ónix; Ópalo Negro; Ópalo Azul de Owyhee; Pietersita; Sillimanita; Piedra Z

magia benevolente Piromorfita

magia blanca Granate Negro de Andradita

magnificación de la energía Rodizita

magnificador de intenciones Amazonita; Piedra Lunar Gris

mago Cuprita

malestar mental Papagoíta

malos hábitos Jaspe Unakita

malos sueños Piedra Amuleto

manifestación Apatita Dorada; Azeztulita Dorada del Himalaya; Brasilianita; "Jaspe" Abejorro; Calcita Transparente; Cinabrio; Citrino; Gaspeita; Heliodoro; Hematita; Espesartina; Granate Uvarovita; Cianita Naranja; Jade Lemuriano; Tectita Dorada Libia; Cristales de Luz de la Manifestación; Obsidiana Dorada; Ópalo Precioso Negro; Petalita; Pirita; Piromorfita; Rathbunita; Cuarzo Rutilado; Rutilo; Zafiro Amarillo; Cuarzo Ahumado; Hierro Tigre; Topacio, Dorado; Vitalita; Wulfenita; Zincita

manifestación y destrucción Cornalina

manto de invisibilidad Malaquita

matemáticas Benitoíta; Datolita; Goshenita

material de sombra Cuarzo Fantasma Negro

matrimonio Moldavita

matriz corporal de cristal líquido Healerita; Cristal de Luz Lemuriano; Ópalo de la Llama Violeta

meditación Amatista; Apofilita Clara; Aragonita Azul; Azeztulita Sanda Rosa; Merlinita Negra; Brookita; Calcita Verde; Danburita; Diamante; Diáspora; Dioptasa; Cuarzo de Ensueño; Gel de Sílice de Litio; Gema de

Silicato; Halita; Oro de los Curanderos; Herderita; Ópalo Dorado Lemuriano; Cristal de Luz Lemuriano; Lepidolita Lila; Cuarzo de Litio; Merlinita; Piedra Lunar; Natrolita; Obsidiana de Pavo Real; Ópalo Común; Ópalo Precioso Negro; Petalita; Fenacita; Piedra de la Profecía; Cuarzo (Transparente); Cuarzo (Transparente); Rodizita; Cuarzo Rutilado; Zafiro Azul; Escolecita; Shantilita; Sodalita; Esfeno; Estaurolita; Estibina; Cuarzo Negro Tibetano; Ojo de Tigre; Turmalina Azul; Tremolita; Vivianita; Piedra Z

mediumnidad, *véase* clarividencia

mejora de los sueños Azeztulita Sanda Rosa; Cuarzo de Ensueño

mejora mental Diáspora; Fluorita; Sodalita

memoria Piedra de Madera de Coromandel; Dumortierita; Herderita; Jaspe Rojo; Lazulita; Cuarzo (Transparente); Esfeno

memoria celular Almandino; Piedra de Madera de Coromandel; Jaspe Océano; Cuarzo (Transparente)

memoria genética Goethita

memorización Datolita

mente Calcita Rosa Opaca; Heliodoro; Topacio Azul

mente divina Alejandrita; Dumortierita

mente superior Cúmulos Estelares de Aragonita; Metal Titanio; Rutilo; Escolecita; Tremolita

mente suprema cósmica Meteorito de Pallasita

meridianos Anandalita; Magnetita; Moldavita; Sillimanita

metales del cuerpo de arcoíris Niobio; Hematita Arcoíris; Piedra Lunar Arcoíris; Cuarzo Titanio

metanoia, *véase* divina unión con

mezclando el amor y la voluntad Healerita; Piromorfita

miedo Ágata; Ágata Azul; Ajoíta; Andalucita; Aragonita Barita; Cuprita Carmesí; Danburita; Darwinita; Piedra de Empoderamiento; Espinela; Gel de Sílice de Litio; Sauralita Azeztulita; Jade Rojo; Larimar; Calcita Aquatina Lemuriana; Lepidocrocita; Moldavita; Cuarzo Molibdenita; Ópalo Común; Ópalo Azul de Owyhee; Zafiro Amarillo; Escapolita; Serpentina; Cuarzo Espíritu; Estaurolita; Turmalina Dorada

miedo a caer Apatita Azul

miedo a la confrontación Cuarzo Fantasma Negro

miedo a la muerte Chamanita Maestra; Piedra Chamán; Turmalina Azul

miedo a las alturas Apatita Azul

miedo al dolor Piedra Chamán

miedo a lo desconocido Piedra Gaia; Iolita

miedo a usar el poder personal Cuarzo Fantasma Negro

miedo a volar Meteorito de Pallasita

misterio Metal Plata; Piedra Lunar

moderación Dolomita

momento "¡eureka!" Azeztulita Color Crema Miel; Azeztulita Sauralita; Brookita

mundo interdimensional Lágrima de Apache

música de las esferas Danburita; Calcita Elestial; Cuarzo Elestial; Cuarzo de Hada; Labradorita Dorada

músicos, *véase* gente creativa

nacimiento y muerte Casiterita

namasté Prasiolita

negatividad interiorizada Charoíta

niño interior Azeztulita Rosa; Bustamita; Gaspeita; Lepidocrocita; Granate Arcoíris

niños Cuarzo de Litio

nivel vibratorio Calcita Elestial; Tectita

nobleza Heliodoro

noche oscura del alma Apofilita Clara; Diamante

nuevas direcciones Calcita Miel

nuevo paradigma Cuarzo Rosa

objetividad Iolita; Lapislázuli

objetos perdidos Estaurolita

observación Sodalita

odio Jade Negro

om Cuarzo Negro Tibetano

oportunidad Willemita

optimismo Ágata Azul de Ellensburg; Cuarzo Aura Ángel; Aventurina Verde; Azeztulita de Fuego Rojo; Citrino; Cuarzo Hematoideo; Natrolita; Piedra Lunar Arcoíris; Obsidiana Arcoíris; Ópalo de Fuego; Pakulita; Rubí; Sedonalita; Sillimanita; Sugilita

oración Fulgurita; Gel de Sílice de Litio; Gema de Silicato; Goshenita; Shantilita

oráculos Pietersita; Shattuckita; Sodalita

orden Fluorita; Sillimanita

organización Cuarzo Ahumado

originalidad Wulfenita

ovnis Cuarzo Ahumado

paciencia Dolomita; Resina Kauri; Madera Petrificada

pacificador Amazonita

padre divino Metal Oro

palabras sanadoras Aragonita Azul

pánico Calcedonia Azul; Larimar; Moscovita Paradójica

parálisis emocional Cuarzo Hematoideo; Estaurolita

parásitos astrales Cuarzo Aura Ángel; Lágrima de Apache

pasión Ágata de Fuego; Agnitita; Azeztulita Roja El Himalaya; Azeztulita de Fuego Rojo; Bixbita; "Jaspe" Abejorro; Cuprita Carmesí; Crocoíta; Jade Rojo; Metal Oro; Pounamu; Cornalina Neozelandesa (Azozeo Superactivado); Ópalo de Fuego; Rubí; Rubí Cianita; Zafiro Rosa; Cuarzo Mandarina; Tugtupita; Zincita

patrón divino Ágata Dendrítica; Ágata Fuego; Ágata Musgosa; Amazez Azeztulita; Astaralina; Clinocloro; Sílex; Healerita; Tectita Tibetana

patrones de pensamiento negativo Anandalita; Citrino; Jade Violeta; Piromorfita; Thulita

patrones emocionales destructivos Epidota; Cianita Azul

patrones energéticos Infinita

patrones kármicos Azeztulita Negra; Dioptasa

patrones positivos Epidota

patrón etérico Calcita de Rayo Estelar; Cuarzo Faden; Cuarzo Rutilado

paz Ágata Musgosa; Cuarzo Aura Ángel; Cuarzo Aqua Aura; Dioptasa; Gema de Silicato; Lepidolita Lila; Luz de Litio; Ópalo Común; Shantilita; Smithsonita; Cuarzo Espíritu; Sugilita; Turquesa

paz interior Cavansita; Celestita; Piedra de Madera de Coromandel; Criolita; Cuarzo de Hada; Taralita Verde; Cuarzo de Litio; Madera Petrificada; Prehnita; Escolecita; Estilbita; Variscita; Vivianita

pensamiento claro Cuarzo Aura Tanzano; Cuarzo Turmalinado

percepción Ópalo Azul de Owyhee; Smithsonita

percepción emocional Aragonita Azul; Turquesa

percepción extrasensorial Apofilita Clara; Lazulita; Zafiro Azul

percepción psíquica Ágata Azul de Ellensburg; Ala de Ángel; Eudialita; Magnesita; Natrolita; Piedra Lunar; Piedra Lunar Arcoíris

percepción sutil Diópsido

pérdida Cavansita

perdón Ajoíta; Ala de Ángel; Astrofilita; Calcita Transparente; Crisoprasa; Dioptasa; Piedra Mani; Zafiro Rosa; Stichtita; Turquesa

perseverancia Adamita; Jaspe Elegante; Obsidiana Negra; Obsidiana Copo de Nieve; Ónix; Zincita

persistencia Ágata Musgosa; Calcita Miel; Dravita;

Goshenita; Jaspe Unakita;
Cuarzo Molibdenita;
Pakulita; Pirita; Jaspe Real
del Sahara; Escapolita;
Vanadinita

perspectiva Aragonita
Azul; Auralita 23; Calcita
Transparente; Calcita
Miel; Cinabrio; Cornalina
Neozelandesa (azozeo
superactivado); Cuarzo
Azul Siberiano; Cuarzo
Hematoideo; Escapolita;
Estibina; Lazulita;
Obsidiana Copo de Nieve;
Piedra Lunar; Pietersita;
Purpurita; Rutilo; Sodalita;
Taralita Verde; Zafiro Azul

perspectiva positiva Ágata
Dendrítica; Lágrima de
Apache; Calcita Azul;
Guardianita; Oro de los
Curanderos; Estroncianita

pesadillas cuarzo Aura
Ángel; Charoíta; Cuarzo
de Ensueño; Piedra Gaia;
Cuarzo Negro Tibetano

piedra de activación
Moldavita

piedra de Ávalon Merlinita
Negra; Merlinita Mística

piedra de enseñanza
Crisocola

Piedra de Ensueño Apatita
Azul

piedra de la ascensión
Natrolita; Tectita Común

piedra de la diosa Crisocola

piedra de la eterna juventud
Ágata de Fuego

piedra de las musas
Ametrino; Iolita

piedra de la verdad
Hanksita

piedra del grial Moldavita

piedra de los milagros
Benitoíta

piedra de Shambhala
Moldavita; Tectita

placer Azeztulita Color Crema
y Miel; Azumar; Cristal de
Luz Lemuriano; Rathbunita;
Thulita

placer sensual Rubí

planos astrales Escapolita;
Esfeno; Estaurolita;
Estilbita; Piedra Z

poder Ambligonita;
Azeztulita Negra;
Azeztulita de Fuego Rojo;
Labradorita Dorada;
Heliodoro; Metal Titanio;
Cornalina Neozelandesa
(Azozeo Superactivado);
Purpurita; Hematita
Arcoíris; Rodizita;
Estibina

"poder de la serpiente"
Serpentina

poder del inframundo
Estibina

poderes psíquicos Petalita;
Rutilo

poder femenino Larimar;
Piedra Lunar

poder intelectual Azeztulita
de Fuego Rojo; Calcita Miel;
Cinabrio

poder personal Piedra de
Empoderamiento; Pounamu;
Pakulita; Petalita; Ónix;
Zincita

poetas, *véase* personas
creativas

polaridades emocionales
Ajoíta

poltergeist Piromorfita

potencial del alma Cuarzo
Catedral; Tectita Tibetana;
Vortexita

potencial personal Tectita
Dorada Libia

práctica chamánica Adamita;
Jaspe Elegante; Ópalo
Precioso Negro; Piedra de la
Profecía

práctica tántrica Calcita Rojo

practicidad Piedra de
Empoderamiento; Sílex;
Estroncianita

prana Azeztulita Roja del
Himalaya; Calcita Roja;
Cuprita; Sílex; Oro de
los Curanderos; Jade
Rojo; Resina Kauri; Shiva
Lingham; Hierro de Tigre;
Rubelita; Tremolita; Vitalita

prana yama Aragonita Azul

precognición Pietersita

presciencia Calcedonia
Violeta; Piedra de los
Círculos

presencia mágica Calcedonia,
Violeta; Stichtita

procrastinación Ambligonita;
Ametrino; Calcita Miel;
Cuarzo Espiritual

profecía Celestita; Calcedonia
Violeta; Ópalo Dorado
Lemuriano; Cuarzo Azul
Siberiano; Turmalina Azul

programabilidad Cuarzo
(Transparente)

propósito Ágata Fuego; "Jaspe" Abejorro; Labradorita Dorada

propósito del alma Crisantemo

propósito divino Berilonita; Criolita; Heliodoro

propósito superior Fulgurita

prosperidad Casiterita; Piedra Crisantemo; Crisoprasa; Dioptasa; Esmeralda; Grosularia; Granate Uvarovita; Jade Verde; Jade Rojo; Meteorito de Pallasita; Peridoto; Cuarzo (Transparente); Rubí; Zafiro Amarillo; Estibina; Piedra Solar; Turmalina, Dorada; Variscita

protección Egirina; Ámbar; Amatista; Andalucita; Lágrima de Apache; Azeztulita Negra; Charoíta; Granate Negro de Andradita; Jade Negro; Azabache; Labradorita; Malaquita; Moldavita; Rubí; Cuarzo Ahumado; Cuarzo Espíritu; Stichtita; Turmalina Negra

protección contra entidades negativas Egirina; Cuarzo (Transparente)

protección contra la alteración física Cuarzo Faden

protección de los telómeros Piedra de Madera de Coromandel

protección emocional Ópalo Común Negro y Marrón

protección espiritual Taralita Verde; Hematita Arcoíris; Cuarzo Negro Tibetano

protección psíquica Andalucita; Lágrima de Apache; Cuarzo Aqua Aura; Benitoíta; Granate Almandino; Labradorita; Lepidocrocita; Tectita Dorada Libia; Obsidiana Negra; Obsidiana de Pavo Real; Purpurita; Piedra Chamán; Turmalina Negra; Cuarzo Turmalinado

proyección astral Azabache

psicometría Calcedonia Violeta; Cavansita; Dumortierita Celestita; Dumortierita; Lazulita; Cuarzo Azul Siberiano; Piedra de los Círculos; Topacio Blanco; Turmalina Azul

psicoquinesis Cavansita; Dumortierita; Lazulita; Fenacita; Cuarzo Azul Siberiano

puente entre los mundos superior e inferior Covelita

puente interior Cianita

puertas dimensionales Apofilita Verde; Calcita de Rayo Estelar; "Diamante" Cuarzo Herkimer; Cuarzo (Transparente); Estilbita

puertas interdimensionales Casiterita; Fenacita

purga de la negatividad Charoíta; Jade Negro; Cianita Naranja; Obsidiana Negra; Jaspe Océano; Piemontita; Shungita

purificación Amatista; Amazez Azeztulita; Auralita 23; Piedra de Sangre; Cacoxenita; Calcedonia Violeta; Fulgurita; Hanksita; "Diamante" Cuarzo Herkimer; Jade Negro; Azabache; Resina Kauri; Lepidolita; Ópalo Común Rosa; Ópalo Precioso Blanco; Purpurita; Selenita; Cuarzo Espíritu; Shungita; Sugilita; Cuarzo Negro Tibetano; Turmalina Negra; Cuarzo Turmalinado

purificación del aura Jade Violeta; Marcasita

purificación del campo energético Ágata Dendrita; Ópalo de la Llama Violeta

purificaciones espirituales Ágata Azul de Ellensburg; Ópalo de la Llama Violeta

qi gong Jade Rojo

"radar interior" Piedra Chamán

radiestesia Diópsido Infinita; Vanadinita

rapidez Esfeno

razón Ónix

receptividad Cinnazez (Azeztulita con Cinabrio); Kunzita

recién nacidos Casiterita

reconocimiento de patrones Sodalita

recuerdos de vidas pasadas Dioptasa; Goethita; Cianita; Labradorita; Calcita Aqua Lemuriana;

Merlinita; Madera
Petrificada; Cuarzo
(Transparente);
Sedonalita; Conchas de
Espiralita; Cuarzo Blanco
Fantasma

recuperación de
conocimientos Benitoíta

recuperación de información
perdida (antigua)
Andalucita

recuperación de información
perdida Datolita

recuperación de la memoria
Rodocrosita

recuperación de la sombra
Merlinita Mística

recuperación de partes
del alma perdidas
Merlinita Mística; Cuarzo
(Transparente)

recuperación del alma
Azeztulita Color Crema y
Miel; Azeztulita Rosa; Iolita;
Jade Negro; Lepidocrocita;
Piedra Mani; Numita;
Piedra Chamán

reenergizar Chakras Hematita

regeneración del cuerpo
Aragonita Española;
Cacoxenita; Cristales de
Clorita Fantasma; Cuarzo
Hollandita; Serafinita

registros akásicos
Alejandrita; Angelita;
Apatita Azul; Calcita de
Rayo Estelar; Cavansita;
Cuarzo Celestial; Calcedonia
Violeta; Cinnazez
(Azeztulita con Cinabrio);
Covelita; Creedita; Datolita;
Cuarzo Elestial; Euclasa;

Goethita; Heulandita;
Resina Kauri; Labradorita;
Lapislázuli; Tectita Dorada
Libia; Magnesita; Meteorito
de Condrita; Papagoíta;
Madera Petrificada; Conchas
de Espiralita; Piedra Azul
de Stonehenge; Cuarzo
Fantasma Blanco

"regreso al paraíso" Cristales
de Semillas Lemurianas

reiki Danburita; Oro de los
Curanderos; Infinita

reina interior Diamante;
Lapislázuli; Tectita Dorada
Libia

reino alternativo Azeztulita
Satyaloka

reino de los cielos Cuarzo
(Transparente); Tremolita

reino dévico Diópsido; Cuarzo
de Hadas; Meteorito de
Pallasita; Cuarzo Verde
de Serifos; Estaurolita;
Turmalina, Verde;
Turmalina Sandía

reinos superiores Ágata Azul
de Ellensburg; Apofilita;
Cinnazez (Azeztulita
con Cinabrio); Datolita;
Jaspe Unakita; Cornalina
Neozelandesa (Azozeo
Superactivado); Petalita;
Fenacita

rejuvenecimiento Azumar;
Healerita; Piedra Mani

relación de amor Bixbita;
Granate Almandino;
Pakulita

relaciones Clinocloro; Piedra
Gaia; Hiddenita; Cuarzo
de Litio

relaciones disfuncionales
Hemimorfita

relajación Ágata Azul de
Ellensburg; Apatita Verde;
Cuarzo Aqua Aura; Calcita
Verde; Cuarzo Verde Hada;
Gel de Sílice de Litio; Oro de
los Curanderos; Lepidolita;
Luz de Litio; Jaspe Océano;
Escolecita; Cuarzo de
Titanio; Turmalina Rosa

renacimiento de la esperanza
Obsidiana Caoba; Piedra
Chamán; Cuarzo Rosa;
Piedra Mani; Shiva Lingham

resentimiento Ala de Ángel;
Danburita

resiliencia Zafiro Rosa;
Stichtita

resistencia Ágata Musgosa;
Azeztulita de Fuego Rojo;
Cuarzo Molibdenita;
Espinela; Vanadinita

respiración a través
Cavansita; Obsidiana Pavo
Real

resplandor Diamante;
Pounamu

revelación Cavansita

revitalización Apatita Verde;
Espinela; Rodizita

rey interior Diamante;
Lapislázuli; Tectita Dorada
Libia

riesgo Ágata de Fuego; Cuarzo
Hematoideo

riqueza Ágata Musgosa;
Alejandrita; Azeztulita
Roja-Oro del Himalaya;
Cinabrio; Esmeralda; Rutilo;
Zafiro Amarillo

Roca de la Diosa *véase* piedra de la diosa

romance Estroncianita; Thulita

sabiduría del corazón Crocoíta; Criolita; Resina Kauri; Magnesita; Piemontita; Rathbunita

sala de registros Calcita Merkabita; Cuarzo Celestial

salud Calcita Rosa Opaca; Crisoprasa; Clinocloro; Cuarzo Molibdenita; Grosularia; Jade Verde; Jade Rojo; Jaspe Rojo

samadhi Cuarzo Aura Ángel

sanación ausente Calcita Rosa Opaca

sanación de la tierra Apofilita Verde; Jaspe Selva Tropical; Obsidiana Dorada

sanación del aura Cuarzo de Litio

sanación del corazón Azeztulita Rosa; Hiddenita; Malaquita; Cuarzo Rosa; Rosophia; Rubelita; Turmalina Sandía

sanación del duelo Piedra de Empoderamiento; Goethita

sanación espiritual Angelita

sanación física Cuarzo Faden

sanación genética Jaspe Mookaita

sanación planetaria Jaspe Selva Tropical

sanador Ámbar; Charoíta; Clinocloro; Crocoíta; Cuprita; Diópsido; Esmeralda; Oro de los Curanderos; Iolita; Jaspe Elegante; Jaspe Unakita; Cristales de Semillas Lemurianas; Cuarzo Verde de Serifos; Turmalina Verde; Zoisita

sanadores de sonido Aragonita Azul

sanadores psíquicos Adamita

sanar un chakra raíz dañado Egirina, Guardianita

santo grial Moldavita

satisfacción Andalucita; Piedra de Madera de Coromandel; Rodonita

seguridad Granate Almandino; Azeztulita Color Crema y Miel

semillas de estrellas Meteorito de Condrita; Cuarzo (Transparente)

sentirse como en casa en la tierra Cuarzo Azul Siberiano

serafines Cristales de Semillas Lemurianas; Serafinita

ser decisivo Ametrino; Fluorita

serenidad Cuarzo Aura Ángel; Azumar; Angelita; Celestita; Gel de Sílice de Litio; Jade Lavanda; Lepidolita; Lepidolita Lila; Luz de Litio; Escolecita; Cuarzo Verde de Serifos; Variscita

seres elementales Lágrima de Apache

seres interdimensionales Brookita; Estibina

servicio al mundo Cuarzo (Transparente)

sexo tántrico Crocoíta; Cornalina Neozelandesa (azozeo superactivado)

sexualidad Adamita; Ágata de Fuego; Azeztulita Roja-Oro del Himalaya; Azeztulita de Fuego Rojo; "Jaspe" Abejorro; Bustamita; Calcita Naranja; Cornalina; Cianita Naranja; Espesartina; Marcasita; Metal Oro; Ópalo de Fuego; Zafiro Padparadscha; Estroncianita; Piedra Solar; Wulfenita

shakti Azabache

silencio interior Ágata Azul; Danburita Dorada Agni; Cuarzo Nirvana; Vivianita

sincronía Benitoíta; Charoíta; Crisantemo; Cinnazez (Azeztulita con Cinabrio); Eudialita; Malaquita; Merlinita; Moldavita; Natrolita; Nuumita; Obsidiana Copo de Nieve; Ópalo Común; Rubí; Willemita

sinergia corazón-cerebro Darwinita; Cuarzo Nirvana

sinestesia Shattuckita

síntesis Dumortierita; Metal Titanio; Sodalita

sintonía cósmica Cuarzo Aura Ángel; Moldavita

sintonía psíquica Angelita; Lágrima de Apache; Aventurina, Azul; Iolita; Jade Lavanda; Merlinita

sintonización Azumar; Taralita Verde; Jade Violeta; Jade Lavanda;

Obsidiana Copo de Nieve; Rutilo; Tectita Tibetana; Vortexita

situaciones legales Cuarzo Catedral; Cristales de Semillas Lemurianas; Cuarzo (Transparente); Cuarzo Blanco Fantasma Lemuriano

soberanía Diamante; Purpurita

sobrecarga de energía Hematita

sobrecarga energética Luz de Litio, Guardianita

soledad Andalucita; Ópalo Dorado Lemuriano

solución de problemas Moscovita

sombra Covelita; Hiperstena

subconsciente Sodalita

sueño lúcido Ágata Azul de Holly; Auralita 23; Merlinita Negra; Covelita; Cuarzo de Ensueño; Goshenita; Cianita; Lazulita; Calcita Aquatina Lemuriana; Ópalo Dorado Lemuriano; Obsidiana de Pavo Real; Rodizita; Zafiro Azul; Escolecita; Sodalita; Estaurolita; Sugilita

sueños Azeztulita Sanda Rosa; Bustamita; Goshenita; "Diamante" Cuarzo Herkimer; Heulandita; Jade Violeta; Piedra Lunar; Cuarzo (Transparente); Cuarzo Ahumado; Estilbita; Sugilita

superación de la conciencia de la pobreza Uvarovita Granate

superación de la culpa Ágata Dendrítica

tai chi Jade Rojo

talento oculto Rodonita

tarot Creedita; Dumortierita; Herderita; Iolita; Pietersita

telepatía Apofilita Verde; Auralita 23; Calcita Azul; Calcedonia Azul; Diamante; Piedra Gaia; Hemimorfita; Cianita; Labradorita; Lazulita; Calcita Aquatina Lemuriana; Ópalo Dorado Lemuriano; Moscovita; Natrolita; Fenacita; Pietersita; Cuarzo (Transparente); Rodizita; Escapolita; Conchas de Espiralita; Tectita; Ulexita

telequinesis Natrolita; Ónix

terapia Calcedonia Azul

terapia magnética Magnetita

ternura Jade Verde

terquedad Cuarzo Fantasma Negro

terror nocturno Egirina; Guardianita; Lepidolita Lila

tiempo de soñar Esfeno

tiempos artúricos Merlinita

timidez Calcita Naranja de Sirio; Calcita de Rayo Estelar

trabajo del sueño "Diamante" Cuarzo Herkimer; Jade Verde; Jaspe Escénico; Lazulita; Rodonita

trabajo de respiración Aragonita Azul; Piedra Chamán

trabajo interior Ágata Dendrítica

tranquilidad Cuarzo Aura Ángel; Angelita; Petalita; Escolecita

transformación Azeztulita Negra; Cristales Dorados de Azeztulita; Azeztulita Amarilla Satyaloka; Cerusita; Covelita; Cuprita Carmesí; Metal Platino; Moldavita; Cornalina Neozelandesa (azozeo superactivado); Cuarzo (Transparente); Sedonalita; Tugtupita

transformación alquímica Azeztulita de Fuego Rojo; Cerusita

transformación de la negatividad Euclasa

transformación espiritual Fulgurita; Luz de Litio; Shiva Lingham

transmisión de energía Cuarzo (Transparente)

transmisión de la sanación y del amor Cuarzo (Transparente)

transmutación de la pena Papagoíta

trauma emocional Cuprita; Lepidolita; Obsidiana Caoba

trayendo la luz a tierra Piedra de la Profecía

umbral liminal Casiterita

unidad con el todo Shiva Lingham

unión con lo divino Piedra Mani; Cuarzo Rosa

unión de corazón y voluntad Prehnita; Vesuvianita

unión de la mente y corazón Darwinita; Piemontita; Tanzanita; Thulita

unión total, *véase* samadhi

vacío Dorado Herderita

vacío de potencial Cuarzo Nirvana

valentía/valor Apatita Dorada; Apofilita Clara; Bixbita; Cuarzo Fantasma Negro; Piedra de Sangre; "Jaspe" Abejorro; Cornalina; Cuprita; Esmeralda; Piedra de Empoderamiento; Pounamu; Hematita; Heulandita; Piedra Solar de Iolita; Jade Rojo; Jade de Sombra Lemuriano; Marcasita; Chamanita Maestra; Cuarzo Molibdenita; Cornalina Neozelandesa (azozeo superactivado); Obsidiana Copo de Nieve; Peridoto; Jaspe Real del Sahara; Rubí; Esfalerita; Sugilita; Hierro de Tigre; Rubelita; Rubí Cianita; Turmalina Dorada; Dravita; Vesuvianita; Vitalita

valor espiritual Azeztulita Roja del Himalaya; Fenacita

valor propio Apatita Dorada; Granate Rodolita; Obsidiana Caoba; Cuarzo Espíritu; Estroncianita

vampirismo psíquico Adamita; Infinito

vehículo de luz Merkabá Papagoíta; Piedra Z

vendaje etérico Cuarzo Faden

ver Auras Calcita

ver a distancia Rodizita; Sugilita de la Llama Violeta

verdad Ajoíta; Aguamarina; Cristales Dorados de Azeztulita; Azeztulita Satyaloka Transparente; Azeztulita Rosa Satyaloka; Azumar; Jaspe Rojo; Purpurita; Tanzanita; Turquesa

verdad del corazón Cianita

verdad espiritual Criolita

verdad interior Ajoíta; Gema de Silicato

vergüenza Obsidiana Caoba; Thulita

viaje astral Benitoita; Calcita Azul; Covelita; Cuarzo de Ensueño; "Diamante" Cuarzo Herkimer; Cianita Verde; Labradorita; Lazulita; Natrolita; Obsidiana de Pavo Real; Ópalo Común; Cuarzo (Transparente); Rodizita; Zafiro Azul; Esfeno

viaje chamánico Ámbar; Merlinita Negra; Iolita; Jade Violeta; Jade Negro; Obsidiana de Pavo Real; Ópalo Común; Ópalo Azul de Owyhee; Piedra de la Profecía; Piedra Chamán; Sodalita; Esfeno

viaje en el tiempo Piedra de Madera de Coromandel

viaje interdimensional Barita; Calcita de Rayo Estelar; Calcita, Merkabita; Cavansita; Danburita; Cuarzo de Ensueño; Cuarzo de Hadas; Heulandita; Cianita Verde; Natrolita; Meteorito de Pallasita; Fenacita; Pietersita; Cuarzo (Transparente); Rodizita; Cuarzo Rutilado; Escolecita; Esfeno; Willemita; Piedra Z

viaje interior Jaspe Escénico

viaje profundo Numita; Obsidiana Arcoíris

viajes interiores Metal Plata

vibraciones perjudiciales Astrofilita

vibraciones superiores Cuarzo Amplificador; Metal Cobre; Hematita Arcoíris

victoria Espinela

vida del alma Goethita

vida pasada Ámbar; Anandalita; Angelita; Apatita Azul; Cuarzo Negro de la Sombra; Covelita; Cuarzo de Ensueño; Cuarzo Elestial; Iolita; Azabache; Lazulita; Numita; Obsidiana Copo de Nieve; Ópalo Común; Ópalo de Oregón; Papagoíta; Escapolita; Esfena; Piedra Azul de Stonehenge

vidas alternativas Numita

vidas futuras Cuarzo (Transparente)

videntes Covelita; Metal Niobio

vinculando el yo superior y el inferior Prasiolita

virtud real Labradorita

visión espiritual Angelita; Apofilita Clara; Gaspeita; Herderita; Cuarzo Hollandita; Jade Verde; Jade Azul; Azabache; Cuarzo (Transparente); Zafiro Blanco

visión interna Ajoíta; Ala de Ángel; Azeztulita Dorada del Himalaya; Barita; Calcita Azul; Covelita; Diamante; Goshenita; Iolita; Lapislázuli; Cuarzo de Litio; Magnesita; Piedra Lunar Ojo de Gato; Fenacita; Selenita Dorada; Ulexita; Willemita

visión profética Apofilita Clara; Merlinita Negra; Crisoberilo; Dumortierita; Fenacita; Piedra de la Profecía; Jaspe Real del Sahara

visión psíquica Calcita Transparente; Hiperstena; Pietersita; Cuarzo (Transparente); Zafiro Azul; Sodalita

visión remota Apofilita Clara; Benitoita; Covelita; Diamante; Lazulita; Fenacita; Ulexita

visión sutil Datolita

vista interior Cuarzo (Transparente)

vitalidad Ágata de Fuego; Agnitita; Ámbar; Aventurina Verde; Azeztulita de Fuego Rojo; Bixbita; Bustamita; Calcita Roja; Cornalina; Clinocloro; Piedra de Madera de Coromandel; Cuprita Carmesí; Cuarzo Hematoideo; Eudialita; Labradorita Dorada; Pounamu; Iolita-Piedra Solar; Jade Rojo; Cristales de Luz de la Manifestación; Marcasita; Metales Oro y Titanio; Cuarzo Molibdenita; Pirita; Rubí; Esfalerita; Estroncianita; Ojo de Tigre; Hierro de Tigre; Cuarzo Titanio; Turmalina Verde; Turquesa

voluntad Ágata de Fuego; Ambligonita; Azeztulita Oro del Himalaya; Piedra de Empoderamiento; Labradorita Dorada; Heliodoro; Cianita Naranja; Cornalina Neozelandesa (azozeo superactivado); Ópalo Azul de Owyhee; Pakulita; Pietersita Amarilla

voluntad divina Ametrino; Apatita Dorada; Calcita de Rayo Estelar; Heliodoro; Tectita Dorada Libia; Obsidiana Dorada; Ópalo Común; Prasiolita; Cuarzo Espíritu; Topacio, Blanco; Topacio Dorado; Turmalina Dorada

voluntad personal Citrino

voluntad superior Datolita

vuelo Ala de Ángel

vulnerabilidad Zafiro Rosa; Estilbita; Turmalina Rosa

walk-ins Astrofilita; Goethita; Metal Platino; Meteorito de Pallasita

yo positivo Jaspe Oceánico

"yo soy" Cavansita; Azeztulita Satyaloka Transparente

yo superior Ágata Musgosa; Amegreen; Apofilita Clara; Auralita 23; Barita; Calcedonia Violeta; Clinocloro; Cuarzo Elestial; Cuarzo Hollandita; Cuarzo Litio; Piedra Mani; Natrolita; Prasiolita; Zafiro Blanco; Escapolita; Selenita; Cuarzo Espíritu; Cuarzo Aura Tanzano

Robert Simmons ha estudiado e investigado numerosos caminos espirituales desde el momento en que una experiencia mística espontánea durante su primer año en Yale cambió el curso de su vida. En 1986 se casó con Kathy Helen Warner y juntos crearon su empresa, *Heaven and Earth*, que comenzó como una pequeña tienda de cristales y joyas. Hoy en día, su negocio de venta por correo y web llega a miles de personas en todo el mundo. Juntos, Robert y Kathy publicaron su primer libro sobre piedras llamado *Moldavite: Starborn Stone of Transformation* en 1988.

En ocasiones, Robert viaja para dictar talleres o cursos intensivos sobre las energías de las piedras, la evolución espiritual y otros temas que le gustan. Para ponerse en contacto con él en relación con un taller o para compartir su historia de despertar espiritual (con o sin la ayuda de las piedras), envíe un correo electrónico a heavenandearth@earthlink.net.

Para acceder a nuevos escritos de Robert sobre las piedras, o ver los numerosos artículos que ofrece *Heaven and Earth,* visite www.heavenandearthjewelry.com. Para ponerse en contacto con nosotros y recibir un catálogo gratuito a color, envíe un correo electrónico a heavenandearth@earthlink.net.

Otros libros de Inner Traditions en Español

Los chakras
Centros energéticos de la transformación
Harish Johari

Aromaterapia: El olor y la psique
Utilización de los aceites esenciales para el bienestar físico y emocional
Peter y Kate Damian

La espiritualidad de los años
Guía sobre la tercera edad para los buscadores espirituales
Dr. Robert L. Weber y Dra. Carol Orsborn

Lecciones de los 12 Arcángeles
Intervención divina en la vida cotidiana
Belinda Womack

Para hacer un pedido ingresa a **www.innertraditions.com** o contacta tu librería local.